NOTURNO DE HAVANA

T. J. ENGLISH

NOTURNO DE
HAVANA

Como a Máfia conquistou Cuba
e a perdeu para a Revolução

Tradução
Santiago Nazarian

Copyright © 2007, 2008 T. J. English

Todos os direitos reservados. Nenhuma parte deste livro pode ser reproduzida ou usada de qualquer forma ou por qualquer meio, eletrônico ou mecânico, inclusive fotocópias, gravações ou sistema de armazenamento em banco de dados, sem permissão por escrito, exceto nos casos de trechos curtos citados em resenhas críticas ou artigos de revistas.

A Editora Pensamento-Cultrix Ltda. não se responsabiliza por eventuais mudanças ocorridas nos endereços convencionais ou eletrônicos citados neste livro.

Coordenação editorial: Manoel Lauand
Capa e projeto gráfico: Gabriela Guenther
Editoração eletrônica: Estúdio Sambaqui
Foto da capa: © Peeter Viisimaa/Collection Vetta
Ilustração da capa: © Dani Hasse
Foto da quarta capa: © Bettman/Corbis

Dados Internacionais de Catalogação na Publicação (CIP)
(Câmara Brasileira do Livro, SP, Brasil)

English, T. J.
　　Noturno de Havana : como a máfia conquistou Cuba e a perdeu para a revolução / T. J. English ; tradução Santiago Nazarian. -- São Paulo : Seoman, 2011.

Título original: Havana nocturne.
Bibliografia.
ISBN 978-85-98903-28-6

1. Cuba - História - 1933-1959 2. Havana (Cuba) - Condições sociais - Século 20 3. Lansky, Meyer, 1902-1983 4. Luciano, Lucky, 1897-1962 I. Título.

11-05169　　CDD-364.106097291

Índices para catálogo sistemático:
1. Havana : Cuba : Máfia : História
364.106097291

O primeiro número à esquerda indica a edição, ou reedição, desta obra. A primeira dezena à direita indica o ano em que esta edição, ou reedição, foi publicada.

Edição
1-2-3-4-5-6-7

Ano
11-12-13-14-15-16

Seoman é um selo editorial da Pensamento-Cultrix.
Direitos de tradução para o Brasil adquiridos com exclusividade pela
EDITORA PENSAMENTO-CULTRIX LTDA.
R. Dr. Mário Vicente, 368 – 04270-000 – São Paulo, SP
Fone: (11) 2066-9000 – Fax: (11) 2066-9008
E-mail: pensamento@cultrix.com.br
http://www.pensamento-cultrix.com.br
que se reserva a propriedade literária desta tradução.
Foi feito o depósito legal.

Em memória de Armando Jaime Casielles
(1931-2007)
y para el pueblo cubano

E nos meus sonhos eu vejo os representantes da nação dançando,
bêbados de entusiasmo, olhos vendados,
seus movimentos tontos, seus movimentos inesgotáveis...
Entre esse esplendor sinistro, um espectro vermelho deixa sair
um cacarejo estridente.
Eles dançam... Dancem agora, dancem.
- *José Martí, patriota cubano*

Ela sabe rebolar o traseiro,
mas não consegue cantar uma droga de uma nota sequer.
- *Meyer Lansky sobre Ginger Rogers,*
na noite de abertura do Copa Room
Havana, Cuba, 1957

SUMÁRIO

Introdução 11

Parte I: O Mambo da Máfia

1. O Sortudo Lucky 21
2. O *Playground da Máfia* 47
3. *El Judio Maravilloso* (O Maravilhoso Judeu) 68
4. Gente Bem Conhecida 89
5. Razzle-Dazzle 109
6. O Fantasma de José Martí 130
7. O Paraíso do Jogo 152

Parte II: *La Engañadora*

8. *Arrivederci*, Roma 173
9. Um Tiro para *El Presidente* 195
10. Carnaval da Carne 216
11. Vingança Tropical 236
12. Uma Mulher Esculpida a Mão 257
13. O Sol Quase Nasce 277
14. Pegue a Grana 297

Epílogo 328

Agradecimentos 338

Apêndice 341

Notas 342

Fontes 374

INTRODUÇÃO

Em dias e noites de tempestade em Havana, Cuba, o oceano castiga o muro do mar que circunda a margem norte da cidade. Ondas batem nas rochas e espirram, molhando a calçada, a avenida, os carros que dirigem pelo famoso passeio diante da praia conhecido como Malecón. A água salgada escorre para dentro, às vezes ocupando quase um quarteirão inteiro. Enormes poças escorrem e fluem como resultando dos turbulentos ventos que vêm do norte – *Los Nortes*, como os cubanos os chamam. Pedestres e carros são forçados a usar as ruas internas para evitar as piscinas que se expandem. As águas invadem fendas e rachaduras, mastigando uma infraestrutura já esmigalhada. Em dias e noites assim, é como se *La Habana* estivesse em estado de sítio de uma poderosa inundação que ameaça minar o próprio solo na qual essa gloriosa cidade caribenha foi fundada.

Um século atrás, outro tipo de tempestade soprava por essa célebre república ilhoa. Diferentemente dos ventos tropicais que se formam no Golfo do México e assaltam a cidade pelo norte, o que aconteceu nas décadas de 1940 e 1950 foi iniciado de dentro da estrutura econômica e política do país.

Inicialmente, esse motim parecia ter um lado positivo; se era uma força maligna, era uma força maligna que veio trazendo presentes. Por um período de sete anos – de 1952 a 1959 – a cidade de Havana foi a beneficiária de um crescimento e desenvolvimento impressionantes. Grandes hotéis-cassino, boates, hotéis turísticos, túneis e estradas foram construídos num redemoinho de atividades. Néon, purpurina, o mambo e o sexo se tornaram marcas registradas de um turismo próspero. A sedução do jogo organizado, junto com famosos espetáculos em *nightclubs* e belas mulheres trouxeram um fluxo de dinheiro para a cidade.

O brilho, a sensualidade e os pontos de entretenimento de Havana eram as mais óbvias manifestações da tempestade que se formava. As espalhafatosas casas de apostas, corridas de cavalo e shows de sexo trouxeram os turistas e criaram um verniz de prosperidade, mas a verdadeira força por trás do redemoinho vinha das costas americanas por natureza.

A fabulosa vida noturna foi um atrativo usado pelo governo de Cuba para atrair investidores estrangeiros, a maioria dos Estados Unidos. Os recursos mais preciosos do país – açúcar, óleo, madeira, agricultura, refinarias, instituições financeiras e serviços públicos – estavam todos à venda. O capital estrangeiro lavava a ilha. Através dos anos pós-Segunda Guerra e pelos anos 1950, investimentos diretos dos EUA em Cuba cresceram de 142 milhões de dólares para 952 milhões no final da década. A extensão do interesse americano em Cuba era tamanha que essa ilha, mais ou menos do tamanho do estado do Tennessee, estava em terceiro lugar entre as nações do mundo que mais recebiam investimento americano.

A imensidão financeira que se derramava sobre Cuba podia ter sido usada para cuidar dos inflamados problemas sociais do país. Fome, analfabetismo, moradias sub-humanas, uma alta taxa de mortalidade infantil e a desapropriação de pequenos fazendeiros eram os fatos da vida em Cuba pela história turbulenta da ilha. É verdade que Havana tinha um dos padrões de vida mais altos de toda América Latina, mas essa prosperidade não era espalhada homogeneamente pela nação. E enquanto a década acabava, o abismo entre os que tinham e os que não tinham continuava a aumentar.

Para aqueles que se importavam em olhar abaixo da superfície, era aparente que a impressionante sorte econômica de Cuba não estava sendo usada de acordo com o interesse do povo, e sim para estufar as contas dos bancos particulares e carteiras de um poderoso grupo de políticos corruptos e "investidores" americanos. Esse alto comando econômico seria conhecido como a Máfia de Havana.

É um fato histórico – e também fruto de considerável folclore em Cuba e nos Estados Unidos – que a Máfia de Havana continha algumas das mais notórias figuras do submundo da época. Charles

"Lucky" Luciano, Meyer Lansky, Santo Trafficante, Albert Anastasia e outros gângsteres que vieram para Havana no final dos anos 1940 e 1950 eram homens que haviam afiado suas habilidades e juntado ou herdado sua riqueza durante os "gloriosos dias" da Lei Seca nos Estados Unidos. Esses mafiosos sempre sonharam em um dia controlar seu próprio país, um lugar onde eles pudessem dominar o jogo, drogas, bebidas, prostituição e outras formas de vício, livres do governo ou interferência da lei.

Jogos e diversão eram apenas parte da equação. A ideia formulada por Luciano, Lansky e outros era de que Havana servisse como frente para uma pauta ainda mais ambiciosa: a criação de um estado criminoso cujo produto nacional bruto, fundos de pensão da união, serviços públicos, bancos e outras instituições financeiras iriam se tornar os meios de lançar mais empreendimentos criminosos pelo globo. A Máfia de Havana poderia então enterrar os lucros dessas operações criminosas sob a pátina de um governo "legítimo" em Cuba e ninguém poderia tocá-los.

O desenvolvimento político na ilha teria um grande papel em determinar o destino da Máfia em Cuba, mas seus esforços também foram moldados por eventos anteriores. Luciano e Lansky podem ter desejado estabelecer Cuba como base de operações desde os anos 1920, mas a história algumas vezes entrou no caminho. Viradas econômicas, guerras e os esforços da lei americana causaram recuos e mudanças de estratégia. O plano não foi colocado em prática em sua forma final até os anos pós-guerra do final dos anos 1940, e mesmo então houve interrupções. Muito do ônus iria cair sobre Lansky, que iria desenvolver boa parte de sua vida adulta estabelecendo as relações e trazendo o ímpeto necessário.

Nos anos 1950, o plano pareceu estar dando frutos. Com força de vontade, uma organização astuta e o esperto uso de repressão política, violência e assassinato, os mafiosos aparentemente conquistaram seu sonho. Havana borbulhava e efervescia. O dinheiro que fluía de enormes hotéis-cassinos foi usado para construir boates que atraiam grandes artistas cubanos, americanos e europeus. Uma era fabulosa foi criada – talvez a mais orgânica e exótica era do entretenimento na história do crime organizado. Elaborados shows em lugares como o mundialmente famoso *nightclub* Tropicana estabeleceram o padrão para gerações a fio. Cabarés menores permitiam que clientes ficassem mais próximos das dançarinas, que estavam parcamente vestidas, voluptuosas e às vezes viáveis. Clubes burlescos de níveis variados e bordéis se espalhavam pela cidade.

Havana sempre foi um lugar de ótima música, mas na era da Máfia de Havana uma geração de músicos encontrou sua voz. No final dos anos 1940, o arranjador Dámaso Pérez Prado e sua banda, junto com outras renomadas orquestras, criou uma febre chamada "mambo". O mambo era tanto um estilo musical quanto uma dança, uma transação sensual entre duas pessoas engajadas numa sedução mútua. O mambo foi a dança não oficial da Máfia de Havana, e os ardentes ritmos latinos que inspiraram o fenômeno iriam ressaltar toda a era.

Luciano, Lansky, Trafficante e os outros mafiosos americanos se tornam a realeza local. Como a aposta em cassino era legalizada em Cuba, os gângsteres operavam mais abertamente do que era de seu costume. Vários mafiosos e seus sócios operavam como diretores do conselho de bancos, instituições financeiras e poderosas corporações. Como Meyer Lansky & Cia. eram forasteiros em Cuba, suas operações tinham de parecer um ato de ilusionismo, exceto que na verdade nada disso teria sido possível se não fosse pela cooperação do grande nativo: El Presidente Fulgencio Batista y Zaldívar.

Em 10 de março de 1952, Batista se apoderou do governo a força. Foi uma vitória sem sangue apenas porque Batista, que já havia comandado o país de 1933 a 1944, era uma figura bem conhecida. Um homem bem educado, com a aparência física e atitude de um galã de Hollywood, Batista devia seu poder à sua "relação especial" com os militares, do quais ele se ergueu do posto de soldado raso a sargento e a coronel antes de se tornar presidente.

Como líder, Batista era o clássico homem forte, um familiar tipo latino-americano pós-colonial. Um ditador brutal que assumiu a posição de presidente por uma dominação hostil – e, portanto, nunca seria visto como legítimo por muitos no país – Batista abraçou o lema dos mafiosos americanos. Os cassinos e boates geravam capital, que foi usado para construir elaboradas obras públicas e atrair investidores, que eram então depenados por Batista e seus lacaios. Tudo o que Batista tinha de fazer era manter a multidão cubana no lugar. Era seu trabalho se certificar de que o fervor revolucionário, que era tanto parte de Cuba quanto açúcar e rum, não transbordasse e ameaçasse a Galinha dos Ovos de Ouro. Com técnicos de inteligência, soldados e esquadrões secretos de tortura dentro da polícia servindo como reforço, o presidente Batista foi o músculo por trás da Máfia de Havana.

Represálias violentas da parte de Batista em relação a toda e qualquer "atividade subversiva" trouxeram um fenômeno bem conhecido para os físicos: para toda ação, há uma reação oposta de mesma intensidade. Revoltas políticas eram a base de Cuba desde a independência nominal da ilha, da Espanha, em 1898. O fedor do colonialismo persistia, criando ressentimentos, amargura e um forte senso justo de indignação. Líderes políticos abriram espaço intimidando e acabaram tombados, muitos deles mais corruptos do que os que vieram antes. Um presidente durou um total de cinco dias no poder antes de ser deposto. Mesmo entre essa cavalgada de déspotas, Batista atingiu um novo nível de infâmia. Ele se apoderou do governo pela força, suspendeu a constituição e estava no processo de criar o paraíso capitalista em Havana. Para aqueles que se opunham a seu regime fraudulento, os cassinos, *nightclubs*, mercado de sexo e violência na capital se tornaram um símbolo de tudo que eles desprezavam sobre a pilhagem de Cuba por interesses externos.

Um ato final estava destinado a ocorrer. No interior das montanhas de Sierra Maestra, a revolução fermentava, com um pequeno grupo de guerrilheiros anti-Batista agachados, esperando pela tempestade que estava por vir.

Foram liderados por um carismático advogado e antigo candidato político chamado Fidel Castro Ruz.

É impossível contar a história da Máfia de Havana sem narrar também o levantar de Castro e o movimento revolucionário que ele fundou. Por um tempo, essas duas histórias correram em paralelo, com estação após estação de foliões jogando e festejando em Havana enquanto que os revolucionários passavam fome e planejavam nas montanhas. A inspiração da resistência era profunda e podia ser localizada nos escritos de José Martí, um poeta, jornalista e ativista que foi um dos arquitetos da longa luta de Cuba por liberdade. Martí foi morto durante a Guerra de Independência, mas seus escritos, e o exemplo de sua vida, sobreviveram. O movimento revolucionário de Castro foi inspirado em Martí e, apesar da natureza histórica, encontrou seu foco na criminalidade e na exploração do regime de Batista.

O Comandante William Gálvez Rodríguez era um jovem líder rebelde entrincheirado na Sierra Maestra durante a Revolução. Anos depois, ele se lembrava: "Não seria preciso dizer que aqueles [mafiosos] em Havana eram a razão da Revolução – havia razões mais profundas que remetiam ao começo da formação de Cuba. Mas é um fato que os cassinos e o dinheiro – e, mais importante, as conexões entre os gângsteres americanos, empresas americanas e o regime de Batista – se tornaram um símbolo da corrupção para nós. Mesmo que estivéssemos longe, nas montanhas, sabíamos da prostituição, do roubo dos fundos do governo, da venda do país para interesses externos. Nós juramos que *quando* – não *se*; quando – estivéssemos no poder, isso iria mudar."

Os revolucionários tinham pouco em matéria de soldados, armas ou recursos, mas tinham uma rede clandestina de apoiadores espalhada pela ilha. Os guerreiros da resistência *Fidelista* e espiões infiltraram-se no exército de Batista e circulavam nos cassinos e hotéis turísticos. Finalmente, a guerra de guerrilha que estava sendo deflagrada nas províncias isoladas irrompeu bem no meio do *playground* da Máfia. As pessoas conectadas ao governo – e, por extensão, com a Máfia de Havana – foram sequestradas e algumas assassinadas. Comícios estudantis de protesto se transformaram em ocasiões para combate armado com a polícia. Bombas caseiras explodindo de noite e o rá-ta-ta de metralhadoras às vezes soava junto com os abundantes festejos dos cassinos e cabarés pertencentes à Máfia.

Como Lansky e os gângsteres reagiram a essas ameaçadoras asas que se abriam? Com mais desenvolvimento: hotéis-cassinos ainda maiores, shows mais chiques e maiores doses de "capital de investimento" destinado a reforçar o *statuos quo* e afogar as forças da revolução. Havana se tornou uma mistura volátil de Monte Carlo, Casablanca e a antiga cidade espanhola de Cádiz, todas enroladas numa só – uma mistura amarga de altas apostas, secretas tramas revolucionárias, repressão violenta e criminalidade.

O legado desses anos entrou no reino das lendas. Na Havana dos tempos modernos, as reminiscências estão por todo canto. Os cassinos já se foram há tempos, mas muitos dos antigos hotéis ainda existem, alguns esfarrapados e desbotados, outros como monumentos brilhantes do passado. No elegante Hotel Nacional, onde Luciano e Lansky outrora viveram e tiveram conferências secretas da Máfia, há um quarto especial saindo do saguão chamado Salón de La Historia. Suas paredes são adornadas com murais do tamanho real de gângsteres misturados a celebridades e astros do cinema. No Hotel Sevilla (outrora Sevilla Biltmore), fotografias emolduradas em preto e branco dos mafiosos que em outros tempos operavam lá, preenchem as paredes do Roof Garden junto à vista panorâmica da Avenida Malecón e do mar. Nas ruas, carros americanos antigos dos anos 40 e 50 estão por todos os lados, assim como as luzes de néon e o ar de despreocupação que contribui para a sedução da cidade. O efeito é alucinatório: em certas noites, é como se os fantasmas do passado ainda estivessem vivos, um testamento assustador e espectral da era da Máfia de Havana.

Além de Cuba, a história ainda ressoa: a ideia da Máfia de Havana foi combustível para inúmeros romances e filmes. Uma mitologia evoluiu no decorrer dos anos baseada amplamente em relatos fictícios, mais notavelmente em *O Poderoso Chefão II* (1974), o venerável filme hollywoodiano que dramatizou os últimos dias de Cuba pré-Fidel através dos olhos da família Corleone. Mais recentemente, o nativo cubano Andy Garcia dirigiu e estrelou *A Cidade Perdida* (2005), que retrata Havana nos anos 1950 como uma espécie de Paraíso Perdido. Houve outros filmes e um número razoável de livros policiais, de qualidade variada, todos baseados num reduzido registro público ou pura imaginação.

Este livro é o primeiro esforço de não ficção com o objetivo de contar a história completa da infiltração da Máfia em Havana. É impossível entender o impasse dos dias de hoje entre os governos de Cuba e dos Estados Unidos sem primeiro conhecer os detalhes dessa era. Por quarenta e sete anos, o governo dos EUA manteve um embargo econômico na ilha (conhecido em Cuba como *el bloqueo* ou "o bloqueio"). Sem precedentes no tempo, esse ato de restrição econômica provocou poucas mudanças na trajetória monolítica da política cubana, apesar de ter sido bem sucedido em estimular décadas de isolamento, ignorância e desconfiança. As raízes dessa antipatia épica podem ser traçadas em parte ao influxo dos mafiosos e a pilhagem de Havana que tomou lugar no final dos anos 1940 e 50. Para alguns, foi um tempo de diversão e alegria. Para outros, foi uma forma de ganhar dinheiro. Para os revolucionários e o governo de Fidel Castro que se seguiu, a era permanece como um exemplo da exploração capitalista de modo mais venal.

Entretanto, a era da Máfia de Havana representa um tempo na história que define a atual realidade. Cinquenta anos após o fato, o império presidido por Lansky, Batista e outros se foi, mas as consequências daquele tempo ainda estão muito vivas. Dez presidentes americanos vieram e se foram; Fidel se aproxima de seu encontro com o Ceifador. Mas o legado das aventuras da Máfia em Cuba continua a inflamar a imaginação. Os jogadores profissionais todos se foram, mas o som das máquinas caça-níqueis e os ritmos intoxicantes do mambo e do cha-cha-chá persistem, ainda saboreados ou censurados, dependendo de que lado da mesa de apostas você esteja. Poucos estão dispostos a perdoar ou esquecer.

T. J. English
Havana, Cuba
Abril de 2007

PARTE UM
O MAMBO DA MÁFIA

1
O SORTUDO LUCKY

Quando Charles Luciano, de Nápoles, na Itália, embarcou num enorme navio cargueiro no outono de 1946 e seguiu pelo mar, ele tinha muitas coisas em mente, mas apenas uma importava: Cuba, a Pérola das Antilhas, seria sua salvação, o lugar onde ele iria ascender mais uma vez ao topo da mais poderosa organização criminosa do mundo. Depois de uma década na prisão e no exílio, ele não merecia nada menos.

Tendo sido deportado dos Estados Unidos há apenas sete meses, Luciano não queria arriscar a sorte: sua viagem da Itália para Cuba deveria ser um segredo conhecido apenas por seus parceiros criminosos mais próximos. Usando um passaporte italiano e viajando sob seu nome de batismo – Salvatore Lucania – ele saiu numa jornada que iria durar quase duas semanas. O cargueiro que havia deixado Nápoles na metade de outubro chegou primeiro ao porto de Caracas, na Venezuela. Luciano ficou lá por alguns dias e depois voou para o Rio de Janeiro, onde passou mais alguns. Depois de se certificar de que não estava sob nenhum tipo de vigilância, Luciano voou para a Cidade do México e de volta para Caracas, onde fretou um avião particular para a última parte da viagem – para Cuba.

Ele pousou no aeroporto de Camagüey, no interior da ilha, na manhã de 29 de outubro. Foram armados esquemas para que o famoso mafioso descesse no canto mais afastado do aeroporto. Quando ele saiu do avião, Luciano encontrou um oficial do governo cubano. As primeiras palavras da sua boca para o oficial foram: "Cadê o Meyer?"

Luciano não teve de esperar muito para ver o familiar sorriso taciturno de seu amigo de infância e antigo parceiro no crime. Um carro chegou ao asfalto e parou perto do avião particular de Luciano. De lá saiu Meyer Lansky.

Luciano e Lansky não se viam há meses. Lansky, com quarenta e quatro anos de idade, estava arrumado e bronzeado, como sempre. Sua estatura de 1,60m havia dado a ele o apelido de "Little Man" [Homenzinho]. Era uma ironia: na profissão que escolhera, como um empreendedor do submundo que se especializou no jogo, Lansky era tudo, menos pequeno. Luciano sabia que isso era verdade porque fora parceiro de Lansky em vários de seus esquemas mais ambiciosos.

Luciano era mais alto do que Meyer, com um clássico tom siciliano que seria eternamente descrito na imprensa como "moreno". Aos cinquenta anos de idade, seu cabelo preto havia começado a ficar grisalho nas têmporas e seus muitos anos na prisão haviam suavizado seu físico. Luciano passou quase toda sua década de quarentão atrás das grades, e muita da arrogância da juventude que caracterizou seu levante no poder em Nova York havia sido amaciada pela monotonia e humilhação da vida na prisão. "Lucky" [Sortudo] como Luciano era às vezes conhecido, estava esperando ter seu amuleto de volta, reafirmar seu poder e redescobrir seu gângster interior. Cuba seria o local.

Com Lansky ao seu lado, o famoso mafioso passou pela alfândega cubana em tempo recorde. Lansky era um poderoso da ilha, amigo dos oficiais do governo até o topo. Foi Lansky que um mês antes mandou uma nota cifrada para Luciano na Itália, que dizia: "Dezembro – Hotel Nacional." Luciano sabia o que isso significava. Os planos dele e de Lansky para Cuba vinham de décadas.

Acompanhado por um guarda-costas e um motorista, os dois homens dirigiam-se para o Grand Hotel lá perto, o estabelecimento mais renomado para jantar no interior do país. Do terraço do café do hotel, eles podiam ver toda cidade de Camagüey, com suas ruas tortuosas, torres de sino e telhados terracota. O almoço foi opulento e acompanhado pelo doce rum Santiago. Em seguida, Luciano e Lansky continuaram em direção à capital de Havana.

O almoço de celebração e a viagem de duas horas de carro pela ilha foi um momento de nostalgia e expectativa para esses dois homens criados no Lower East Side da ilha de Manhattan. Eles estarem sentados num carro dirigindo livres por Cuba foi resultado de uma fantástica reviravolta nos acontecimentos. Apenas sete meses antes, com Luciano enterrado na Prisão de Dannemora e depois na Great Meadow Correctional Facility – ou Comstock, como a prisão no interior do estado de Nova York era comumente conhecida – a vida parecia apagada. Luciano cumprira nove anos de uma pena de trinta a cinquenta anos. Aparentemente, não havia possibilidade de ele ver a luz do dia, além dos muros da prisão, tão cedo.

A maneira com a qual Luciano e Lansky conseguiram forjar sua soltura antecipada ainda é desconhecida. Entre a troca da sentença de Luciano e sua deportação para a Sicília, jornais ao redor do mundo fizeram alusão a uma "relação secreta" entre Luciano e a inteligência naval dos EUA durante a Segunda Guerra Mundial. Foi alegado que, dentro da prisão, Luciano ajudou na guerra, uma alegação que foi reforçada pelo governador de Nova York, Thomas E. Dewey, que recomendou que a sentença de Luciano fosse reduzida e que ele fosse solto. Dewey era o mesmo homem que, como promotor público, havia trancado Luciano por acusações de exploração da prostituição.

"Lucky Luciano Walks" [Lucky Luciano Parte], lia-se na manchete do *New York Daily Mirror* no dia em que o chefe da Máfia foi solto. Outros jornais noticiaram o acontecimento com um destaque geralmente reservado para guerras e eleições. Pouco foi revelado sobre os detalhes da cooperação de Luciano com a marinha. Os termos de seu "acordo" ainda eram bem sigilosos. O cidadão normal ficou com a impressão de que existia uma nefasta relação entre o submundo e o governo – nesse caso, o exército americano. O fato de que Luciano foi imediatamente deportado dos Estados Unidos para Lercara Friddi, na Sicília – a cidade de seu nascimento – não mudou o fato de que ele era um homem livre, de alguma forma acima da lei.

Não era surpresa que Luciano tivesse uma visão diferente. Ele estava possesso em ser deportado para a Sicília. Seu único consolo era que ele não tinha intenção em ficar na Itália. Desde o momento em que foi exilado, tornou-se seu objetivo de alguma forma voltar aos Estados Unidos via Cuba.

Luciano e Lansky finalmente chegaram a seu destino, o majestoso Hotel Nacional, o endereço de maior prestígio em Havana. Lansky era sócio de uma corporação que possuía parte do lugar. Situado num penhasco, com distintas torres gêmeas e uma espetacular vista caribenha, o Nacional era o orgulho de Havana.

No final da tarde, Meyer disse a seu amigo que não se hospedaria lá. Naquela noite, iria voltar aos Estados Unidos para começar a circular a notícia entre seus companheiros do submundo que Luciano estava em Cuba. A presença deles seria requisitada numa grande reunião do grupo a acontecer naquele mesmo Hotel Nacional em dezembro. A conferência seria o primeiro grande encontro, em catorze anos, de chefes Mafiosos nos Estados Unidos. Era nessa reunião que a Nova Ordem Mundial seria estabelecida e que Luciano iria reafirmar sua posição como um membro do alto-escalão do que era conhecido como o Sindicato, a Comissão ou a Máfia.

Os dois homens se despediram. Com o nome Salvatore Lucania, Luciano assinou o registro e foi levado a seu quarto. Anos depois, ele se lembrou do momento:

> "Quando entrei no quarto, o carregador abriu as cortinas das enormes janelas e eu olhei para fora. Eu podia ver quase a cidade toda. Acho que foram as palmeiras que me conquistaram. Para todo lugar que você olhava havia uma palmeira e me fez sentir como se estivesse em Miami. De repente, percebi pela primeira vez em mais de dez anos que não havia algemas em mim e ninguém estava fungando no meu cangote, que era a forma como eu costumava me sentir quando estava vagando pela Itália. Quando olhei para o Caribe da minha janela, percebi outra coisa; a água era tão bonita quanto a Baía de Nápoles, mas ficava a apenas noventa milhas dos Estados Unidos. Isso significava que eu estava praticamente de volta aos Estados Unidos."

Luciano passou duas semanas no Hotel Nacional. No meio de novembro, ele se mudou para uma casa espaçosa no bairro exclusivo de Miramar, entre as propriedades e iate clubes dos cubanos abastados e residentes americanos. A alguns quarteirões da mansão estilo espanhol de Luciano na 30ª Rua, perto da 5ª Avenida, estava a residência particular do presidente de Cuba, Ramón Grau San Martín. Luciano não perdeu tempo se estabelecendo:

> "Fui com calma nas primeiras semanas. Tomava café da manhã na cama, depois colocava minhas calças e caminhava pela propriedade e supervisionava os quatro jardineiros, discutindo que tipo de flores eu queria que eles plantassem. A casa era mobiliada com antiguidades fantásticas e deveria haver milhares de metros de todo tipo de seda, de cortinas a lençóis. Era uma danada de uma mudança em relação a Dannemora e Great Meadow. O lugar era de propriedade de um rico plantador de açúcar, mas foi no tempo em que as coisas estavam muito baratas e eu só pagava oitocentos dólares por mês pela coisa toda, incluindo os empregados e jardineiros."

Entre os parceiros com quem Luciano reatou em Havana estava o senador cubano Eduardo Suarez Rivas. Através de Lansky, Luciano havia conhecido o Senador Suarez pela primeira vez. Na verdade, o senador esteve na cidade de Nova York na época da deportação de Luciano. O senador cubano esteve entre a dúzia de convidados que foi a uma festa de despedida para Luciano a bordo do SS *Laura Keene*, transatlântico que transportou o exilado mafioso para a Sicília. Foi alegado pelo Escritório Americano de Narcóticos que, além de seus deveres como membro do senado de Cuba, Suarez Rivas era um narcotraficante, especificamente um negociante de cocaína, querendo fazer negócios com Luciano.

O mafioso americano foi visto com frequência com o senador nas primeiras semanas de sua chegada em Havana. Ocasionalmente, Luciano fazia viagens para o interior com Suarez Rivas e sua família. Ele era visto tomando sol na piscina do Hotel Nacional com o senador, a esposa do senador e seus filhos. Num certo ponto, Luciano procurou bajular o senador, oferecendo à esposa dele, de presente, uma caminhonete Chrysler novinha de quatro mil dólares, encomendada diretamente de Detroit. Entretanto, uma licença de importação para o carro foi negada. Luciano e Suarez Rivas tiveram de mandar o carro para um parceiro em Tampa, na Flórida, que por acaso era um proeminente fabricante de charutos. O parceiro dirigiu o carro pela área de Tampa por alguns dias até que acumulou milhagem suficiente para ser considerado um veículo usado. Então foi trazido para Cuba por um valor declarado de quinhentos dólares. Mais tarde, Luciano conseguiu importar um carro para si mesmo – um Cadillac – que entrou no país sem nenhuma taxa de importação.

Em Havana, o chefe da Máfia Americana vivia uma vida de prazeres. Além de cuidar de seu jardim, fazer viagens de um dia com a família de Suarez Rivas e ficar na piscina do Hotel Nacional, ele fazia viagens frequentes para o Hipódromo Oriental Park no bairro de Marianao. Ele também passava noites no elegante Gran Casino Nacional. Muito de seu tempo era dedicado a cultivar contatos políticos em Cuba que poderiam ser úteis no futuro ou tentar aproveitar os vários prazeres sensuais que Havana tinha a oferecer.

Um desses prazeres era as mulheres. Como Lansky certa vez colocou: "Charlie gostava de uma xoxota. Era uma de suas fraquezas." Claro, Luciano também tinha de tirar o atraso. Havia sido negado a ele os prazeres da carne durante seus dez anos na prisão. Em Havana, ele frequentemente entretinha prostitutas numa suíte executiva no Hotel Nacional.

Lucky estava principalmente matando tempo até a chegada do evento principal em dezembro, quando seus "amigos" iriam começar a chegar para a conferência da Máfia, e seus planos há muito esperados para um império em Cuba seriam finalmente colocados em prática.

Ninguém deveria saber que Luciano estava em Havana, mas, ocasionalmente, a notícia se espalhava, ou alguém via o mafioso com seus próprios olhos. Foi o que aconteceu com Bernard Frank, um jovem advogado vivendo em Miami na época. Uma manhã, em dezembro, Frank recebeu uma chamada em sua casa do amigo de Luciano, Meyer Lansky.

"Doutor, está acordado?" perguntou Lansky.

O advogado olhou para o relógio ao lado da cama: 6h da manhã. "Agora estou," respondeu.

Bernie Frank conhecia Meyer e seu irmão mais novo, Jake. Cinco anos antes, o advogado apareceu no meio da noite para pagar fiança por alguns crupiês que trabalhavam num clube de jogo afiliado com os irmãos Lansky em Broward County, ao norte de Miami. Frank cuidou da libertação dos crupiês, para que eles não passassem a noite na cadeia. Meyer sempre havia se lembrado do jovem advogado por isso.

"O que foi?" Frank perguntou ao chefe mafioso judeu.

"Pode estar no aeroporto às nove horas para voar comigo para Havana? Estou com Carmen Miranda se apresentando no Colonial Inn e ela precisa de um novo conjunto de maracas." O Colonial Inn era um popular *carpet joint* ou cassino-*nightclub*, às margens de Miami, de propriedade dos irmãos Lansky.

Frank estava prestes a perguntar: "Não pode ir para uma loja qualquer de dez centavos e comprar maracas?" Quando Lansky explicou que Carmen, a temperamental cantora, atriz e estrela brasileira, então no auge de sua celebridade, estava pedindo um conjunto específico de maracas que ela havia visto numa loja em Havana e não aceitaria outras. O jovem advogado esfregou o sono de seus olhos e pensou: ele tinha acabado de retornar aos Estados Unidos após servir por quatro anos o exército e nunca havia estado em Havana. Claro, ele iria acompanhar Lansky numa viagem pelo Estreito da Flórida para comprar maracas para Carmen Miranda. "Te vejo no aeroporto," ele disse.

Depois de uma hora de voo para Havana, Lansky e Frank foram primeiro para o Hipódromo Oriental Park. Lá, Lansky cumprimentou vários amigos. Entao, eles dirigiram para uma mansão num belo canto da cidade. Os dois homens se aproximaram da porta, bateram e foram recebidos por um empregado, que parecia conhecer Lansky. O homem desapareceu e, quando voltou, estava acompanhado por um cavalheiro de aspecto italiano num roupão de seda e chinelos de couro. Lansky disse ao homem, "Charlie, quero que você conheça meu advogado, Bernie Frank." Para Frank, Lansky disse, "Bernie, conheça o Sr. Charlie Luciano."

Frank cumprimentou Luciano. Então, Lansky e Luciano desapareceram em outro cômodo para conversar em particular. O jovem advogado de Miami se sentou no vestíbulo e esperou. Ocorreu a ele que o homem que ele acabara de conhecer deveria ter sido banido para a Itália pelo governo americano. Mais tarde, naquela noite, ocorreu a Frank que ele era possivelmente um dos primeiros americanos a saber do fato de que o infame Luciano estava em Cuba. No dia seguinte – depois que ele e Lansky compraram as maracas para Carmen – Bernie voltou para Miami e ficou de bico calado.

NINGUÉM DEVERIA SABER. Luciano estava em Cuba e a Máfia estava em curso. Apenas mais tarde, no brilho refratado da história, tudo isso faria sentido: a chegada de Lucky foi um toque dos clarins. Para Luciano, Lansky e o resto da Máfia, estabelecer Cuba como base de operações era o grande esquema em seu grande plano de criar uma organização criminosa multinacional. As perspectivas eram empolgantes, mas a ideia não era nova; ia até o Lower East Side, quando Charlie e Meyer lideraram pela primeira vez a Máfia Americana da era negra para a efervescência do século vinte.

Desde que o submundo havia emergido de um grupo de gangues de rua para se tornar um conglomerado multiétnico aos moldes de uma empresa, Luciano, Lansky e outros mafiosos haviam sonhado com uma base costeira de operações. A sedução era óbvia. No ano de 1919, o Congresso aprovou o Volstead Act, gerando a era conhecida como a da Prohibition [Lei Seca]. Dali em diante, a produção, distribuição e consumo de bebidas alcoólicas era um crime punível com multa ou detenção. Contrabandistas em Nova York, Chicago, Kansas City, Detroit, Boston e muitas outras cidades americanas ficaram ricos dando ao público o que ele queria. Bebida e jogo se tornaram a base de um novo império do submundo.

Cuba, como extensão da hegemonia da Máfia, entrou no submundo conscientemente nos anos 1920. Os mafiosos conheciam a ilha: no começo da Lei Seca, o Caribe se tornou uma importante rota para carregamentos ilegais de bebida. Rum, ou melado para fazer rum, era passado de Leeward ou das Ilhas Windward por um trecho externo do Oceano Atlântico que se tornou conhecido como o *Rum Row*. Cuba era um ponto primário de baldeação. O litoral substancialmente difícil da ilha, com vários vales e condutos, tornavam-na ideal para desembarcar contrabando. Havana, em particular, se tornou renomada como um tipo de paraíso de contrabando, uma estufa do mercado negro e intrigas internacionais, imortalizada por Ernest Hemingway em seu romance *To Have and Have Not*. O livro se passa em Havana e Key West, no qual um capitão chamado Henry Morgan contrabandeia bebida e outros produtos entre Cuba e os Estados Unidos. A história termina com a operação indo mal: Henry Morgan leva um tiro na garganta e acaba morto.

Tanto Luciano, como Lansky, fizeram viagens para Havana em 1920 para supervisionar suas operações de contrabando, mas o primeiro mafioso a estabelecer negócios em Cuba era da cidade de Chicago. Alphonse "Big Al" Capone, o mais barulhento e mais notório dos gângsteres da era da Lei Seca reservou todo o sexto andar do Sevilla Biltmore, um elegante hotel localizado em Habana Vieja (Havana Velha), o quartel colonial da cidade. Capone ficou no quarto 615. Ele não escondia o fato de estar em Havana. Foi a uma corrida de cavalos e à ópera, onde seu cantor favorito, Enrico Caruso, certa vez maravilhou o público local. Em 1928, Big Al abriu uma casa de jogo em Marianao, perto do Hipódromo Oriental Park. Ele a fechou pouco depois, dizendo a um repórter do Havana Post que Cuba não oferecia campo para "esse tipo específico de negócio." Não foi uma grande perda: o estabelecimento de Capone era mais uma fachada para suas operações de contrabando.

Com os anos 1920 a toda, a bebida se tornou o elixir mágico que ira transformar Havana no exemplo reinante da alta vida. O açúcar, que havia sustentado a ilha desde sua abertura como país, tinha quase dobrado de preço no mercado mundial. Cuba estava borbulhando. Proprietários de terras, de refinarias, banqueiros, magnatas das ferrovias e companhias americanas cresciam em taxas exorbitantes. A era foi chamada de *la danza de los millones*, a Dança dos Milhões. Anúncios em jornais de Nova York, Chicago e por todo canto dos Estados Unidos recomendavam Havana como um destino turístico com ênfase no álcool. Um guia popular da época era chamado *When It's Cocktail Time in Cuba* ["Quando é Hora de Coquetel em Cuba"]. O apelo não era sutil: o bar mais famoso de Havana era chamado Sloppy Joe's. Cidadãos americanos iam lá para ficar "altos" num novo drinque popular, o Cuba libre, uma mistura de rum cubano, suco de limão e Coca-Cola. Apostas também eram parte da equação. Havia corridas de cavalo e também o Gran Casino Nacional, na época o mais luxuoso estabelecimento de jogo nas Américas, com um majestoso chafariz de várias camadas na entrada que estabeleceria o padrão para a arquitetura de cassinos por décadas.

Também havia sexo. A maioria dos turistas homens deixava suas esposas em casa.

Joe Stassi – um mafioso do Lower East Side de Manhattan que iria se tornar posteriormente um homem importante em Havana – se lembrou de sua primeira viagem para a cidade em 1928: "Belas prostitutas jovens por todo lado, a cada esquina, cada bar. Num clube, havia vinte e cinco meninas. Você escolhia qual queria ver num show de sexo ao vivo."

Bebida, jogo e sexo – o que mais um ianque poderia querer?

Para maximizar o potencial da ilha, capitalistas passavam o chapéu: um "truste do prazer" de corporações norte-americanas e investidores foi estabelecido, alinhado com certos interesses políticos cubanos. A ideia desde o começo era de que uma parte do dinheiro destinado ao desenvolvimento seria usado para subornar os oficiais locais. Em anos posteriores, essa conexão entre interesses corporativos americanos e políticos corruptos locais iria ajudar a criar o apodrecimento moral que iria inspirar a revolução.

A forma como o truste do prazer iria operar se tornou bem clara em janeiro de 1927, quando o popular prefeito de Nova York, Jimmy Walker, atracou no porto de Havana com grande estardalhaço. Entre outras coisas, o carismático Walker era conhecido por sua tolerante relação com o submundo. O prefeito era a primeira geração irlandês-americana, um produto de Tammany Hall, uma exaltada organização política que estava profundamente emaranhada com contrabandistas e criminosos. Filosoficamente, a Máfia era um produto do eixo político-criminoso, no qual gângsteres trabalhavam lado a lado com oficiais do governo, interesses financeiros e força da lei para atingir a barriga vazia do capitalismo americano.

Em Havana, Walker foi recebido com uma festa de gala com presidentes de bancos, agentes imobiliários, o presidente da comissão de turismo cubana, o prefeito da cidade e o chefe de polícia. Beau James, como Walker era conhecido por seus admiradores, foi à corrida de cavalos no Oriental Park e mais tarde jantou no Jockey Club. Numa cerimônia no dia seguinte ele recebeu a chave da cidade de Havana.

A aparição de Walker em Cuba era mais do que cerimonial. Era pretendida como um símbolo de que os negócios em Havana seriam feitos em paralelo com os negócios na cidade de Nova York, onde elaborados estabelecimentos de venda ilegal de bebida [speakeasies], de jogo e cabarés pretensiosos eram o motor por trás de uma próspera vida noturna, onde a alta sociedade da cidade e a elite mafiosa se misturavam para criar uma fachada glamourosa.

Meyer Lansky foi o primeiro mafioso de Nova York a ver todo o potencial da ilha. Em algum ponto de 1928, ele mencionou a seu parceiro a ideia de estabelecer Havana como mais do que um ponto de baldeação para as bebidas. O plano ainda não estava totalmente formulado, mas os jogos, claro, seriam parte disso. Vários cassinos e hotéis seriam financiados, construídos e operados pela Máfia. E *nightclubs* e restaurantes. E bancos e instituições financeiras, que eram ótimos para lavar os rendimentos com o jogo. Com um governo amigo em Cuba, não havia como calcular o que a Máfia poderia conquistar. Talvez eles pudessem um dia estabelecer a ilha como seu próprio feudo particular, um país no qual eles poderiam afunilar rendimentos ilegais de atividades criminosas do mundo todo, e ninguém poderia tocá-los.

Luciano gostava da ideia, mas ele e Lansky tinham um problema. O submundo de Nova York – e por extensão o submundo da maioria das grandes cidades dos Estados Unidos – ainda estava sob influência de "Mustache Petes," o mafioso da velha guarda com raízes no Velho Continente. Os dois principais chefões da Máfia em Nova York – Salvatore Maranzano e Giuseppe "Joe the Boss" Masseria – eram sicilianos da velha guarda. Eles não gostavam de fazer negócios com irlandeses-americanos e judeus, muito menos investir em operações baseadas em países estrangeiros de língua espanhola. Não havia como uma dupla de jovens iniciantes como Luciano e Lansky ir contra a *unione siciliano*, ou tomarem seu rumo sozinhos, sem sérias repercussões.

Havia apenas uma resposta: os antigos teriam de ser removidos de cena.

De 1928 a 1931, Luciano, Lansky e um amalgama multiétnico de jovens contrabandistas serviu como provocadores numa guerra sangrenta da Máfia chamada de a Guerra Castellammarese, por causa da cidade de Castellammare Del Golfo, onde Maranzano e tantos outros mafiosos haviam nascido. Uma vítima próxima da guerra foi o próprio Luciano. Na noite de 17 de outubro de 1929, ele foi "levado para um passeio" por apoiadores de Maranzano. Num depósito em Staten Island, ele foi amarrado, torturado e levou um talho na bochecha direita. Luciano foi solto, mas o corte em seu rosto deixou uma cicatriz horrível e resultou em danos musculares que causaram uma queda permanente em seu olho direito. Também o deixou com um belo apelido. Quando Meyer Lansky veio visitá-lo durante sua convalescência, Luciano contou a seu amigo a história de seu sequestro e tortura, acrescentando, "acho que tenho sorte de estar vivo."

"Sim," respondeu Lansky. "Você é o Lucky Luciano." [Luciano "Sortudo"]. O nome pegou.

No começo de 1932, os dois chefes da Máfia da velha guarda foram assassinados em ataques de gangues orquestrados por Luciano e Lansky: Masseria foi baleado enquanto comia macarrão num restaurante em Coney Island, tendo sido atraído para lá por Lucky. Maranzano foi esfaqueado e levou um tiro em seu escritório em Manhattan por quatro gângsteres judeus disfarçados como policiais de Nova York. Além da Big Apple, uma limpeza similar havia acontecido, uma troca violenta de chefões que iria ficar na história como a Noite das Vésperas Sicilianas. Por todo lado, mafiosos da velha-guarda foram substituídos por uma geração mais nova de mafiosos ítalo-americanos, judeus, e alguns irlandeses-americanos. Um novo tipo de Máfia nasceu, baseada mais na filosofia de barões do roubo como Cornelius Vanderbilt, J. P. Morgan, Henry Ford e os Rockefelers do que em sociedades mafiosas da Sicília. Luciano, Lansky e alguns outros em Nova York eram vistos como mestres da dramática nova direção e eram assim estabelecidos como proeminentes membros da Comissão, um corpo de governo composto de líderes mafiosos de mentalidade parecida provenientes de Chicago, Cleveland, Kansas City, Filadélfia, Boston, Nova Orleans e todo lugar onde o submundo americano reforçava sua vontade.

Na primavera de 1933, Lansky abordou Luciano com uma proposta impressionante. Ele estava interessado em fazer um possível contato com o governo cubano. Queria "comprar" os cubanos para que a Máfia pudesse começar a desenvolver sua própria infraestrutura de jogo na ilha. A pessoa em quem Lansky estava de olho era um jovem militar ascendendo em cuba chamado Fulgencio Batista.

Não é sabido se Lansky realmente conhecia Batista nesse ponto ou meramente o designou como o ponto de entrada no volátil e complexo mundo da política cubana. De toda forma, Luciano gostou do que ouviu. A proposta fazia sentido. Com a Lei Seca chegando ao fim pela revogação do governo, a Máfia estava buscando se diversificar, e Cuba parecia o passo certo.

O chefe da Máfia italiana organizou um encontro dos mafiosos em sua opulenta suíte no Waldorf Towers do Waldorf-Astoria Hotel, em Park Avenue, no centro de Manhattan. Para um punhado de chefes mafiosos americanos selecionados, Luciano explicou: "Temos de expandir para algum lugar e precisamos de um local para mandar nossa grana onde continue rendendo e que também tire esses caras das nossas costas. Meyer tem ido para Havana e fez bons contatos. Em alguns meses, em agosto ou setembro, ele vai voltar e provavelmente vai fazer uma oferta. Pode nos custar um bolo já de saída, então é melhor todo mundo se preparar para colocar pelo menos meio milhão cada."

Anos depois, Luciano se lembrou da reação em relação a sua proposta financeira:

> "Foi como jogar uma bomba. Quinhentos mil dólares para iniciar um negócio, em 1933, não era ninharia. Chuck Polizzi de Cleveland começou gritando, e isso meio que me fez rir. Eu disse a ele que estávamos fazendo tanto dinheiro em Covington [um cassino da Máfia em Kentucky] que muitos dos caras estavam ficando ricos com isso, então como poderíamos reclamar sobre pegar uma

parte do montante que nunca pagaríamos impostos, para fazer ainda mais? Assentou bem na cabeça dele, e daí em diante não houve mais reclamações."

Lansky seguiu em frente com o projeto. Nas próximas semanas, o dinheiro foi reunido e colocado em malas. Lansky fez acordos para voar para Havana com o parceiro Joseph "Doc" Stacher, um colega judeu que ele conhecia desde os primeiros dias no Lower East Side. Stacher tinha a lábia das ruas e estava sempre com um charuto na boca. Havia sido um confidente íntimo de Lansky e empregado de confiança, ou menino de recados, desde que Meyer começou a explorar os *crap games* [jogos de dados] em Delancey Street. De acordo com Stacher:

> "Lansky e eu voamos para Havana com o dinheiro em malas e falamos com Batista, que não acreditava muito que poderíamos levantar esse tipo de grana... Lansky levou Batista de volta a nosso hotel, abriu as malas e apontou para o dinheiro. Batista apenas olhou para a grana sem dizer uma palavra. Então, ele e Meyer se cumprimentaram, e Batista partiu. Tivemos várias reuniões com ele na semana seguinte e eu vi que Meyer e Batista se entendiam muito bem. Demos a Batista uma garantia de US$ 3 a US$ 5 milhões por ano, contanto que tivéssemos o monopólio dos cassinos no Hotel Nacional e em todo canto da ilha onde os turistas estivessem. Além disso, prometemos uma porcentagem dos nossos lucros."

A operação em Havana estava agora em curso, apesar de a época não poder ter sido pior. No começo dos anos 1930, os efeitos da Grande Depressão haviam se estabelecido e a indústria do turismo em Cuba foi duramente atingida. O número de visitantes na ilha caiu vertiginosamente. Durante o pico dos anos de turismo de 1928-29, os estrangeiros visitando Cuba gastaram quase vinte e seis milhões de dólares. Em 1933-34, os lucros com o turismo caíram para abaixo de cinco milhões. Porém, mais do que isso, um redemoinho político estava varrendo a ilha. O brutal ditador cubano, Gerardo Machado

– que havia dominado o país por onze anos – fugiu para o exílio. Violentas represálias contra os machadistas que permaneceram assolaram o país. As pessoas eram sequestradas, torturadas e queimadas até a morte em praça pública. Corpos eram enforcados em postes de luz e jogados no canto da rua. Assim como foi no passado, a ilha se tornou uma terra tropical dos assassinatos por vingança e repressão política – não exatamente o clima ideal para uma expansão capitalista.

Como se isso não fosse ruim o suficiente, a Máfia tinha também um problema em sua casa. Em Nova York, um agressivo procurador distrital chamado Thomas Dewey havia colocado o crime organizado como a doença número um da América. Usando métodos que tiveram sucesso em derrubar Al Capone em Chicago, Dewey pôs contra a parede vários chefões da Máfia por questões tributárias. Em 1935, Dewey se tornou promotor especial do estado de Nova York; foi então que ele foi atrás de Luciano, indiciando-o não por sonegação de impostos, mas por noventa atos de exploração da prostituição.

Luciano tirava dinheiro de uma grande variedade de contravenções, algumas das quais ele operava diretamente e algumas das quais ele simplesmente recebia tributos por permitir que outros operassem. Poucas pessoas além de Tom Dewey e outros no escritório sentiam que Luciano estava diretamente envolvido em prostituição. Não importava realmente. Desde que ele removeu o Mustache Petes da velha guarda, Luciano se tornou uma celebridade na imprensa. Usava ternos caros, saía na Broadway, e basicamente esfregava sua notoriedade nos narizes dos cidadãos respeitadores da lei e tementes a Deus. Era um chefão da Máfia, e todo mundo sabia disso. Tudo o que Dewey tinha de fazer era mostrar que a prostituição organizada em Nova York de fato existia, e ligar Luciano a isso de alguma maneira, para conseguir um veredicto de culpado.

O julgamento foi um circo, com algo como sessenta prostitutas e cafetinas tomando o picadeiro. Luciano sorriu e conversou com repórteres por grande parte do julgamento. Quando tomou a palavra para testemunhar em sua defesa, Lucky apresentou uma grosseira negligência da verdade. Ficou chocado quando o veredicto de culpado por todas as acusações foi anunciado, e mais chocado ainda quando, em 7 de junho de 1936, o juiz o atingiu com uma sentença de trinta a cinquenta anos de prisão, a sentença mais longa já dada nos Estados Unidos por exploração da prostituição.

Desde então, até sempre, Luciano manteve que foi incriminado por uma acusação falsa. Muitos observadores que o conheciam – até mesmo aqueles que declarariam de bom grado que ele era um pilantra profissional com vasto histórico criminal – juraram que ele não era culpado das acusações que o condenaram.

Meyer Lansky ficou longe do julgamento de seu amigo. O Little Man tinha pavor de publicidade. Ele e Luciano tinham um advogado em comum, Moses Polakoff. Através de Polakoff, Lansky passou o recado para seu amigo que, daquele dia em diante, faria tudo a seu alcance para reduzir a sentença ou ter a sentença revogada. Mas Lansky era um apostador profissional; ele conhecia suas probabilidades. Reverter a sentença de Luciano era uma chance em um milhão.

Luciano era um dente essencial na engrenagem. Com Lucky longe, na cadeia, os sonhos de Lansky de um império em Havana pareciam ser apenas mais um flerte passageiro.

PARA O SUBMUNDO AMERICANO – e, em particular, os membros do sindicato de Nova York – a prisão de Charlie Luciano era um inconveniente, mas não um golpe definitivo. Para grande parte, os negócios continuavam como sempre. Mesmo que ele estivesse na prisão, Lucky ainda era considerado um tomador de decisões no alto escalão e ainda recebia sua parte por vários crimes. Ninguém deveria relaxar só porque um dos chefes estava "longe na escola". A pessoa que assumiu o papel de Luciano como presidente do conselho foi Francesco Castiglia, codinome Frank Costello, um amigo próximo de infância tanto de Luciano quanto de Lansky. Era trabalho de Costello supervisionar as operações do dia a dia do Sindicato e servir como olhos e ouvidos de Luciano no corpo de governo de várias cidades conhecido como a Comissão.

Na esteira dos processos contra grandes mafiosos que culminaram na impressionante condenação de seu parceiro e sócio de muitos anos, Meyer Lansky se tornou difícil de ser encontrado em Nova

York e arredores. Ele se mudou para o interior e abriu um luxuoso cassino em Saratoga Springs, uma cidade de corridas de cavalo com uma longa história no submundo. Ele abriu o Colonial Inn e outros estabelecimentos luxuosos no sul da Flórida. Como parceiro de Costello, ele fez uma pequena fortuna monopolizando o negócio de *jukeboxes*, especialmente no estado de Louisiana. Ao mesmo tempo, formou parceria com um grupo de mafiosos judeus em sua grande parte de Cleveland conhecido como a Mayfield Road Gang. Com esse grupo e seu antigo amigo Doc Stacher, Lansky fundou a Molaska Corporation, uma empresa que produzia visivelmente melado em pó para destilar rum. Provando que os velhos hábitos custam a morrer, a empresa destilava sua própria bebida para ser vendida – barata e sem impostos – para os velhos contrabandistas de Lansky ao redor dos Estados Unidos.

Lansky tinha muito em seu prato. Ainda assim, Cuba acenava. Como ele disse anos depois: "Eu não conseguia tirar aquela ilhazinha da minha cabeça."

Em algum ponto no meio dos anos 1930, Meyer foi cofundador de uma nova empresa chamada Cuba National, que aumentou sua participação na posse parcial do Hotel Nacional em Havana. Lansky, Frank Costello e um notório chefão da Máfia de Nova Jersey chamado Abner "Longy" Zwillman estavam no corpo da empresa. Logo depois de ter sido formada, a Cuba National se fundiu com a National Cuba Hotel Corporation, uma empresa maior que iria acabar se tornando parte da cadeia de hotéis Hilton. A nova versão da Cuba National de Lansky tinha base em Miami, com escritórios na Flagler Street.

Ao estabelecer uma afiliação de negócios com o Hilton Hotels, Lansky estava preparando terreno para futuros empreendimentos em Cuba. Era o tipo de pensamento a longo prazo pelo qual ele acabaria se tornando famoso.

No final de 1937, durante um intervalo na época de corridas em Saratoga, Lansky foi chamado ao Caribe por Batista. O homem que ele havia destacado como sua maior aposta em Cuba estava agora firmemente no poder como cabeça do exército cubano. Vários presidentes-fantoches vieram e foram. Com o negócio do turismo na ilha em recesso durante os anos da Depressão, tanto o Gran Casino Nacional quanto o Hipódromo Oriental Park estavam em decadência. Um velho contato de Lansky, chamado Lou Smith, havia sido contratado para limpar e operar a corrida no Oriental Park. A pedido do Coronel Batista, Smith repassou o trabalho de gerenciar os dois cassinos do hipódromo para seu amigo e benfeitor Meyer Lansky.

Lansky agora havia se tornado um especialista em cuidar das operações de cassinos. Ele havia estabelecido uma grande rede de funcionários do jogo – distribuidores, crupiês, pit bosses e gerentes de salão – em quem ele podia confiar. Ele importou alguns desses para a estação de turismo de Havana em 1938-39 e, novamente, em 1939-40.

Lansky também havia instituído algumas reformas e inovações. Em 1939, para marcar a abertura do renovado cassino do hipódromo, ele veio com a ideia de presentear os apostadores com um "Tíquete Dourado" para ser entregue numa cerimônia. Recebido numa recepção especial, o Coronel Batista foi homenageado e recebeu uma chave de cortesia para o cassino.

Pela primeira vez, Lansky ficou e pode conhecer Cuba um pouco. Ele trouxe sua esposa, Anne, e dois filhos pequenos para a viagem. Ele apreciava a formalidade espanhola do velho-mundo do país e sua atmosfera lânguida, mas o que mais o impressionava era o nível de desenvolvimento de Cuba e a abertura para a corrupção política. A ilha toda estava lá para ser levada.

Deve ter sido frustrante: apesar de Lansky agora ser um operador do jogo em Havana, não foi no nível que ele imaginara. Ele gostaria de ter iniciado o plano visionário que ele e Luciano originalmente discutiram, mas ele estava em apuros. Como judeu operando com um universo criminoso que era altamente centrado na Máfia, ele não podia assegurar um esquema tão grandioso sozinho. Era necessário suporte financeiro e aprovação da Comissão. Dada a ligação de Lansky com a Máfia, se ele tivesse tentado fazer um movimento independente lá, certamente haveria consequências violentas. Muitas pessoas teriam levado tiros, facadas ou seriam surradas até a morte. Corpos iriam ser encontrados em porta-malas, selados em tonéis de 10 galões ou enrolados em tapetes e jogados na estrada de Nova Jersey. Lansky não gostava de violência; na verdade, sua reputação foi construída por sua habilidade de evitar desnecessárias revoltas no submundo. Lansky era conhecido por organizar e negociar de forma que todos sentiam que estavam recebendo uma fatia justa do bolo.

Seu maior obstáculo individual era ter Luciano trancado no interior de Nova York. Mesmo se Lansky conseguisse a aprovação da Comissão, ele não poderia ir em frente sem seu amigo: a ideia toda da operação em Cuba havia sido gestada em conjunto por Lansky e Luciano. E Charlie nunca iria permitir que o plano fosse em frente sem ele, pois acreditava que podia de alguma forma manipular o sistema e ser libertado (uma aflição comum a muitos mafiosos encarcerados).

Lansky achava que Charlie estava se iludindo. Por um tempo, havia ajudado a reunir evidências que poderiam reverter a sentença de Luciano, mas que não deram em nada. No fundo, Lansky havia perdido as esperanças e veio a crer que Lucky estava condenado. Então, o inimaginável aconteceu.

Em abril de 1942, Lansky foi visitado pelo advogado que dividia com Luciano, Moses Polakoff, que por sua vez havia recebido uma proposta impressionante.

Aparentemente, com os Estados Unidos agora profundamente emaranhados na guerra na Europa, a inteligência naval americana havia perdido o ímpeto com a quantidade de navios americanos e britânicos sendo afundados por submarinos alemães. Só no mês de março, cinquenta navios foram incapacitados. Não apenas isso, mas sabotagens no Porto de Nova York atingiram uma proporção debilitante. Parecia que a frente naval de Nova York estava despedaçada por espiões alemães – e, possivelmente, italianos, que estavam dando dicas ao inimigo quanto à localização e recursos das forças navais dos aliados.

Essa possibilidade havia sido ressaltada de forma dramática quando, naquele fevereiro, o transatlântico *Normandie* afundou em chamas enquanto atracava no lado oeste de Manhattan. O *Normandie* estava em processo de ser convertido num carregador de tropas gigante, renomeado de *Lafayette*. Sua alta velocidade o teria tornado um alvo difícil para os submarinos alemães que estavam patrulhando o Atlântico, afundando literalmente centenas de embarcações aliadas.

Múltiplos incêndios queimaram sobre todo o *Normandie*. Parece que haviam provocado fogo em várias partes do navio. Apesar dos esforços dos bombeiros locais em apagar as chamas, o enorme navio acabou virando de lado e desceu na água como uma baleia encalhada.

Se a destruição do *Normandie* foi ou não um ato de sabotagem, nunca foi provado; de toda forma, foi uma vitória psicológica tremenda para as forças do Eixo. Os nazistas já estavam ganhando a guerra em mares abertos; agora, eles pareciam ter encontrado uma forma de penetrar na zona portuária americana e provocar destruição a bel prazer.

Para frustrar esse ataque, a inteligência naval americana veio com uma nova estratégia. Já que era comumente acreditado que as forças do crime organizado controlavam muitas das atividades comerciais no Porto de Nova York, por que não alistar a Máfia como seus olhos e ouvidos na zona portuária?

Joseph "Socks" Lanza, um marginal que mal havia estudado e era considerado o favorito da Máfia no Mercado de Peixe Fulton – o epicentro do Porto de Nova York – ficou chocado quando foi contatado pela Marinha dos Estados Unidos. Foi pedido abertamente a ele que, como um "patriota americano, você e seus amigos poderiam ajudar seu país neste momento de necessidade a desmascarar espiões e sabotadores no porto?"

Lanza respondeu que ele não tinha a autoridade para tomar essa decisão em nome de seus "amigos." O único homem que poderia dar esse tipo de ordem para todos os postos da Máfia, e fazer com que ela fosse seguida, era Lucky Luciano.

A marinha então procurou Moses Polakoff. Mesma pergunta: seu cliente poderia ajudar seu país neste momento de necessidade? Polakoff sentiu que o próprio Luciano ficaria de fato interessado em pensar sobre essa ideia, mas ele acreditava que a proposta teria de ser feita por alguém que estivesse em seu fechado círculo de amigos e parceiros. Polakoff recomendou Meyer Lansky.

Um encontro aconteceu no restaurante Longchamps, na West 58th Street, no centro de Manhattan. Os participantes foram o procurador assistente do distrito de Nova York, Murray Gurfein, que era cabeça do Rackets Bureau, Moses Polakoff e Meyer Lansky. Depois de explicar a situação para Lansky, como havia sido explicada a ele pela inteligência naval, o procurador assistente perguntou ao chefe da Máfia: "Podemos confiar em Luciano?"

"Claro que podemos," disse Lansky. "Dou minha garantia."

Posteriormente, naquela tarde, no quarto 196 do Astor Hotel em Manhattan, Lansky encontrou o tenente-comandante Charles Radcliffe Haffenden, cabeça da seção B-3 (de investigação) da equipe de inteligência do Terceiro Distrito Naval. Numa mesa na frente de Haffenden estava um dossiê sobre Meyer Lansky que se lia em parte:

> [Lansky] foi uma figura importante em operações de contrabando e hoje é ligado à produção, venda, distribuição e arrecadação do dinheiro de *jukeboxes*. É amigo pessoal de cada líder importante de Máfia e homem do crime nos Estados Unidos. Está profundamente envolvido com o jogo ilegal.

Haffenden reiterou a posição da marinha para Lansky, que se recordou:

> "Ele foi obviamente bem informado sobre meu passado. Eu podia ver o dossiê em sua mesa. Ele foi muito cuidadoso e educado comigo. Ele disse que sabia que eu tinha uma reputação de gângster, mas também sabia que eu era firmemente contra os nazistas. Ele apelou para que eu fosse um bom americano e que pensasse nos judeus sofrendo na Europa."

Lansky não hesitou. Cumprimentou com a mão o comandante e disse: "Pode contar comigo, e eu acredito que Charlie Luciano vá seguir o plano." Lansky sugeriu que, para poder facilitar a proposta para Luciano, o chefe da Máfia deveria ser transferido da Prisão de Dannemora, no extremo norte do estado de Nova York, para Comstock, que ficava perto de Albany.

"Eu cuido disso," disse Haffenden.

Um mês depois, Lansky e Polakoff estavam num trem para Albany, onde foram recebidos por um motorista que os levou pelo resto do caminho a Comstock.

Enquanto isso, Charlie Luciano não tinha ideia do que estava acontecendo. Ele havia ouvido que havia sido transferido de Dannemora para Comstock por "razões administrativas." No final de uma manhã em maio, ele foi levado pelo diretor do presídio a uma sala especial de interrogatório e instruído a esperar por visitas.

Nos seis anos que Luciano havia passado na prisão até aquele momento, ele havia recebido poucas visitas de seu irmão e irmã, mas não havia colocado os olhos em Lansky desde seus últimos dias de liberdade na cidade de Nova York.

"Quando ele nos viu, mal pôde acreditar em seus olhos," lembrava-se Lansky. "Ele esticou os braços e gritou: 'O que estão fazendo aqui?' Charlie balançou os braços e me beijou. Ele nunca havia feito isso antes, mas estava muito empolgado."

E assim começou uma das alianças menos ortodoxas na história do submundo americano. Numa série de encontros entre a Máfia e os militares, Luciano jurou sua total cooperação com o esforço de guerra dos Estados Unidos. Ele ordenou que se espalhasse pela zona portuária a notícia de que qualquer um em "atividade suspeita" prestaria contas. Os resultados foram imediatos. Em 27 de junho de 1942, o Federal Bureau of Investigations (FBI) anunciou que oito agentes secretos alemães haviam sido presos em Nova York e Chicago. Eles haviam desembarcado de um submarino na Flórida e Long Island e trouxeram a solo explosivos e mais de 170 mil dólares em dinheiro, além de mapas e planos para uma campanha de ataque de dois anos a bases de defesa, ferrovias, sistemas de água e pontes. O FBI levou a fama, mas o papel crucial em encontrar os sabotadores de Long Island havia sido desempenhado pelos agentes B-3 do Comandante Haffenden, usando contatos da frota de pesca passados por Socks Lanza, Luciano e Lansky.

Houve prisões similares nos meses seguintes, e os ataques a navios aliados no mar tiveram uma pausa. Posteriormente na Guerra, Luciano, a pedido da marinha, também forneceu ao Exército Americano importantes informações logísticas em apoio a Invasão Aliada na Sicília, em julho de 1943. O negociador entre Luciano e os militares era sempre Lansky, que até recebeu seu próprio número de código como um contato de inteligência naval. Todo o projeto recebeu um codinome: Operation Underworld [Operação Submundo].

Durante todo o tempo da cooperação secreta de Luciano com a inteligência militar, nunca houve um acordo *quid pro quo* de que o chefe da Máfia seria libertado mais cedo da prisão. Da forma como o acordo foi sugerido ao advogado Polakoff, era de que a cooperação de Luciano seria passada ao conhecimento dos poderosos quando fosse o momento certo – presumidamente, quando a guerra acabasse. Que é por isso que no Dia da Vitória, em 8 de maio de 1945, Moses Polakoff emitiu uma petição para garantir clemência executiva em benefício de seu cliente, Charles Luciano.

Imediatamente, houve um problema com a marinha, que havia decidido que a Operação Submundo não era um assunto apropriado para o conhecimento público. Foi criado um acobertamento. Levaria sete meses até Polakoff conseguir garantir os depoimentos juramentados necessários e apresentá-los ao Governador Dewey.

Naquele momento, Dewey não tinha todos os detalhes, mas tinha o suficiente para declarar publicamente: "Com a entrada dos Estados Unidos na Guerra, a ajuda de Luciano foi buscada pelo Serviço Armado para induzir outros a trazer informações sobre possíveis ataques inimigos. Aparentemente, ele cooperou nesse esforço, apesar do verdadeiro valor da informação obtida não estar clara."

Em 4 de janeiro de 1945, o prisioneiro número 15684 de Comstock ouviu que seu antigo oponente, Tom Dewey, havia concedido a ele uma "comutação especial de sentença". Porém, a euforia de Luciano durou pouco tempo. Em poucos dias ele também descobriu que, como condição de sua comutação, ele estava sendo deportado dos Estados Unidos para a Itália.

Meyer Lansky não foi à famosa festa de despedida que foi feita a bordo do *SS Laura Keene* e que recebeu, entre outros, o Senador Eduardo Suarez Rivas, de Cuba. Lansky sabia que provavelmente haveria repórteres lá. Em todos esses anos na Máfia, seu retrato nunca havia aparecido nos jornais, e seu nome raramente foi mencionado junto daqueles chefes da Máfia mais conhecidos, como Luciano, Capone e Costello. Era assim que Lansky gostava.

Além disso, ele teve sua chance de dizer boa viagem a Lucky dias antes. Num escritório do Serviço de Imigração e Naturalização (INS) em Ellis Island, onde Luciano ficou mantido antes de sua deportação, Lansky trouxe dinheiro e alguns pertences pessoais ao seu amigo. Apesar do fato de que Luciano veria a liberdade pela primeira vez em nove anos, ele estava de mau humor. Dada a sua contribuição aos esforços de guerra dos EUA, ele sentiu que era uma injustiça ser deportado como um mero ser "indesejado."

Foi então que Lansky acalmou a fera selvagem pronunciando a palavra mágica: Cuba.

O PRIMEIRO A CHEGAR na conferência da Máfia em Havana foi Vito Genovese, dias antes da data oficial marcada para o encontro começar. Genovese mansdou uma mensagem para Luciano informando que ele chegaria cedo porque queria ter alguns dias para se deitar na praia. Luciano não acreditou nisso um só segundo. Aos quarenta e nove anos de idade, Genovese era curvado e enrugado, uma criatura da noite. No sol, ele iria murchar e morrer, como um vampiro.

Genovese era um mafioso da velha guarda que conhecera Charlie Lucky desde antes da Guerra Castellammarese no final dos anos 1920. Na Máfia, havia muitas regras para jogar: havia táticos, os fazedores de dinheiro e os matadores. Genovese era um matador. Não um matador bruto de cabeça quente, mas um esperto assassino tático. De alguns assassinatos ele pedia que seus lacaios cuidassem. De outros, preferia cuidar ele mesmo. Seu método era o tiro, próximo e pessoal; de preferência um sangrento tiro na cabeça.

Durante vários anos, Genovese cuidara de assassinatos para Luciano, particularmente durante a Guerra Castellammarese. Mas isso não resultou numa ligação especial entre os dois homens. Ao contrário, Luciano nunca gostou de "Don Vitone," como ele às vezes chamava Genovese quando queria tirar sarro dele. Luciano acreditava que Genovese desejava ser *capo di tutti capi*. A posição de chefe de todos os chefes era algo que Luciano, Lansky e outros na Comissão haviam derrubado quando Mustache Petes foi eliminado e o Sindicato foi criado. Na última grande conferência da Máfia, que aconteceu no Statler Hotel, no centro de Chicago, em 1932, Al Capone sugeriu que o próprio Luciano aceitasse a posição superior. Mas Lucky recusou. "Nada dessa merda siciliana do velho-mundo", ele disse a Capone e aos outros doze chefes da Máfia reunidos na época. "Esta é a América. Todos nós teremos o mesmo status, como uma empresa."

Ao chegar a Havana, Genovese foi acomodado numa suíte na cobertura do Hotel Nacional, onde quase duas dúzias de homens chegando para a conferência se hospedariam. O acordo era de que não haveria reuniões fechadas. Todo mundo iria se reunir junto. O item mais importante da agenda era os planos da Máfia para Cuba e a posição de Luciano, agora que estava fora da prisão, há apenas 90 milhas da costa dos Estados Unidos. Outros itens de interesse para os membros individuais poderiam ser discutidos, mas abertamente, com a participação de todos.

Genovese tinha outros planos. Como Luciano se lembrava:

> "Eram alguns dias antes de eu esperar qualquer um, por volta de 20 de dezembro, quando Vito ligou na minha casa. Era um número particular, e ele pegou com Lansky. Ele me disse que ia chegar um pouco antes para descansar na praia. Mas eu conhecia aquele paspalho bem o suficiente para saber que ele não veio a Havana para se bronzear. Não era assim que ele operava. Eu sabia que ele tinha algo em mente... então, disse para ele vir almoçar na minha casa."

Na mansão de Luciano em Miramar, Genovese foi direto ao assunto: "Deixe-me dizer o que acho, Charlie. Acho que você devia desistir – quero dizer, se aposentar. É uma boa proposta. Você terá todo a bufunfa de que precisar. Te dou minha palavra pessoal sobre isso. Não vai ter de se preocupar com o que está acontecendo. Não vai ter de pensar em ideias para voltar a Nova York – o que vai ser bem difícil. E ainda vai ser o chefão, o *capo di capi re*. Todo mundo vai pensar em você como o cara que juntou tudo nos velhos tempos, e ainda vão vir a você quando precisarem de conselhos. Será como se você fosse o cabeça, mas eu vou estar cuidando das coisas no dia a dia. Só isso."

Luciano queria arrancar a cabeça de Vito lá mesmo:

> "Aquele filho da puta! Eu sempre soube que ele era um canalha presunçoso, então eu devia ter adivinhado que ele teria a coragem de vir até mim, no meu rosto – desde que não tivesse mais ninguém por perto. Tudo o que ele queria era assumir e me deixar de fora. A vida toda ele quis ser o chefão... Eu olhei para Vito bem calmamente, como se falasse com um menino de escola, e disse: 'Você esqueceu o que aconteceu em Chicago, quando deixei tudo arrumado. Não há Chefe dos Chefes. Eu coloquei isso na frente de todo mundo. Se eu mudar de ideia, então aceitarei o título. Mas não é você quem vai decidir. Neste momento, você trabalha para mim, e não estou no clima de me aposentar. Não me faça ouvir isso de novo, ou vou perder a cabeça.'"

No dia seguinte, quando Luciano contou a seu colega Lansky sobre o encontro em sua casa com Vito Genovese, ele fez de maneira brincalhona. Mas Lansky não viu graça na história. A coisa com que Lansky mais se preocupava era seu bebê – Cuba – e como colocar em prática o plano que tinha há anos de desenvolver e explorar a ilha. Ali estavam eles, dias antes da conferência de base no Hotel Nacional, e as pessoas já estavam descendo ao nível de encontros pessoais e subterfúgios.

Não era isso que o Little Man tinha em mente.

2
O *PLAYGROUND* DA MÁFIA

No clássico cinematográfico de Francis Ford Copola, *O Poderoso Chefão Parte II*, a conferência da Máfia em Havana é retratada como um tipo de final de semana sabático para a elite dos gângsteres. Numa cobertura em algum lugar da cidade (com Santo Domingo entrando no lugar de Havana), um bolo é apresentado para os mafiosos reunidos. Sobre a cobertura do bolo há uma imagem de Cuba desenhada com cobertura de açúcar. O bolo é cortado em pedaços e distribuído para os convidados. A imagem constitui uma metáfora poderosa e precisa – uma representação válida do pensamento por trás da conferência – com os mafiosos literalmente fatiando a ilha e dividindo os despojos entre eles.

Meyer Lansky é retratado livremente no filme como Hyman Roth. Diferentemente do Lansky da vida real, que tinha quarenta e quatro anos e estava em seu auge na época da conferência em Havana, Roth é um homem de setenta e poucos, perturbado por várias indisposições físicas. Lee Strasberg, o famoso professor de teatro de Nova York escalado para fazer Roth, interpreta o homem como um tipo de Leão de Inverno, um fatalista cujo único arrependimento é que não vai viver o bastante para ver os totais frutos de seu sonho do paraíso da Máfia em Cuba.

Na reunião da cobertura, o protagonista do filme, Michael Corleone, relata um acidente que viu mais cedo. Numa rua em Havana, um revolucionário político estava sendo detido pela polícia militar. Para não ser levado, o revolucionário detona uma bomba, levando sua própria vida e a do capitão militar.

"Ocorreu a mim," diz Michael Corleone, "que os soldados são pagos para lutar. Os rebeldes não."

"O que isso lhe diz?" pergunta Roth.

"Eles podem vencer," responde Don.

A conversa sugere uma presciência notável da parte do Chefão. A conferência na cobertura e outros acontecimentos no filme são apresentados como tendo ocorrido no *réveillon* de 1959, quando o governo de Fulgencio Batista cairia dramaticamente pelas forças dos rebeldes. Na vida real, a conferência da Máfia de dezembro de 1946 aconteceu enquanto Batista estava fora do poder, e muitos anos antes que o movimento revolucionário começasse a se aglutinar ao redor da então desconhecida figura de Fidel Castro.

O Poderoso Chefão Parte II é mais fiel à realidade histórica do que muitos filmes de Hollywood, mas ainda é uma obra de ficção. O grau em que o filme se tornou uma referência cultural sobre o tema da Máfia em Cuba, criando a representação visual e a mitologia que existe na imaginação de muitos americanos é um exemplo de como a história foi relegada ao nível de folclore, mais do que preservada como um fato.

Na verdade, a maior reunião de mafiosos americanos em catorze anos quase não saiu do chão. Luciano e Lansky tinham o poder de reunir duas dúzias de mafiosos do alto escalão, mas não tinham controle sobre a união de trabalhadores cubanos dos hotéis, o Sindicato Gastronômico. Três semanas antes da data marcada para a conferência começar, 480 empregados do Hotel Nacional entraram em greve. Quase imediatamente, os bares e salões, a cozinha e a garagem e terraço ficaram sem serviço. O restaurante e café do hotel eram apenas parcialmente servidos. Não havia ninguém para limpar as mesas, servir bebidas ou trazer os mundialmente famosos charutos de Havana para os clientes. Para os mafiosos americanos que deveriam chegar ao hotel para uma estadia prolongada durante o feriado de Natal, era um desastre em potencial.

A união exigia um aumento de 30%. A gerência do hotel ofereceu 25%. Normalmente, negociações trabalhistas em Cuba eram tratadas nos tribunais. Mas nessa ocasião havia um alto nível de preocupação dos poderosos. O Presidente Ramón Grau San Martín e seu primeiro ministro, Carlos Prío Socarrás, tiveram um interesse especial. Eles reuniram a gerência do hotel e representantes da greve no palácio presidencial e exigiram um acordo. Finalmente, a união recebeu seus 30%. Aparentemente, havia uma pressão política intensa para encerrar a greve, para que a iminente reunião de "dignitários" americanos pudesse acontecer sem obstáculos.

De 22 a 26 de dezembro, os últimos andares do Hotel Nacional foram fechados para o público. O acesso aos pisos era guardado por uma força de segurança particular. O hotel fechou suas portas para todos os interesses externos que não fossem diretamente ligados aos mafiosos americanos. A ninguém foi permitido entrar nas dependências – nem jornalistas, nem a polícia, nem os burocratas do governo cubano.

Os gângsteres vieram de longe e de vários lugares, de Buffalo, Nova York, Chicago, Cleveland, Nova Jersey, Louisiana e Flórida. A maioria, como Vito Genovese, era de membros do alto escalão da tribo. Albert Anastasia que posteriormente seria batizado na imprensa americana como "O Lorde Alto Executor da Máfia" estava lá, assim como Moe Dalitz, um mafioso judeu que fora parceiro de Lansky na Molaska Corporation. Frank Costello, substituto de Luciano como chefe titular do Sindicato enquanto Lucky estava na prisão e no exílio, também foi, assim como Doc Stacher, amigo de Lansky que ajudou a entregar um suborno secreto para o líder militar de Cuba, Batista, mais de dez anos antes. Representando a cidade de Nova Orleans estava Carlos Marcello, de herança siciliana. De Tampa, Flórida, vinha Santo Trafficante, que aos trinta e três anos era o mais jovem mafioso da reunião (veja o apêndice).

A primeira coisa que os "representantes" fizeram foi visitar a mansão de Luciano em Miramar para prestar homenagem e entregar envelopes cheios de dinheiro. O dinheiro foi ideia de Lansky, que sentia que Luciano merecia o "tributo". Naquela noite, 150 mil dólares em dinheiro foram entregues a Luciano, que mais tarde deu o dinheiro a Lansky como um investimento no cassino do Hotel Nacional.

Na primeira noite, o grupo evitou os negócios e se encontraram numa sala especial para banquetes no andar inferior do hotel. Um jantar de gourmet foi preparado, feito principalmente de pratos locais. Havia enchiladas de caranguejo e moluscos gigantes trazidos do arquipélago sulista. De prato principal, havia uma escolha de rosbife de flamingo, guisado de tartaruga, tartaruga assada com limão e alho e lagostim, ostras e peixe-espada grelhado da vila pesqueira próxima de Cojímar. Havia também cervo grelhado enviado por um ministro de Gamagüey, que tinha cabeças do animal e, a mais obscura delícia de todas, peixe-boi grelhado. Os hóspedes bebiam rum *añejo* e fumavam charutos Montecristo.

Posteriormente, os visitantes foram encorajados a aproveitar ao máximo sua noite inaugural em Havana. Uma frota de cinquenta carros com motoristas estava a postos. Dançarinas e *showgirls* dos três maiores clubes da vila – o Tropicana, Montmartre e Sans Souci – foram selecionadas e pagas por seus serviços, assim como as prostitutas da Casa Marina, o mais chique e renomado bordel da cidade. Uma série de festas aconteceu nos andares superiores do hotel, e os mais intrépidos dos visitantes saíram para experimentar o gostinho da vibrante vida noturna pós-guerra de Havana.

No dia seguinte, a primeira das três reuniões formais aconteceu no último andar do Hotel Nacional. Todos compareceram. Apesar de Luciano ser convidado de honra, foi Meyer Lansky quem apresentou os planos da Máfia para Cuba. De acordo com Doc Stacher, "[Lansky] estava cuidando da maior parte das finanças [dos mafiosos] e era a figura-chave no lucro deles no jogo. Meyer se mantinha nos fundos, como sempre, mas ninguém na reunião tinha a menor dúvida de quem segurava o chicote."

Entre as propostas que Lansky apresentou naquele dia estava sua ideia de transformar todo Caribe no centro da maior operação de jogo do mundo. Para começar, seriam compradas terras na Isle of Pines, uma pequena ilha cubana perto da província, a oeste de Pinar Del Rio, que estava no momento servindo de colônia penal. Foi plano de Lansky converter a ilha num tipo de Monte Carlo internacional, com enormes hotéis-cassinos e seu próprio aeroporto particular. Era um esquema maior do que em Las Vegas, maior do que qualquer coisa que o Sindicato já havia feito antes.

A maioria dos presentes na conferência se considerava astutos homens de negócios, apesar de poucos terem estudado além do ensino fundamental. Com um negócio no submundo, ninguém precisa ver gráficos bonitinhos de fluxo de caixa ou escutar complicadas teorias econômicas. Tudo o que uma pessoa precisa saber é se as pessoas certas estão ou não cobertas e, se não, quem precisava ser comprado, intimidado ou morto. Todos na sala sabiam que Lansky estava cultivando Cuba como uma fonte de pilhagem por mais de uma década. Estavam todos de acordo que a ilha se tornaria um belo lar longe de casa.

Dada a longa ausência de Luciano em comandar a Comissão e o vácuo que isso criou, houve outros tópicos para discutir. O assunto dos narcóticos dominava a conferência. O lucro no tráfico de heroína, cocaína e maconha tinha o potencial de ser o mais alto desde o contrabando de bebida, mas o lado negativo era substancial. Havia uma divisão inteira do Departamento de Justiça dos Estados Unidos dedicado exclusivamente a combater o tráfico de drogas: o Federal Bureau of Narcotics (FBN). Luciano, em particular, estava preocupado que o chefe do Escritório de Narcóticos, Harry J. Anslinger, estava há anos tentando abrir um grande processo contra ele relacionado aos entorpecentes. Envolvendo-se com as drogas, eles estariam dando ao "Asslinger" – como Lucky o chamava zombando – a munição. Como o chefe da Máfia posteriormente relembrou:

> "Eu devo ter falado por uma hora, talvez mais... Disse a eles que tinha se tornado claro para mim que havia muita grana a ser feita em todo o resto que tínhamos, por que arruinar isso com o perigo de brincar com lixo, que só iria trazer os federais ao nosso pescoço... Tentei fazê-los entender que tudo era diferente agora que a guerra havia acabado; nós éramos homens de negócio cuidando de negócios e dando às pessoas o que elas queriam de uma forma que não machucava ninguém... Claro, aqui e ali nós iríamos apertar alguns caras, mas por outro lado, olhe todo o dinheiro que estávamos colocando em circulação de outros homens de negócio comprando nossa proteção. Eu disse que não havia um político ou tira que pudesse segurar o dinheiro que dávamos a eles, que eles gastavam assim que recebiam, e que isso era bom para a economia americana – colocar dinheiro em circulação."

Colocar dinheiro em circulação era uma tática que qualquer homem de negócios poderia entender, e para a maioria dos gângsteres presentes não havia jeito melhor de circular o dinheiro do que lidando com os narcóticos. Os protestos de Luciano caíram amplamente em ouvidos surdos. Vito Genovese e outros estavam fazendo mais dinheiro com drogas do que qualquer outro criminoso, e eles sentiam que a posição de Luciano era baseada mais em seus problemas pessoais com Harry Anslinger e o escritório de narcóticos do que uma decisão de negócios. Mesmo Frank Costello, parceiro no crime de longa data e amigo de Lucky, o alertou para voltar atrás.

"Charlie, não bata com a cabeça na parede," disse Costello. "Siga com a maré."

Luciano deixou as coisas seguirem, com um senão: "Mas, por favor, me mantenham fora dessa" ele disse aos outros, "ou vou ter de colocar um anúncio no *New York Mirror* e declarar minha posição." Isso conquistou uma risada de todos na sala.

Outro grande item em pauta tinha a ver com Benjamin "Bugsy" Siegel.

Em toda história do submundo americano, não havia uma admiração mútua mais significativa do que entre Ben Siegel, Luciano, Lansky e Costello. Esses quatro homens se juntaram quando adolescentes e começaram uma vida de parceria que mudou a face do crime nos Estados Unidos. Inicialmente, Siegel e Lansky comandaram uma gangue de arruaceiros com uma mistura de italianos e judeus, conhecida pelos policiais de Nova York como a "Bugs and Meyer Gang". Posteriormente, quando Luciano e Costello se juntaram ao grupo, eles estavam entre os membros fundadores do império de contrabando de bebidas do país e vários outros crimes que se seguiram.

Siegel fora sempre o coringa no grupo. Diabolicamente bonito, mesmo quando novo, era metaforicamente um matador de mulheres, e assassino de homens num sentido mais literal. Acreditava-se que ele era um dos homens que havia matado Joe "The Boss" Masseria num restaurante em Coney Island em 1931. Ele foi acusado e condenado por muitos crimes, incluindo estupro, sequestro, roubo, jogo, furto, extorsão e inúmeros homicídios. Foram seus hábitos criminosos hiperativos que levaram Luciano, Lansky e outros na gangue a sentir que ele poderia estar melhor começando com uma ficha limpa em outra jurisdição.

Então no começo dos anos 1930, Siegel foi enviado para Los Angeles para farejar possíveis contravenções relacionadas ao ramo de cinema. Não demorou muito para ele se enturmar em Hollywood e ficar amigo de vários atores famosos, incluindo Clark Gable, Jean Harlow, Gary Cooper e Cary Grant.

No começo dos anos 1940, Lansky havia visitado seu colega de infância em Los Angeles e lançado um dos seus grandes esquemas. Juntos, eles voaram para uma empoeirada e desconhecida cidade de Nevada conhecida como Las Vegas, alugaram um carro e dirigiram pelo deserto. Era uma locação quente e desolada com pouco a oferecer, exceto por uma coisa: o jogo era legalizado no estado de Nevada. Lansky perguntou a Siegel: "E se construirmos um luxuoso hotel-cassino aqui e começarmos uma explosão de apostas?"

Levou um tempo para Ben se acostumar com a ideia, mas depois que se acostumou, fez com vontade. Com capital de investimento fornecido por Lansky e outros líderes da máfia, Siegel recebeu sinal verde para construir um elaborado hotel-cassino que iria acabar se chamando Flamingo.

Quase desde o começo, o Flamingo foi contaminado por custos além do previsto, alguns causados por eventos naturais como mau tempo, outros pela megalomania de Siegel. Um dos problemas parecia ser que os planos de Bugsy para o hotel se confundiram com seu romance com Virginia Hill, uma atriz precocemente fracassada que se tornou amante de muitos outros mafiosos antes de Siegel.

Na época da conferência de Havana, no final de dezembro de 1946, o projeto Flamingo, que inicialmente havia sido planejado com um milhão de dólares, havia se expandido para seis milhões e ainda estava inacabado. Os investidores de Siegel sentiram que ele havia se tornado um homem fora de controle. Mais perigosamente, eles sentiam que sua amante, Virginia Hill, podia tê-lo levado ao mundo negro da fraude e da traição. Apenas semanas antes da conferência de Havana, foi revelado que Hill esteve viajando pela Europa e depositara quantias significativas numa conta suíça. Os mafiosos Joe Adonis, os irmãos Rocco e Charles Fischetti de Chicago e outros presentes na conferência de Havana conheciam Virginia Hill. Ela tinha, em vários momentos, sido amante de todos eles, que sabiam de seus encantos e artimanhas. Tudo levava a crer que Siegel havia sido influenciado por Hill e que juntos eles estavam desviando dinheiro do Flamingo para seu ganho pessoal.

Nesses vários anos desde a conferência de Havana, ainda não ficou claro quem deu a ordem de dar um aperto em Ben Siegel. Em sua autobiografia póstuma, *The Last Testament of Lucky Luciano*, Luciano aparece dizendo:

> Não havia dúvida na mente de Meyer de que Bugsy havia desviado a grana da construção do cassino. E ele tinha certeza de que Siegel estava preparado para tirar o corpo, caso o teto fosse cair nele. Todo mundo escutava muito atentamente enquanto Meyer explicava isso. Quando acabou de falar, alguém perguntou: "O que você acha que devemos fazer, Meyer?" Lansky disse: "Há apenas uma coisa a fazer com um ladrão que rouba de seus amigos. Benny tem de ser derrubado." Então foi colocado em votação... O resultado foi unânime, e Bugsy estava com os dias contados.

Até sua morte, Lansky foi firme em dizer que não foi ele quem deu a ordem de matar Ben Siegel. Ao contrário, ele tentou salvar sua vida. Doc Stacher fala amplamente sobre o tema em *Meyer Lansky: Mogul of the Mob* de Dennis Eisenberg, Uri Dan e Eli Landau:

> Meyer fez tudo o que pôde para salvar seu amigo. Ele implorou por paciência aos chefões, até Bugsy abrir o hotel "e então podemos acertar a questão com ele se descobrirmos que estava trapaceando a gente"... Foi a primeira vez que ouvi Meyer ser tão emotivo... Meyer não podia negar que Siegel havia traído a confiança depositada nele, mas implorou para que todo mundo se lembrasse do grande serviço que Bugsy havia prestado a todos. Eles olharam para ele com um rosto impassível, sem dizer uma palavra, e Meyer percebeu que o destino de Bugsy estava selado.

De acordo com Stacher, mais tarde foi decidido que Lansky deveria receber a oportunidade de "resolver os problemas que Bugsy havia criado para eles." Lansky deixou a conferência de Havana e fez uma rápida visita à Califórnia para ver Siegel. Mas quando ele voltou, disse a Stacher: "Não posso fazer nada com ele. Está tão em poder daquela mulher que não dá ouvidos à razão".

Seis meses depois, em 20 de junho de 1947, Ben Siegel morreu numa salva de tiros sentado no sofá da sala na casa de Virginia Hills, em Beverly Hills. O golpe de misericórdia foi um tiro que acertou Siegel no rosto, explodindo seu olho esquerdo para fora da órbita. O olho foi posteriormente encontrado intacto a 5 metros do corpo. Os atiradores nunca foram identificados e o assassinato permanece não solucionado até hoje.

Trinta anos após os tiros, Lansky ponderou sobre o assunto quando escreveu um relato conciso para uma possível biografia: "Se eu tivesse o poder de deixar Benny vivo, ele viveria tanto quanto Matusula [sic]. Foi um choque terrível para mim."

Visto que todos os participantes haviam partido, nunca será conhecido ao certo quem começou com a ideia ou deu a ordem de matar Siegel. Mas um fato é claro: a decisão coletiva que selou seu destino aconteceu no Hotel Nacional entre o esplendor e a "camaradagem" da conferência de Havana.

Após o término da conferência, alguns dos mafiosos ficaram em Cuba, enquanto outros seguiram seus próprios caminhos. O homem que fez tudo acontecer – Lansky – tinha alguns problemas pessoais complicados para lidar. Depois de correr para conversar com Siegel na Califórnia, ele se dirigiu a Miami, onde sua mulher pedia o divórcio.

Anne Lansky sempre teve problemas com o ramo de atividade escolhido por Meyer. Quanto mais tempo ele passava com seus notórios parceiros do submundo, mais Anne se afastava de seu marido e do mundo. Ela se tornou clinicamente deprimida e num dado momento até se submeteu a terapia de eletrochoque. Lansky ficava cada vez mais frustrado com a "fraqueza mental" de sua esposa. Num tribunal em Miami Beach, apenas cinco semanas após a conferência em Havana, Anne depôs que a opinião de Lansky sobre ela havia deteriorado nos dezoito anos de casamento:

> ANNE LANSKY: Ele não aprovava nada que eu fazia, fosse certo ou errado. Era sempre errado – não podia ser certo.
> JUIZ: Como ele agia quando encontrava um erro?
> ANNE LANSKY: Do pior jeito possível, houvesse alguém presente ou não – na frente dos meus amigos, ou da empregada, ou do mordomo, de qualquer um. Nada do que eu fazia era certo.

Lansky não contestou. Na verdade, foi Meyer quem contratou o advogado de Anne, Bernard Frank, o mesmo que o havia acompanhado até Havana para comprar maracas para Carmen Miranda. Em 14 de fevereiro de 1947 – Dia de São Valentim – os Lansky receberam oficialmente o divórcio.

Enquanto isso, de volta a Havana, Luciano estava curtindo o brilho da conferência da Máfia, que ele considerou um sucesso arrasador. As semanas que se seguiram foram repletas de festas e passeios no hipódromo. Ele também trabalhou no estreitamento das relações com políticos locais e recebeu a visita de um estimado amigo, simpatizante da máfia – ninguém menos que Francis Albert Sinatra, o astro mais popular da América.

Desde o começo de sua vida e carreira, Sinatra desenvolveu uma fascinação com os mafiosos que conheceu em Nova Jersey, onde foi criado, e através de suas viagens como cantor e florescente astro de cinema. O primeiro mafioso de quem ele se tornou amigo foi Willie Moretti, que também participou da conferência de Havana. Moretti foi o influente agente de apostas, extorsionário e assassino que "descobriu" o garoto magricela de Hoboken quando ele estava se apresentando em casas de beira de estrada e clubes locais. Em 1939, o maestro e músico Tommy Dorsey contratou Sinatra para ser cantor de sua banda por um salário de rei à época – US$ 125 por semana. A popularidade de Sinatra foi às alturas, graças principalmente aos jovens fãs, chamados de *bobby-soxers*, que lotavam seus shows e gritavam de adoração. O problema era que, não importa quantos hits Sinatra gravasse, ele estava preso num contrato com Dorsey – até que o líder da banda repentina e inexplicavelmente liberou Frank do contrato.

De acordo com a lenda do mundo criminoso, Willie Moretti visitou o camarim de Dorsey, colocou uma pistola em sua boca e exigiu que o líder da banda reconsiderasse os termos do contrato de Sinatra.

Dalí em diante, o cantor e astro foi um bajulador da Máfia. O amigo e colega cantor de Sinatra, Eddie Fisher, certa vez observou: "Frank queria ser um valentão. Certa vez ele disse: 'Prefiro ser um queridinho da Máfia do que Presidente dos Estados Unidos.' Acho que ele não estava brincando".

Na manhã de 11 de fevereiro de 1947, Sinatra pousou no aeroporto de Havana acompanhado por Rocco e Charles Fischetti, amigos seus e também convidados da conferência da Máfia no Hotel Nacional. Sinatra carregava consigo uma mala recheada com dois milhões de dólares, o equivalente a dezesseis milhões hoje. Ele supostamente entregou o dinheiro a Luciano, que alugou uma suíte no décimo oitavo andar do Hotel Nacional, um andar acima do quarto de Sinatra.

A chegada do cantor em Havana era em parte negócios, parte entretenimento. Do lado empresarial, ele havia começado a estabelecer um padrão de investir nos negócios da Máfia, que iria continuar através de sua vida. Com os irmãos Fischetti, ele era dono de uma porcentagem de uma revenda de carros. Também se acreditava que ele era um sócio oculto num cassino-boate que Willie Moretti planejava abrir em Palisades, Nova Jersey, e estava pensando em investir na construção de um hotel-cassino em Las Vegas.

A parceria entre Sinatra e a Máfia era uma via de mão dupla. De acordo com Luciano, ele e outros mafiosos investiram na carreira de Sinatra desde o começo. "Quando chegou a hora de colocar grana para lançar Frank ao público, nós colocamos," Luciano se lembra. "Ele precisava de publicidade, roupas, diferentes tipos de coisas musicais especiais e isso custava um pouco de dinheiro. Acho que foi uns cinquenta ou sessenta mil dólares. Eu dei sinal verde pro dinheiro e saiu dos fundos, mesmo que alguns dos caras tenham contribuído também com capital próprio."

Sinatra mostrou sua gratidão agindo ocasionalmente como entregador de dinheiro para a Máfia. Ele também trouxe bugigangas variadas – uma caixa para cigarros de ouro, um relógio de ouro e outros itens – que ele entregou como presentes para Luciano e outros mafiosos em Havana.

De acordo com um ex-funcionário do Hotel Nacional, Jorge Jorge, Sinatra também se apresentou em um encontro exclusivo de mafiosos na sala de banquetes do hotel. Jorge, que foi encarregado de servir Luciano e seus amigos porque falava inglês, às vezes levava café da manhã para uma suíte especial que foi preparada para Sinatra. Jorge se lembra que ele e outros entregadores do hotel frequentemente faziam serviço de quarto na presença de Sinatra, Luciano e Lansky, que iam e voltavam de Nova York, Sul da Flórida e Havana de forma regular. Jorge disse: "Nós vínhamos com as mesas, aquelas de rodinhas. E lá estavam Sinatra, Luciano e Meyer Lansky. Eles achavam que eu iria ouvir o que eles falavam, então mudavam de assunto. Esperavam eu servir o café da manhã... Quando eu terminava, eles olhavam para mim como para me dizer 'até logo' e eu saía."

Sinatra tinha um afeto especial por Luciano. Seus ancestrais italianos eram de Lercara Friddi, a mesma vila na Sicília onde Salvatore Lucania nascera. Apesar de que anos depois Sinatra fosse negar que era amigo íntimo de Luciano, testemunhas do Hotel Nacional pintaram um retrato diferente.

De acordo com um relatório escondido nos arquivos do Escritório de Narcóticos dos EUA, em algum ponto durante a estadia de Sinatra em Havana, ele e Luciano participaram de uma orgia. Os detalhes foram corroborados por Robert Ruark, um colunista de uma rede de jornais que foi o primeiro a noticiar a chegada de Sinatra em Cuba. Num memorando interno que Ruark escreveu para seu editor executivo no *New York World-Telegram*, Ruark apontou: "Eu ouvi do Sr. Larry Larrea [gerente geral do Hotel Nacional] que Frank Sinatra estava tirando férias em Havana e – para o evidente terror do Sr. Larrea – estava passando a maior parte de suas horas acordado com Lucky Luciano, o guarda-costas do Sr. Luciano e um grupo variado de apostadores e rufiões." Num encontro cara a cara com o gerente,

Ruark foi informado de que Sinatra, naquele exato momento, estava no andar de cima com Luciano.

"Eu não recomendaria que você fosse lá," o Sr. Larrea avisou o colunista. "O melhor que você pode esperar é ser expulso. São sujeitos bem durões. Estão cheios de mulheres, e não sei o quanto beberam." Ruark se lembra que também foi avisado pelo gerente para "não mandar minhas histórias sobre Sinatra e Luciano pelo Western Union. [O gerente] disse que era prática do escritório de telegrafia cubano imediatamente avisar os protagonistas das histórias sobre o tipo de matéria que se intencionava escrever, e que haveria uma boa chance de a história se perder, ser deturpada ou distorcida. Ele também disse que um escritor de uma história dessas poderia acabar com um 'nó' na cabeça."

A orgia no Hotel Nacional causou um rebuliço e tanto. Um informante contou posteriormente ao FBI que um "um avião carregado de garotas de programa" havia sido enviado para Havana como cortesia dos irmãos Fischetti. Foram enviadas para uma "festa no Hotel Nacional com participação de Sinatra." Junto a Luciano, outro convidado da festa foi o irmão mais novo de Al Capone, Ralph.

Em meio ao enorme bacanal, de alguma forma um contingente de escoteiras cubanas guiadas por uma freira católica teve permissão de visitar a suíte de Sinatra. De acordo com um relato guardado nos arquivos do Escritório de Narcóticos, as meninas estavam lá para entregar algum tipo de prêmio a Sinatra e passaram pela segurança "graças a uma série de erros desastrosos de várias pessoas." As prostitutas logo foram escondidas no quarto dos fundos. Quando as escoteiras entraram na suíte, havia garrafas no chão, lingerie pendurada nas luminárias e o ar estava cheio de um perfume barato. Sinatra entrou no quarto da frente de roupão e um lenço de seda como se não houvesse nada de errado. A sacanagem foi revelada quando quatro corpos nus caíram em risadas no quarto da frente. A freira e suas acompanhantes logo deixaram a suíte em estado de choque.

Sinatra e Luciano podem ter dado uma bela risada com a história, mas os desdobramentos iriam se mostrar desastrosos. O colunista Robert Ruark escreveu um artigo, *Dateline Havana*, que apareceu em vários jornais americanos. Apesar de deixar de fora a parte da orgia, em seu ataque a Sinatra, Ruark revelou pela primeira vez na mídia que Lucky Luciano estava morando em Havana:

> Estou intrigado com o motivo pelo qual Sinatra, objeto de adoração de milhões, escolhe passar suas férias em companhia de operadores condenados da marginalidade e bandidos de todos os tipos... Esteve aqui por quatro dias semana passada e sua companhia em público era Luciano, o segurança de Luciano e uma rica coleção de apostadores... Há especulações consideráveis de natureza repugnante por observadores que viram Frankie, noite após noite, com o Sr. Luciano no Gran Casino Nacional, o empório dos dados e o hipódromo.

O artigo foi explosivo. Sinatra negou tudo, dizendo: "Qualquer reportagem dizendo que eu fraternizo com marginais e criminosos é uma mentira deslavada." Posteriormente, ele ameaçou processar, reclamando que sua integridade havia sido atacada.

Para Luciano, as consequências foram ainda piores. Ele havia sido desmascarado sobre ter deixado a Itália e ter se estabelecido a apenas 90 milhas da costa dos Estados Unidos. Dada sua reputação como talvez o grande senhor da marginalidade do mundo, o governo dos EUA não iria ficar de braços cruzados enquanto Lucky violava os termos de sua libertação da prisão e gabava-se de sua liberdade. O mal estava à solta. Algo tinha de ser feito.

PARA O ESCRITÓRIO DE NARCÓTICOS dos Estados Unidos, o fato de que Luciano estava morando em Cuba não era segredo. Desde que chegou a Havana, informações eram passadas para os agentes por pelo menos dois informantes, funcionários do Hotel Nacional, sobre suas atividades na ilha. As autoridades americanas podiam ter ido atrás do infame chefe da máfia imediatamente se quisessem, mas Harry Anslinger decidiu que seria melhor colocá-lo sob vigilância. Um dispositivo de rastreamento foi colocado no telefone de Luciano, o que permitia que o Escritório mantivesse um registro de ligações de e para sua casa em Miramar. Seu paradeiro era relatado por vários informantes, incluindo a empregada cubana de Luciano e membros da Polícia Secreta Nacional.

O agente de narcóticos a cargo do caso de Luciano era J. Ray Olivera, fluente no espanhol. De novembro de 1946 em diante, Olivera enviou uma série de relatórios sobre as atividades de Luciano em Cuba. Através de sua rede de informantes cubanos, Olivera ouviu sobre muitos dos mafiosos cubanos que passaram por Havana. Ele também ficou sabendo que um cassino no elegante Hotel Presidente era de propriedade de Frank Costello, e que o antigo campeão de boxe, Jack Dempsey, frequentemente agia como entregador de dinheiro para a Máfia, assim como Frank Sinatra.

Entre os acontecimentos, Olivera recebeu informação sobre um atentado contra a vida de Luciano.

Aparentemente, na noite ou de 27 ou 28 de dezembro, apenas um dia ou dois após a conclusão da conferência de Havana, pistoleiros foram atrás de Luciano dentro do Gran Casino Nacional, localizado em Marinao, subúrbio de Havana. De acordo com o agente Olivera, durante o atentado contra a vida de Luciano, "ele foi levado pelos empregados para a entrada do cassino e os matadores, alheios ao movimento, saltaram do carro e deram buscas por ruas escuras cercando o cassino. Mas Luciano foi capaz de despistar os assassinos, já que uma patrulha cubana apareceu na cena e começou uma perseguição."

Num relatório para seu supervisor do distrito, Olivera declarou que no dia seguinte, Luciano estava de volta ao cassino. Estava sentado numa mesa com vários dignitários cubanos que incluíam seu amigo, o Senador Eduardo Suarez Rivas; o filho do senador, Pablito Suarez Arostegui, que era um conhecido marginal; Dr. Indalecio "Neno" Pertierra, um membro do Congresso que o agente Olivera descreveu como "o eixo dos gângsteres cubanos e americanos"; e o Senador Paco Prío Socorrás, irmão mais velho do primeiro ministro, cujo Escritório de Narcóticos Americano acreditava ser um dos grandes narcotraficantes da ilha. Também sentado na mesa estava Chester Simms, gerente de apostas do Gran Casino Nacional, um americano que Meyer Lansky trouxe para Havana no final dos anos

1930 para supervisionar reformas no cassino e que permaneceu se tornando um manda-chuva nos círculos de apostas cubanos.

Quando estavam em sua mesa, Luciano e seu grupo foram procurados por um coronel e um major da Polícia Nacional. Após interrogar brevemente Luciano e Simms, o policial anunciou que ambos estavam presos. Os dignitários cubanos na mesa imediatamente protestaram. Eles puxaram os dois poderosos policiais para um lado e um pagamento foi imediatamente feito. Os policiais partiram, mas não sem antes alertar Luciano e Simms: "Tomem cuidado. Aqueles assassinos da noite passada ainda estão por aí, e podem tentar de novo".

Quando os policiais partiram, o Senador Paco Prío insistiu que Luciano fosse para sua residência privada e se escondesse lá.

"Não," disse Pertierra, o congressista. "Ele deveria ir ao meu apartamento no Jockey Club, onde há homens armados todo tempo."

"Bobagem," disse o amigo de Luciano, o Senador Suarez. "Charlie vai ficar na minha casa, e Chester pode se esconder na fazenda."

Uma consequência do atentado contra a vida de Luciano foi que ele recebeu dois guarda-costas, Armando Feo e Miguelito Garcia. Feo, um pistoleiro experiente e antigo funcionário no cassino Montmartre, era conhecido por ser extremamente educado. Garcia, apelidado de "Trabuco," era um assassino e lendário conquistador de mulheres. De acordo com a empregada de Luciano, que posteriormente foi entrevistada pelo agente Olivera, "Esses guarda-costas comem e dormem com Luciano, apesar de Luciano não dormir sempre em casa. Às vezes, ele ficava uma semana fora de casa."

Feo e Garcia trabalhavam como um time: um dirigia o carro de Luciano enquanto o outro se sentava atrás com o chefe da Máfia, com uma bacamarte no chão ao alcance da mão.

Outro membro visível do time de segurança de Luciano era Clemente Carreras, apelidado de "Sungo," um antigo jogador de baseball de Havana de certo renome. Sungo trabalhava para o Congressista Indalecio Pertierra, que também era proprietário do Jockey Club. Pertierra às vezes emprestava Sungo como assistente pessoal. O jogador aposentado era frequentemente visto fazendo as refeições na casa de Luciano em Miramar e dirigindo seu carro, apesar de negar ser motorista de Luciano. Entretanto, ele contou ao agente Olivera uma história que pertence ao Hall da Fama do mafioso americano.

Sungo estava dirigindo para Luciano no dia em que o chefe da Máfia ouviu a notícia de que o gangster mais mortífero de todos os tempos, Al Capone, havia morrido. Capone estava vivendo em Miami e lutando contra os efeitos da sífilis terciária quando sofreu um ataque cardíaco e morreu em 25 de janeiro de 1947. De acordo com Sungo, quando Luciano recebeu a notícia, ele se sentou no banco de trás de seu carro e chorou como um bebê. Ele então olhou para Sungo e disse: "Al era um bom homem".

O Escritório de Narcóticos ficaria satisfeito em seguir Luciano, entrevistar aqueles que o conheciam e juntar um dossiê sobre suas negociações em Havana, não fosse pelo artigo de Robert Ruark. Por causa disso, Harry Anslinger mudou o tom inteiramente e, através do Departamento de Estado Americano, pediu formalmente que o governo cubano deportasse Luciano para a Itália.

O governo cubano hesitou. Dentro do palácio presidencial, o Presidente Grau San Martín teve um encontro com um grupo de poderosas figuras políticas. Entre elas estava o Primeiro Ministro Carlos Prío e também Alfredo Pequeño, ministro do interior. Era da opinião de todos que Luciano estava em Cuba com um legítimo passaporte italiano, que seu visto estava em ordem, e que ele não havia feito nada de ilegal em Havana. Não havia requerimento legal para expulsar Luciano, contanto que ele continuasse a se comportar de acordo com a lei.

Num memorando interno, o Presidente Grau decretou que o assunto de Luciano "não era de importância." O Ministro Pequeño teve uma reunião com o embaixador americano em Havana e explicou a posição do governo – uma posição sem dúvida influenciada pelo fato de que Luciano e Lansky haviam distribuído amplos subornos por Cuba. Desde o começo, o plano deles para Havana envolvia a preparação do terreno. Figuras-chave do governo – congressistas, senadores e operadores políticos, chegando até o palácio presidencial – foram comprados e comprometidos da mesma forma que havia sido feito em Nova York, Chicago, Miami e outras cidades onde os mafiosos haviam há muito fundado seu império no submundo.

Quando o governo cubano declinou em responder favoravelmente ao pedido do Departamento de Estado, o comissário do Escritório de Narcóticos, Anslinger, procurou o Presidente Harry S. Truman. Ele familiarizou o presidente do histórico criminal de Luciano, que incluía prisão por tráfico de drogas na juventude. Produziu memorandos e relatórios de agentes de campo que sugeriam que o tráfico de drogas na região havia aumentado e que Luciano era provavelmente um grande responsável por isso. Pediu que Truman fizesse o que fosse necessário para forçar Cuba a deportar Luciano e se esforçou para que seu pedido recebesse atenção pública no *New York Times* e por todo o canto. Depois que novas negociações com o governo cubano malograram, Truman deu um passo extraordinário: autorizou os departamentos americanos de Estado e do Tesouro a cortarem todos os suprimentos de medicamentos para Cuba até que o chefe americano da Máfia fosse mandado embora.

"Os EUA Suspendem Venda de Medicamentos para Cuba Enquanto Luciano Residir Lá" lia-se na manchete de 22 de fevereiro do *Times*. Um oficial do Escritório de Narcóticos foi citado no artigo:

> Há centenas de antigos mafiosos só esperando pela volta de seu mestre. É uma coincidência interessante que em três meses que Luciano tenha estado [em Cuba] nós recebemos neste país o primeiro grande carregamento de heroína europeia – no valor de US$ 250 mil... Acreditamos que o melhor lugar para ele é o lugar mais distante desta nação. Ele não deveria poder permanecer onde pudesse exercitar sua perigosa influência sobre o submundo americano.

A evidência de que Luciano estava diretamente envolvido no tráfico de heroína em Cuba era sutil. O Comissário Anslinger admitia isso em seu memorando confidencial ao secretário de estado em Washington em 21 de fevereiro. Anslinger escreveu que ele estava agindo "sob suspeita", não baseado em evidências. Mesmo assim, para o grande público, o envolvimento de Luciano com as drogas foi apresentado como uma conspiração flagrante.

De sua propriedade no bairro de Miramar, em Havana, Luciano se atualizava dos acontecimentos. Ele não podia evitar o pressentimento ruim que já havia tido nos dias minguantes do julgamento de prostituição, lá em 1936:

> "Liguei para Meyer e Frank Costello de Havana e conversamos sobre a situação. Eu sabia que o sistema americano de que você é inocente até que provem o contrário não valia para mim. Olhe o que aconteceu com Dewey. Então, se alguém dissesse que Charlie Lucky estava circulando drogas por Havana, bem, então os caras em Washington ficariam certos de que eu estava fazendo isso. As coisas não estavam bem."

Luciano não iria desistir sem brigar. Quando procurado por oficiais do governo cubano, que pediram que ele deixasse o país de bom grado, Lucky recusou. Sabendo que seu futuro como líder do submundo americano estava na balança, ele contratou um advogado cubano para montar um plano para reverter o embargo de medicamentos americanos fazendo Cuba cortar o suprimento de açúcar para os Estados Unidos. O plano nunca se materializou.

Em 23 de fevereiro – numa tarde de sábado – Luciano estava almoçando num restaurante no bairro de Vedado, em Havana, quando seis policiais chegaram e decretaram ordem de prisão. O Chefe de Polícia Benito Herrera, que era conhecido por ter sido comprado por Luciano e Lansky, não foi encontrado em lugar algum. "[Ele] não teve a coragem de fazer isso comigo pessoalmente," acreditava Luciano.

Ele teve alguns dias para acertar seus negócios, depois foi encarcerado no Campo de Imigração Triscornia, até que seu destino final fosse decidido. Luciano já havia visto isso antes:

> "[Triscornia] é a versão cubana de Ellis Island, mas que diferença. Era cercada de um grande pântano, quente como o inferno e tão úmido que suas roupas grudam no seu corpo. Eu sabia que não aguentaria aquilo por muito tempo. Era aquela velha história do que aconteceu comigo na Itália. Quando os Estados Unidos começam a espremer um pequeno país como Cuba, que escolha eles têm?"

MEYER LANSKY estava seguindo a batalha diplomática de seu amigo em Hallendale, norte de Miami, onde ele presidia o cassino Colonial Inn, e também de Nova York, onde tinha um apartamento em Central Park West. A situação com Luciano era problemática por vários motivos. Primeiro, havia a tentativa presunçosa de Lucky em se restabelecer como "chefe" e de alguma forma voltar aos Estados Unidos – um assunto separado do desenvolvimento de Cuba como base de operações. E havia a contraproducente queda de Luciano por uma vida luxuosa. Entre suas várias proezas em Havana, Lucky havia começado um romance com uma bela socialite americana nova-iorquina chamada Beverly Paterno. Eles circulavam por todos os pontos noturnos de Havana: a boate Sans Souci, as grandes mansões em Paseo Street, as roletas do cassino Montmartre. A Senhorita Paterno tinha tanto orgulho de sua ligação com o famoso mafioso que contratou uma firma de relações públicas para plantar fofocas no *Havana Post*, o jornal diário da cidade em língua inglesa. Isso, junto com a confraternização muito bem divulgada de Luciano com Frank Sinatra, literalmente selou seu destino.

Mesmo que Meyer tenha chegado à conclusão de que estaria melhor sem Luciano em Havana, ele dedicadamente procurou Fulgencio Batista para ver se algo podia ser feito. Batista, que havia deixado a presidência de Cuba em 1944, estava vivendo em Daytona Beach, na Flórida, e também numa suíte de luxo no Waldorf-Astoria em Nova York. Apesar de Batista não residir mais na ilha, tanto Lansky quanto Luciano acreditavam que ele ainda era o mestre dos fantoches na política cubana. Lansky convenceu Batista a criar rixa no governo de Ramón Grau San Martín, mas nada podia ser feito. Cuba simplesmente não podia sustentar a pressão de ter todos os medicamentos americanos cortados. Luciano teria de partir.

Em 29 de março, Luciano foi colocado num enferrujado cargueiro turco chamado SS *Bakir*. O navio foi rugindo ao mar, passando El Moro, a fortaleza colonial e o farol na boca de Havana Bay. Após cinco meses, a aventura de Luciano em Cuba terminou como havia começado: em alto mar. Para sempre, desde então, a memória desse tempo em Havana iria sobreviver, carregada de nostalgia por uma era de luxúria, boa vida e doce corrupção.

Para Lansky, o banimento de volta à Itália de seu parceiro de uma vida e sócio mais próximo era uma assustadora reviravolta. Publicamente, e com seus parceiros de negócios, ele manteve a visão de que era uma grande injustiça. Luciano não havia feito nada de ilegal: estava sendo perseguido. Mas a história mostra que a remoção de Lucky de Cuba era a melhor coisa que poderia ter acontecido com Lansky. Com sua tendência a caçar rabos de saia de classe e saltar sobre celebridades, Charlie Lucky havia causado mais problemas do que valia. A boa notícia era de que os planos da Máfia para Havana haviam sido inaugurados na conferência do Hotel Nacional, e ninguém poderia colocar o cavalo de volta no celeiro. Melhor ainda para Lansky: com Luciano fora do jogo ele era agora o chefão sem paralelos em Cuba. Estava livre para organizar e perseguir a questão como achava que devia, do modo Lansky de agir – silenciosamente, por trás de portas fechadas, em quartos cheios de fumaças, sem se desviar com intriguinhas de repórteres abelhudos de entretenimento ou homens da lei bisbilhoteiros querendo ensacar um poderoso mafioso.

Se os mafiosos americanos queriam apostar em Havana e na esperança de que seria um dia uma grande fonte de renda, eles não tinham escolha. Eles tinham agora de colocar o dinheiro num único homem: Lansky.

3
EL JUDIO MARAVILLOSO
(O MARAVILHOSO JUDEU)

NA LONGA HISTÓRIA DO SUBMUNDO AMERICANO, nunca houve ninguém como Maier Suchowljansky. Ele era um judeu cercado por americanos, um intruso na Casa de Roma. Apesar de ser parceiro de alguns dos maiores assassinos da história do crime organizado, não era sabido que tivesse matado ninguém com suas próprias mãos, e ele conquistou o que era uma distinção incomum para gângsteres da velha-guarda: ele viveu nos anos dourados e morreu de velhice.

Nascido em 1902 em Grodno, numa época em que a Polônia estava ocupada pela Rússia czarista, ele tinha dez anos de idade quando sua família fugiu do massacre dirigido aos judeus e se mandou para Nova York. Havia dezenas de milhares de famílias de imigrantes judeus na cidade grande, e a Suchowljansky era apenas uma delas. Foi na América que o nome de família foi mudado para Lansky. Meyer, três anos mais velho do que seu irmão Jake, era um estudante exemplar. Ele adorava aritmética, geografia e ciências, e sempre seguiu as regras na sala de aula. "Nossos professores eram rígidos" ele se lembrou anos depois. "Eles não toleravam bobagens. Eu amava a escola."

Por toda sua vida, Lansky confessou ter um grande gosto pela educação formal. Ele alegava que havia sido ensinado a recitar o Gettysburg Address de memória e havia aprendido "história de Roma à América." Ele também estudou e memorizou Shakespeare, especialmente *O Mercador de Veneza*. A fascinação de Lansky pela peça durante a vida toda pode ter algo a ver com o personagem Shylock, o agiota judeu de mão fechada. No submundo americano, o termo *shylock* – derivado de *O Mercador de Veneza* – podia ser substituído por *loanshark* [agiota], uma pessoa que empresta dinheiro a juros exorbitantes. Durante toda sua vida, Lansky conheceu e fez negócios com muitos shylocks. Para um amante de Shakespeare, a ironia era inegável.

A sala de aula era um lugar sagrado para Lansky, mas a vida fora dela tinha um jeito de rearranjar as prioridades de um garoto. Como muitos nos bairros de Brownsville, Brooklyn e depois em Lower East Side, onde os Lansky viveram num prédio lotado, a vida era uma luta. Durante toda sua vida, Lansky se lembrou do dia em que seu pai descobriu que seus pais, que ele acreditava serem abastados, haviam morrido sem deixar nada para ele. "Essa decepção sobre nossa pobreza presente foi um golpe terrível," lembrava-se Lansky. Seu pai entrou num estado de depressão do qual nunca se recobrou.

No Lower East Side, a pobreza significava falta de comida e roupas. Significava congelar de frio no inverno sem aquecimento, e verões úmidos e sufocantes cercados de concreto, lixo e esgoto a céu aberto. Doenças, especialmente tuberculose e outros males respiratórios, eram comuns. De noite, ratos do tamanho de pequenos cachorros corriam pelas ruas enquanto pessoas reviravam latas de lixo para encontrar algo para comer. Os Lansky não estavam entre os mais pobres dos pobres; toda semana, no Shabat, eles se reuniam e comiam *cholent*, um prato tradicional feito de carne e batata cozida. Mas a contagem dos centavos e a ansiedade sobre a falta de dinheiro para o aluguel, eletricidade e água eram o suficiente para esmagar o mais duro dos peregrinos.

O pequeno Meyer sentia como se tivesse perdido seu pai para a dura realidade da vida, e resolveu nunca deixar se vencer pela pobreza. "Mesmo quando pequeno, eu me lembro de jurar para mim mesmo que, quando crescesse, seria muito rico," ele disse anos depois.

Seu último nível de educação formal foi a oitava série. O desejo de criar oportunidades financeiras para si mesmo e sua família levaram o garoto para fora da sala de aula que ele amava e para as ruas do Lower East Side. Na época, o bairro estava repleto de imigrantes vivendo uns sobre os outros no que era a região mais densamente populosa dos Estados Unidos.

Nas ruas, um garoto tinha de ser ou esperto ou durão, de preferência ambos. Lansky era pequeno para sua idade – "magro como um palito de fósforo," de acordo com um vizinho – mas ele sabia que, no mundo além da escola, mais cedo ou mais tarde um garoto teria de se erguer e mostrar do que era feito. Para Meyer, isso chegou no dia em que ele estava caminhando para casa com um prato de comida para sua família e parou perto de uma gangue de arruaceiros irlandeses. Um deles tirou uma faca e exigiu que Lansky abaixasse as calças para que eles vissem se ele era circuncidado. Agindo por instinto, Lansky arrebentou o prato de comida no rosto do líder da gangue. Ele foi pego pela gangue e apanhou muito, mas se defendeu com valentia. A vontade de Lansky em demonstrar força nesta e em outras ocasiões iria acabar convencendo os valentões irlandeses e italianos no seu bairro de que ele não era de brincadeira.

Logo o garotinho judeu iria ser conhecido mais por sua esperteza do que por sua força física. A atividade que iria estimular a imaginação de Lansky e finalmente provar ser sua salvação era o jogo.

Desde o começo, Lansky aprendeu que jogos de azar atingiam alguns homens onde eles não podiam respirar. "O jogo acerta o cerne do homem," certa vez ele notoriamente colocou. A maior parte de sua vida seria gasta lucrando com a verdade dessa máxima. Começou em Delancey Street com jogos de rua, que Meyer organizava e controlava. As regras da selva eram tais que uma porcentagem de todos os lucros iam para os chefões da vizinhança – a maioria italianos e alguns judeus. Os irlandeses eram representados por policiais locais, que também tinham sua participação. Entre os mais proeminentes financiadores do submundo estava um príncipe entre os homens que iria se tornar talvez o único mentor que Meyer Lansky já teve.

Arnold Rothstein era um judeu, como Lansky. Havia estabelecido sua reputação no Lower East Side e arredores, onde ele parecia ter conexões políticas, assim como ser popular entre os apostadores e fofoqueiros. Ele se vestia como um astro em ternos de lã feitos sob medida, com abotoaduras com brasões, gravatas borboletas de bolinhas, meias brilhantes e um chapéu de feltro. Apesar de Rothstein ter construído seu nome inicialmente nos clubes políticos e salões de dança ao redor do Bowery, ele logo levou seu ato para o centro na Broadway. Foi lá que ele cultivou um relacionamento com o jovem

Meyer Lansky e se tornou inspiração para a carreira criminosa que iria correr pelos Estados Unidos e chegar até Cuba.

Rothstein era esperto e sutil. Era conhecido de várias maneiras, como "o homem do centro", "o cérebro" e "o grande investidor." Os jornais o descreviam como "um esportista", "um apostador" e "o homem que estabeleceu a World Series de 1919", mas ele era muito mais do que isso. Um contrabandista, explorador trabalhista, agiota e traficante, Rothstein literalmente inventou o processo no qual lucros ilegais encontram seu caminho de volta ao sistema para gerar mais lucros ilegais. Ele era o sistema bancário central do submundo, um homem que financiava a carreira de vários gângsteres e recebia um retorno do investimento de 75% a 90%. Era um grande trapaceiro e vigarista, mas nunca foi condenado por um único crime.

Rothstein também era um criador de mitos. Ele entendia o apelo do lado obscuro para um tolo mediano. Vindo de uma origem modesta no Lower East Side, ele sabia que parte do que faz o mundo do crime irresistível – uma arena na qual jovens podem ser atraídos como mariposas ao fogo – envolve criar um meio, em parte realidade, parte ficção, em que todos querem estar. Rothstein frequentava o restaurante Lindy's na Times Square e fofocava com repórteres, homens da música e da dança, e famosos atletas. Ele conhecia o escritor Damon Runyon e se tornou a base para o personagem Nathan Detroit no musical da Broadway inspirado em Runyon, *Guys and Dolls*. É dito que F. Scott Fitzgerald usou Rothstein como base para Meyer Wolfsheim, o gângster astuto imortalizado em sua obra prima, o *Grande Gatsby*. Rothstein tinha acesso tanto às sarjetas quanto aos cafés. Ele nutria a ilusão de que todos esses universos – crime, entretenimento e uma vida noturna recheada de celebridades – eram parte do submundo americano.

De acordo com Lansky, ele e Rothstein se conheceram inicialmente num bar mitzvah no Brooklyn. A identificação foi instantânea. O jovem aspirante a contrabandista contou ao criminoso mais velho e experiente que ele admirava a forma como ele havia penetrado na alta-sociedade e operado de igual para igual entre os mais poderosos homens de negócios e políticos da cidade. Rothstein escutou, e num bloquinho ele anotou: "Meyer Lansky". Ele convidou o jovem para jantar e disse a ele que na ambição e "fome" de Lansky ele viu algo de si mesmo na juventude. Tornaram-se como pai e filho. Anos depois, quando descreviam por que Rothstein havia se tornado tamanha inspiração para ele, Lansky podia estar falando consigo mesmo:

> "Como eu, ele era um apostador desde o berço. Estava no sangue de nós dois. Rothstein parecia também ter um dom com números, e costumava praticar pedindo que seus amigos disparassem números aleatórios. Ele multiplicava, dividia, somava e subtraía esses números e dava as respostas instantaneamente. Ele tinha sangue frio quando jogava com altos valores; com centenas de milhares de dólares em risco, ele nunca perdia a cabeça."

Com Rothstein, Lansky aprendeu sobre diversificação, a canalização de fontes criminosas num vasto arranjo de fraudes. Lansky colocava sua lição em prática investindo seu dinheiro de contrabando em confecções de roupas, jukeboxes, melado, exploração de trabalho, bens imobiliários e, mais especialmente, em cada faceta do negócio dos cassinos. A lição mais importante que Lansky aprendeu do "Cérebro", entretanto, era a importância do suborno e de cultivar políticos poderosos. O exemplo de Rothstein foi seu investimento financeiro em Tammany Hall, a organização política que geriu o prefeito de Nova York, amigo dos mafiosos, Jimmy Walker. E Lansky aplicou a lição através de seu suborno e aposta em Fulgencio Batista.

Em 4 de novembro de 1928, Rothstein foi encontrado com um tiro na barriga, depois de uma aposta num jogo de cartas no Park Central Hotel, no centro de Manhattan. Ele morreu no hospital pouco depois. Lansky tinha apenas vinte e seis anos na época; teria vários anos pela frente para aplicar as lições aprendidas com o Grande Investidor. Para começar, apesar de sempre ter sido um apostador, depois da morte de Rothstein, Meyer parou de jogar. Raramente era visto sentado numa mesa de cartas, girando a roleta ou jogando dados. Ele não levaria um tiro como um cachorro depois de uma aposta alta, como seu mentor.

Outro talento que Lansky iria herdar, e com o tempo aperfeiçoar, era a visão criminosa de Rothstein. O elegante homem foi o mais grandioso financiador do crime, mas seu alcance não se estendia muito além de Nova York. Meyer Lansky tinha mais guardado na manga.

NO FINAL DE 1947 E EM 1948, na esteira da amplamente divulgada deportação de Lucky Luciano de Cuba, Lansky fez o que sempre havia feito depois de uma grande crise: ele se retraía e se concentrava em tramoias que já estavam dando lucro. Sob a tutela de seu irmão Jake, os cassinos de Lansky no sul da Flórida estavam melhores do que nunca. Em Broward County, condado adjacente à cidade de Miami Beach, Lansky entrou em fina sintonia com o método pelo qual ele seria conhecido posteriormente em Havana. Em alguns cantos se referiam a isso como "the fix" [o ajuste], em outros "the share-out" [a divisão]: uma série de pagamentos para oficiais do alto escalão e legisladores selecionados do governo que tornaram possível para Lansky e seu povo operar seus crimes.

Em Broward County, o ajuste estava a toda. A cada noite, os irmãos Lansky se reuniam em um dos três estabelecimentos de luxo – o Colonial Inn, o Plantation e o Club Bohème – e contavam pessoalmente "o pingado", os rendimentos da noite, até chegarem ao valor do "bolo", a quantidade de dinheiro necessária para cobrir as despesas diárias. Qualquer coisa além disso ia para os bolsos de Lansky e seus parceiros, que usavam uma parte para financiar os "ajustes".

Os cassinos de Lansky no Sul da Flórida eram altamente lucrativos. No pós-guerra do final dos anos 1940, se tornaram uma grande atração para a elite local e também foram estabelecimentos populares para grandes artistas, cantores e comediantes de *stand-up*. A notoriedade de Lansky cresceu junto com sua conta bancária. Nos anos posteriores, um biógrafo colocaria que seu rendimento anual só com o Colonial Inn seria de três milhões de dólares. Mas o dinheiro de Broward County não seria o suficiente para satisfazer Lansky. De acordo com Bernard Frank, o advogado de Miami Beach que conheceu Lansky durante esses anos, "ele parecia incansável".

Cada noite, com seu irmão, Lansky contava as pilhas de dinheiro e fazia os pagamentos necessários, o tempo todo mantendo um olho em seu sonho para o futuro – Havana – há apenas um atirar de pedra do outro lado do Estreito da Flórida, no noroeste da costa de Cuba.

Se Lansky era incansável, poderia ter muito a ver com sua solidão. Seu divórcio o havia deixado num estado de autorrecriminação. "Talvez fosse minha culpa," ele contou a seu filho mais velho, Buddy, depois que seu casamento desmoronou.

Buddy era outro problema. Deficiente desde o nascimento com o que mais tarde seria diagnosticado paralisia cerebral, ele estava confinado a uma cadeira de rodas e frequentemente com dor física. Lansky passou por duras penas lidando com a condição de seu filho, o que requeria constante atenção médica. Ele tinha outro filho, Paul, e também uma filha de dez anos, Sandra, que logo apresentaria problemas de comportamento. Lansky iria acabar se afastando de seus filhos, deixando-os aos cuidados de sua irmã em Nova York.

Diferentemente de seus amigos Luciano e o falecido Bugsy Siegel, Lansky nunca foi um grande conquistador. Ele era ainda mais reservado com as mulheres do que era com seus filhos, que posteriormente se referiram a ele como "distante", ou seus parceiros de negócios, que reverenciavam sua inteligência e frieza, mas nunca procuravam Lansky para a farra. Ele tendia a se voltar o tempo todo para os negócios. A palavra que as pessoas mais usavam para descrever Lansky era *cavalheiro*; algumas pessoas interpretam essa cortesia como um tipo de discrição e reserva. O fato de que muito de sua vida foi gasto em atividades criminosas pode ter algo a ver com seu ar geral de circunspeção. Qualquer que seja a razão pelo seu temperamento, Lansky era mal preparado para contatos íntimos, mesmo que casuais, com o sexo oposto – motivo pelo qual, no outono de 1948, aqueles conheciam o Little Man ficaram prazerosamente surpresos quando ele caiu de amores por uma manicure divorciada chamada Thelma "Teddy" Schwartz.

Foi uma paquera turbulenta. Teddy era cheia de personalidade, o complemento perfeito para a natureza mais austera de Meyer. Ela era alegre, atrevida e baixinha – sete centímetros e meio mais baixa do que Lansky. Tinha um filho adolescente de um casamento anterior e alugava um apartamento em Hollywood, na Flórida. Nascida em Nova York, onde já tinha sido sócia de uma boate falida, ela conhecia a reputação de Lansky e era esperta o suficiente para não fazer perguntas demais.

Em dezembro de 1948, apenas quatro meses depois que se conheceram, Meyer e Teddy voaram para Cuba para se casar. A cerimônia foi um evento discreto; aconteceu no escritório de um advogado em Vedado, o bairro central de negócios em Havana. Tiveram poucos convidados, e um deles foi Fulgencio Batista. Muitos anos depois, numa autobiografia não publicada, Teddy Lansky escreveu: "Batista, que era senador na época, veio para o escritório para me conhecer, a esposa de Meyer. Parecia um bom homem".

O fato de que Batista estava lá para honrar Lansky não era acidente. Por quinze anos, esses dois homens buscaram manter uma troca de favores um com o outro. O relacionamento deles, que havia sido inaugurado com um suborno entregue a Batista por Lansky e seu amigo Doc Stacher, perdurara por um período prolongado de *coitus interruptus* histórico. O plano original era que Lansky e Batista liderassem o desenvolvimento de um grande império de apostas em cassinos em Cuba. Então veio uma série de intromissões – instabilidade política na ilha, a Grande Depressão e a Segunda Guerra Mundial. Por mais de uma década, as possibilidades turísticas de Cuba permaneceram dormentes. Mas agora, a guerra havia acabado e as pessoas tinham dinheiro para gastar. A conferência da Máfia no Hotel Nacional foi um sinal para Batista e os outros de que os gângsteres americanos estavam buscando investimentos. Chegou o tempo de Lansky e Batista reascenderem seu mambo do submundo.

Era um relacionamento estranho. Com o decorrer dos anos, os dois homens seriam raramente vistos juntos. Doc Stacher, Teddy Lansky e outros iriam atestar o fato de que Meyer e Fulgencio se conheciam e tinham negócios juntos, mas os dois poderosos eram espertos o suficiente para não deixarem documentos sobre isso. Não há foto de Lansky e Batista juntos, ou qualquer documento assinados pelos dois. A parceria parece ter existido num plano próximo ao místico, com cada um conhecendo intuitivamente o que o outro requeria para manipular as manivelas do poder e criar oportunidades para remuneração pessoal. Os dois homens ajudariam a enriquecer um ao outro, enquanto raramente se encontravam cara a cara, e sua enigmática aliança iria acabar sendo o centro da Máfia de Havana.

FULGENCIO BATISTA cresceu na sombra da United Fruit Company. Na história da América Latina e do Caribe, nenhuma corporação americana manteve uma posição política e econômica mais dominante do que El Coloso, como a companhia era conhecida nos seis países onde operava massivas plantações de banana. Em Cuba, a empresa havia mais ou menos fundado a cidade onde Batista nasceu e cresceu – Banes – localizada na Província de Holguín, na extremidade leste da ilha. Na época do nascimento de Batista, em janeiro de 1901, a United Fruit decidiu abdicar da produção de banana na região de Banes em favor de cultivar açúcar, o maior produto de exportação da ilha. Então, a United Fruit construiu uma enorme usina para a produção de açúcar refinado e, nos próximos anos, construiu uma cerca ao redor de suas propriedades em Banes, importou gerentes dos Estados Unidos e criou bairros inteiros para seus trabalhadores, com segurança separada, lojas e escolas.

O lado oriental da cidade era dividido em vários bairros baseados no status social dos residentes. Empregados norte-americanos – identificados na literatura da companhia como "empregados anglo-saxões de primeira linha" – recebiam moradia grátis e serviços de empregadas. Havia um bairro de menor prestígio para os gerentes cubanos de posição inferior e técnicos, e um bairro ainda pior para os trabalhadores. Foi lá que Batista nasceu de pais mestiços e foi criado na esquina de uma rua chamada simplesmente de Callejón Del Negro (a Rua do Negro).

O pai de Batista trabalhava para a United Fruit cortando cana de açúcar. Era um trabalho que destruía as costas. Durante a *zafra* (época da colheita), geralmente de fevereiro a agosto, os dias de trabalho eram longos, geralmente dez ou doze horas. O pai de Batista não era empregado diretamente pela United Fruit, mas por um empregador contratado pela companhia para organizar e pagar as equipes de trabalho. Os empregadores frequentemente tinham liberdade para explorar os trabalhadores se apropriando de seus pagamentos. Para complementar a renda fora da estação, a família Batista plantava bananas e as vendia ao lado de casa. Com oito anos de idade, o jovem Fulgencio foi forçado a abandonar a escola primária e juntar-se a seu pai como cortador de cana.

A criação de Batista não poderia ter sido mais humilde – uma ironia, já que um dia ele seria visto como o protetor dos proprietários de terra de Cuba e a elite rica. Tendo passado o começo de sua existência na qual quase todo aspecto da vida diária era controlado por um conglomerado estrangeiro, Batista pode ter desenvolvido um complexo de inferioridade em relação aos Estados Unidos. Pelo menos ele estava inclinado a ver o poder econômico dos EUA na ilha como uma força imutável, para ser manejada e manipulada talvez, mas nunca desafiada seriamente. Politicamente, as atitudes de Batista em relação aos Estados Unidos retrocediam e fluíam, dependendo do clima popular. Mas, no final das contas, ele ia aonde o dinheiro estava, que o trazia sob influência de empresas como United Fruit, IT&T (International Telephone & Telegraph) e General Motors. E também se uniu a Meyer Lansky, um "especialista em turismo", que sabia como manipular as coisas de modo que os lucros com o jogo pingassem até o topo.

Batista e Lansky tinham algumas coisas em comum: ambos eram basicamente autodidatas forçados a largar a educação formal logo cedo por causa da dureza econômica. Como Lansky, Batista confessava adorar livros. Durante sua vida, ele contou a história de como, aos treze anos, usou suas economias para comprar a biografia de Abraham Lincoln. Batista se tornou um grande colecionador de livros e acabou formando o que se acreditava ser a maior coleção particular da ilha.

Tanto Batista quanto Lansky podiam estar compensando uma falta de "criação" ao tentarem exibir-se de uma maneira ostensiva e, às vezes, pretensiosa. O calcanhar de Aquiles de Lansky durante toda sua vida era o desejo de ser visto como um legítimo homem de negócios; ele ressentia o fato de que homens como Rockefeller, Joseph

P. Kennedy e Edgar Bronfman eram vistos como titãs brilhantes dos negócios enquanto ele era relegado à classe criminosa. Quanto a Batista, ele pelo menos tentava manter uma conexão simbólica com o "homem comum", apesar de exibir uma pronunciada devoção às armadilhas da classe social e status baseado em raça e histórico familiar.

Onde Lansky e Batista mais diferiam eram em aparições públicas. Enquanto Lansky estava sempre impecável, num respeitável terno e gravata (ele formou uma impressionante coleção de gravatas borboletas durante sua vida), ele não podia mudar seu rosto. Apesar de não ser um homem feio, ele não era um modelo de beleza. Com traços espremidos, uma tromba proeminente e orelhas de abano, ele certamente tinha personalidade, mas não o tipo que fazia as mulheres suspirarem. Falava com a voz grave de Damon Runyon, o que garantia grande credibilidade com outros mafiosos, mas não se excedia numa sala de reuniões.

Batista, por outro lado, era uma bela criação. Em um de seus primeiros empregos como operador ferroviário para a linha da United Fruit Company, ele recebeu o apelido "El Mulato Lindo" – de seus empregadores. Batista nunca gostou do apelido, com seu tom vagamente afeminado ou mesmo homossexual. Mas era verdade. Com sua suave compleição âmbar, dentes e cabelos perfeitos e exóticos traços, Batista tinha uma beleza andrógina. Apesar de ele se esforçar para apresentar uma imagem masculina, seu visual sugeria um Adônis cubano, com um tipo de beleza que era a inveja tanto de homens quanto de mulheres.

Entretanto, seria um erro interpretar a beleza física de Batista como fraqueza. Ele podia ser El Mulato Lindo, mas não era só um rostinho bonito. Aos vinte e um anos, se alistou no exército cubano, a mais masculina das ocupações. Apesar de permanecer aplicado mesmo no exército, onde ele treinava para se tornar um estenógrafo, podia beber e festejar como os outros. Na verdade, uma briga de bêbados num cabaré nos limites de Havana quase afundou sua carreira militar. Um investigador do exército suspendeu Batista por tomar parte na briga, e a carreira do jovem só foi poupada quando um coronel de quem ele havia se tornado amigo se adiantou e impediu a prisão. Entre outras coisas, Batista aprendeu com esse incidente que, em Cuba, como na maioria das sociedades, a justiça fica atrás de alianças pessoais – uma verdade melhor explicada no velho ditado cubano: *sin padrino no se bautice* (sem padrinho não há batismo).

Durante sua carreira militar, Batista mostrou uma retidão inquestionável. Ele subiu posições e foi designado oficial de segurança protegendo o Presidente de Cuba. Foi aqui que ele desenvolveu seu apreço pelas armadilhas do poder. Como estenógrafo militar, ele se sentava em várias reuniões confidenciais e conhecia as maquinações internas da burocracia do estado.

O exército era a derradeira fonte de controle social em Cuba. As eleições eram frequentemente determinadas pela elite do oficialato, que vigorosamente apoiava um candidato à frente de outro através de intimidação ou fraude eleitoral completa. Muito do roubo de dinheiro público que aconteceu literalmente durante toda administração política, desde a independência da Espanha em 1898, aconteceu para se comprar os oficiais. Era uma versão de suborno ou compra como a praticada por Meyer Lansky e a Máfia. A compreensão de Fulgencio Batista desse processo – sua disposição para ser tanto o receptor quanto o doador de subornos durante seus longos anos como cabeça dos militares e também presidente – pode explicar por que ele e Lansky entendiam tão bem um ao outro.

Quando entrou na casa dos trinta anos, Batista foi sargento e bem posicionado para se beneficiar de um dos mais tumultuados períodos na história cubana. Com a ditadura brutal de Gerardo Machado desmoronando em 1933 e o presidente sendo forçado ao exílio, houve uma revolta paralela dentro do exército. O Sargento Batista havia então se estabelecido como um talentoso e carismático orador. Ele havia estudado os escritos de José Martí, o grande líder da independência cubana, e era capaz de fazer referências históricas que serviam como eficientes explosivos emocionais para a maioria dos cubanos. Ele havia emergido como líder – bonito, bem articulado e inflamado. Quando a poeira baixou e a "Revolta dos Sargentos" esfriou, Batista, aos trinta e dois anos de idade, era o cabeça dos militares e o homem mais poderoso em toda Cuba.

Nos próximos sete anos, presidentes serviram a seu bel prazer, até que o próprio Batista concorreu e foi eleito presidente em 1940. Apesar de a ilha continuar a sofrer sob o que era visto corretamente como uma ditadura militar repressora, Batista se via como benevolente – ou, como ele colocava, um "ditador democrata". As consequências históricas da colonização eram tamanhas que sempre havia um líder mais brutal de uma antiga colônia em algum lugar do mundo. Batista tinha o Presidente Rafael Trujillo, que lá perto, na República Dominicana, estava embrenhado num reino de terror encharcado de sangue que fazia o ditador cubano parecer um populista. A administração americana do Presidente Franklin Roosevelt promovia e apoiava Batista. A pedido de Batista, Roosevelt aboliu a Emenda Platt, uma perniciosa manobra legislativa que permitia que os Estados Unidos interferissem nos negócios de Cuba sempre que quisessem. A Emenda Platt foi substituída pela política da "Boa Vizinhança", que garantia o apoio financeiro dos EUA a Batista, enquanto ele continuasse a colaborar para que empresas como a United Fruit pudessem obter enormes lucros na ilha.

A violência política e a corrupção continuavam a ser damas de honra gêmeas do sistema cubano. Batista havia chegado onde estava por causa de seu talento como político inflexível. Os líderes de partidos políticos rivais eram assassinados na calada da noite. O editor de uma revista de notícias que era contra Batista foi sequestrado por um grupo de homens não identificados e forçado a beber óleo de rícino. A censura era cruelmente reforçada e as liberdades civis eram meros detalhes a serem dispensados de acordo com as necessidades e caprichos de Batista. Passeatas de estudantes e agitação trabalhista eram enfrentadas com brutalidade, resultando em prisões em massa. A repressão violenta alimentava o que sempre havia sido um fato na vida de Cuba – grupos revolucionários dedicados a atentados através de bombardeios e atos aleatórios de sabotagem. Certa quantidade de conflitos civis era vantajosa para Batista, que fora designado como o homem mais capaz de manter a ordem numa sociedade que frequentemente parecia estar à beira do caos.

O resultado natural da violência política projetada pelo estado é a corrupção. O próprio Batista era conhecido por ter ganhado milhões por fora, por subornos e contratos fraudulentos do governo. Muito do dinheiro foi levado para fora da ilha e depositado em contas além-mar. A loteria nacional, que Batista colocou sob controle dos militares, era também uma grande fonte de ganho extra, assim como a *bolita* diária, a popular loteria clandestina do submundo. Em Havana, o Coronel José Eleuterio Pedrazo, que estava com Batista desde a Revolta dos Sargentos, recebia uma participação em todos os jogos ilegais – como a *bolita*, briga de galo e apostas em esportes – que não estavam diretamente conectados ao jogo legal, como os cassinos e corridas de cavalos.

O fato de a população parecer tolerante com as tendências de Batista em relação à repressão e corrupção era uma prova de sua perspicácia política. Ele governava através do que R. Hart Phillips, um repórter do *New York Times* que cobriu Cuba durante seus períodos mais turbulentos de crescimento, chamava de "um sistema de terror e recompensa". Batista implementou um ambicioso programa de educação rural designado a erradicar o analfabetismo. Em 1939, ele propôs uma reforma social massiva intitulada: "O Plano de Três anos". O programa era otimista ao ponto do absurdo (seus detratores se referiam a ele como "O Plano de Trezentos Anos"), mas isso não depõe contra seu fundamental conhecimento dos problemas sociais de Cuba. Enquanto que pouco deste programa foi implementado, seus objetivos eram similares aos instituídos por Fidel Castro no "a nova Cuba", muitos anos depois.

A conquista pela qual Batista seria mais conhecido foi sua instituição em 1940 de uma constituição soberana legalmente fundamentada. Ter uma constituição havia sido o sonho da maioria dos cubanos desde a libertação do reino da Espanha, mas a instabilidade política e a repressão tornaram isso impossível. Agora mulheres teriam o direito de votar, as eleições seriam democráticas e o poder militar seria definido nas fronteiras do poder civil, não o contrário. Era uma conquista notável acompanhada por grandes comemorações nas ruas e gritos de "¡Viva La constitución! ¡Viva Cuba! ¡Viva el Presidente Batista!"

Tendo governado o país como um ditador militar, a eleição de Batista como presidente pareceu uma ideia tardia. Seu mandato foi digno de nota, principalmente por sua mudança de vestimenta. Havia saído de seu uniforme de general, com medalhas e faixas suficientes para forrar um pequeno prédio. Em cáquis civis – principalmente linho branco e ternos de algodão, apropriados para os trópicos – Batista parecia um galã de cinema. Em 1942 ele visitou os Estados Unidos como convidado do Presidente Roosevelt e recebeu todas as honras de dignitário estrangeiro, com uma recepção de gala na Casa Branca e muitas fotos. Para um humilde cortador de cana de Banes, era uma notável viagem até o topo, e Batista pode ser perdoado por acreditar que havia atingido sua maior ambição e, portanto, não precisava concorrer novamente para ser reeleito.

A decisão de ter uma aposentadoria temporária na idade relativamente nova de quarenta e quatro pode ter sido mais pessoal do que profissional. Apesar de Lansky e seus amigos gângsteres acreditarem que Batista permanecia o "mestre dos fantoches" em Cuba, a verdade era mais complicada. Pensando talvez que ele pudesse manter controle com um substituto, Batista colocou à frente um outro candidato para presidente em 1944. Aquele candidato perdeu para Ramón Grau San Martín. Batista podia ter tentado anular a eleição, ou contestado o resultado, mas escolheu não fazer isso. Questões pessoais tiveram prioridade.

Apesar de casado há dezoito anos, Batista estava já há algum tempo tendo um caso com Marta Fernández Miranda, uma beldade de vinte anos e olhos verdes que ele conheceu quando seu comboio militar quase a atropelou na bicicleta que ela pedalava no bairro de Miramar, em Havana. Batista colocou Marta numa casa particular e, durante os anos de presidência, o relacionamento floresceu. Tornou-se aparente a Batista que ele teria de escolher entre seu caso ilícito e a presidência. Ele escolheu o caso. Enquanto vivia exilado em Daytona Beach e Nova York, Batista se separou de sua primeira mulher e se casou com Marta.

Em Nova York, ele viveu numa suíte no Waldorf-Astoria, a apenas alguns andares de onde Lansky, Luciano e outros mafiosos haviam tomado a decisão de subornar o Sargento Batista quinze anos antes. A maior parte do tempo de Batista foi gasta com sua nova esposa na Flórida, onde ele gostava de jogar golfe e pescar.

Uma tarde, ele estava dirigindo pelo sul da Flórida com Edmundo Chester, um escritor americano e amigo (que um dia iria escrever uma obsequiosa biografia dele). Perto da pequena cidade de Mount Dora, Batista ficou fascinado pelas cinematográficas alamedas de laranjas e *grapefruits* ao lado da estrada. Ele parou no acostamento, saltou do carro e correu para as árvores. Depois de pegar algumas laranjas, voltou ao carro e saiu dirigindo. Chester perguntou a Batista por que ele pegou as frutas – certamente qualquer um por lá daria a ele todas as laranjas que ele quisesse.

"Não", disse Batista. "Isso não me satisfaria. A vida toda eu quis roubar uma laranja de uma árvore, e finalmente fiz isso."

Acima de tudo, enquanto estava no exílio, o antigo presidente cubano gozou de uma existência discreta. Foi somente em 1948 que sua presença causou um rebuliço porque ele anunciou que estava voltando ao cenário político. A revista *Time*, que havia colocado o rosto sorridente de Batista na capa em 1937, noticiou sua declaração num artigo chamado: "O Senador de Daytona".

> Batista está de volta. O durão ex-sargento que comandou Cuba através dos anos elegantes de "democracia disciplinada" vai concorrer ao Senado nas eleições de 1 de junho... Ele esteve num prazeroso exílio em algumas das suítes mais luxuosas do Novo Mundo.... Todo dia ele se levanta às sete horas para uma rápida remada no barco de nove pés que ele possuiu no Rio Halifax. Joga tênis no chique Daytona Beach Bath and Tennis Club, vai ao cinema duas ou três vezes por semana e de tempos em tempos discursa nos almoços do Rotary Club.
>
> A cada quinze dias, Batista dirige até Palm Beach, Orlando ou Fort Pierce para encontros secretos com aliados que trazem a palavra política de Cuba e levam instruções de volta. Apenas quando o governo cubano descobre armas escondidas e grita "plano do Batista" que os moradores da Flórida se lembram de que seu hóspede é dinamite.

A decisão de Batista em concorrer ao Senado (da província de Las Villas) foi um acordo de teimosia... é um pé na porta política de Cuba. Pelo fato de a maioria dos cubanos ter esquecido seus brutais métodos policiais, [lembrando-se] apenas de que carne e manteiga eram mais baratos na época dele, Batista provavelmente vencerá sem nem precisar sair de Daytona Beach.

El Presidente no exílio tinhas suas própria razões para querer se restabelecer como chefão de Cuba, mas sua decisão para concorrer novamente no terreno político pode ter sido influenciada em parte por Meyer Lansky. De acordo com uma fonte que frequentava o cassino Colonial Inn de Lansky, em Hallendale, Batista era uma presença ocasional lá. "Ele aparecia imaculado, geralmente num terno branco. Não era um grande apostador, mas gostava de fazer sua presença ser sentida, andando pelo lugar como um político em campanha. Parecia conhecer todo mundo pelo nome."

Por razões óbvias, Lansky precisava que Batista voltasse ao poder em Cuba. A administração política de Ramón Grau San Martín e seu sucessor, Carlos Prío Socarrás, apesar de tão corrupto quanto os presidentes cubanos anteriores, não compartilhava das qualidades visionárias de Batista quando se tratava de apostas em cassinos. Não apenas isso, mas Lansky havia colocado seu dinheiro em Batista há muito tempo e ainda não havia recebido um retorno expressivo em seu investimento. Tanto Lansky quanto Batista estavam convencidos de que Cuba estava prestes a entrar na explosão pós-guerra de um turismo tão potencialmente lucrativo quanto a Dança dos Milhões nos anos 1920. Eles queriam estar lá quando acontecesse.

Quando Meyer e Teddy se casaram em Havana em dezembro de 1948, Batista estava de volta ao cargo há vários meses. Batista sem dúvida teria concorrido a presidente, mas fora proibido pela lei cubana. Como antigo presidente, ele não podia concorrer até que tivesse servido pelo menos um mandato num cargo menor. Como Senador de Las Villas, uma província rural na costa central da ilha, seu mandato nem contava.

Ele formou raízes em Kuquine, uma propriedade imensa nos arredores de Havana, que seria seu lar pela próxima década. O plano era ficar num cargo menor por quatro anos até que pudesse concorrer à presidência, no momento que pudesse exigir sua posição como comandante de toda Cuba e dar frutos de uma vez por todas ao esquema de Lansky de tornar Havana o Monte Carlo do Caribe.

Os anos não passaram silenciosamente. Mais uma vez, o problema era Cuba. Nada havia mudado para alterar o ciclo de corrupção do país, a instabilidade financeira, a violência política e confusão. Agora apenas um novo elemento havia sido adicionado ao bolo – o que se tornou comumente conhecido como *gangsterismo*.

A constituição de 1940 havia diminuído o poder onipresente dos militares, tendo como resultado que várias facções políticas se sentiam compelidas a criar suas próprias gangues e exércitos particulares. Num país onde o exército já havia controlado tudo, o caos se estabeleceu. Os cubanos que viveram nesta era se lembram dela como um tempo de violência e paranoia.

Max Lesnick, que era um jovem líder estudantil na época e um membro fundador do Partido do Povo Cubano, ou Ortodoxo, tinha uma visão ampla de tudo: "Era uma época em que a violência se tornou parte comum do processo político", ele se lembrava. "O grupo que tinha mais armas tinha maior influência".

Editores de jornais, ativistas estudantis e operadores políticos se armavam com armas contrabandeadas ou desviadas do exército. Lutas de gangues irrompiam pela ilha. Assassinatos de madrugada se tornavam cada vez mais frequentes, especialmente dentro do movimento da união e entre os estudantes. Carlos Prío, o presidente recém-eleito, até instituiu um plano para combater o gangsterismo, pagando subsídios do governo para representantes dos gângsteres na Universidade de Havana, que concordaram entregar suas armas. Em outras palavras, você podia comprar seu caminho até o governo através do gangsterismo. O "pacto gângster" de Prío provocou uma tempestade de discussões. Um rico proprietário de terras sugeriu que a única solução prática era recolher todos os membros de gangues e transportá-los para sua plantação, onde ele iria supri-los de munição, para que eles pudessem fazer um tiroteio e eliminar uns aos outros até que só sobrasse um homem de pé.

Desse violento redemoinho político, vários jovens cubanos emergiram ou como temidos gângsteres ou líderes políticos hábeis. Um homem que inicialmente ficou com um pé de cada lado foi um jovem estudante de direito chamado Fidel Castro Ruz.

O Castro de vinte e dois anos irrompeu na cena em junho de 1948, quando foi acusado de assassinato. Um sargento da polícia levou um tiro na frente de sua casa e, antes de morrer, supostamente identificara Castro como seu assassino. Uma testemunha anônima corroborou com a alegação. Castro já havia sido acusado de assassinato em outra ocasião, apenas cinco meses antes. A alegação foi tramada por um aluno rival da Universidade de Havana. Apesar de Castro ser preso, nunca foi formalmente acusado. Desta vez, quando Castro ouviu no rádio que estava novamente sendo culpado por um assassinato político, ele foi se esconder. Finalmente, a testemunha voltou atrás, contando a jornalistas que ele havia sido subornado pela polícia para dar o nome de Castro. As acusações foram retiradas.

Apesar de ainda não ser famoso na ilha, Fidel era bem conhecido na Universidade de Havana. Desde o levante contra a presidência de Gerardo Machado no começo dos anos 1930, a universidade havia sido uma grande fonte de agitação política e oposição organizada. Castro havia provado ser um orador dinâmico e futuro líder, mas também era, de acordo com alguns, excessivamente fascinado pelas armadilhas do gangsterismo. Carregava consigo uma pistola Browning de quinze tiros o tempo todo, e estava sempre disposto a entrar em confrontos com gangues rivais. Apesar de seu intelecto e óbvio talento para a liderança, ele era considerado de certa forma impulsivo.

Alto e robusto, com cabelo encaracolado preto e um tradicional bigode cubano bem aparado, Castro era uma figura intensa. Havia sido um exemplar atleta estudantil e tinha a autoconfiança de ser atraente para as mulheres. Vinha de uma família próspera (seu pai era dono de uma propriedade na Província Oriente) e casou-se com uma jovem de uma família com conexões políticas. Pegara dinheiro emprestado de seu pai para que ele e sua esposa pudessem ter uma lua de mel em Nova York. Ficaram pelo menos uma noite no Waldorf Astoria, que já tinha servido, em tempos diferentes da história, como acomodação para quase todos os grandes personagens na história da Máfia de Havana.

Nos últimos meses de 1948, tendo sobrevivido a acusações de assassinato e a pelo menos uma tentativa de homicídio, Castro estava pronto para se estabelecer. Ele procurou Max Lesnick, diretor nacional do Comitê Jovem do Partido Ortodoxo, e declarou que gostaria de ser membro do comitê de doze pessoas. Aparentemente, Castro havia começado a formular a ideia de entrar na política e saber que teria de estar alinhado com um partido formal. Lesnick sabia dos talentos de Castro como líder, mas também sabia que Fidel havia se envolvido em vários aspectos do gangsterismo político.

"Nenhum membro do comitê pode estar armado quando vai à universidade", Lesnick contou a Castro, sabendo que ele sempre carregava uma pistola.

"Bem, não vou mais carregar", respondeu Fidel.

Através de sua parceria com Lesnick e os Ortodoxos, Fidel renegou seu passado de gângster. Num discurso dramático diante de uma reunião de administradores e estudantes na Universidade de Havana, Castro deu nome a todos os gângsteres, políticos e líderes estudantis que tiravam proveito do "pacto gângster" do Presidente Prío. Antes de o discurso acabar, automóveis cheios de brutamontes armados começaram a materializar-se ao redor da universidade. Castro terminou sua denúncia dramática e foi retirado pelos fundos por Lesnick, que o escondeu porque "ele seria morto se saísse na rua". De acordo com Lesnick, que acabaria deixando Cuba e se exilaria em Miami, foi o primeiro ato revolucionário de Castro: "Ele tomou uma decisão corajosa ao se posicionar contra o gangsterismo e sua posição nunca estremeceu. Daquele ponto em diante, Cuba mudou para sempre".

Uma pessoa que havia visto Castro emergir no cenário político com interesse crescente era Fulgencio Batista. Sempre procurando por um jovem talento que ele pudesse atrair para apoiar sua base pessoal, Batista marcou um encontro através do cunhado de Fidel, que era um apoiador ativo de Batista. Castro foi trazido a Kuquine, a propriedade baronial de Batista nos arredores de Havana, e ficou esperando num escritório particular. No escritório, havia uma enorme pintura de Batista dos seus dias de sargento. Havia outros apetrechos da vida e carreira de Batista: um busto de Abraham Lincoln e um de José Martí; um telefone de ouro maciço que foi dado a Batista pelo presidente da IT&T; e um telescópio usado por Napoleão em Saint Helena.

Batista finalmente chegou. De acordo com um relato desse encontro, ele manteve a conversa longe da política e buscava apenas avaliar esse novo astro volúvel no pedaço. Outro relato diz que Castro contou ao senador que se ele fizesse um golpe de estado contra o Presidente Prío, teria seu apoio. Qualquer um que conhecesse Fidel reconheceria a intenção da oferta: um ato de um agente provocador que queria colocar Batista contra Prío e promover a discórdia, ou até a rebelião, após a qual ele, Castro, iria emergir como um possível sucessor.

O encontro foi ameno. Fidel partiu sem Batista ter feito nenhum comentário ou previsões sobre seu futuro político.

Para o senador de Daytona, não havia indícios de que o homem que ele acabara de encontrar iria um dia se tornar seu temido inimigo e, por extensão, a nêmese primária da Máfia de Havana.

4
GENTE BEM CONHECIDA

MEYER LANSKY SENTIA QUE DEVIA A SEU VELHO AMIGO LUCKY Luciano uma visita. Era o verão de 1949, mais de dois anos desde que Luciano fora expulso para fora de Cuba pelo governo americano. Lansky e sua mulher, Teddy, ainda não haviam tido uma lua de mel formal, então, por que não a Europa? Eles podiam fretar um cruzeiro pelo Atlântico, viajar por lazer pelo sul da Itália e encontrar com Charlie Lucky em Roma. Entre outras coisas, Lansky podia atualizar Luciano sobre os últimos desenvolvimentos com Batista em Cuba e assegurá-lo de que, nos corações e mentes de mafiosos americanos por todo lado, ele ainda era o Gângster Número Um.

Luciano certamente apreciaria a companhia. Desde que fora forçado ao exílio, havia se tornado isolado e amargo. Mesmo estando longe de Nova York e Havana, Harry Anslinger e o Escritório de Narcóticos continuavam de olho nele. Assim como Anslinger havia usado a influência dos EUA para forçar a mão do governo cubano em deportar Luciano, ele mantinha a pressão nas autoridades italianas para manter o chefão da Máfia sob constante vigilância.

Lansky sabia que uma visita a seu velho amigo na Itália iria atrair a atenção da lei, mas não estava preocupado. A viagem era para lazer, não negócios. Ele reservou uma passagem no *Itália*, num navio de luxo com data de partida para 28 de junho.

Agentes do Escritório de Narcóticos mantinham olhar atento à lista de passageiros de transatlânticos viajando de e para os Estados Unidos, já que se acreditava que os navios a vapor eram uma forma comum de trazer entorpecentes. O Escritório também acreditava que Luciano havia usado linha comerciais para transportar heroína. Quando o nome de Meyer Lansky – um parceiro conhecido de Luciano – apareceu na lista do *Itália*, o Escritório se interessou. Na segunda feira, 27 de junho, um dia antes de Lansky e sua esposa partirem em lua de mel, os agentes de narcóticos John H. Hanly e Crofton J. Hayes ligaram para Lansky no telefone de sua casa em Manhattan. Ficaram surpresos quando ele os convidou para seu apartamento do outro lado do esplendor do Central Park na rua 40 Central Park South. Os agentes encontraram Lansky no apartamento 14C.

Meyer informou Hanly e Hayes que ele estava embarcando em seu feriado europeu "apenas por lazer." Sim, ele provavelmente encontraria Charles Luciano na Itália. Luciano era um velho amigo, disse Lansky, mas eles não tinham mais relações de negócios. Lansky explicou que grande parte de sua renda naqueles dias vinha do lucro de apostas na Flórida, onde ele era um dos sócios dos cassinos Club Bohème e Greenacres, ambos gerenciados por seu irmão Jake. Em Nova York, Lansky disse, ele mantinha os negócios "em seu chapéu." Essa era uma expressão favorita de Lansky para explicar seu modo de negócios, no qual não havia escritório central, não havia contadores, e nenhum tipo de registro.

Quando questionado pelos agentes para caracterizar suas atividades atuais, Lansky respondeu: "Jogos comuns, creio eu. Não tento enganar ou impor nada a ninguém. Se eu tivesse te encontrado socialmente, eu iria me chamar de um dono de restaurante. Se nos aproximássemos, eu iria dizer que são jogos comuns. Não douro a pílula". Com os agentes continuando a sondar Lansky sobre suas finanças, ele se esquivou como um peso médio de pés ligeiros, mas sempre se mantinha educado e civilizado.

Finalmente a conversa se voltou a Cuba. Pela primeira vez durante a entrevista, Lansky cambaleou um pouco. Os agentes perguntaram por que seu número de telefone em Hallendale havia aparecido repetidamente na lista de telefonemas para Luciano enquanto o chefão da Máfia estava vivendo em Havana. Lansky sugeriu que as chamadas eram entre ele e Chester Simms ou Connie Immerman, dois antigos sócios da época em que ele comandava o cassino no Oriental Park. Os dois americanos haviam estado em Cuba e frequentemente ligavam para Lansky para comparar notas sobre o crédito de certos apostadores esbanjadores. Luciano pode ter vindo ao telefone em algum ponto, disse Lansky, mas sua lembrança sobre isso era vaga.

A hesitação de Lansky quando falava sobre Cuba era compreensível. Seu passado envolvendo a gerência de cassinos no Oriental Park e no Hotel Nacional eram totalmente legais, mas seu relacionamento com Batista ainda não estava totalmente concretizado. Nem era algo que o notório boca de siri do Lansky iria querer divulgar para dois agentes federais – não importava quão educados eles parecessem.

A conversa durou mais de uma hora. Os agentes partiram e fizeram seu relatório. Colocando o assunto de Cuba de lado, o relatório fica como um registro de talvez o diálogo mais aberto que Meyer Lansky teve com as forças da lei.

Em sua viagem de cinco semanas pela Europa, Lansky e sua esposa foram seguidos por agentes federais. Teddy ficou revoltada com a invasão de sua privacidade, mas Meyer tentou não deixar isso perturbá-lo. Algumas vezes ele até chamava os agentes:

> "Eu costumava reconhecê-los e convidá-los para um drinque comigo. Eles nem ficavam envergonhados – costumavam aceitar minha hospitalidade. Estavam tentando grampear nossos quartos de hotel, mas faziam de forma bem incompetente, e eu brincava com eles sobre sua falta de profissionalismo."

Os Lansky viajaram para Palermo na Sicília, Nápoles e para Roma, onde Lansky havia originalmente planejado encontrar Luciano; entretanto, Charlie ligou para dizer que, com as restrições que haviam sido colocadas nele pelas autoridades italianas, era melhor que Meyer o encontrasse na vila siciliana de Taormina. Assim, Lansky e sua mulher seguiram para o sul novamente, onde finalmente encontraram o velho amigo de Meyer em um resort ensolarado.

A última vez que Lansky e Luciano haviam visto um ao outro fora nos dias seguintes à conferência da Máfia no Hotel Nacional. Apesar de Luciano não ser mais o chefão do dia a dia no Sindicato, ele ainda era um tipo de emérito no exílio. Seu ego requeria que ele fosse tratado como se suas opiniões ainda importassem, apesar de sua remoção de Cuba o ter deixado quase sem poderes. Luciano escutava enquanto Lansky o deixava a par sobre os últimos assuntos com o Sindicato e também sobre seus planos atualizados para Havana. Lembrava-se Luciano: "[Meyer] falou que as coisas estavam indo muito bem com nosso jogo. Ele me disse que estava indo para a Suíça para abrir novas contas para alguns dos caras como Joe Adonis e nosso bom amigo Batista".

Depois que Lansky e sua esposa disseram adeus para Luciano na Sicília, eles continuaram viajando pela Europa: Riviera Francesa, Paris e Suíça, onde Lansky abriu sua primeira conta numerada. Quando ele voltou aos Estados Unidos, o mundo havia virado de cabeça para baixo.

Para começar, a viagem europeia de Lansky atraiu atenção da imprensa local. Ao viajar além-mar para encontrar o notório Luciano, Lansky inadvertidamente elevou sua ficha no submundo. O *New York Sun*, um jornal que construiu sua reputação cobrindo os gângsteres locais, publicou uma foto de Lansky na primeira página. Era a primeira vez em que a foto de Lansky aparecia num grande jornal. O artigo que a acompanhava o identificava como "um dos inimigos públicos da nação... certa vez identificado por um investigador policial como o 'garoto mais brilhante na Combinação'".

Até lá, o nome de Lansky raramente havia aparecido nos jornais. Se houvesse, era geralmente como um "coadjuvante" de algum mafioso mais famoso, como Luciano, Bugsy Siegel ou Frank Costello. Agora Lansky havia sido revelado como uma grande figura do crime.

E havia mais pela frente. O artigo no *Sun* foi a abertura numa investigação das atividades de Lansky e da constelação completa de mafiosos e gângsteres da nação. Nos meses à frente, essa inquisição iria se mover além dos jornais para os corredores de várias câmaras do senado através dos Estados Unidos. Quando a dúvida se estabeleceu, não apenas os planos de Lansky para Cuba ficaram seriamente ameaçados, mas todo o sindicato levou um golpe. Fortunas seriam perdidas, denúncias seriam feitas e, pela primeira vez em sua vida, Meyer Lansky – o mais astuto operador do submundo americano – iria se encontrar pensando em seu futuro detrás das barras de uma cela.

A GUERRA DO GOVERNO FEDERAL contra o crime organizado estava fermentando já há algum tempo. Desde a Lei Seca, a Máfia Americana havia sido uma eterna favorita nos jornais e na rádio, onde comentadores como Walter Winchell fizeram carreira com fofocas sensacionalistas sobre o crime. Mas até os primeiros meses de 1950, as atividades da Máfia eram geralmente retratadas como aquelas de gângsteres isolados em grandes cidades com pouca ou nenhuma afiliação interurbana. A teoria de que existia uma Comissão ou Sindicato de líderes da Máfia que coordenava a atividade do submundo foi desacreditada por ninguém menos do que J. Edgar Hoover, diretor do FBI. Hoover declarou asperamente que não havia sindicato nacional do crime além de uma conspiração nacional de comunistas.

Por outro lado, Harry Anslinger, do Escritório de Narcóticos estava há anos lançando a teoria do sindicato nacional. Seu sonho era criar um comitê investigativo federal liderado por um senador americano de ideias similares, na qual sua agência teria participação proeminente. Anslinger encontrou esse homem no Senador Estes Kefauver, do Tennessee.

O Comitê Kefauver, como seria conhecido, foi formado em 5 de janeiro de 1950. Seu propósito, de acordo com a resolução do Senado sob a qual ele foi criado, era dirigir um "completo estudo e investigação sobre apostas interestaduais e atividades criminosas e a forma como os aparatos de comércio interestadual são tornados veículos do crime organizado". Diferentemente de outros comitês posteriores de crime organizado com base em Washington D.C., o Comitê Especial do Senado para Investigar Crimes de Comércio Interestadual foi criado para ser uma turnê itinerante, com intimações e sessões públicas e privadas acontecendo em grandes cidades pelos Estados Unidos. Buscando estabelecer a existência de uma comissão do submundo governada por mafiosos em várias jurisdições, o comitê acabou se focando pesadamente no esquema do jogo. Inevitavelmente, o tema de Cuba iria emergir como um pulsante exemplo do longo alcance da influência da Máfia no negócio de apostas.

As audições começaram em Chicago e rapidamente se moveram para St. Louis, São Francisco, Nova Orleans, Tampa e outras cidades. Desde o começo, Kefauver tinha uma pauta. Político objetivo com pedigree rural, ele havia concorrido a senador usando um chapéu de guaxinim e pregando "simples valores americanos", apesar de ser, de fato, um procurador de alto nível com base em Chattanooga. Com Kefauver presidindo, as audições se transformaram numa cruzada. Os membros do comitê eram basicamente anglo-saxões brancos protestantes, enquanto que aqueles intimados a testemunhar eram principalmente etnias urbanas: italianos americanos, irlandeses e judeus.

Das muitas sessões do comitê em dezoito meses, as mais explosivas aconteceram no Sul da Flórida. Em 13 de julho de 1950, o diretor de operações da Comissão de Crime de Miami foi chamado para apresentar uma série de gráficos mostrando que não menos do que trinta e dois estabelecimentos ilegais de jogo floresceram na linha de Dade-Broward County entre 1946 e 1950. Desses, os mais bem sucedidos eram aqueles de posse e operação de Meyer Lansky. Entre os homens nomeados pelo comissariado do crime como tendo participado do sindicato de Lansky no Sul da Flórida estavam Vincent Alo, conhecido como "Jimmy Blue Eyes", William Bischoff, codinome "Lefty Clark" e Jake Lansky, todos os quais se tornariam posteriormente membros chave das operações de Meyer em Havana.

A extensão em que o sindicato de Lansky comprava oficiais locais foi detalhada para o comitê por um antigo assessor da cidade de Hollywood, Flórida. O antigo assessor era parte de um grupo de cidadãos que tentava fechar clubes ilegais de jogo por ordem judicial. Em sessão aberta, antes do comitê, o antigo assessor testemunhou que uma noite houve uma batida na porta da frente. Ele respondeu e foi saudado por um advogado que ele sabia que representava os interesses do jogo e dava aconselhamento legal de graça para policiais de Hollywood.

"Há uma pessoa no carro que gostaria de te ver", disse o advogado.

O antigo assessor andou até um Cadillac preto estacionado na calçada e abriu a porta. Lá dentro, atrás da direção, sentava-se o robusto Jake Lansky.

"Esse é o Sr. Lansky", disse o advogado. "Sr. Jake Lansky."

O irmão de Meyer Lansky disse ao antigo oficial da cidade: "Deixe-me perguntar, você não acha que está lidando com mais do que dará conta?"

"Não sei", disse o homem. "Estou fazendo o melhor que posso."

"Estaria interessado em vinte e cinco mil dólares?" perguntou Jake. O homem se virou e voltou para casa. O carro foi embora.

Duas ou três noites depois, outro carro apareceu. Um homem veio até a porta e pediu ao antigo oficial para vir até o carro, havia algo que queriam mostrar a ele. O antigo assessor obedeceu. Dois homens sentavam-se no banco de trás. Um deles tinha uma caixa de sapatos.

"Temos vinte e cinco mil dólares aqui", disse o homem com a caixa de sapatos. "Você sabe como essas coisas terminam – ou com um dólar de prata ou uma bala de prata."

De acordo com o oficial da cidade, ele andou de volta para casa e pegou uma arma que mantinha perto da porta. "Disse a eles: vou contar até cinco, então vou começar a atirar." O carro foi embora, mas isso não foi o fim. Semanas depois, uma carta anônima circulou em Hollywood acusando-o de aceitar um suborno de vinte e cinco mil dólares dos homens do jogo.

Outra pessoa que testemunhou na audiência do Sul da Flórida foi Walter Clark, o antigo xerife de Broward County. O Xerife Clark era um pançudo gregário, um velho rapaz que cuidava de Broward desde que fora eleito em 1933. Ele gostava de se gabar: "Broward tem a menor ocorrência de crime em qualquer município de veraneio do seu tamanho". Claro, esse registro dependia se você contava o jogo ilegal ou não, o que havia bastante. Na frente do Comitê Kefauver, Clark mostrou ignorância:

> Presidente da Comissão: Você nunca soube que havia jogo nesses lugares?
> Xerife Clark: Boatos, mas nenhuma evidência.
> Presidente: Com toda a informação sobre esses lugares, por que você não os fechou, qual era o problema?
> Xerife Clark: Nunca tive problemas com isso. Nunca tive queixas de que havia jogo.

Presidente: Por sinal, foi sempre sua política operar de forma liberal, como você disse ao comitê.
Xerife Clark: Sim.
Presidente: O que você quer dizer com uma forma liberal?
Xerife Clark: Bem, não meto o nariz em negócios e residências particulares.

Clark tinha um problema: posteriormente foi mostrado ao comitê que Jake e Meyer Lansky eram grandes contribuintes de sua campanha de reeleição. Também recebiam cheques de Jake Lansky, totalizando US$ 750, a Associação dos Xerifes da Flórida, Associação de Juízes de Paz e Oficiais, Associação de Polícia & Xerifes e Associação dos Oficiais de Paz. Essas eram as contribuições oficiais; pagamentos por baixo do pano provavelmente eram muito maiores.

Todos tinham uma fatia do bolo: uma corporação selecionada de três policiais da polícia de Hallendale foi paga para supervisionar o estacionamento de carros do lado de fora do Colonial Inn e outros estabelecimentos de luxo. E, no final da noite, uma ligação era feita e uma companhia de representantes do Xerife Clark chegava para escoltar o ganho da noite ao banco. O irmão do Xerife, Robert, era dono da empresa de carros blindados que transportavam o dinheiro.

Quando o Comitê Kefauver continuou após uma longa semana de depoimentos, um sistema de pagamentos para a polícia local e figuras judiciais e políticas em Brodward County foi amplamente exposto. O Xerife Clark foi desgraçado e forçado a largar o cargo. Os estabelecimentos de luxo de Meyer Lansky em Broward County foram invadidos, lacrados e fechados de vez.

Quando o Comitê Kefauver chegou à cidade de Nova York para a próxima rodada de audições no outono de 1950, o alerta sobre suas atividades estava fervendo, mas nada de grande seria conquistado nos próximos meses. Até agora, relatos nos depoimentos das testemunhas tendiam a focar em assuntos de interesses locais, com pouca ênfase naquele que deveria ser o tema central do comitê: localizar a existência de um sindicato nacional do crime. Em Nova York, tudo mudou. Pela primeira vez, o amplo alcance e enorme poder da

Máfia foi colocado na berlinda, e o comitê Kefauver foi finalmente catapultado das últimas páginas para um evento cultural intenso.

Nas audições anteriores, um nome que havia sido constantemente repetido era o de Meyer Lansky – não apenas no sul da Flórida, onde o nome de Lansky era um mantra, mas também em Nova Orleans, onde foi estabelecido que Lansky, junto a Frank Costello e integrantes locais, era coproprietário do Beverly Club, um popular cassino-nightclub. Lansky pareceu ser um intermediário chave entre mafiosos em Nova Orleans, Detroit, Cleveland, Las Vegas, Los Angeles e todo outro canto em que as forças do crime organizado faziam negócios. É por isso que os membros do comitê estavam todos presentes quando o próprio Little Man, em resposta a uma intimação, chegou à corte federal em Manhattan para testemunhar em 11 de outubro.

Dada a expectativa, o depoimento foi de certa forma anticlimático – que foi provavelmente o que Lansky queria que fosse. Apesar de o chefão da Máfia estar comparecendo sem seu advogado, ele havia sido bem instruído sobre seu privilégio da Quinta Emenda – o direito de permanecer em silêncio no campo da autoincriminação – o que, graças às audições de Kefauver, iria entrar no léxico do discurso americano e se tornar um bote salva-vidas para criminosos de todos os tipos. Sob um interrogatório incansável, Lansky raramente vacilava:

> Membro do Comitê: Você fez parte do negócio do jogo?
> Lansky: Me recuso a responder sob a base de que isso pode me incriminar.
> Membro do Comitê: Já esteve em Saratoga Springs, Nova York?
> Lansky: Me recuso a responder com base de que isso pode me incriminar.
> Membro do Comitê: O Presidente pode, por favor, instruir a testemunha a responder?
> Presidente: Sr. Lansky, você é instruído a responder essas questões. Podemos chegar a um entendimento de que caso o que, na opinião do Presidente, algum procurador perguntar a você não for uma pergunta de fato, eu lhe direi para não responder? De outra forma, você é instruído a responder a cada pergunta que for feita.

Lansky: Sim, senhor.
Presidente: Você entendeu?
Lansky: Sim, senhor.
Membro do comitê: Você já teve participação no Hotel Flamingo em Las Vegas?
Lansky: Me recuso a responder com base de que isso pode me incriminar.

Na manhã seguinte, com seu advogado ao lado, Lansky foi mais aberto. Ele respondeu as perguntas quando Moses Polakoff o aconselhou a fazer isso. Muito de seu testemunho foi usado como uma oportunidade para os membros do comitê fazerem uma apresentação grandiosa. Num momento revelador, o senador Republicano Charles Tobey, o mais rigoroso inquisidor do comitê, ficou ultrajado quando descobriu que Polakoff também representou Charles Luciano. Fervendo de indignação, o senador perguntou a Polakoff: "Como você se tornou advogado de um rato sujo daqueles? Não há ética na sua profissão?" acrescentando depois: "Há alguns homens indefensáveis. [Luciano] é um deles."

Polakoff respondeu com uma defesa apaixonada de sua profissão, apontando: "Quando chegar o dia em que uma pessoa esteja além da defesa na justiça, significará que nossa liberdade acabou. As minorias e os excluídos e pessoas com má reputação merecem mais a proteção da lei do que as ditas pessoas honradas. Eu não tenho de me desculpar a você nem a ninguém por quem eu represento."

"Olho para você com espanto", disse o senador.

"Eu olho para você com espanto", devolveu o advogado, "um senador dos Estados Unidos fazendo uma declaração dessas."

A discussão seguiu mais um tempo, com Lansky sentado alheio, satisfeito que seu tempo diante do comitê estivesse sendo dedicado a um debate rancoroso sobre seu velho parceiro Charlie Lucky – que estava vivendo na Itália, longe do alcance do comitê – e não sobre suas próprias atividades criminosas.

Finalmente Lansky encarou a fera. Num testemunho que se estendeu por quase toda manhã, ele admitiu conhecer vários homens que haviam sido colocados diante do comitê como figuras importantes do submundo. Lansky mal podia negar sua associação com Luciano, Frank Costello, Bugsy Siegel, Albert Anastasia e muitos outros com quem ele fez negócios pela maior parte de sua vida adulta. Em questões substanciais relacionadas às suas atividades de negócios, ou mesmo se ele havia pisado em certas cidades onde o jogo corria desenfreado, ele tomou religiosamente a Quinta Emenda.

Um assunto com o qual Lansky foi surpreendentemente loquaz foi Cuba. O comitê não sabia nada sobre a relação atual de Lansky com Batista. Suas questões sobre Cuba ficavam no passado. Lansky tinha consciência de que suas atividades em Havana estavam além do alcance do comitê, o que podia ser o motivo pelo qual ele aceitava falar livremente sobre o assunto.

> Membro do Comitê: Que negócios você tem [em Havana]?
> Lansky: tenho um hipódromo e um cassino, o Nacional.
> Membro do Comitê: Você opera todo o jogo, é verdade? Isso é legal em Cuba?
> Lansky: Claro, é legalizado; sim.
> Membro do Comitê: Por que foi a Cuba?
> Lansky: Bem... Naquela época, eu estava bem interessado em tentar comprar o Montmartre Club.
> Presidente: Você tinha o hipódromo e o cassino na época em que Luciano estava lá?
> Lansky: Não, não, paramos quando a guerra explodiu. Veja, porque depois disso, não havia mais barcos no mar. E naquela época não havia aviões o suficiente, e não dava para viver dos aviões que vinham de Miami. Não dava para viver dos próprios cubanos.
> Presidente: Posso perguntar, essas operações, o hipódromo e o cassino no Nacional Hotel, eram grandes?
> Lansky: Grandes operações?
> Presidente: Sim.
> Lansky: Bem, começamos quando eram bem modestas.
> Presidente: Mas era uma operação de milhões de dólares?

Lansky: Não, nada desse tipo, senador. Uma proposta de concessão, e tentamos desenvolver. Infelizmente, a guerra explodiu.
Membro do Comitê: Fora a quantidade de dinheiro envolvida, o cassino Nacional era um lugar tremendamente bonito em Cuba?
Lansky: Oh, certamente sim.
Membro do Comitê: Provavelmente tem mais espaço para o jogo do que qualquer lugar no hemisfério, não é?
Lansky: Bem, acho que sim.
Membro do Comitê: E é um prédio estupendo, lindo e grande?
Lansky: Oh, com certeza.
Membro do Comitê: Com um tremendo restaurante absolutamente lindo?
Lansky: Isso mesmo.
Membro do Comitê: E outro lugar para dançar.
Lansky: Sim.
Membro do Comitê: Um cenário e tanto, em outras palavras?
Lansky: É sim.
Membro do Comitê: E o hipódromo, tem um bom tamanho?
Lansky: Sim, o hipódromo tem uma boa pista. Acho que é um dos clubes mais bonitos do país.

O comitê ficou no assunto de Havana por um tempo, acreditando que talvez fosse uma oportunidade para soltar a língua de Lansky – uma estratégia transparente que Meyer efetivamente minou ao colocar: "Passei quatro anos em Havana, cerca de seis meses por ano. Quero dizer, para mim, Havana se tornou bem cansativa". Ele não disse mais nada sobre o assunto e terminou seu depoimento.

Lansky fez mais uma aparição diante do comitê, cinco meses depois, quando Kefauver e sua equipe retornaram a Nova York em março de 1951. Essa aparição final não teve grandes repercussões, e foi obscurecida por acontecimentos mais impactantes.

No começo de março, Willie Moretti foi chamado a depor. Tendo participado da conferência de Havana, Moretti era o homem que iniciou Frank Sinatra no universo da Máfia americana. Na frente do comitê, o mafioso careca de cinquenta e um anos de Nova Jersey, falou sem parar, oferecendo pérolas de sabedoria tais como: "Chamam qualquer um que ganha 6% de lucro no dinheiro investido de mafioso", e, em relação aos seus vários conhecidos gângsteres: "Gente bem conhecida não precisa de apresentações". Quando Moretti foi agradecido pelo Senador Tobey por sua franqueza, ele respondeu: "Muito obrigado. Não esqueça da minha casa em Deal se você estiver no litoral. É meu convidado".

O depoimento de Moretti não revelou nada de importante, mas mesmo assim sua tagarelice alarmou muitos da Máfia. Em 4 de outubro, com o Comitê Kefauver ainda em curso, Moretti estava tomando café da manhã no Joe's Restaurant em Cliffside Park, Nova Jersey, quando um pistoleiro desconhecido abriu fogo. Ele foi atingido várias vezes e morreu numa poça de seu próprio sangue. Alguém havia fechado a boca de Moretti de vez.

De longe, o momento mais memorável das audições de Kefauver – um que iria ocupar para sempre um lugar especial na história da Máfia nos Estados Unidos – foi a aparição de Frank Costello. No momento em que foi chamado a testemunhar, o Primeiro Ministro do Submundo não estava em clima de brincadeira. Costello se recusou a tomar o púlpito enquanto câmeras de televisão estivessem presentes na sala de audições. A televisão era relativamente um novo fenômeno – menos de 20% do público americano tinha um aparelho em casa – mas Costello e seu advogado prontamente acreditaram que tendo seu rosto tão fortemente identificado com uma investigação em atividades do crime organizado iria resultar em culpa por associação. Um acordo foi estabelecido: as câmeras poderiam ficar na sala de audição, mas não poderiam mostrar o rosto de Costello.

E assim se desdobrou talvez o maior acontecimento na história da televisão. As mãos de Costello foram mostradas, mas seu rosto não. Sua voz desencarnada – um barítono rouco, resultado de uma operação quando jovem nas cordas vocais – parecia emanar de algum lugar misterioso. O resultado foi ao mesmo tempo sinistro e magnético. Milhões de pessoas em cidades pequenas e grandes ficaram viciadas nos depoimentos de Costello, que na televisão se consistia de voz e mãos. Donos de lojas, querendo lucrar com o acontecimento, colocavam televisões em suas vitrines. As pessoas se reuniam nas calçadas para ver, e as audições se tornaram um fenômeno nacional.

Quando terminaram, as audições Kefauver ajudaram a elevar a Máfia a um novo tipo de mitologia americana. Os nomes Luciano, Costello e Lansky eram agora tão bem conhecidos como os dos astros de cinema. O resultado pode ter sido positivo para os egos de alguns mafiosos, mas o efeito em suas carteiras foi devastador.

Para Meyer Lansky, os resultados foram semelhantes a uma tomada de poder hostil. Ele expressou amargura diretamente ao Senador Kefauver em uma sessão privada numa sala nos fundos antes de sua aparição final. Lansky havia ouvido de várias fontes que Kefauver gostava de jogar, então ele perguntou ao senador: "O que há de tão ruim no jogo? Você mesmo gosta. Sei que você já apostou bastante".

"Isso mesmo", respondeu Kefauver, "mas não quero que a sua gente controle o jogo".

Lansky tomou isso como uma depreciação de sua etnia. "Não sou um judeuzinho ajoelhado que vem cantar músicas nos seus ouvidos", ele retrucou. "Não sou um desses judeus donos de hotel em Miami Beach que te conta todo tipo de história só para te agradar... Não vou permitir que me persigam porque sou judeu".

A defesa de Lansky de suas origens étnicas pode ter ido bem no encontro semanal da B'nai Brith, mas nos salões da justiça ele era outro arruaceiro arrogante – judeu, italiano, irlandês, ou o que fosse. Quando o Comitê Kefauver encerrou as audições públicas no começo de 1952, o Little Man estava ferido. Foi indiciado por exploração do jogo no estado da Flórida e enfrentou acusações similares no estado de Nova York como resultado de suas operações no cassino de Saratoga Springs. O futuro parecia negro.

Não se sabe se Fulgencio Batista assistiu às audições Kefauver pela televisão. Sem dúvida, ele as monitorou de perto pelas páginas do *New York Times* e também pelas revistas semanais. Como devoto observador dos eventos culturais e políticos dos EUA, o senador tendia a ver seu antigo lar e vizinho não como um país separado, mas como um parente gordo, por vezes desatento, cujo ânimo precisava ser constantemente monitorado e massageado. A Máfia, em particular, era um assunto próximo de seu coração. Através de Lansky, Batista havia estabelecido conexão com as fortunas do submundo Americano. De sua propriedade nos arredores de Havana, ele teria seguido as audições Kefauver da mesma forma que investidores seguiam os pregões da bolsa de valores de Nova York: com dedos cruzados e um ouvido no solo.

Na mídia, as audições foram apresentadas como um completo desastre para a Máfia. O *New York Times* sugeriu que as audições Kefauver eram potencialmente o "maior ataque ao crime organizado desde a aprovação da Vigésima Primeira Emenda", que terminou com a Lei Seca. Era verdade que na esteira das audições, cassinos ilegais, operações de apostas, sindicatos de notícias e rotas de entorpecentes foram todos fechados, mas o senador de Daytona era astuto o suficiente para ver além das manchetes.

Tendo nascido e sendo criado à sombra da United Fruit Company, Batista reconhecia um imperativo capitalista quando via um. Nada aconteceu durante as audições Kefauver para mudar o mandato central do comércio americano: como em qualquer negócio, a Máfia precisava manter o dinheiro em circulação para sobreviver. Lansky, Luciano, Costello e os outros haviam se comprometido com uma estratégia de corporação. Como princípio da operação, a geração e reinvestimento do capital eram os primeiros e segundos mandamentos. Batista sabia que a Máfia ainda precisava de um lugar para pendurar o chapéu. Agora, mais do que nunca, precisava de vias de investimento que estivessem além do alcance de caipiras bons samaritanos como Estes Kefauver. Nesse aspecto, Havana nunca pareceu melhor.

O senador tinha um problema. Se houvesse discussão de que chegara a hora de um investimento em grande escala do dinheiro sujo em Havana, Batista ainda não estava em posição de colher os benefícios. Em março de 1951, ele se apressou para resolver o problema. Ao mesmo tempo em que Lansky testemunhava diante do Comitê Kefauver pela terceira vez, Batista se anunciou como candidato às eleições presidenciais cubanas de junho de 1952.

O anúncio foi recebido com uma curiosa falta de entusiasmo. A maioria dos cubanos sabia, claro, que Batista concorreria. Foi pressuposto que sua reentrada na política local como senador de Las Villas era um prelúdio para ambições maiores. Em alguns cantos, Batista ainda era popular, especialmente com os militares. Ele também tinha seguidores nas províncias rurais, onde era visto como um *guajiro* (camponês) de coração. Mas muito havia mudado desde o exílio autoimposto de Batista, sete anos e meio antes. O experimento de uma década de Cuba, com a democracia constitucional, havia aberto uma porta para uma estrondosa coleção de facções concorrentes. O Partido Auténtico estava apoiando um candidato escolhido a dedo pelo Presidente Carlos Prío, que decidiu não concorrer à reeleição. O Partido Ortodoxo tinha um séquito fiel entre as uniões de grupos de estudantes da Universidade de Havana. E havia o partido nacional Comunista, uma carta na manga que Batista havia manipulado com eficiência no passado.

Nos últimos meses de 1951, Batista fez campanha pela ilha. Um enorme cartaz foi erguido no meio de um cruzamento em Havana. Um retrato gigante do candidato, elegante num terno de linho e sapatos de dois tons, se erguia com o slogan de sua campanha: *"Este es el hombre"* – Esse é o homem. Batista era uma figura tão reconhecível que nem era necessário mostrar seu nome no cartaz. Mesmo assim, sua campanha naufragava. Em dezembro, uma revista mensal, *Bohemia*, publicou o resultado de uma pesquisa de opinião pública que mostrava Batista bem atrás, em terceiro no páreo.

O que aconteceu em seguida tem sido fonte de debate em Cuba desde que os eventos ocorreram. Em relatos posteriores, Batista iria alegar que foi procurado por um grupo de jovens oficiais militares que disseram que haviam descoberto evidências de que Carlos Prío estava planejando encenar um golpe de estado e iria suspender as eleições e segurar a presidência com força paramilitar. Prío negou que uma conspiração dessas tenha existido. Em todo caso, Batista se encontrou secretamente com vários de seus seguidores no exército através dos primeiros meses de 1952. Em março, enquanto o país estava preocupado com o carnaval anual pré-Quaresma que se desdobrava em música, dança e festas de rua, Batista deu seu passo.

Nas primeiras horas da manhã de 10 de março, um comboio chegou ao Acampamento Columbia, o quartel militar de Cuba nos arredores de Havana. Batista saiu de um dos carros e foi seguido por membros de uma junta revolucionária militar que incluía muitos oficiais do alto escalão. Aos homens reunidos, ele disse: "Devemos ser muito cuidadosos para que nenhuma notícia vaze até que tenhamos esse assunto propriamente ajustado. Já cuidaram das estações de rádio?"

Batista foi informado que todas as maiores estações de rádio estavam sob controle militar, assim como os jornais e outras fontes de informação. Satisfeito, ele deu a ordem para que uma formação de tanques e outros veículos de combate seguissem para o palácio presidencial. Quando o palácio foi cercado, o Presidente Prío teve a opção de deixar o escritório da presidência. Ele fugiu com pouca resistência, primeiro para a embaixada Mexicana, depois para um exílio em Miami. Batista assumiu.

O golpe de estado aconteceu sem nenhum obstáculo. Houve apenas uma fatalidade, um oficial militar que resistiu. Quando os cidadãos de Cuba acordaram naquela manhã, foram informados pelo rádio que Fulgencio Batista era novamente presidente. Às 4h da tarde, um manifesto ao povo foi emitido pelo novo governo:

> A junta militar agiu para evitar o regime de sangue e corrupção que havia destruído instituições, criado desordem e zombaria no estado, agravado pelos planos sinistros do governo, que pretendia continuar bem além de seus termos constitucionais, pelo qual o Presidente Prío havia feito um conluio com vários líderes do exército, preparando um golpe militar antes das eleições.

Era um exemplo cristalino de "a grande mentira" em ação. Foi Batista quem usou os militares para um golpe. Ele imediatamente fechou as portas da democracia: a constituição foi suspensa, as próximas eleições foram encerradas, todos os partidos políticos foram dissolvidos, e greves por sindicatos trabalhistas foram proibidas por quarenta e cinco dias por um decreto executivo. Para o público, Batista anunciou: "O povo e eu somos os ditadores".

Inicialmente, a reação por parte da população cubana foi de uma aquiescência espantada. O historiador Hugh Thomas descreveu o golpe de Batista como um "acontecimento comparável na vida a um colapso nervoso após anos de doença crônica". Em *Cuba: Pursuit of Freedom*, sua extensa história política da ilha, Thomas escreve:

> As prostitutas da Virtue Street sabiam que a substituição de Batista por Prío no Palácio Nacional faria pouca diferença para elas... O sistema político cubano já havia sido torturado até a morte. As farras acumuladas de cinquenta anos estavam gerando seu fruto podre.

O governo dos Estados Unidos se alinhou atrás de seu velho amigo Batista. Apenas duas semanas depois que ele subverteu a democracia cubana, a administração Truman o reconheceu como um presidente legítimo e seu governo recebeu todas as cortesias diplomáticas. O nível no qual os Estados Unidos se colocaram favoravelmente em relação às ações de Batista foi posteriormente enfatizado pela revista *Time*, que colocou em sua capa uma ilustração sorridente de El Presidente com a bandeira cubana como uma auréola, acompanhado da divertida manchete: "O Batista de Cuba: Ele Passou pelas Sentinelas da Democracia".

O apoio do governo dos EUA e seu engrandecimento de um homem que havia roubado a presidência à força e mijado na constituição cubana foi um insulto que alguns cubanos nunca iriam esquecer ou perdoar.

Nem todos se fingiram de morto. Uma pessoa cujas ambições de carreira haviam sido diretamente prejudicadas pelas ações insolentes de Batista era Fidel Castro.

Como candidato do Partido Ortodoxo, Castro estava concorrendo ao congresso e tinha uma boa chance de ganhar quando, apenas oito dias antes da eleição, Batista acabou com tudo. Três dias depois, num panfleto mimeografado que circulou pelas ruas de Havana, Castro ofereceu uma denúncia pungente:

> [O golpe militar de Batista] não é uma revolução, mas um golpe brutal de poder! Eles não são patriotas, mas destruidores da

liberdade, usurpadores, aventureiros sedentos de ouro e poder... E você, Batista, que fugiu por quatro anos e, por três, ocupou-se em uma politicagem inútil, aparece agora com seu tardio, perturbador e venenoso remédio, destroçando a Constituição... Mais uma vez as botas militares; mais uma vez o Acampamento Columbia ditando regras, destituindo e indicando ministros; mais uma vez os tanques rugindo ameaçadoramente nas ruas; mais uma vez a força bruta prevalecendo sobre a razão humana... Não há nada mais amargo no mundo do que o espetáculo de gente que vai para a cama livre e acorda na escravidão.

A raiva de Castro era uma manifestação de frustração e abandono que muitos cubanos sentiam na época. Já houvera golpes antes em Cuba, mas geralmente eram acontecimentos de muita luta com muito sangue derramado e posicionamento político. Esse aconteceu na calada da noite, mais como um estupro sorrateiro do que um assassinato. Castro e outros que se viam como parte de um movimento por justiça social em Cuba foram pegos de guarda baixa. Agora, em face da "força bruta" de Batista, parecia não haver nada que eles não podiam fazer. Encontros secretos aconteceram, proclamações foram feitas, e o estoque de armas começou, mas levaria meses até Castro e outros inimigos de Batista serem capazes de formular um plano de ação.

Nesse meio tempo, El Presidente segurava todas as cartas. Batista se apoderou de todas as instituições financeiras de Cuba e desenvolveu um sistema no qual ele poderia pilhar os recursos do país para seu ganho pessoal.

Apesar de poucos reconhecerem isso na época, foi um grande passo à frente para o desenvolvimento das fortunas da Máfia de Havana.

BEM LONGE EM NOVA YORK, em seu apartamento que dava para o Central Park, Meyer Lansky provavelmente lia sobre o golpe nos jornais e via notícias na televisão com mais do que um interesse passageiro. Ao mesmo tempo em que Batista havia decidido arregaçar com Cuba, Lansky estava no meio de um dos períodos mais improdutivos como mafioso profissional. O Comitê Kefauver o havia deixado com um show pequeno. Numa questão de meses, todos os seus cassinos anteriormente lucrativos foram fechados. Ele estava enfrentando queixas criminais em dois estados. Foi identificado no relatório final do Comitê Kefauver como um gângster comum e um mau cidadão. Para Lansky, Batista voltar ao poder poderia parecer uma pontinha de esperança num mundo que desmoronava.

Nos meses seguintes, o chefão judeu da Máfia lidou com seus problemas legais. Conseguiu reduzir suas acusações de improbidade fiscal na Flórida para uma fiança de três mil dólares, mas em 10 de setembro foi formalmente indiciado no estado de Nova York com acusações de conspiração, jogo e falsificação. A acusação de falsificação, que tinha a ver com o nome de outra pessoa sendo inserida na licença para bebidas no cassino Arrowhead Inn de Lansky, em Saratoga Springs, acabou sendo derrubada. As outras acusações eram igualmente fracas. Moses Polakoff queria ir a julgamento. "Nós teríamos ganho o caso", o advogado de Lansky disse anos depois. "Mas [Lansky] não queria... Ele não queria se arriscar num julgamento".

Para evitar a publicidade que iria resultar em abrir precedentes legais, Meyer aceitou se declarar culpado e cumprir a pena, se necessário.

Enquanto isso, mantinha seus olhos nos acontecimentos de Cuba e esperou que Batista ligasse.

5
RAZZLE-DAZZLE

Numa noite em abril de 1952 – semanas antes de Batista tomar o poder em Cuba – um advogado de Los Angeles chamado Dana C. Smith estava jogando no Sans Souci, um dos cassinos-boate mais conhecidos em Havana. Localizado no subúrbio de Marianao, não muito longe do Oriental Park, o Sans Souci era famoso por seus fabulosos shows no andar de baixo – extravagantes e exóticos, anunciados como "autênticos rituais vodu". Mulheres negras e mulatas parcamente vestidas dançavam ao redor de negros que batucavam o batá, enquanto um cantor cantava num Yoruba agudo. Para os turistas, vinha com o rótulo de "ritmos selvagens da floresta", e frequentemente os deixavam excitados e prontos a tudo. Depois do show, muito da plateia inundava os cassinos, o que foi o caso de Dana Smith, que logo se encontrou curvado sobre uma mesa de jogo com uma multidão ao redor.

O jogo que Smith estava jogando era chamado cubolo, uma variação de oito dados do *craps* que era popular com operadores de máquinas e artistas trapaceiros nos círculos de jogos de Havana. Cubolo era um exemplo clássico de "razzle-dazzle", uma expressão chiclete usada para descrever os vários jogos locais que foram criados para confundir e depenar os turistas. O jogo era quase incompreensível, pelo menos para Smith, mas ele ouviu animadamente do pessoal ao redor: "Não dá para perder se você ficar dobrando sua aposta". Então Smith continuou rolando os dados e dobrando a aposta – e continuou perdendo – até que ele queimou quatro mil e duzentos dólares (mais de quarenta mil dólares na proporção de hoje).

O advogado da Califórnia escreveu um cheque para cobrir os gastos, mas não ficou feliz. Sentiu-se levado ao jogo e depenado por mentiras. E não apenas isso, mas ele posteriormente descobriu que esse clássico jogo cubolo não estava sancionado pela lei de Cuba.

Era um clássico "razzle-dazzle", no qual "condutores" e "parceiros" convenciam turistas ingênuos, levando-os às mesas de jogo e encorajando-os até não terem mais dinheiro para apostar, depois dividindo os ganhos com a casa.

Dana Smith não era um turista qualquer. Era um conselheiro financeiro próximo ao candidato a vice-presidente Richard M. Nixon da Califórnia, e não era um homem que gostava de ser passado para trás.

Dias depois de ser depenado em Havana, Smith ligou para seu banco, sustou o pagamento do cheque que havia assinado e recusou-se a pagar a dívida.

Um perdedor fugindo da dívida não era incomum nos círculos de jogo em Havana. Frequentemente a casa assumia as perdas. Mas isso era uma soma substancial. Havia também o princípio envolvido: o Sans Souci havia depenado Smith. Por anos, estabelecimentos de jogo em Havana faziam jogos trapaceiros. Aqueles que permitiam ser levados eram otários – e o que seria o jogo sem sua porção de otários?

O contrato para administrar o jogo no Sans Souci naquela estação era de Norman Rothman, um conhecido operador de *nightclubs* de Miami Beach. Rothman acionou o Beverly Credit Service da Califórnia para conseguir os quatro mil e duzentos dólares de Dana Smith. O serviço de crédito abriu um processo contra Smith, que por sua vez telefonou para seu amigo, o Senador Richard Nixon. Como cortesia, Nixon escreveu uma carta para o Departamento de Estado dos EUA, pedindo que vissem que Smith alegava que havia sido enganado num jogo fraudulento de azar. O Departamento de Estado contatou a embaixada americana em Havana, o que abriu uma investigação sobre as alegações de Smith e outros turistas americanos de que o jogo em Havana era baseado em fraudes e ilegalidades.

Ao mesmo tempo, como parte de sua estratégia legal de defesa, Smith iniciou uma campanha de publicidade contra o jogo em Havana. Numerosas alegações de turistas americanos sendo enganados se tornaram públicas: um jovem casal em lua de mel perdeu suas economias para o jogo; uma mãe de quatro filhos havia perdido o salário do mês de seu marido. Mais tarde, essas e outras acusações foram levadas em conta quando Smith ganhou o caso na corte da Califórnia.

Quando a estação de inverno de 1952-53 se aproximava, se espalharam os boatos por Havana que por causa da publicidade negativa, o governo poderia ter de suspender o jogo e fechar os cassinos. No *Diario de la Marina*, um influente jornal diário que era pro-Batista, o colunista Reinaldo Ramírez-Rosell escreveu que se Cuba não quisesse ser vista como "um paraíso de perversidades e porta de entrada da corrupção mundial" era necessária uma ação imediata. Sob a manchete "*El Razzle-Dazzle, mala publicidad*" – Ramírez-Rosell pedia uma nova estratégia para limpar o jogo nos cassinos ou a economia cubana iria sofrer as consequências.

O Presidente Batista conhecia um escândalo em potencial quando via um. Normalmente ele teria permitido que o Instituto de Turismo do país cuidasse do problema, mas como todo mundo em Cuba sabia, o instituto tinha sido comprado por operadores dos cassinos. Batista precisava contornar seu próprio aparato de corrupção se ele sinceramente quisesse salvar a indústria do jogo em Havana. Com sorte, El Presidente tinha um ás na manga – seu nome era Meyer Lansky.

O momento era perfeito. Lansky estava em Nova York lambendo suas feridas, lidando com as implicações das audições do Senado, quando Batista estendeu a oferta de uma vida. "Você gostaria de vir para Havana e servir como 'conselheiro do governo numa reforma do jogo' por uma comissão anual de vinte e cinco mil dólares?" A resposta foi: "Pode apostar".

Lansky fez seu retorno triunfal a Havana na metade de 1952. Alugou uma suíte executiva no Hotel Nacional. Sem dúvida era tentador para a Máfia ver seu retorno como um prelúdio ao seu desenvolvimento como um todo e a pilhagem de Cuba com que ele e Luciano sempre sonharam. Mas, na verdade, Lansky não teve o luxo de focar exclusivamente num retato mais amplo. Em resumo, ele tinha trabalho a fazer.

Apesar de a indústria do jogo em Havia estar colhendo os frutos de um aumento vibrante do turismo no pós-guerra, a falta de regulamentação era perigosamente limitada. Intuição era tudo no negócio dos cassinos: se o público tinha a sensação – seja por experiência própria ou pela publicidade – de que os jogos em Havana não estavam em crescente subida, eles iriam procurar outro lugar. Países como Bahamas, Puerto Rico, República Dominicana e Haiti estavam se esforçando para entrar na explosão dos negócios de jogos do pós-guerra no Caribe. O México oferecia pacotes baratos para turistas americanos, esperando entrar no mercado de sol-e-areia-rápido-e-fácil. Batista e Lansky sabiam que se eles não conseguissem salvar a reputação de Cuba em oferecer jogos honestos, seu antigo sonho de um paraíso da Máfia em Havana poderia ser irrevogavelmente destruído.

O problema era que nos anos em que Fulgencio esteve longe da Presidência, a indústria do jogo em Havana se tornou livre para todos. Os donos de boates estavam arrendando suas salas de jogos – e às vezes até mesas individuais de jogo – para qualquer um com uma conta bancária. Alguns eram sérios operadores profissionais; outros tinham menos experiência e menos fundos bancários e, para subirem na vida, investiam no razzle-dazzle, que oferecia um rápido retorno com um investimento mínimo.

No Sans Souci o esquema estava sob controle de um vigarista dos Estados Unidos chamado Muscles Martin. Muscles possuía o direito de comandar suas pilantragens no Sans Souci de Sammy Mannarino, um pilantra de Pittsburgh que tinha uma parte do local junto com um mafioso de Chicago e um de Detroit. Estabelecendo seu razzle na entrada do cassino, Muscles rotineiramente tapeava idiotas e faturava de dez a trinta mil dólares por noite. Esse dinheiro era dividido meio a meio com a casa.

O esquema de razzle-dazzle de Muscles Martin foi tão bem sucedido que pilantragens parecidas se espalharam pelo Gran Casino Nacional, o Jockey Club e até no cassino do Tropicana, o ponto de entretenimento mais fabuloso de Havana. Era dito que um dos únicos lugares em Havana em que você podia ter a garantia de não ser levado por pilantras era no "circo de pulgas", um jogo particular no balcão do Oriental Park. O circo de pulgas era comandado por motoristas de táxi, garçons, trabalhadores e outros do proletariado, e a trapaça era estritamente proibida.

Como novo conselheiro da reforma do jogo no país, era trabalho de Lansky colocar um basta no razzle-dazzle. Mas a pilantragem não era seu único problema. Nos cassinos, crupiês, pit bosses e gerentes de salão estavam em baixa. Os padrões eram baixos. Crupiês de blackjack podiam usar cartas não de uma caixa – como era a prática nos Estados Unidos e em qualquer lugar onde o jogo era popular – mas de um maço em suas mãos. Pit bosses frequentemente não podiam ser encontrados. E os gerentes de salão faziam suas rondas, mas não tinham como saber o que estava acontecendo em diferentes áreas do cassino.

Lansky fez mudanças. Insistiu que fossem usadas caixas para as cartas em todas as mesas de blackjack. Gerentes de salão se tornaram "escadinhas", erguidos a se sentarem em pequenos bancos de jóqueis, como árbitros em partidas de tênis. Eles também podiam ver o salão todo e flagrar trapaceiros, e também eram bem visíveis, o que inspirava confiança entre os jogadores. Os padrões que Lansky impôs eram os mesmos que ele usava há anos nos cassinos dos EUA em Saratoga Springs, Sul da Flórida e Nova Orleans. Ele sabia que um cassino bem comandado era um cassino lucrativo e – mais importante – que uma casa não precisava trapacear para ter sucesso. O acaso já estava opressivamente a favor da casa. A única razão para quebrar as regras e trapacear era pura e simplesmente ganância.

Quanto ao razzle-dazzle, Lansky cuidou do problema com o tipo de brilho que há muito o havia tornado um dos mafiosos mais bem-sucedidos da América. Sabendo que vários criminosos do jogo estavam conectados com gângsteres dos EUA como Sammy Mannarino de Pittsburgh e outros, ele não circulou pela cidade para tirar os pilantras do ramo. Mafiosos estavam fazendo dinheiro com o razzle-dazzle. Se Lansky fosse fechar imediatamente as coisas, iria criar ressentimento, para não falar numa resposta de violência direta. Em vez disso, Meyer estabeleceu uma conexão direta: ele comprou uma parte do Montmartre Club, um venerável cassino e palácio de shows a poucos quarteirões do Hotel Nacional na área de Vedado em Havana. Meyer se tornou um proprietário do clube e cuidou do gerenciamento das mesas de jogo.

A primeira coisa que ele fez foi importar funcionários de seu já falecido Greenacres Club, na Flórida, gente que estava acostumada a lidar com jogos de altas apostas e apostadores. A intenção de Lansky era dar o exemplo, mostrar aos operadores vagabundos e trapaceiros em Havana que o cassino mais rentável na cidade seria aquele com a operação mais limpa e justa.

A sabedoria do enfoque de Lansky foi confirmada de forma espetacular quando em março de 1953, perto do final da primeira estação como czar oficial do jogo em Cuba, o *Saturday Evening Post* publicou um artigo revelador sobre o jogo em Cuba. O artigo foi intitulado "Idiotas no Paraíso: Como os Americanos Perderam suas Calças nos Círculos de Jogo do Caribe". Escrito pelo jornalista Lester Velie, o artigo dava nomes, citando Sammy Mannarino e seu parceiro mafioso de Chicago, Dave Yaras, como a força por trás do Sans Souci. "Mafiosos americanos deslocados são os parceiros ou concessionários em quatro dos cinco cassinos de Havana", o grande artigo declarava. O Montmartre Club de Havana foi citado como o único grande cassino na cidade que não estimulava o razzle-dazzle.

O resultado do artigo foi imediato. Dois dias depois que ele foi publicado, o Presidente Batista anunciou que a inteligência militar cubana (Servicio de Inteligencia Militar ou SIM) estava sendo usada para prender treze negociadores de cartas americanos que eram empregadores dos clubes Sans Souci e Tropicana. O evento foi relatado no *New York Times*: "De capacete e segurando baionetas, as tropas cubanas marcharam pelos pontos de apostas e fecharam os jogos [de razzle-dazzle]. Com armas em mãos, eles patrulharam as entradas dos cassinos para manter os jogos fechados".

No dia seguinte, todas as treze pessoas presas foram deportadas para os Estados Unidos. No *Times*, um representante do governo cubano foi citado dizendo: "O Presidente da República deu instruções definitivas para as várias forças policiais intensificarem medidas para turistas estrangeiros".

Tudo foi lindamente orquestrado pelo "conselheiro na reforma do jogo" de Batista. Lansky não teve de chutar para fora as trapaças financiadas pela máfia nem os trambiqueiros. Ele deixou a inteligência cubana fazer isso por ele, mas apenas depois que as ações dos trapaceiros foram expostas nas páginas de uma grande revista americana. Dessa forma, os financiadores americanos não podiam se opor. Lansky havia feito seu trabalho. Em questão de meses, ele havia limpado os excessos e reformado o jogo em Havana, se tornado coproprietário de seu próprio cassino bem-sucedido e preparou as fundações para o que em breve seria o mais abastado império do jogo na história. E ele fez tudo sem bagunçar com os ganhos de ninguém.

Foi sua própria versão do razzle-dazzle.

Em termos de rendimentos, a estação de turismo foi bem naquele ano. Uma crise em potencial foi contida. Lansky estava tão satisfeito que em 2 de maio de 1953, ele não hesitou em finalmente se assumir culpado pelas acusações de jogo em Nova York. Pagou uma fiança de dois mil e quinhentos dólares e foi sentenciado a três meses na cadeia. O juiz ofereceu a ele alguns dias para colocar seus negócios em ordem antes de ir à prisão, mas ele declinou a oferta. Queria cumprir logo sua pena e sair da cadeia antes que a nova estação de turismo em Cuba começasse.

Da corte em Saratoga Springs, ele dirigiu diretamente para a prisão e começou sua sentença com dois livros debaixo do braço – um dicionário de inglês e uma versão revisada da Bíblia Rei James. Sua esposa, Teddy, alugou um quarto por perto e implorou para visitá-lo em cada dia de seu breve encarceramento.

O único presidiário a dividir a cela com Lansky era um homem da região, também condenado por acusações de jogo. Anos depois, o homem falou sobre Lansky: "Gostei dele. Era um cavalheiro; e um homem de palavra. Se ele te dissesse qualquer coisa, você sentia que tinha de acreditar".

Lansky se exercitou diariamente na cadeia. Na sua soltura em 2 de julho – um mês mais cedo por bom comportamento – ele estava prontinho para partir.

A REUNIFICAÇÃO EM LARGA ESCALA de Batista e Lansky foi um divisor de águas. Enquanto o povo de Cuba lutava para lidar com uma repentina e forçada subversão da lei constitucional e da democracia na ilha, mafiosos de todos os cantos reconheciam a aliança Batista-Lansky pelo que ela era: um chamado às armas. A maioria dos mafiosos que inundaram Havana pelas próximas estações vinha de diferentes partes dos Estados Unidos, mas alguns já estavam incrustados na sociedade cubana. Muitos homens de negócios, presidentes de banco e influentes políticos na ilha estavam esperando por esse momento há anos. Entre aqueles que deram um passo à frente para se tornar proeminentes membros da máfia de Havana estavam:

Amadeo Barletta Barletta – Um ítalo-cubano musculoso de cabelo grisalho, com ligações com a Máfia na Itália, Barletta era uma presença formidável nos negócios cubanos e círculos financeiros. Era presidente de seu próprio banco – Banco Atlântico – que logo iria emergir como um canal pelo qual mafiosos americanos lavariam dinheiro e diversificavam seus lucros do jogo. Barletta tinha um passado notoriamente obscuro, que apenas acrescentava charme ao seu currículo em Havana.

Nascido na Calábria, Itália, de uma família rica, ele inicialmente se mudou para o Caribe nos anos 1920. Abriu sua primeira concessionária de automóveis na região, na República Dominicana. Ao mesmo tempo, serviu como cônsul geral italiano na capital de Santo Domingo.

Em maio de 1935, foi acusado pela ditadura de Rafael Trujillo de estar envolvido numa trama para assassinar o presidente. Barletta foi jogado na cadeia, e seus bens, que incluíam uma plantação de tabaco, foram confiscados pelo governo Dominicano.

O governo italiano de Benito Mussolini exigiu que Barletta fosse libertado. Depois de pagar uma fiança de cinquenta mil dólares, Barletta foi solto. Ele fugiu da ilha e se estabeleceu lá perto, em Cuba, onde trabalhou como representante de vendas da General Motors.

Nos primeiros anos do envolvimento dos EUA na Segunda Guerra Mundial, Barletta foi acusado pelo FBI de ser um agente duplo. Estava aparentemente trabalhando como espião para o governo americano, enquanto ao mesmo tempo servia de "administrador da família Mussolini nos Estados Unidos". Barletta fugiu e, durante a guerra, se escondeu na Venezuela. Quando voltou para Cuba depois da guerra, tudo foi perdoado. Ele voltou a trabalhar para a General Motors e também se tornou agente de vendas da Cadillac, Chevrolet, Oldsmobile e outras grandes montadoras americanas em Cuba. Em Havana, ele construiu um prédio de onze andares em forma de triângulo na Infanta Street e no Malecón, conhecido como Ambar Motors. Ele financiou o Canal 2 da televisão cubana e foi um sócio controlador do *El Mundo*, um jornal diário. Com apoio de instituições financeiras cubanas e americanas, ele acumulou uma diversidade exorbitante de negócios, muitos dos quais serviam de fachada para várias atividades criminosas em Havana, incluindo o tráfico de drogas e de pedras preciosas.

Amletto Battisti y Lora – Como Amadeo Barletta, Battisti era um influente homem de negócios em Havana, que era conhecido por trabalhar nos dois lados da lei. Como proprietário do Hotel Sevilla Biltmore – que estava em segundo lugar, depois do Hotel Nacional, como endereço turístico mais prestigioso de Havana – Battisti era um poderoso propulsor e agitador na cidade. Seu restaurante-cassino no Hotel Sevilla era popular com funcionários políticos do palácio presidencial, localizado a apenas algumas quadras.

Um uruguaio de ascendência italiana que residia em Cuba desde os anos 1920, Battisti era alto e esguio, com o cabelo rareando e uma impressionante coleção de ternos de linho. Ele se apresentava como um elegante homem de negócios internacional. Para financiar seus vários acordos corporativos, ele tinha seu próprio banco, Banco de Créditos e Inversiones. Dois dos negócios de Battisti eram prostituição e entorpecentes. Também se gabava de como um fresco carregamento de prostitutas chegava a seu hotel a cada semana, para serem contratadas como acompanhantes de luxo. Quanto aos entorpecentes, o Hotel Sevilla de Battisti era o centro da ação numa cidade onde emoções baratas e prazer ilícito nunca estavam além de um passeio de táxi. De acordo com um relatório confidencial de um agente de narcóticos americano escondido em Havana, carregamentos de cocaína chegam ao hotel vindos de Madrid, toda semana, a bordo de uma companhia aérea comercial. Cocaína e maconha eram vendidas no restaurante Longchamps no Hotel Sevilla Acarde. O preço no varejo ficava em algo entre quinze e cinquenta dólares a grama, dependendo da disponibilidade. A coca era vendida em tubos, ou *pomos*. Negócios maiores eram feitos com um cubano conhecido apenas como "El Guano". Drogas mais pesadas como ópio e heroína também podiam ser compradas, mas essas geralmente envolviam um pulo até uma das três ou quatro boates nas cercanias do hotel.

Rolando Masferrer – Nas duas décadas que conduziram Fulgencio Batista de volta ao poder, nenhum gângster político na ilha provocava mais medo do que Masferrer. Uma figura lendária que começou sua carreira como membro do Partido Comunista Cubano, buscando derrubar a ditadura de Gerard Machado, ele também lutou na Guerra Civil Espanhola como membro da Brigada Abraham Lincoln. Durante a sua liderança no notório clube político Movimento Socialista Revolucionário (MSR), ele se estabeleceu como um eficiente matador de aluguel. No auge do gangsterismo na Universidade de Havana, no final dos anos 1940, seu principal rival era Fidel Castro. Ele tentou duas vezes assassinar Castro, que retornou o favor mandando um esquadrão matar Masferrer.

Uma figura atraente e arrojada, com um bigode fino à la Clark Gable, Masferrer gostava de usar chapéus de cowboy e cantar músicas country, afetações por ter vivido um tempo no Texas. Ele era conhecido por circular como um soberano num Cadillac conversível enfeitado com metralhadoras militares, cercado por seguranças. Ele usava o gangsterismo e assassinato como uma forma de avanço social e, em 1947, foi nomeado cabeça da polícia secreta do país. Acreditava firmemente em suborno, assim como era conhecido por ter juntado uma fortuna por força de seu "imposto" pessoal em estabelecimentos comerciais. Posteriormente foi eleito para o senado cubano como representante da Província Oriente. Também possuía e editava uma revista, *Tiempo en Cuba*, na qual ele publicava críticas demolidoras contra seus inimigos políticos.

O Senador Masferrer gostava de formar alianças com outros oficiais corruptos. Uma vez, quando propôs um certo ministro como possível candidato presidencial, um membro de seu próprio Partido Auténtico objetou. "Mas ele é um gângster" o homem disse. "Sim, chico", respondeu Masferrer, "mas somos todos. O que você espera? Aqui não é a Europa".

Em 1952, o senador gângster se aliou integralmente a Batista, que ele descreveu como uma alma gêmea. Masferrer tinha seu próprio exército particular de aproximadamente mil e quinhentos homens. Na Província Oriente eles iniciaram uma campanha de roubo, morte, tortura e extorsão. Eles se chamavam de *Los Tigres de Masferrer*.

O Presidente Batista já tinha um exército, o temido SIM e um pelotão de cobertura dentro da Polícia Nacional para reprimir seus inimigos, mas com os Tigres de Masferrer ele agora tinha sua própria *pandilla*, ou gangue – uma extensão criminosa do estado que era subordinada a ninguém mais além de Masferrer, Batista e o resto da Máfia de Havana.

A força dos negócios corruptos da ilha entre figuras políticas foi fortalecida pelo que parecia ser a abertura das comportas em Havana. Mas até eles sabiam que o conhecimento criminoso e o fluxo de capital teriam de vir de forasteiros. Para aqueles que operavam dentro do sistema de comércio da ilha, de política e corrupção, isso não era problema. Por quase um século, a elite social de Cuba foi misturada a interesses corporativos externos, formando um cartel que era um misto de industriais americanos, barões do açúcar, magnatas do turismo e financiadores internacionais. O Presidente Batista deixou claro onde ficava sua lealdade nomeando o barão do açúcar aposentado, Marcial Facio, como cabeça de uma nova Comissão de Turismo recém-constituída e colocando suas funções nas mãos de seu próprio time escolhido a dedo – onde se incluía Meyer Lansky.

Os mafiosos americanos chegaram em etapas. Alguns eram homens que haviam ido para a conferência da Máfia no Hotel Nacional em dezembro de 1946. Sempre foi entendido que, quando chegasse o dia e o dinheiro começasse a fluir, esses homens receberiam sua fatia do bolo.

De Cleveland vieram membros da antiga Gangue Mayfield Road, com quem Lansky havia formado a Molaska Corporation nos anos seguintes à revogação da Lei Seca. Destacavam-se nesse grupo Sam Tucker, Morris Kleinman e Moe Dalitz, que participaram da conferência no Nacional e com quem Lansky também faria negócios em Las Vegas. Também presente estava Vincent "Jimmy Blue Eyes" Alo, que representava os interesses de Chicago. Alto, esguio e careca, Alo seria imortalizado em *O Poderoso Chefão II*, onde foi retratado como um personagem sinistro chamado Johnny Ola.

Representantes da Máfia de Buffalo, Kansas City, Pittsburgh, Nova Orleans e as cinco famílias de Nova York também começaram a fazer viagens regulares para a Pérola das Antilhas. Nas cabanas sombreadas à beira da piscina no Hotel Nacional, Lansky às vezes se encontrava com esses homens para comer sanduíches, discutir negócios e jogar cartas. Os jogos eram frequentemente amistosos, com pequenas apostas, mais para conversar do que para competir.

Um homem que raramente era visto confraternizando com Lansky à beira da piscina ou em qualquer lugar de Havana era Santo Trafficante. Um mafioso de óculos e olhos verdes de Tampa, Flórida, Trafficante tinha raízes em Cuba quase tão profundas quanto as de Lansky. As pessoas diziam que Trafficante parecia um executivo de banco, ou mesmo um professor universitário, mas nos bairros italianos eles sabiam bem. Uma pessoa que ouvia: "Se você não fizer a coisa certa, o homem com olhos verdes vai te visitar", frequentemente ia se esconder. Santo Trafficante não era inofensivo quanto parecia.

Apesar de ser uma geração mais novo do que qualquer um dos gângsteres que compunham a Máfia de Havana, as contribuições de Trafficante à causa foram monumentais. Ele era o mais jovem participante da conferência de 1946 no Nacional e seus contatos em Cuba eram substanciais. Talvez ele não tivesse Batista em seu bolso, como Lansky tinha, mas diferentemente do judeu do Lower East Side de Nova York, Trafficante era um falante fluente de espanhol com uma amaciada familiaridade com a cultura cubana. Com os anos passando e a hierarquia dentro da Máfia de Havana tomando forma, Trafficante iria se tornar o segundo mais poderoso mafioso da cidade, atrás de Lansky.

E lá estava o problema: desde o começo, o relacionamento de Trafficante com Lansky era complicado e às vezes hostil. Inveja, disputa e competição do submundo eram todos fatores motivadores para Santo. Lansky, afinal, havia usurpado os planos pacientemente cultivados do pai de Trafficante, Santo Trafficante Sr. Desde os anos 1920, o senhor siciliano Trafficante estava estabelecendo um domínio em Cuba que ele pretendia passar a seu filho. Os Trafficante deveriam ser os chefes da Máfia em Havana, até que Lansky veio e embaralhou as cartas.

Frank Ragano, que foi advogado de Trafficante pela maior parte de sua vida, certa vez perguntou ao mafioso sobre Lansky. "Aquele judeu sujo", disse Santo. "Se ele tentar falar com você, não faça negócios com ele. Meu pai teve algumas experiências e você não pode confiar nele".

As conexões de Trafficante com Cuba começaram antes de ele ter pousado os pés na ilha. Em Tampa, a maior cidade da Costa do Golfo da Flórida (com população de 125.000 habitantes no meio dos anos 1950), os cubanos eram a minoria dominante. Desde os anos 1890, a população da cidade foi inundada por imigrantes cubanos fugindo da confusão em sua terra natal durante a Guerra da Independência. Ybor City, um bairro no leste de Tampa que certa vez foi uma cidade, mas acabou sendo incorporado a Tampa, se tornou centro de atividade política para exilados cubanos. Nos restaurantes e *cafecitos* ao redor de Ybor Square, o dinheiro era levantado e armas estocadas para serem enviadas para os *mabises*, ou guerreiros da liberdade em Cuba. A cidade foi um popular ponto de encontro para revolucionários, incluindo José Martí. Em 1893, enquanto estava na cidade para levantar dinheiro e fazer um discurso, Martí foi vítima de uma tentativa malsucedida de assassinato. Dois agentes espanhóis tentaram envenenar o renegado cubano, mas a trama foi frustrada. Martí salvou os dois hispânicos do linchamento e os perdoou. Por gratidão, os dois homens entraram no movimento revolucionário e morreram ao lado de Martí no combate de 1895 em Dos Ríos, Cuba.

Junto do ativismo político em Ybor City, outro passatempo favorito da comunidade imigrante de Tampa era um jogo simples de sorte chamado bolita ["bolinha"]. O jogo era feito colocando várias bolas numeradas num saco e apresentando uma retirada pública. Os jogadores apostavam no número que eles achavam que seria o último a ser tirado. Os valores eram geralmente pequenos – cinco ou dez centavos – mas todo mundo jogava, resultando num montante diário substancial. O pagamento era garantido de 90 para 1.

A bolita teve uma enorme popularidade para gerações lá de Cuba (foi trazida para a Flórida por um magnata chamado Manuel "El Gallego" Suarez) e em Tampa o jogo se tornou a fundação de todo um submundo criminoso. Guerras de gangue foram travadas para controlar o jogo e, no final dos anos 1920, o homem que emergiu como senhor da bolita em Tampa foi o astuto mafioso Santo Trafficante Sr. O velho Trafficante usou o dinheiro da bolita para encobrir seu envolvimento em contrabando de rum. Foi através dessa atividade que o Trafficante Sr. conheceu primeiramente Lansky e Luciano, com quem ele contrabandeou rum e melado de Cuba para os Estados Unidos.

Com o fim da Lei Seca em 1933, Trafficante Sr. deslocou sua atenção para os entorpecentes. Com suas conexões em Cuba através da bolita, ele viajou para Havana e começou a cultivar importantes contatos. Dois homens que formaram um relacionamento de negócios com Trafficante Sr. foram Indalecio Pertierra, o influente congressista e operador do Jockey Club dentro do Oriental Park e o Senador Paco Prío, irmão do futuro presidente de Cuba.

Em 1945, Pertierra estava entre os fundadores da Aerovias Q, uma linha área que inicialmente operava aeroportos militares. A ideia por trás da Aerovias Q era que a Máfia em Cuba tivesse sua própria companhia aérea e não precisasse passar pela alfândega local. De acordo com Enrique Cirules, um autor cubano que examinou de perto as raízes da influência da Máfia na ilha:

> Desde o começo, a Aerovias Q fazia um voo semanal: Havana – Camagüey – Barranquilla – Bogotá. Um laboratório poderoso em Medellín produzia "pó" destinado a Santo Trafficante Sr; mas tudo indicava que essa intriga envolvia a participação de certas figuras do partido *Auténtico* em Camagüey, que eram associadas a laboratórios farmacêuticos ou farmácias. Os contatos em Camagüey eram uma ligação essencial para o comércio da droga. A cocaína não chegava sempre na capital cubana de maneira direta. Em vez disso, o carregamento era transferido ao aeroporto Camagüey.

Trafficante Sr. era o chefão, mas quando Charlie Luciano chegou em Havana no final de 1946, as coisa mudaram. Pertierra e Prío deixaram Trafficante para ir com o sindicato de Nova York de Luciano e Lansky, que era mais poderoso, o que pode explicar por que os Trafficante se ressentiram eternamente do judeu chamado Lansky.

Em 1950, Papa Trafficante estava em semiaposentadoria devido em parte a uma saúde deteriorada, e seu filho deu um passo à frente para assumir o controle do negócio da bolita, que continuava a florescer em Ybor City. Na verdade, os negócios estavam tão bons que atraíram a atenção do Comitê Kefauver. Em dezembro de 1950, o comitê fez audições na corte de Tampa. Os Trafficante tinham de certa forma evitado serem intimados, mas seu rival no negócio da Bolita, um homem chamado Charlie Wall, foi chamado para testemunhar.

Wall era um irascível antiquado que havia sobrevivido a várias tentativas dos Trafficante de limpá-lo da face da terra. No meio dos anos 1940 ele havia se retirado do negócio da bolita e se mudado para Miami, onde fez parceria com Lansky e outros em várias atividades criminosas, incluindo corrida de cavalo e cachorro. Quando Wall se sentou na frente do Comitê Kefauver, estava quase com setenta e um anos de idade e tinha uma audição levemente prejudicada, mas ainda fez um show e tanto. Não identificou os Trafficante por nome, mas contou a história da bolita em Tampa e descreveu em detalhes vários atentados contra sua vida, incluindo um disparo que se acreditava ter sido planejado por Santo Jr:

Wall: Da primeira vez que aconteceu, eu saía da minha garagem.
Membro do Comitê: Sim.
Wall: E minha esposa estava comigo, e estava um pouco à minha frente, e eu fui à calçada, até meu portão da frente, e uns sujeitos passaram de carro, e um deles começou a atirar com uma pistola – eu não sei se era uma pistola ou um revólver ou o que era. Mas eu não percebi que alguém estava atirando até que a coisa me acertou, e daí, claro...
Membro do Comitê [Interrompendo]: Acertou você nas costas?
Wall: Bem, mais ou menos – como o Negro disse – passou de raspão.
Membro do Comitê: Raspou em você?
Wall: Daí eu caí, e alguém disparou uma espingarda, mas claro que eu estava caído quando eles atiraram e a bala não me acertou. Então o carro foi embora, e eu acho que estava tão assustado que atirei nele. Acho que talvez eu também tivesse uma pistola. Então entrei em casa.

O depoimento de Wall causou um alvoroço no comitê e alertou muitos no submundo de Tampa, que se perguntaram se o velho havia enlouquecido. Apesar de não ter dado nomes, como Willie Moretti em Nova York, ele estava com a língua bem frouxa. Muitos acharam que era só questão de tempo até Charlie Wall pagar o preço final.

Ironicamente, o velho atacou primeiro. No meio dos anos 1952, Wall começou a avançar como se estivesse tentando abrir caminho de volta no negócio da bolita. Vários acertos de contas da Máfia ocorreram em Tampa e arredores que relembraram os velhos tempos da guerra da bolita. Um ataque chave nesta batalha aconteceu na noite de 2 de janeiro de 1953. Santo Jr. e sua esposa haviam acabado de sair de casa em Ybor City e estavam no banco da frente do Mercury 1951 de Trafficante. Com o canto do olho, Santo viu um carro se aproximando. Antes que ele pudesse se virar para olhar – *boom!* – um tiro de uma espingarda calibre 12 acertou seu braço. Outro tiro acima do para-brisa quase acerta Trafficante e sua esposa. O pistoleiro acelerou para longe.

O ataque foi notavelmente parecido com aquele que Charlie Wall descreveu diante do Comitê Kefauver, desde a espingarda até o fato de que Trafficante estava acompanhado por sua esposa na hora.

A retaliação veio logo, da maneira siciliana. Não muito depois do episódio da espingarda, Charlie Wall, o velhote, foi encontrado por sua esposa em sua casa com sua garganta cortada de orelha a orelha. Apesar de o assassinato nunca ter sido solucionado, tudo apontava para o homem de olhos verdes.

A saraivada de assassinatos de gangues em Tampa criou um bom momento para Trafficante subir num avião para Havana. Quando chegou lá, com visto de turista em 1953, Lansky estava no processo de regularizar o razzle-dazzle.

Trafficante não precisava de Lansky. Através de seu pai, ele possuía uma participação no Comodoro hotel e cassino, e também uma parceria no tráfico de drogas com Amletto Battisti no Hotel Sevilla Biltmore. Trafficante era uma força por si só. Mas também era verdade que o momento em Havana pendia a favor de Lansky que, através de suas conexões com o governo cubano, era visto como o homem número um nos círculos de jogo em Havana.

Em outubro de 1953, Trafficante comprou de Sammy Mannarino e seu irmão uma participação majoritária na sociedade da boate Sans Souci. Essa grande transação foi provavelmente intermediada por Lansky e talvez até pelo Presidente Batista. O Sans Souci havia estado no coração do escândalo do razzle e o deslocamento dos irmãos Mannarino era parte da limpeza.

Era um bom acordo para se envolver. Com as fortunas do jogo de Havana à beira de uma explosão, os Mannarino embolsaram uma boa grana. A mancha do razzle-dazzle foi limpa. E Santo Trafficante era agora chefão de um dos *nightclubs* mais festejados da cidade. Ele formou uma empresa chamada International Amusements Corporation, responsável por agendar shows em vários cassinos e resorts de Cuba. Era um negócio paralelo lucrativo para Santo. Ele reuniu em volta de si um grupo de homens em quem ele podia confiar: Norman Rothman, contratado como gerente de apostas no Deauville Hotel; James Longo, o guarda-costas de Trafficante que veio de Tampa; e Joe Stassi, o antigo contrabandista de Manhattan que atuava em Nova Jersey, que servia de intermediário entre Trafficante e Lansky e outros mafiosos importantes em Havana.

Viajando às vezes com o nome de Joe Santos, Trafficante ia e vinha de Havana, Tampa e Nova York, onde mantinha os velhos contatos de seu pai na Máfia. Em Havana, ele vivia num fabuloso apartamento de cobertura no bairro de Vedado, na Calle 12, número 20.

Apesar de casado, Santo mantinha uma amante cubana chamada Rita, uma antiga *showgirl* que era vinte anos mais nova do que ele. Ele disse a Frank Ragano, seu advogado de Tampa, que o visitou: "Tenho uma esposa maravilhosa, mas todo mundo em Cuba tem uma amante, até o Batista. A gente tem de se divertir neste mundo".

Os cassinos estavam em ótimo estado e a Máfia de Havana estava começando a se acertar nos primeiros meses de 1953, mas não estava tudo certo na terra de Cristóvão Colombo. O golpe de Batista criou um ar de inquietude que não se dissipava. Uma tradição de rebeldia foi reascendida, apesar de ser difícil de calcular o verdadeiro nível de resistência. A censura foi rigorosamente reforçada na ilha.

O regime decretou a Lei da Ordem Pública, que tinha como subsistema o Decreto Legislativo 997, uma lei que tornava crime lançar qualquer declaração ou informação contra a ditadura. Através do SIM, o governo mantinha uma rede de espiões e informantes pagos que passavam informação em relação a "atividades subversivas." Jornais eram um alvo comum, seus escritórios eram destruídos e os editores ameaçados ou presos se publicassem qualquer coisa remotamente contrária aos desejos do governo. Na verdade, qualquer um que disseminasse qualquer coisa percebida como anti-Batista – panfletos, ativistas políticos ou arruaceiros de qualquer tipo – encontrava repressão, prisão e morte.

Outro fator tranquilizante era que o país todo estava ocupado com o aniversário de cem anos de José Martí. Nos anos desde que Cuba atingiu sua independência, nenhuma figura levantava mais o povo quanto o poeta, jornalista, exilado e *mambí* que morreu numa batalha aos quarenta e dois anos de idade. O próprio Batista tinha se apropriado da imagem de Martí várias vezes em sua carreira, chamando-o de "a maior inspiração da minha vida e da vida do povo cubano". Deixemos de lado que Martí pregava a liberdade e a liberação, doutrinas contrárias a tudo que Batista veio a representar. El Presidente, assim como muitos cubanos de todas as vertentes ideológicas, moldaram as palavras e imagens de Martí para se encaixarem às suas necessidades.

Na noite de 27 de janeiro, ocorreu uma demonstração que deveria ser em honra do centenário de Martí. Uma enorme falange de cidadãos que incluía estudantes universitários, grupos pró-direitos das mulheres, estudantes secundários, sindicatos trabalhistas e outros marcharam pelas ruas de Havana numa parada à luz de tochas. Na Calle 23, em Vedado, eles passaram na frente das muitas boates, cassinos, bodegas e bares transbordando de marinheiros e outros turistas. O povo cubano e os turistas olharam uns para os outros em ironia, dois navios passando na noite, atores num drama que ainda não havia começado a revelar sua verdadeira natureza.

Entre os protestantes estava um bem organizado contingente liderado pelo jovem advogado-ativista Fidel Castro. Marchando em formação militar, o grupo gritava: "Revolução!... Revolução!... Revolução!..." As tochas acesas que carregavam estavam enfeitadas com grandes pregos pontudos em cima para serem usadas como armas letais no caso de um ataque da polícia. Por causa do grande número de visitantes estrangeiros e da imprensa internacional na parada, a polícia não atacou. O acontecimento se desenrolou sem perturbações.

A ilha esteve notavelmente calma na estação turística de 1952-53. Agora que a estação havia passado e os meses de verão quente estavam se aproximando, muitos sentiam que, dado o nível de rancor e resistência no ar, algum tipo de reação organizada estava prestes a ocorrer.

Nas primeiras horas de 26 de julho de 1953, a gota final pingou.

Tiros ecoaram no portão do quartel de Moncada na cidade de Santiago de Cuba na Província Oriente. Foi um ataque encenado por um grupo de rebeldes disfarçado em uniformes do Exército Cubano. Um ataque correspondente também ocorreu na cidade próxima de Bayamo em outro quartel militar. Ao todo, 160 rebeldes tomaram parte no ataque, que foi planejado para aproveitar um festival que aconteceu na noite anterior no Oriente. A ideia dos atacantes era de que os soldados estariam largados e desatentos às 5h30, na manhã seguinte ao festival. O plano era que os rebeldes tomassem os soldados e capturassem o quartel. Era, em outras palavras, um ato flagrante de insurreição armada contra a ditadura militar de Batista – liderada por entre outros – Fidel Castro e seu irmão mais novo Raúl.

O ataque deu terrivelmente errado desde quase o começo. Apesar de um grupo inicial de rebeldes conseguir de fato penetrar no quartel, eles encontraram uma forte resistência. Lá fora, Castro atacou um carro com dois soldados armados com metralhadoras e tentaram sobrepujar suas tropas. Logo tomou a aparência quixotesca de uma causa perdida. Os rebeldes estavam em número inferior, na proporção de quase dez para um, e mal armados. Seus armamentos totais se consistiam de três rifles do exército, seis velhos rifles Winchester, uma metralhadora antiga, um grande número de rifles *gaming*, pequenas armas na forma de pistolas e um pouco de munição. A ideia, desde o começo, era tomar o quartel o mais rápido possível e pegar mais armas lá de dentro, mas o plano foi frustrado quando os rebeldes encontraram uma forte oposição. Uma saraivada de tiros forçou Castro e seus homens a se retirar. Soldados disparavam do primeiro andar do quartel. Os rebeldes se abaixavam sob carros para se acobertarem. Nesse ponto, dois dos homens de Castro foram mortos e um foi mortalmente ferido; o exército havia perdido três oficiais e dezesseis soldados – um total de dezenove fatalidades. Ambos os lados tinha um grande número de feridos. A batalha durou cerca de uma hora.

O segundo ataque em Bayamo foi ainda pior. Lá, a batalha durou quinze minutos: seis rebeldes foram mortos.

Os rebeldes sobreviventes tentaram escapar, mas uma batida militar foi rapidamente instaurada. Em poucas horas, 80 dos 160 rebeldes originais foram capturados. Outros, incluindo Castro, foram capazes de se esconder na floresta próxima, sendo capturados dias depois.

Iria levar algum tempo para as notícias do ataque se tornarem conhecidas, pelo menos oficialmente. Espalharam-se boatos de que muitos dos rebeldes tomados em custódia estavam sendo sistematicamente torturados e mortos pelo exército. O governo anunciou que mais de sessenta rebeldes haviam sido mortos. Em 2 de agosto, a revista *Bohemia* imprimiu fotografias dos corpos, muitos dos quais vestidos em roupas novas para dar a aparência de que haviam sido mortos lutando ao invés de serem torturados e massacrados, como a revista sugeria.

Na época do ataque, Batista estava de férias em Varadero, um balneário a 140 quilômetros leste de Havana. Seis dias depois, ele viajou para Santiago para condoer-se com os soldados sobreviventes. Não mostrou grandes sinais de preocupação. O ataque frustrado foi sufocado com um mínimo de perdas militares. Batista negou que houvesse ocorrido qualquer tipo de "massacre" dos rebeldes capturados; aqueles que haviam sobrevivido e estavam em custódia seriam julgados numa corte de acordo com a lei cubana.

Parecia que o ataque em Moncada havia sido um acontecimento menor – pelo menos como foi divulgado pelo governo. Com exceção da revista *Bohemia*, o governo foi o único disseminador da informação na ilha. A não ser que você conhecesse alguém que estivesse diretamente envolvido no acontecimento, não havia maneira de descobrir o que havia acontecido. A "neblina de guerra" gerada pela ditadura havia tido sucesso em obscurecer o acontecimento.

Para os mafiosos, proprietários de cassinos e homens de negócios que supervisionavam a atividade comercial em Havana, o incidente foi pouco mais de um eco distante. Afinal, o ataque em Moncada e seus desdobramentos haviam acontecido em Oriente, no extremo da ilha, longe de Havana. Mais importante: aconteceu em julho – durante a baixa temporada. Na verdade, dado que o ataque recebeu pouca menção na imprensa americana, havia uma chance de que Lansky, Trafficante e outros mafiosos americanos nem soubessem que havia acontecido. De suas bases em Nova York, Miami, Tampa e outros pontos, os mafiosos não tinham como saber que o ataque em Moncada e a data de sua ocorrência – 26 de julho – iria entrar para a história como o tiro de abertura de uma campanha revolucionária sem precedentes.

Nos meses e anos à frente, eles iriam aprender mais do que queriam saber sobre o homem que organizou o ataque, um volátil, carismático líder rebelde que todos conheceriam pelo primeiro nome: Fidel.

6
O FANTASMA DE JOSÉ MARTÍ

Havia pouco na infância de Fidel Castro Ruz para sugerir que ele um dia iria se tornar a ovelha negra da Máfia de Havana. Mesmo pelos seus próprios relatos, o revolucionário em desenvolvimento teve uma juventude privilegiada. Nascido em 13 de agosto de 1926, num mundo de automóveis, belas roupas, muita comida e posteriormente uma educação em colégios particulares, ele era tratado com deferência pelos outros na cidade. Apesar de o seu pai ter vindo da Espanha em 1887 como um empobrecido órfão, quando Fidel nasceu, os Castro possuíam uma *finca* perto de Birán, uma vila na fértil região agrícola de Oriente. Birán não estava longe de onde Fulgencio Batista havia nascido e sido criado. Como Batista, os Castro viviam à sombra da United Fruit Company. Diferentemente de Batista, cujo pai era cortador de cana e ganhava um salário de fome, o pai de Castro era um latifundiário, um patriarca espanhol-cubano que fez sua fortuna com o trabalho de outros. Como Fidel contou um dia a um entrevistador:

> "Todas as circunstâncias cercando minha vida e infância, tudo o que eu vi, tornaria lógico supor que eu desenvolveria hábitos, ideias e sentimentos naturais às classes sociais com certos privilégios e motivações egoístas que nos tornam indiferentes aos problemas dos outros... Sou filho de um senhor de terras – havia uma razão para eu ser reacionário. Eu fui educado em colégios religiosos que eram frequentados pelos filhos dos ricos – outra razão para se reacionário. Eu estudei numa universidade na qual, em meio a milhares de alunos, apenas trinta eram anti-imperialistas e eu era um deles. Quando entrei na universidade, era como filho de um senhor de terras e, para piorar as coisas, um iletrado político."

É uma ironia da história que duas das mais poderosas forças por trás da Máfia de Havana – Batista e Lansky – tivessem ambos nascido numa pobreza severa, enquanto Castro foi tirado da elite social. Tendo contribuído com o florescimento de hotéis opulentos, cassinos e cabarés em Havana, Batista e Lansky dedicariam suas vidas à melhoria da burguesia, enquanto Castro, filho de privilégios, iria se tornar um advogado para os pobres e destituídos. Era uma realidade inversa que iria acabar empurrando a Máfia de Havana além do ponto da credibilidade moral e ajudar Castro a destruir tudo que Lansky e seus parceiros esperavam conquistar em Cuba.

Para Fidel, a estrada para o fervor revolucionário foi em parte consequência de uma adolescência estrondosa. Apear de que nos anos posteriores Castro fosse talhar uma biografia na qual sua juventude privilegiada não fosse particularmente influente, seu comportamento sugeria outra coisa. As primeiras fotografias de Fidel mostram uma criança bem alimentada, bem cuidada, vestida para parecer exatamente com o que ele era: o filho de um pretenso aristocrata. Um psiquiatra típico poderia conjeturar que muito da gana de Castro em sua adolescência e jovem vida adulta foi uma reação contra as armadilhas da aristocracia de sua juventude. Na escola, seu desejo por provar seu valor se demonstrava num comportamento ousado e até mesmo incauto. Ele era fisicamente assertivo: correr, nadar e os esportes coletivos eram seus passatempos favoritos. Ele gostava de desafiar a si e a outros, até adultos. Numa rara entrevista biográfica, em 1959, ele falou sobre seus anos de estudante em Oriente:

> "Eu passava a maior parte do tempo sendo vigoroso... Eu me lembro de que sempre que discordava de algo que um professor me havia dito, ou sempre que ficava bravo, eu xingava e imediatamente largava a escola, correndo tanto quanto eu podia... Um dia, xinguei uma professora e estava correndo pelo corredor dos fundos. Dei um salto e caí num caixote de goiabada com um prego. Quando caí, o prego entrou na minha língua. Quando cheguei em casa, minha mãe disse para mim: 'Deus te castigou porque você estava xingando sua professora'. Eu não tinha a menor dúvida de que era verdade."

Castro era um bom aluno, aplicado e curioso, mas ele tinha um problema com autoridade. No começo de sua adolescência, ele foi a uma escola gerenciada pelos Christian Brothers, uma ordem Católica conhecida por sua severa disciplina. Muitas vezes Castro acabava recebendo açoites e tapas dos Christian Brothers, até que um dia ele explodiu. Como Fidel se lembra:

> "Estávamos jogando bola um dia. O garoto que ficava no começo da fila sempre tinha a melhor posição, e eu estava discutindo pelo primeiro lugar com alguém quando o padre veio por trás e me bateu na cabeça. Desta vez me voltei para ele, bem naquela hora e ali, joguei um pedaço de pão na sua cabeça e comecei a bater nele com meus punhos e a mordê-lo. Acho que não machuquei muito o padre, mas minha explosão se tornou um acontecimento histórico na escola."

Castro se deu bem melhor com os Jesuítas. Em 1941, ele foi aceito no Belén College, um exclusivo colégio preparatório jesuíta em Havana. Foi um grande passo, tirando-o da provincialismo do Oriente para a turbulência urbana de Havana, mas Fidel estava pronto. Na escola preparatória católica, ele mantinha o interesse pelos esportes, se sobressaindo em basquete e beisebol. Era um líder dinâmico e mostrava muito futuro como orador. Posteriormente ele iria creditar os padres jesuítas por imbuí-lo de uma sede por sabedoria e um senso de justiça social que iria mudar a direção de sua vida.

Na época em que entrou na Universidade de Havana, aos dezenove anos, Castro estava maduro para sua idade. Ele se vestia convencionalmente de terno e gravata ou numa guayabera branca, e deixou cresceu um bigodinho fino no estilo cubano. Era politicamente ativo num tempo em que ativismo político na universidade era uma atividade perigosa. Ele formou seu próprio "grupo de ação" e entrou no reino do *gangsterismo*. Um relato da inteligência americana desta época descreve Castro como "um típico exemplo de um jovem cubano com uma boa base que, por causa de falta de instrução pelos pais ou educação real, pode se tornar um gângster completamente emplumado".

Em 1947, Fidel tomou parte de dois grandes atos de insurreição política que iriam servir de precursores para seu ataque posterior ao quartel do exército em Moncada.

Na vizinha República Dominicana, a cruel ditadura de Rafael Trujillo estava ocupada em uma de suas limpezas periódicas de divergentes políticos na ilha, com a prisão e assassinato em massa de grandes faixas da população. Grupos políticos pelo mundo estavam em oposição, com exceção do governo americano, que taticamente apoiava a ditadura. Em Cuba, um grupo de exilados dominicanos reuniu apoio num plano para derrubar a ditadura de Trujillo pela força. Um movimento que cruzou linhas ideológicas e incluiu o apoio de uma facção interna do governo cubano; eles começaram a treinar para a invasão em uma ilhota da costa da província de Camagüey conhecida como Cayo Confites. Fidel Castro, aos vinte anos, estava entre a força de mil e duzentos homens que, num calor escaldante e sob permanente ataque dos mosquitos, passou por um treinamento de guerrilha na ilha por quase dois meses.

No último momento, a missão foi abortada. Alguns dos homens em Cayo Confites decidiram atacar de qualquer forma e navegaram para a República Dominicana. Castro estava entre o grupo. Ironicamente, também no pequeno navio de carga indo para leste estava Rolando Masferrer, o maior rival de Castro entre os gângsteres políticos na universidade. Essa coalizão improvável foi momentaneamente criada pelo desejo deles em ver Trujillo deposto.

Não muito longe da costa da República Dominicana, o barco foi interceptado pela Marinha Cubana e todos no barco foram presos. Quando a expedição fracassada estava sendo escoltada de volta para Cuba, Castro percebeu que estava cercado por seus inimigos políticos, ou seja, Masferrer e seu grupo que, com a expedição Dominicana agora terminada, não tinha mais uma razão para vê-lo como um companheiro de batalha.

Castro decidiu saltar no mar. Mais tarde ele alegaria: "Eu não me deixei ser preso, mais do que tudo, por uma questão de honra. Me envergonhava essa expedição ter sido interceptada". Um membro da expedição que serviu como intermediário entre Castro e Masferrer achou que tinha mais a ver com autopreservação: Castro saltou ao mar porque estava preocupado que Masferrer e seus homens tentassem matá-lo. O intermediário sentiu que Fidel tomou a decisão correta: "Eu podia garantir sua vida enquanto ele estava no campo, mas não depois que a invasão foi abortada". Castro acabou nadando nove milhas por águas infestadas de tubarões para chegar à costa cubana.

A ação política era seu próprio tipo de droga: Fidel detestava políticos e os ditos ativistas que só falavam, mas não agiam. Sua próxima investida na arena de insurreição armada ocorreu apenas sete meses depois, em abril de 1948. Em Bogotá, Colômbia, milhares se reuniram para o que seria uma convenção de ativistas latino-americanos. O propósito da conferência de três dias era formar e entregar uma declaração unificada contra o imperialismo americano. Castro e outro membro da escola de direito haviam sido escolhidos como delegados da Federación Estudiantil Universitaria (FEU).

No segundo dia de sua viagem para Bogotá, Fidel teve um encontro com um importante político que era popular com a ala progressiva do Partido Liberal Colombiano. Antes de chegar ao encontro marcado, Castro foi informado de que o político havia acabado de levar um tiro na rua. O que se seguiu foram três dias de violência explosiva, um tumulto que entraria na história como o Bogotazo, o começo de um período prolongado de violência política na Colômbia que continua até hoje.

Nos anos posteriores, os inimigos de Castro iriam alegar que ele teve um papel na história do Bogotazo muito maior do que realmente teve. O fato de que ele era uma testemunha histórica na Colômbia foi puro acaso. Entretanto, ele contribuiu com o motim. A polícia em Bogotá relatou que o jovem estudante cubano de direito estava disparando uma arma de gás lacrimogêneo que havia sido roubada de uma delegacia. A situação estava caótica, então os policiais nunca foram capazes de confirmar para o quê ou contra quem Castro estava disparando. Mesmo assim, a polícia tentou caçar um grupo de estudantes que incluía Fidel. Depois de se esconder em Bogotá por alguns dias, Castro buscou refúgio na embaixada cubana. Ele voltou para Havana a bordo de uma aeronave de Cuba junto com um carregamento de touros.

Como Castro iria apontar anos depois, a violência que ele testemunhou durante o Bogotazo foi horrenda. Ele jurou que uma explosão de anarquia dessas não iria acontecer em Cuba, não importava quão justificada a ação pudesse ser.

Os acontecimentos em Bogotá – junto com o envolvimento inicial de Castro na invasão abortada à República Dominicana – elevou seu status entre aqueles em Cuba que sentiam que uma ação direta era a forma mais nobre de expressão política.

Apesar de sua natureza aventureira, Castro se aquietou. Ele se casou, teve um filho e se formou na faculdade de direito em 1950. Em Havana, ele começou sua própria carreira no direito, representando principalmente os pobres e indigentes, frequentemente sem cobrar nada. Dinheiro era um problema constante, apesar de que, num aperto, ele podia sempre pegar emprestado de seu pai. Quando Castro anunciou que iria concorrer no terreno político, ele parecia ter se resignado a uma existência na classe-média: família, profissão, política – política de esquerda, sim, mas mesmo assim seguindo os padrões. Nesse ponto, Fidel não era nem um comunista; ele representava um partido – o Ortodoxo – que operava dentro das fronteiras do sistema cubano.

O golpe de Batista mudou tudo. Alguns diriam que a forte reação de Fidel contra as ações de Batista foi simplesmente produto de sua ambição contrariada. Esse é um ponto de vista limitado. Acima de tudo, a vida de Castro até aquele ponto havia mostrado que ele era um homem pronto a se erguer pelo que ele acreditava. Ele havia mostrado não apenas uma força, mas também um desejo profundo de agir quando a causa fosse certa. Na visão de Fidel, a violência era justificada – até necessária – em face da violenta repressão. Mesmo quando menino, ele acreditava que o pior pecado que uma pessoa poderia cometer era aceitar uma injustiça flagrante. Claro, também era verdade que ele às vezes era áspero e impulsivo em suas reações, o que pode ter sido o caso com o ataque no quartel de Moncada.

Não obstante uma reflexão e planejamento consideráveis terem entrado no ataque, é difícil acreditar que aqueles envolvidos possam ter colocado muita fé em suas chances de sucesso. Cento e sessenta homens e mulheres contra quase dois mil soldados bem armados não é uma boa estimativa, mesmo com um time de insurgentes altamente motivado. Depois disso, muitos envolvidos no ataque de Moncada – incluindo Fidel – admitiram que foi tanto um ato de frustração quanto de rebeldia. Desde que se apoderou do governo e suspendeu a constituição, Batista havia sido bem sucedido em amordaçar a oposição. A esperança era de que o ataque em Moncada servisse como uma faísca que iria acordar o povo cubano e despertar uma rebelião na ilha toda. Nas semanas e meses seguintes ao ataque de 26 de julho, ainda era de se saber se ele tinha ou não atingido seu objetivo.

COM A TEMPORADA DE TURISMO de 1953-54 se aproximando rapidamente, o Presidente Batista queria lidar com os processos de Moncada o mais rápido possível. A última coisa que a Máfia de Havana precisava era de intimações de discórdia e revolução no ar quando os aviões e cruzeiros chegassem para outra estação de sol, jogos e mulheres. Consequentemente, o julgamento de Fidel Castro e seus *compañeros* foi acelerado.

Em 21 e setembro – apenas cinquenta dias após o ataque de Moncada – 122 réus representados por 22 advogados foram arrastados, amarrados e algemados no Palácio de Justiça de Santiago de Cuba. O tom do protocolo não foi estabelecido pelo governo, mas por Castro, que ergueu suas mãos algemadas e se voltou ao juiz: "Quero chamar a sua atenção para este fato incrível... Que garantias pode haver neste julgamento? Nem mesmo os piores criminosos são presos desta forma numa sala que se chama uma sala de justiça... Você não pode julgar pessoas que estão algemadas".

Fidel havia dado o primeiro tiro e o quadro de juízes o seguiu. Declararam um recesso até que as algemas fossem retiradas dos prisioneiros.

Castro e seus seguidores foram acusados pelo Artigo 148 do Código de Defesa Social, que prevê entre cinco e vinte anos de prisão para "o líder de um atentado levando pessoas armadas contra os Poderes Constitucionais do Estado". Desde o começo, os rebeldes sabiam que seriam considerados culpados. Sua estratégia legal não era contestar a acusação de que haviam tomado parte do ataque, mas trazer em questão a legitimidade do regime de Batista. Castro apresentou uma dúvida: como eles podiam ser acusados de violar a constituição se o governo que os estava acusando não era um governo legítimo e constitucional?

O outro componente chave da estratégia de defesa era expor o nível de brutalidade por parte do exército após o ataque. Durante o julgamento foi revelado que setenta rebeldes foram mortos como resultado dos ataques de 26 de julho, mas apenas dezesseis desses foram mortos de fato na batalha. Testemunhas oculares depuseram e evidências judiciais mostraram que os crânios haviam sido esmagados e as balas foram disparadas à queima-roupa no cérebro dos prisioneiros. Durante as sessões de tortura, alguns rebeldes foram castrados com navalhas e pelo menos um teve seu olho arrancado com uma faca. As tentativas do governo de cobrir o assassinato dos suspeitos depois da insurreição sugeriam que o país estava voltando aos velhos tempos do regime de Machado do começo dos anos 1930, quando a tortura, assassinatos de vingança do governo e o inexplicável "desaparecimento" de inimigos políticos era a lei da terra.

Como uma depressão tropical, a paranoia e o fedor da morte pairaram sobre o Palácio de Justiça de Santiago. Apesar da censura reforçada pelo governo garantir que o julgamento não recebesse cobertura da imprensa, nenhuma diretriz do governo poderia parar *la bola en la calle* (o boca a boca nas ruas). Como os rebeldes eram jovens de vinte e poucos anos, parecia que a ditadura estava tentando varrer a juventude de Cuba. Castro, em particular, emergiu como um líder com forte senso de precedentes históricos. Quando questionado sobre quem era o "autor intelectual" dos ataques em Moncada, o jovem galiciano respondeu firmemente: "O único autor intelectual dessa revolução é José Martí, o apóstolo de nossa independência".

O governo de Batista conhecia um desastre de relações públicas quando via um. Com apenas quatro dias de julgamento, eles deram o passo extraordinário de levar Castro para um local secreto e alegar que ele não poderia continuar a participar do processo porque estava sofrendo uma "crise nervosa". Seus apoiadores estavam certos de que ele seria assassinado. A polícia militar, de fato, tentou envenenar sua comida. Na corte, um apoiador rebelde conseguiu apresentar uma carta de Fidel, que ele havia conseguido mandar para seus camaradas mesmo trancado numa solitária. Na carta, Castro declara que não está doente; estava sendo preso contra sua vontade. Mesmo assim, seu caso foi afastado dos demais.

Em 16 de outubro, depois que os outros *fidelistas* foram todos processados, Fidel foi levado para um estranho lugar, um pequeno quarto dentro de uma escola de enfermagem num hospital civil. Lá, quase em segredo absoluto, o líder do ataque de Moncada foi julgado diante de uma mesa de três juízes. O julgamento inteiro durou quatro horas. Apesar de sua brevidade, os processos acabariam sendo um dos acontecimentos políticos de maior importância na história de Cuba.

Por vinte e seis dias seguidos, Castro foi preso num confinamento solitário, mas usou bem o seu tempo, lendo livros de história do mundo e discurso político. Quando apareceu no julgamento, ele havia absorvido uma quantidade atordoante de filosofia política, que ele aplicou em sua já conhecida atração por ação. O resultado foi um novo nível de entendimento político e radicalismo para Castro. Representando a si mesmo no tribunal, sua defesa inteira consistia numa declaração de abertura de duas horas que, tirando muito do que ele havia lido nos dois meses que passou na prisão, era uma análise dilacerante das injustiças sociais e políticas em Cuba. O discurso se tornou instantaneamente conhecido como "A História me Absolverá" e permanece até hoje um marco filosófico da revolução cubana, um tipo de escritura do movimento rebelde.

Castro fez seu discurso usando um pesado terno azul-marinho de lã trazido a ele por um amigo. Ele havia perdido tanto peso na prisão que o relógio que usava ficava caindo de seu pulso. O discurso começou baixinho, com uma detalhada condenação das ilegalidades cercando o julgamento. Logo, ele se moveu para Batista, a quem ele se referiu em latim como *monstrum horrendum*. "Dante dividiu seu inferno em nove círculos", entoou o jovem incendiário. "Ele colocou os criminosos no sétimo, os ladrões no oitavo e os traidores no nono. Que duro dilema o Diabo enfrentará quando tiver de escolher o círculo mais adequado para a alma de Batista".

Citando vários antecedentes filosóficos que incluíram São Tomás de Aquino, Jean-Jacques Rousseau, Honoré de Balzac, Thomas Paine e, claro, José Martí, Castro pôs adiante um argumento para a revolução. Citando "o infinito infortúnio do povo cubano que está sofrendo a mais cruel e mais desumana opressão de sua história", ele se referiu à sociedade cubana como o mais deslumbrante fracasso: distribuição de terras, habitação, educação, falta de emprego, corrupção, repressão política e a pilhagem econômica da ilha por forças estrangeiras.

Castro não mencionou a Máfia de Havana pelo nome, que ainda era uma entidade desconhecida e não qualificável para o povo cubano, mas ele podia muito bem estar falando sobre Batista e seus amigos mafiosos quando disse: "Esse novo regime trouxe consigo uma mudança de mãos e uma redistribuição dos despojos entre um novo grupo de amigos, parentes, cúmplices e parasitas que constituem o séquito político do ditador. Que vergonha ver o povo compelido a sofrer para que um pequeno grupo de egoístas, indiferentes às necessidades da pátria, pudesse encontrar na vida pública um fácil e confortável *modus vivendi*".

Em relação a seu próprio caso, Castro disse: "Sei que devo ser silenciado por vários anos. Sei que eles vão tentar esconder a verdade por todos os modos possíveis. Sei que vai haver uma conspiração para me forçar ao esquecimento. Mas minha voz nunca será afogada; porque ela ganha força dentro do meu peito quando eu me sinto mais sozinho... Sei que a prisão será mais dura para mim do que jamais foi para qualquer um, cheia de ameaças, vilanias e covarde crueldade. Mas eu não temo a prisão, assim como não temo a fúria do miserável tirano que ceifou as vidas de setenta dos meus camaradas. Condenem-me. Não importa. A história me absolverá".

Com essas palavras, Castro concluiu seu discurso. Os três juízes e o promotor cochicharam entre si por alguns minutos. Finalmente, o juiz chefe pediu que o acusado se levantasse, então disse: "De acordo com o pedido da promotoria, a corte impõe a você uma sentença de quinze anos de prisão... Esse julgamento foi concluído". Fidel estendeu suas mãos para ser algemado e foi levado embora.

Nas semanas seguintes, Castro transcreveu secretamente seu famoso discurso da corte, palavra por palavra, em pequenos pedaços de papel que foram passados para fora da prisão. O discurso foi reconstruído por seus seguidores revolucionários em um panfleto intitulado: *"La historia me absolverá"* por Fidel Castro.

Quando centenas de turistas começaram a chegar do aeroporto para a estação turística de 1953-54, o panfleto de Castro havia começado a circular entre o povo cubano de Havana. Nos pontos de táxi, pelo Malecón, ou em parques da cidade, todo dia cubanos liam *"La história me absolverá"*, apesar de terem o cuidado de manter o texto fora da vista da temida força de polícia. Ser visto lendo o panfleto de Castro teria resultado em prisão imediata.

Um lugar onde o manifesto de Castro era raramente visto era nos hotéis turísticos, cabarés ou cassinos onde os foliões apostavam, dançavam, jogavam e transavam a noite toda, alheios ao clima político ao redor deles. O fato de que o povo cubano estava sendo secretamente convencido pelos escritos de um novo líder político dinâmico, enquanto o hedonismo reinava no domínio dos mafiosos, era um arauto do que estava por vir. A vida em Havana estava agora em dois trilhos paralelos: aquele de Castro e da Revolução e o da Máfia de Havana. O enorme abismo entre essas forças diametralmente opostas não podia ser reconciliado; elas estavam fadadas a colidir.

MEYER LANSKY PROVAVELMENTE nunca leu *"La história me absolverá"*. Por um motivo: ele não lia em espanhol, e nas conversas com amigos e associados, ele raramente exibia muito interesse nos assuntos sociopolíticos cubanos – só até o ponto em que interferiam diretamente com seus planos de negócios. Insetos como Fidel Castro eram problema de Batista. Lansky tinha um cassino para comandar e um império econômico para cultivar, e ele não iria ser importunado por devaneios intelectuais de um riquinho mimado que se tornou líder revolucionário.

Em novembro de 1953, Lansky voltou sua atenção para o Hotel Nacional. Desde que sonhara pela primeira vez em estabelecer negócios em Havana, Meyer tinha planos especiais para o Nacional. A conferência da Máfia em dezembro de 1946 havia estabelecido o lugar como uma lenda para os corações e mentes dos gângsteres americanos, estivessem eles na conferência ou não. Lansky estava determinado a transformar o lugar num palácio para a Máfia em Havana. Seus planos envolviam construir uma ala exclusiva com suítes de luxo para os altos apostadores.

Há anos Lansky tinha uma parte do lugar, mas aquilo terminou quando a administração de Prío nacionalizou brevemente os cassinos em 1948. Desde então, o Nacional era de propriedade do governo cubano. Nos últimos anos, o hotel havia se tornado um tipo de clube de expatriados para diplomatas estrangeiros e a elite social. Quando Batista assumiu seu segundo mandato como presidente, o Nacional foi colocado sob uma nova gerência. A International Hotels, uma subsidiária da Pan American, a principal companhia aérea dos Estados Unidos para Havana, anunciou que eles iriam reformar completamente o hotel, incluindo um novo complexo luxuoso de quartos, um restaurante e um cabaré. Parecia que o International Hotels e Meyer Lansky estavam na mesma página.

Como diretor geral do Nacional, Lansky trouxe um velho conhecido. Wilbur Clark era um experiente hoteleiro de quase sessenta anos. Ele havia construído o famoso hotel-cassino Desert Inn em Las Vegas, com financiamento parcial de Lansky e seus parceiros de Cleveland, Dalitz, Kleinman e Tucker. Clark era um mestre na promoção e sabia como tirar o máximo de um dólar. Seu talento havia sido admirado por membros do comitê Kefauver. Quando Clark foi intimado a testemunhar em Las Vegas, foi questionado sobre sua associação com os mafiosos, particularmente aqueles que haviam dado o dinheiro para terminar o há muito adiado Desert Inn:

> Membro do Comitê: Antes de você ir para a cama com esses patifes, para terminar esse projeto, você não pesquisou antes quem eles eram?
> Wilbur Clark: Não muito, senhor.
> Membro do Comitê: Você tem as ideias mais nebulosas de negócios que eu já vi, mas tem um sorriso no rosto. Não sei como diabos faz isso.
> Wilbur Clark: Fiz isso minha vida toda.

De cabelos brancos e cara de bom-moço, o talento de Wilbur Clark estava atraindo artistas de primeira e celebridades, mas ele tinha pouca experiência nas operações cotidianas de um cassino. Para isso, Lansky teria de procurar em outro lugar. Mas ele não precisaria procurar longe.

Não havia ninguém melhor para gerenciar a concessão de jogo no Nacional do que Jake Lansky. Jake havia sido sócio de seu velho irmão, desde os tempos em que cuidava de jogos de trapaças no Lower East Side. Posteriormente, eles afinaram a parceria no sul da Flórida, até que Kefauver veio e estragou a brincadeira. Diferentemente de Meyer, Jake falava um pouco de espanhol. Ele também tinha uma personalidade que muitos descreviam como o oposto de seu irmão. Enquanto Meyer era de certa forma taciturno e frio, Jake era um piadista e um bom camarada. Jake também era mais alto do que Meyer; era corpulento e com uma estatura que empunha respeito. Os cubanos deram um apelido a ele: El Cejudo – "Aquele de Sobrancelhas Grossas" – uma referência à sua característica física mais marcante.

Alguns questionavam a profundidade do intelecto de Jake. Em *Little Man*, a seminal biografia de Meyer por Robert Lacey, um amigo da família é citado dizendo o seguinte sobre Jake: "[Ele] tinha uma forma de mastigar seu charuto. Ele levantava as sobrancelhas, então você achava que muito tinha se passado dentro da cabeça dele – quando, na verdade, estava tudo bem mortinho".

Jake pode não ter tido as pretensões intelectuais de Meyer, mas era leal. E ele sabia como comandar um cassino. Tinha o toque comum, que o fazia especialmente popular com os distribuidores de cartas, crupiês, pit bosses e gerentes de salão que faziam a hierarquia da força de trabalho do cassino. Era uma figura muito visível, frequentemente tomando uma posição acima da posição da gerência, supervisionando o salão. Mesmo quando Jake não estava no local, não havia dúvida de quem estava no comando.

Certa vez, um alto oficial do regime de Batista estava jogando no cassino do Nacional. Ele perdeu todas as fichas e rapidamente ficou sem dinheiro. Pediu ao assistente da gerência para lhe dar um crédito de vinte e cinco mil pesos para que ele pudesse continuar jogando.

No passado, era comum para os membros da elite política e militar ter esse privilégio especial. Desta vez, o assistente de gerente hesitou. Ele pegou o telefone e ligou para El Cejudo. Jake desceu ao salão e, na frente de todos, negou ao oficial político o crédito que ele pedira.

Muitos cubanos nativos ficaram surpresos e impressionados com o grau em que os Lansky se colocaram à frente daqueles que sempre haviam sido a classe privilegiada. Mas isso mantinha a postura de Meyer Lansky de manter a operação de jogo em alta. E é improvável que Meyer ou Jake tenham reforçado tal política sem a aprovação do Presidente Batista.

As regras eram simples: uma parte substancial do faturamento do cassino era usada para pagar os militares, polícia e oficiais políticos. Esse era o movimento, enriquecer-se desviando dos bicões que estavam no meio do caminho. Qualquer policial militar de baixo escalão ou político que vinha buscando um privilégio extra ou participação na coisa tinha passado do limite. Talvez isso tenha sido permitido antes de Meyer e Jake terem chegado, quando os cassinos eram uma baderna e abertos à extorsão – mas não agora.

A política dos irmãos Lansky se tornou um princípio operacional da Máfia de Havana. E Meyer raramente deixava passar a oportunidade de mostrar que ele não estava subordinado a ninguém além do chefão: Batista. Certa vez, Meyer estava a caminho de se encontrar com Amletto Battisti. Precisamente às 9h, Lansky chegou ao Hotel Sevilla Biltmore de Battisti, localizado a apenas alguns quarteirões do palácio presidencial nos arredores de Havana Antiga. Ele saiu do carro e entrou no suntuoso saguão de ladrilhos espanhóis, onde encontrou Santiago Rey Pernas, então Ministro do Interior. Esse alto oficial do governo esticou a mão para cumprimentar Lansky, que olhou com desprezo para o homem e seguiu andando. O ministro foi deixado parado com a mão esticada, enquanto Lansky foi encontrar seu sócio mafioso.

Lansky podia ter pouco tempo para os militares e políticos que estavam querendo mamar na Máfia de Havana, mas era sempre solícito às figuras do submundo de Cuba, de quem ele precisaria para fazer seus planos dar frutos. O suave e generoso Amletto Battisti era uma pessoa que Lansky encontrava regularmente. O banco de Battisti, Banco de Créditos e Inversiones, estava localizado numa galeria no subsolo do Sevilla Biltmore e se mostraria um canal vital para lavar o dinheiro do cassino. Outro contato essencial de Lansky, com um histórico criminal prévio em Cuba, era Amadeo Barletta.

O banco de Barletta, Banco Atlântico, tinha uma história até mais dúbia do que a de Battisti. Em março de 1952, o banco esteve sob investigação na administração de Carlos Prío. O conselho executivo do banco, que incluía Amadeo Barletta como presidente e seu filho, Amadeo Barletta Jr., como vice-presidente, havia alegado que, de acordo com a lei de Cuba, o Banco Atlântico não tinha relação financeira com "sociedades ou empresas afiliadas". Entretanto, um investigador para o Banco Nacional de Cuba (BNC) descobriu que não era esse o caso. Num relatório confidencial para o BNC, o chefe de inspeção do banco escreveu:

> Ao fazer essa inspeção [do Banco Atlântico] em agosto de 1951, foi determinado que a empresa Santo Domingo Motor Corporation, constituída sob lei da República Dominicana, atua, na verdade, como uma holding detentora de mais de 50% dos títulos do Banco Atlântico. Documentos em nome dessa empresa não foram mostrados aos inspetores.

O inspetor do BNC também disse no relatório que não havia nada menos do que dezoito outras empresas com ligações "não licenciadas" com o Banco Atlântico – entre elas, distribuidoras de café, conglomerados de açúcar, uma loja de departamentos e a Compañía Editorial El Mundo, de Barletta, que publicava seu jornal. Amadeo Barletta estabeleceu uma rede de empresas de fachada financiadas pelo seu banco, que era em si recipiente de dinheiro sujo de várias fontes, principalmente dos cassinos da cidade. Bancos desonestos com ligações ocultas com uma vasta rede de empresas locais – esse era exatamente o tipo de infraestrutura financeira que Lansky, Trafficante e outros mafiosos dos Estados Unidos iriam precisar se fossem expandir seu império criminoso em Cuba.

O BNC continuou a investigar o Banco Atlântico no começo dos anos 1950 e outras práticas fraudulentas foram encobertas. Quando Batista assumiu o governo Cubano, a investigação parou. Mas Barletta ainda tinha um problema. Havia rastros em documentos investigativos do Banco Atlântico nos arquivos do BNC que eram conhecidos por investigadores internacionais. A única forma de lidar com isso era simples: em 1 de março de 1954, o Banco Atlântico anunciou sua falência. Do dia para a noite, o banco desapareceu da existência. Em semanas, uma nova entidade financeira – a Trust Company of Cuba – assumiu a parte da família Barletta.

Bancos de posse e controle de Battisti, Barletta e, posteriormente, um criado pelo próprio Presidente Batista foram cruciais para a Máfia em Havana. O dinheiro já tinha começado a rolar de hotéis, cassinos, cabarés e outros negócios relacionados ao turismo, mas se tudo fosse de acordo com os planos, esse seria apenas o começo. Para aquele plano tomar forma, várias peças-chave ainda precisavam ser colocadas no lugar.

Uma dessas peças materializou-se em agosto quando o governo de Batista, por decreto legal, criou uma instituição financeira conhecida como BANDES (Banco de Desarrollo Económico y Social, ou Banco para o Desenvolvimento Econômico e Social). O BANDES foi criado para ser a instituição de empréstimo nacional definitiva. Seus objetivos eram oficialmente explicados como:

> Seguir uma política de desenvolvimento econômico e social, de diversificação e produção, adotando para esse propósito, entre outras, as funções de descontar e redescontar finanças públicas e privadas, lançadas com o propósito de aumentar o dinheiro em circulação, assim como gerando crédito e operações bancárias indispensáveis na realização de tais objetivos, sendo autorizados a subscrever, negociar na bolsa e sancionar ligações de empresas de desenvolvimento econômico e social – seja controlado pelo estado, parcialmente pelo estado ou de controle privado – para fazer empréstimos para as ditas empresas e para lançar suas próprias finanças.

Escondida dentro dessa densa *legalese* estava uma dura realidade: bancos de propriedade de Battisti, Barletta e outros iriam investir no BANDES, assim como poderosas empresas americanas que quisessem fazer negócio em Cuba. Como instituição financeira, o BANDES teve um poder sem paralelos para financiar todo e qualquer projeto público, oferecer empréstimos e financiamento para virtualmente controlar o fluxo de dinheiro e desenvolvimento social em Cuba. Era para ser, em outras palavras, o alto comando econômico da Máfia de Havana; uma instituição que incluía todas as operações de Battisti, Barletta, Lansky e outros mafiosos em uma, e depois amarrá-la ao desenvolvimento econômico e social de Cuba, para que as fortunas da Máfia em Cuba fossem uma só; assim como a riqueza do povo cubano. Era uma diretriz política se apoderando da corrupção, um ato de malevolência que provocou algo que os mafiosos dos Estados Unidos nem haviam ousado sonhar: a ligação *oficial* da Máfia e suas operações financeiras ao desenvolvimento da sociedade onde ela operava.

A infraestrutura financeira agora estava encaixada. A única coisa que faltava era uma parte da legislação que garantisse um incentivo para os investidores. Batista tomou conta disso fazendo uma nova lei – Ley Hotelera 2074 – que garantia isenção de impostos para qualquer hotel que tivesse acomodações turísticas e garantindo assim financiamento do governo – via BANDES – para qualquer um que quisesse investir um milhão de dólares ou mais em construções de hotéis ou duzentos mil dólares para a construção de uma casa noturna. Investidores de hotéis e boates também tinham garantida uma licença de jogo sem terem de ser aprovados por uma comissão de jogo, o que, logicamente, não existia em Cuba. Os investidores americanos com fichas criminais não eram afastados. Na verdade, através da Ley Hotelera 2074, eles eram encorajados a investir, desde que estivessem dispostos a pagar a licença oficial de vinte e cinco mil pesos. A taxa real, claro, também incluía um dinheirinho por fora para Batista, somando algo como duzentos e cinquenta mil pesos – equivalentes a 1,6 milhões de dólares hoje. Havia também uma taxa mensal por baixo do pano de dois mil pesos, mais uma porcentagem dos lucros paga diretamente a Batista ou a um membro de sua família.

O montante provou ser assustador. Quando os benefícios da nova lei hoteleira de Batista começaram a aparecer e uma construção desenfreada de hotéis-cassino se deu em Havana, os lucros em pagamentos de suborno para Batista foram estimados em algo perto de dez milhões de dólares por ano, no total.

Antes de a tinta secar sobre a Ley Hotelera 2074, cinco novos projetos de hotéis-cassino foram anunciados, incluindo o Havana Hilton, que seria o maior hotel de todos os tempos em Havana; o Deauville, o primeiro hotel controlado pela Máfia junto ao Malecón; e o Capri, que se ergueria em Vedado, a apenas um quarteirão do Hotel Nacional.

Por anos foi acreditado que a explosão de turismo em Havana estava sofrendo de uma escassez em acomodações de hotel de primeira classe, mas isso estava prestes a mudar. Com a passagem da nova lei, Batista estava oficialmente criando uma era sem precedentes de desenvolvimento de hotéis e casas noturnas em Havana. Claro, ligado a cada hotel ou casa noturna haveria um cassino de propriedade da Máfia. Que os jogos começassem.

DE TODOS OS GÂNGSTERES do EUA destinados a se beneficiar da nova política de portas abertas de Batista em relação ao investimento em Cuba, poucos estavam tão bem posicionados como Santo Trafficante. Mas no verão de 1954, quando a estação de turismo se aproximava em Havana, o chefe da Máfia de Tampa foi chacoalhado por dois acontecimentos que ameaçaram derrubá-lo de seu jogo. O primeiro seria a morte de seu pai, Santo Trafficante Sr.

Tendo sido diagnosticado anos antes com câncer de estômago, o falecimento do senhor Trafficante em 11 de agosto, aos sessenta e oito anos, não foi grande surpresa. Mesmo assim, foi um acontecimento potencialmente demolidor para Santo Jr., que estava metodicamente tomando controle dos variados negócios criminosos da família durante os seis ou sete anos anteriores.

Através da história da Máfia nos Estados Unidos, o falecimento de um líder titular é às vezes ocasião para um derramamento de sangue e disputa pelo poder. Santo Jr. tinha razão de se preocupar que sua base em Tampa pudesse novamente irromper numa guerra violenta pelo controle do lucrativo jogo de bolita do Golfo do México, mas isso nunca aconteceu. Em parte porque Trafficante Sr. era uma figura reverenciada na comunidade siciliana, onde ele há muito era visto como um tipo de pai fundador. Suas raízes na Máfia eram bem conhecidas. Por muitas décadas ele foi o centro das atenções no Nebraska Bar and Package Goods Store, na Nebraska Avenue, um clube social do velho mundo onde a distribuição de favores ao submundo e a contagem dos lucros da bolita eram eventos diários. Trafficante Sr. era circunspeto e de fala mansa. Apesar de ser frequentemente identificado pela imprensa local como "o patriarca da família mais notória do submundo de Tampa", ele também era membro da L'Unione Italiana Club e do Elk's Lodge Nº 708, duas das fraternidades mais influentes da cidade. Durante sua vida toda, Trafficante Sr. nunca foi condenado por um crime, nem passou pela prisão.

O respeito que foi sempre dedicado ao "Don" ficou rapidamente aparente no dia de seu enterro. Uma multidão estimada em mais de quinhentas pessoas se reuniu num dia quente de agosto no Cemitério L'Unione Italiana, um imaculado e bem cuidado terreno construído e mantido pelas beneficências da população siciliana imigrante em Tampa. O *Tampa Tribune* noticiou que "rostos do submundo estavam salpicados entre a multidão", incluindo o de Santo Jr., que aos trinta e nove anos de idade era agora o indiscutível Chefão da Máfia de Tampa, uma das mais antigas fraternidades sicilianas do crime, e profundamente estabelecida no país.

Santo Sr. foi colocado para repousar num caixão de metal maciço revestido internamente com vidro. Seus restos foram colocados numa cripta de mármore que, como outras no Cemitério L'Unione Italiana, ficava acima do solo. A moldura oval com a foto em preto e branco do Trafficante Sr. na lápide é a única foto conhecida do reservado chefe da Máfia. O *Tampa Tribune* relatou que Santo Sr. deixou uma herança de US$ 36.300,00. Apesar de isso ser, em valores atuais, quase meio milhão de dólares, estava bem abaixo do que a maioria acreditava ser a verdadeira fortuna – que incluía uma vida de contatos em Cuba que ele passou para seu filho.

Santo Jr. lamentou a morte de seu pai e seguiu com sua vida. Havia outros assuntos que ele precisava tratar, como as acusações de exploração do jogo que ele estava enfrentando.

As prisões haviam começado alguns meses antes, em maio. Trafficante, junto com outros trinta e quatro, foram presos numa série de operações do jogo pela área de Tampa. Santo e seu irmão, Henry, também eram acusados de subornar um policial para evitar novas prisões.

A cruzada para erradicar a bolita no Golfo do México estava fervendo desde as audições Kefauver, que haviam explodido por Tampa três anos e meio antes e fizeram a revista *Esquire* batizar a cidade de "O Buraco do Inferno do Golfo do México". Como haviam feito em outras jurisdições, as audições Kefauver conduziram um modo de reforma. Foi estimado pelo comitê – e repetido na imprensa local – que a Máfia em Tampa havia feito em torno de cinco milhões de dólares por ano com a bolita – uma soma considerável no começo dos anos 1950. Um ambicioso xerife local passou dezoito meses construindo seu caso contra a organização de Trafficante. Seria a primeira vez que um Trafficante – sênior ou Junior – encararia um tribunal.

Um dos advogados de defesa era Frank Ragano, um jovem e relativamente inexperiente advogado criminal que, como Santo, tinha sangue siciliano. Trafficante e Ragano estabeleceram uma próxima relação de trabalho e amizade que iria continuar através do julgamento da Máfia, desta vez em Cuba, e além.

Ragano estava impressionado com Trafficante, que ele descreveu anos depois em *Mob Lawyer*, seu livro de memórias, como sendo "uma espécie diferente dos rudes banqueiros da bolita que eu geralmente representava. Eles se vestiam invariavelmente mal-ajambrados e falavam grosseiramente; Trafficante poderia ter passado por um executivo de banco ou um diplomata italiano... Suas roupas tinham um visual de alfaiataria e ele usava óculos com aros de ouro. Naqueles tempos, eu não havia encontrado muita gente vestida tão elegantemente e com roupas caras como esse homem".

Trafficante gostava de pagar os honorários de seus advogados em dinheiro, geralmente em notas não rastreáveis enfiadas num envelope marrom e entregues para Ragano sob a mesa. A prática de coletar grandes somas em dinheiro vivo incomodava o jovem advogado. Ele falou com um senhor mais velho de sua firma de advocacia sobre isso; o homem riu e disse: "Essas pessoas pagam em dinheiro... Elas não têm contas e registros de quanto dinheiro têm".

"É como elas te pagam?" perguntou Ragano.

"Certamente," respondeu o advogado. Se Ragano iria representar clientes como Santo Trafficante – homens que ganhavam a vida no submundo – era melhor ele se acostumar com isso.

Ragano era bem pago – melhor pago do que jamais sonhara quando estava na faculdade de direito. Seu salário anual saltou de dez mil para cento e quarenta mil dólares, a maioria disso de vários clientes associados com a organização de Trafficante que ele representaria no tribunal. Santo e seu irmão seriam julgados separadamente.

No outono de 1954, a maior parte dos vinte e oito acusados da bolita que Ragano representou foram absolvidos ou tiveram suas sentenças revertidas num apelo. Trafficante ficou feliz, mas disse a Ragano que se ele sonhava em ser um advogado distinto, teria de melhorar sua aparência. "Pare de comprar ternos nos cabides de lojas normais", ele disse. E recomendou um alfaiate em Miami Beach, onde fazia seus ternos; também recomendou um barbeiro onde Ragano pudesse ter um penteado mais estiloso e também uma manicure.

No julgamento de Santo e Henry Trafficante, Ragano foi um espectador observando da lateral, já que o caso foi cuidado por Pat Whitaker, um famoso advogado criminal de defesa e advogado chefe na firma de Ragano. As testemunhas primárias da acusação foram o sargento detetive de polícia que testemunhou que Henry havia tentado suborná-lo por proteção contra ataques e que Henry e Santo estavam pagando reforços de alto nível em Saint Petersburg, a cidade do outro lado da Baía de Tampa. Após um julgamento de duas semanas, Santo e seu irmão foram ambos considerados culpados de suborno, e Henry foi condenado por operar uma loteria ilegal. Mas a condenação foi rapidamente revertida porque a promotoria cometeu um erro primário durante sua conclusão. Por levantar o fato de que nem Santo nem Henry haviam testemunhado em sua defesa, o promotor violou a lei criminal de conduta, que determina que nenhum motivo negativo pode ser imputado pela escolha de um defensor, ao não tomar o depoimento de uma testemunha.

Ragano foi a uma comemoração pós-julgamento no restaurante favorito de Santo – o Columbia – no bairro cubano-siciliano de Ybor City. Foi lá que Trafficante informou Ragano que ele, não Pat Whitaker, seria agora seu advogado chefe. Ragano ficou empolgado. Apenas anos depois passou por sua mente que não foi por acaso que Santo ganhou seu processo da bolita por um detalhe técnico.

"Ocorreu-me", escreveu Ragano em seu livro: "que Santo tinha de alguma forma conseguido subornar ou influenciar o promotor a cometer o erro fatal em seu argumento final. Não havia outra explicação".

Trafficante havia desviado de uma bala. Era um homem livre. Mesmo assim, sua organização havia sido arrastada para a luz do dia e exposta como nunca antes. Assim como com Meyer Lansky, a soma final das audições Kefauver havia prejudicado Santo. Seus gastos com advogados foram consideráveis, e havia uma boa chance de que a bolita, que havia sustentado a organização de Trafficante por gerações, seria forçada a um período de recesso do qual poderia nunca mais se recobrar.

Em 26 de dezembro, Santo voltou à Cuba. O feriado de fim de ano havia chegado, e era o momento do chefão da Máfia novamente voltar suas atenções para a melhor coisa que ele estava fazendo: Havana, um lugar onde o jogo era legal, mafiosos eram bem-vindos e os lucros estavam literalmente garantidos pelo governo. Antes do julgamento de Santo, Cuba havia parecido um luxo, apenas mais uma das muitas oportunidades de negócio que garantiam aos Trafficante lucros adicionais no negócio já rentável da Máfia. Mas agora, a Pérola das Antilhas estava parecendo ser a salvação de Santo. Assim como com Lansky anteriormente, ele havia sido atingido duramente em casa, sofrendo grandes perdas, e pretendia curar suas feridas econômicas numa terra onde "todo mundo... tem uma amante", até o presidente.

Agora, mais do que nunca, Trafficante precisava da Máfia de Havana, e a Máfia de Havana precisava dele.

7
O PARAÍSO DO JOGO

NADA LIMPA MELHOR A IMAGEM DE UM GOVERNO FRAUDULENTO do que uma boa eleição à moda antiga. Fulgencio Batista sabia que isso era verdade. Em vinte anos, desde que ele subiu pela primeira vez ao poder em Cuba, Batista havia presidido sobre tantas eleições ditas democráticas na qual os resultados foram uma conclusão já armada. Os militares controlavam as eleições em Cuba, e Batista controlava os militares. Com a notável exceção do golpe de março de 1952, houve poucas surpresas até o dia da eleição. A habilidade de Batista em manter a ordem e entregar resultados incontestáveis nos números sempre havia sido parte de seu apelo a seu vizinho, o grande colosso do norte.

Os Estados Unidos apareciam bastante na mente de Batista no outono de 1953. Um novo embaixador americano – Arthur Gardner – havia sido apontado pela recém-eleita administração Eisenhower. Gardner era um apoiador entusiasmado de Batista, assim como literalmente todo governo americano que entrou em contato com El Mulato Lindo. Batista era um amigo de empresas e investidores americanos e era cada vez mais anticomunista, em sintonia com a tendência da política da Guerra Fria dos anos 1950. Caso alguém tivesse dúvida disso, em novembro de 1953, Batista tornou ilegal o Partido Comunista em Cuba e fechou seus diversos jornais e publicações. O Embaixador Gardner registrou sua aprovação, mas também apontou que para Batista "legitimar sua posição para os olhos do mundo" ele precisava enterrar a lembrança do golpe com uma eleição aberta. Assim, no final de 1953, foi anunciado ao povo cubano que uma eleição presidencial iria acontecer um ano depois, em 1 de novembro de 1954.

De sua cela na prisão na Isla de Pinos, Fidel Castro denunciou a ideia de eleição como um blefe. Numa série de cartas para seus apoiadores – algumas das quais foram publicadas em jornais clandestinos – ele escrevia agora falando menos de substituir o governo existente e mais em Revolução, com R maiúsculo. Cuba precisava de um sistema inteiramente novo de governo, Castro sintetizou, e um novo tipo de líder político. "A Revolução não significa a restauração do poder dos homens que foram profundamente desacreditados pela história", ele declarou.

O problema para Castro era que ele foi trancado numa pequena ilha no Mar do Caribe por trás de um muro de pedra e arame farpado com uma falange de guardas armados dia e noite. Outro problema para a oposição era que, economicamente falando, Cuba parecia estar indo muito bem. A colheita de açúcar naquele ano foi medida em 4,75 milhões de toneladas, melhor do que havia sido em mais de uma década. Numa reunião de cúpula econômica em Londres, foi acordado que Cuba iria suprir mais da metade do mercado de açúcar mundial – uma volta à glória econômica de seus anos da Dança dos Milhões. Cuba tinha um padrão de vida maior do que qualquer lugar do Caribe e da maioria da América Latina. Grandes projetos de construções estavam explodindo na ilha, incluindo um projeto imenso: um túnel que iria passar por baixo do canal da Baía de Havana e ligar a cidade com seus vizinhos ao leste. Sob o governo de Batista, Havana estava literalmente se expandindo, tornando-se uma metrópole de primeira grandeza. Havia pobreza, analfabetismo e desigualdade social, claro, mas isso era habilmente escondido por trás de um verniz de prosperidade que a fazia parecer como se toda Cuba estivesse vivendo uma ótima época.

Foi nessa atmosfera de belas perspectivas econômicas que a eleição presidencial de novembro de 1954 chegou. Batista teve um grande impulso de seu parceiro do norte, os Estados Unidos, quando em maio seu maior rival em potencial, o ex-presidente Carlos Prío, foi indiciado em Miami por violar o Ato de Neutralidade dos EUA. Ele foi acusado de planejar um contrabando de armas para operantes anti-Batista em Cuba. Outro potencial rival, o ex-presidente Ramón Grau San Martín, saiu da disputa presidencial quando ficou claro que o processo de votação não seria controlado por uma organização neutra, mas pelo exército cubano. Batista estava sem concorrentes no dia da eleição. Menos de metade da população votou, mesmo que tivessem de fazer isso por lei. Para os apoiadores de Batista no governo cubano e americano, sua vitória foi uma hábil ferramenta de propaganda, mas fez pouco para mudar a mentalidade daqueles que achavam que seu regime era e sempre seria inconstitucional e, portanto, ilegítimo.

No dia da posse, em fevereiro de 1955, o som de disparos podia ser ouvido nos limites da cidade. A polícia de Havana havia rastreado um velho inimigo de Batista – Orlando León Lemus, conhecido publicamente como El Colorado. León Lemus era um gângster político dos gloriosos dias do MSR que agora era considerado aliado do antigo presidente Prío. No final de uma sangrenta batalha que durou horas, o inimigo público número um de Cuba foi morto. Um grande arsenal também foi descoberto. Oficiais de polícia se vangloriavam que haviam frustrado uma tentativa de assassinato do presidente. O próprio Batista declarou que a morte de El Colorado era um ato de seu novo mandato, no qual o maior gângster da cidade havia sido eliminado.

Para aqueles com alguma sabedoria, a ironia era palpável. Batista estava ganhando crédito por eliminar gângsteres cubanos, enquanto que ao mesmo tempo estendia suas relações com mafiosos profissionais de Nova York, Miami, Tampa e todos os lugares dos Estados Unidos.

Tendo orquestrado uma vitória eleitoral, Batista estava se sentindo fortalecido. Ao manter sua filosofia política de "repressão e recompensa", ele começou a afrouxar algumas das restrições mais severas das liberdades civis trazidas pelo seu golpe. A censura foi temporariamente relaxada. Toques de recolher foram suspensos. Atividades trabalhistas organizadas – como greves – eram permitidas por lei agora. Batista começou a aparecer mais em público, especialmente em eventos de caridade e cerimônias, onde ele mais uma vez assumia o papel do benevolente ditador que ele havia saboreado durante seu mandato anterior como presidente.

Um evento de gala a que Batista compareceu em 1955 foi *La liga contra el cáncer*. O presidente e sua esposa, Marta, foram convidados de honra nesse prestigioso encontro de caridade, que reuniu a alta cúpula do gabinete de Batista e a nata da sociedade. Para qualquer um afiliado com a Máfia de Havana, o evento era significativo não apenas por causa de seu propósito, mas por onde ocorreu – na boate Tropicana. Apesar de poucos reconhecerem na época, esse evento marcou o começo de uma época na qual a mais famosa casa noturna da cidade se tornou um símbolo resplandecente para a Máfia de Havana e a era que ela ajudou a criar.

Se a Havana dos anos 1950 era um misto de jogo desenfreado, shows extravagantes, música quente e sexualidade louca, o Tropicana era o ingrediente especial que dava sua animação. Localizado no meio de uma floresta tropical nos limites da cidade, o clube por anos foi um dos mais inovadores palácios de shows de Havana para dança, música e uma marca especial da sensualidade cubana. As meninas no Tropicana eram conhecidas no mundo todo por sua voluptuosidade e o cabaré trazia um tipo de musical de plumas que seria copiado em Paris e Las Vegas. Com os shows ao ar livre ("Paraíso sob as estrelas") como maior atração, e o cassino adjunto como uma fábrica de gerar dinheiro, todo mundo que era alguém queria ser visto no Tropicana. Entre a constelação de cabarés, hotéis-cassinos e clubes da cidade, o Tropicana era a estrela do norte, um imã para celebridades internacionais, músicos, belas mulheres e gângsteres.

As conexões do clube com o submundo eram profundas e começavam com o proprietário, Martín Fox. Com físico de estivador, com um torso pesado, pele grossa e mãos potentes, Fox era o tipo de homem que sabia se virar entre valentões e mafiosos. Ele lembrava o ator Anthony Quinn e falava com um tipo de sotaque popular de cuba. Fox era um empresário talentoso, um homem que sabia como se portar ao lado de astros do cinema, presidentes e reis, mas ainda assim carregava um Smith & Wesson calibre 38 na cintura de seus ternos bem cortados, um vestígio de seus dias de *bolitero* de sucesso.

Em *Tropicana Nights*, uma burlesca história do clube, escrita por Rosa Lowinger e Ofelia Fox – esposa de Martín – Ofelia é citada dizendo: "A natureza definidora de um cubano é uma pessoa que faz de tudo por um minuto de prazer". Seu marido, Martín, era um homem que se dedicou a fornecer esses minutos, tanto para os cubanos quanto para os turistas que lotavam a ilha. Ao fazer isso, ele formou uma parceria com a Máfia de Havana, apesar de Ofelia Fox negar as implicações desse arranjo até o dia de sua morte. Em seu livro de memórias, ela descreve jantares e vinhos com Frankie Carbo, um notório mafioso afiliado com o sindicato do crime de Nova York de Lansky: "As pessoas dizem e escrevem muitas coisas. Não sei de [Carbo] matar ninguém e, se Martín sabia, ele também não podia fazer nada. Esses homens eram parte do mundo dos negócios. Carbo nos tratava como a realeza em Nova York".

Havia um motivo porque Martín Fox e sua esposa eram tratados como realeza por mafiosos na distante Nova York; era porque Fox era um importante parceiro de negócios e intermediário entre as figuras do submundo de Cuba e dos EUA que vieram a formar a Máfia de Havana.

Como Batista, Castro e quase todo outro cubano que ficou maior de idade no começo e no meio do século vinte, Fox era um filho da *zafra*. Em Ciego de Avila, uma cidade de tamanho médio no meio de Cuba onde ele começou, a colheita dominava tudo. Quando jovem em seus vinte e poucos anos, Martín trabalhava numa refinaria de açúcar como um *tornero*, um torneiro mecânico. Um pequeno acidente na indústria feriu sua mão esquerda e o fez perder o trabalho. O jovem Martín precisava encontrar uma nova forma de ganhar a vida, então ele se voltou a outro passatempo nacional – o jogo, ou mais especificamente, *la bolita*.

A bolita tinha sido uma enorme fazedora de dinheiro para a família Trafficante entre a população de imigrantes cubanos em Tampa, e se mostraria um passo inteligente de carreira para Fox. Em Cuba, o jogo acontecia em toda a ilha como um tipo de mercado negro à loteria oficial. Fox ganhava a vida *apuntando terminales*, "anotando as apostas".

O jogo mantinha o jovem ocupado. Parte da atração da bolita era seu dito código secreto que, é claro, todo mundo conhecia. O número vencedor de cada dia era baseado nos últimos três dígitos da loteria nacional, que era publicado nos jornais locais. Qualquer um poderia apostar num número ou numa combinação de números, mas geralmente faziam isso usando uma palavra que representava o número. O número um era *el caballo* (cavalo); número dois, *la mariposa* (borboleta); onze, *el gallo* (galo); quarenta e oito, la cucaracha (barata) e por aí vai, com diferentes palavras representando diferentes números até o cem. Assim, quando um apostador dizia a Martín, *"cinco a la cucaracha"* ele sabia que a pessoa queria apostar cinco centavos no número quarenta e oito.

Ostensivamente, esse sistema era disfarçado para que se um policial passasse por um *listero* (placa com os números) e confiscasse a lista de apostas, não havia forma de alguém provar que sua litania de palavras coloridas tinha algo a ver com jogo ilegal. Na verdade, a polícia local quase sempre recebia uma parte do lucro permitindo que a bolita operasse – um exemplo das raízes da corrupção que iriam preparar o jovem Martín Fox para seus dias como dono de cabaré da era Batista.

A bolita era boa para Fox, que subiu na hierarquia dos *boliteros*, de *listero* para *banquero*, aquele que financiava as apostas. Fox fazia então o grosso do lucro, mas também assumia riscos maiores. Um número escolhido por muita gente – digamos o 8 em 8 de setembro, a data da Festa da Caridade, ou 17 para 17 de dezembro, a Festa de San Lazaro – poderia ser um desastre para um banqueiro. Fox mostrou ser adepto em espalhar o risco de números populares, mesmo se significasse desistir de parte de seu lucro. Ele também acabou consolidando a maior parte das operações da bolita em Ciego de Avila até se tornar o maior *banquero* da região.

Como Lansky, Trafficante e outros profissionais do jogo que ele viria a conhecer, Fox não era um grande apostador. Preferia ficar com as apostas a seu favor. O jogo para Martín era um meio de vida, mas também era uma passagem para um universo social mais amplo. Seu "banco" na Calle Independencia, a principal rua comercial da cidade, era pouco mais do que uma fachada com um quiosque em frente. O quiosque vendia cigarros, charutos, doces e bilhetes oficiais da loteria e era também onde uma pessoa podia fazer apostas de bolita. Todo tipo de homens – ricos e pobres – vinham ao quiosque de Martín para apostar, fumar e fofocar. Não demorou muito para que Martín Fox fosse tão popular que ele poderia ter se candidatado a prefeito. Ao invés disso, o ex-operário fez o que qualquer jovem com ambição faria – ele foi à cidade grande.

Em Havana, Fox ficou conhecido como El Guajiro, o caipira. Alguns poderiam tomar isso como uma chacota, mas não Martín, que agora estava operando num campo lotado onde ser conhecido por qualquer nome era útil. No começo dos anos 1940, o submundo do jogo da cidade estava em polvorosa, apesar de que a cidade em si estivesse prestes a entrar nos anos magros da Segunda Guerra Mundial. A primeira operação de Fox era cuidar dos números da bolita na Havana Central. Seu *banco* que ele chamava de La Buena, não tinha ponto fixo. Como um novo operador na cidade, ele precisava estar sempre se mudando para evitar ser pego.

Não demorou muito para Fox estar cuidando de uma rede de tamanho considerável no submundo dos jogos de cartas, bolita e jogos no estilo dos cassinos. Era uma época em Havana em que os grandes hotéis-cassinos na cidade ainda não haviam sido construídos. Os maiores empreendimentos na cidade – o Gran Casino Nacional e o Jockey Club no Oriental Park – eram estabelecimentos de ricos, abertos apenas seis meses ao ano. Os cubanos comuns precisavam de um lugar para curtir seus hábitos o ano inteiro. Usando muitos dos contatos que ele fez como rei da bolita, Martín oferecia jogos de pôquer em casas e apartamentos de amigos. Finalmente, ele expandiu suas operações para incluir roletas, bacará, craps e *monte de baraja*, um jogo popular de quatro cartas de origem espanhola.

Em 1943, Fox era bem sucedido o suficiente como czar do jogo ilegal para abrir seu caminho até o Tropicana. Na época, as operações de clubes de cassinos eram abertas a concessionários individuais. Fox alugou duas mesas, uma para monte e uma para bacará. Com a Segunda Guerra Mundial acontecendo, o clube não estava indo bem, mas isso não importava para Fox. Ele agora tinha uma entrada num dos maiores clubes da cidade.

Aberto pela primeira vez em 30 de dezembro de 1939, o Tropicana sempre foi um lugar com pretensões internacionais. Construído numa propriedade de seis acres em Marianao, o visual do clube era maravilhoso. Cercado por um paraíso natural de selva, seu cabaré principal ficava ao ar livre e desde o começo apresentava a maior orquestra de Cuba. Em seus dois primeiros anos de operação, turistas de todo o globo voaram para o Tropicana. Depois que a guerra se intensificou, o turismo em Cuba afundou de 126 mil visitantes anualmente em 1941 para meros 12.500 em 1943. Mesmo assim, Fox foi capaz de manter uma operação decente em duas das mesas de jogo, porque ele estabeleceu uma forte corrente de seguidores locais.

O proprietário do Tropicana estava tão frustrado com as fortunas minguantes dos clubes que, uma tarde, depois que uma semana de perdas o deixou com fundos insuficientes para fazer seus pagamentos regulares para os oficiais militares que garantiam "proteção" ele fez uma proposta para Fox: "Me dê sete mil [pesos] e o cassino é seu". Martín saltou sobre a oferta e comprou a concessão do cassino do clube. Alguns anos depois, no que se assemelhou a uma apropriação hostil, ele comprou a propriedade na qual o clube havia sido construído e mandou embora os outros proprietários. Foi só quando Martín Fox se tornou o proprietário exclusivo do Tropicana, nos anos 1950, que o clube começou a desenvolver a reputação pela qual iria se tornar mundialmente famoso.

Apesar de sua base como chefão do jogo, Martín sempre foi atraído pelas possibilidades do clube como cabaré. El Guajiro tinha um sonho, e aquele sonho envolvia um tipo de espetáculo e entretenimento que só poderia existir em Havana, onde a dança era uma obsessão nacional, todo mundo era um músico nato e a herança cultural afro-cubana da ilha garantia um exótico pano de fundo.

Um momento chave no desenvolvimento do clube aconteceu em março de 1952, quando Fox contratou como seu coreógrafo Roderico Neyra, conhecido nos círculos de música e dança de Cuba simplesmente como Rodney. Apenas algumas semanas após Batista ter encenado seu golpe de estado, inaugurando um período de tensão, a contratação de um novo coreógrafo por Martín seria o começo de uma história que iria se desdobrar em quase total desconhecimento do mundo externo. Fox se importava pouco com política. Tudo o que importava era ser capaz de atingir seu sonho de tornar o Tropicana o mais deslumbrante estabelecimento de entretenimento em Cuba.

Roderico Neyra era um personagem fascinante por si só. Nascido como leproso e criado numa colônia para leprosos nos arredores de Havana, ele chegou à maioridade nas ruas. Mesmo com as mãos deformadas pela lepra, ele nunca deixou que isso entrasse no caminho de sua ambição em se tornar um famoso homem da dança e da música. Rodney atingiu seu sonho, mas quando suas incapacidades físicas se tornaram mais aparentes em sua idade adulta, trocou a performance pela coreografia. Ele era um mulato baixinho, de pele clara, com um bigodinho fino. Tinha uma risada maliciosa que combinava com sua sensualidade lasciva – um tipo de Bob Fosse cubano, bem antes de Fosse existir. Ele também era gay, o que tornou possível trabalhar ao lado de algumas das mais desejadas mulheres em Havana sem ter de se preocupar em não ceder à tentação.

Um dos primeiros shows regulares de Rodney era num teatro burlesco chamado Shanghai, na rua Zanja, no bairro chinês de Havana. O Shanghai era um dos mais famosos clubes de strip da cidade. Era especializado em shows de nudez total. Num guia de viagem publicado em 1953 chamado *Havana: the Portrait of a City*, o escritor americano W. Adolphe Roberts descreve um show no Shanghai, provavelmente criado por Rodney:

> A cena era uma praça de rua deserta, à noite, indicada pelo cenário com postes de luz pintados e silhuetas de casas. Lá, aparecia no palco uma mulher totalmente nua, com exceção de seu chapéu, sapatos e uma bolsinha que ela rodava. Seu apelo era inconfundível. Ela tirava um espelho de sua bolsa e maquiava o rosto sob um poste. Depois ela era acompanhada de meia dúzia de outras irmãs da calçada, todas num estado similar de nudez. Elas conversavam por caretas e gestos que deixavam claro que o movimento andava fraco. Então aparecia uma mulher alta e robusta, também nua exceto por um chapéu de policial, coturnos e batom. A recém-chegada brigava com as meretrizes, as ameaçava com seu cassetete, as colocava em fila e começava a revistá-las em busca de armas. A comédia de sua última ação era enorme. Não preciso dizer mais nada.

Alguns viam o show burlesco no Shanghai como grosseiro e vagabundo, mas não Rodney. Suas apresentações eram uma mistura de sexo, música, dança e humor que seria precursora de seu trabalho mais elaborado em lugares como o Tropicana.

Em 1950, Rodney estava trabalhando como coreógrafo principal do Sans Souci, localizado não muito longe do Tropicana. Gerenciado por Norman Rothman, o Sans Souci era o principal rival do Tropicana como estabelecimento de diversões. O clube de Rothman estava ganhando a batalha, principalmente porque ele tinha luxuosos shows que eram a inveja de diretores de teatro por toda Havana.

Um desses shows era uma produção intitulada *Sun Sun Babae*, que estreou em 1952. O show incorporava muitas das extravagâncias da cultura afro-cubana – tambores, bata, o vestido cerimonial da Santería e o canto rítmico do bembé, rezas musicais dedicadas aos orixás. Rodney era um devoto e um crente do ritual Lucumí, que ele via como uma terapia meditativa para lidar com sua própria doença debilitante e dolorosa. Mas isso não significava que sua religião estava acima do tipo de irreverência e diversão que ele aplicava em todo seu trabalho.

Sun Sun Babae era um espetáculo kitsch e burlesco. No palco, uma mulata vestida no amarelo tradicional de Oxum, Deusa do Amor, dançava rumba enquanto era cercada por um grupo de dançarinos negros no estilo Mandingo. A mulher se movia sugestivamente ao som das batucadas; os rostos dos homens brilhavam de suor. De repente, os homens eram arrastados até a plateia. Um holofote os seguia, eles desciam do palco e se aproximavam de uma mesa onde uma cliente loira se sentava tomando um drinque. A loira era cercada pelos homens seminus que a assustavam. Os homens praticamente a levantavam de seu assento e a carregavam até o palco, com o holofote os seguindo. No palco, a mulher ficava intoxicada pelos batuques e os cantos, que ficavam mais altos e mais intensos. A plateia ficava ao mesmo tempo hipnotizada e confusa, não sabendo se isso era real ou parte do show.

De repente, e sem aviso, a loira arrancava seu vestido de noite e começava a dançar em lingerie preta de renda e cinta-liga. A plateia agora percebia que era parte do show, e caía na risada. A mulher aparentava estar hipnotizada, com sua dança frenética sob o feitiço dos santos. Os homens a levantavam em seus braços. Então, em meio à música que ficava mais alta, a mulher de repente saía do transe, dava um grito envergonhado e pegava suas roupas. Ainda seminua, ela corria para fora do palco, através do clube e pela porta dos fundos do cabaré. O público aplaudia – espantado, alegre e excitado ao mesmo tempo.

Rodney, o coreógrafo, planejou o *Sun Sun Babae* para chocar e fazer rir, mas por trás do show havia um tema poderoso. Ele estava convidando a plateia a ser seduzida pela cultura afro-cubana, levantar de seus assentos e tomar parte nos prazeres sensuais da ilha. Nesse e em outros shows posteriormente montados no Tropicana, Rodney estava oferecendo um sedutor contraponto à natureza mundana da vida, que iria se tornar um dos principais atrativos para toda uma era. Esse foi exatamente o tipo de entretenimento que iria dar à Máfia de Havana seu encanto safado e irresistível.

DANÇARINAS PARCAMENTE VESTIDAS e shows atrevidos tornaram o Tropicana famoso, mas a engrenagem econômica que tornou tudo isso possível foi a operação do cassino do clube. Martín Fox era esperto. No começo de 1954, ele transformou uma garagem atrás do cabaré numa versão menor e mais simples do cassino principal. O lugar ficou conhecido como Casino Popular, um refúgio para motoristas de táxi e outros *habaneros* menos abonados que não podiam arcar com os preços do cabaré principal. Apesar de Fox ter construído seu negócio nas costas dos ricos e famosos, ele nunca perdeu contato com o povo. Além de dar um peso de gorjeta aos taxistas por cada turista que eles traziam para o clube, ele também destinou a alguns motoristas uma porcentagem do lucro da casa cada vez que seus turistas perdiam no cassino. Era uma tática engenhosa, dando aos trabalhadores mais básicos da cidade uma porcentagem da fortuna da Máfia de Havana. E, é claro, com o Casino Popular aberto vinte e quatro horas por dias, muitos taxistas apostavam seus lucros, devolvendo-os ao cassino.

Muitos cubanos tinham um orgulho especial pelo Tropicana: era promovido como o único grande estabelecimento da cidade de propriedade exclusiva de cubanos. Isso era verdade, até certo ponto. Fox era um *guajiro*, e seus empregados administrativos eram primordialmente membros de sua família e amigos de sua época no ramo das apostas. Além disso, o cabaré era o maior palco da cidade para talentos nascidos em Cuba – dançarinos, músicos, figurinistas, diretores, etc. No entanto, o cassino do clube era uma história diferente. Apesar de haver mais empregados cubanos no Tropicana do que na maioria dos cassinos, a concessão de jogo era cobiçada pela Máfia de Havana, que conhecia um empreendimento lucrativo quando via um.

A oferta inicial por parte da Máfia foi sutil. Em 5 de outubro de 1954, Ofelia Fox recebeu um casaco de visom prateado de Santo Trafficante. Foi acompanhado de um bilhete que dizia: "Desejando um feliz segundo aniversário". Naquela época, Trafficante estava em Tampa no meio de seu julgamento da bolita, mas ainda tinha presença de espírito para mandar um presente opulento para a esposa de seu "amigo" Martín Fox.

O envio de presentes extravagantes para esposas e namoradas de potenciais parceiros de negócios era uma técnica comum da Máfia. Lucky Luciano havia feito isso em 1946 quando, tendo acabado de chegar a Havana e buscando cultivar contatos locais, ele comprou um carro dos Estados Unidos e o enviou para a esposa do Senador Eduardo Suarez Rivas. Na verdade, durante sua temporada na ilha, Luciano era conhecido por presentear com relógios de ouro, colares de diamante e outras quinquilharias caras, os políticos, donos de boates, artistas e suas amantes de forma regular. Para aqueles com uma visão luxuosa da natureza humana, a generosidade de Luciano era tocante. Para outros mais firmemente enraizados no mundo corporativo, era uma tentativa grosseira de comprar a lealdade de homens do poder.

Para Trafficante, o apelo do Tropicana era óbvio: o clube havia se tornado a cobertura do bolo. O mafioso de Tampa possuía a concessão de jogo do Sans Souci, mas em 1954, Rodney, o *showman*, transferiu seu espetáculo para o Tropicana. As celebridades e grandes apostadores o seguiram. Como representante da Máfia de Havana, Trafficante precisava estabelecer uma cabeça de ponte no Tropicana para mostrar que a Máfia era a financiadora de tudo o que prosperava ao olhar deles.

Nos Estados Unidos, grandes mafiosos usavam rotineiramente de violência ou intimidação quando queriam interferir num negócio já existente. Em Havana, isso não seria necessário. Martín Fox entendia os ditados do submundo. Se fosse de seu interesse formar uma aliança com Trafficante e a Máfia de Havana, ele faria isso. Ele só precisava ser convencido.

Trafficante se dispôs a seduzir Martín, a afogá-lo com gentilezas. Ele ligava rotineiramente para Fox no clube, identificando-se como El Solitario. O apelido sugeria a Fox que Trafficante operava sozinho, o que estava longe de ser verdade. Mas para alguém como Fox, que cuidava de uma operação altamente personalizada, vender para um parceiro individual era muito mais possível do que entregar tudo para um conglomerado como a Máfia de Havana. Santo se tornou um amigo, seu rosto plácido e inescrutável era uma visão frequente em várias fotografias, tiradas na mesa do proprietário, que Ofelia Fox reuniu e publicou em seu livro de memórias.

Trafficante ficou amigo de Martín e sua esposa, mas ele também percebeu que nunca seria totalmente aceito no clube a não ser que ganhasse os funcionários. Para isso, ele usou o mesmo método empregado para ganhar favores com a esposa do dono: presentes caros entregues a rodo.

Uma pessoa que vivenciou a generosidade de Trafficante pessoalmente foi Felipe Dulzaides, o pianista de jazz cuja banda, Los Armónicos, regularmente tocava no *lounge* do clube. A banda de Dulzaides era uma das favoritas de Santo, que frequentemente trazia amigos e parceiros de negócios no *lounge* para tomar drinques. Trafficante gostava de recompensar seus empregados favoritos. Dulzaides descobriu isso uma tarde quando o mafioso fez um grande show reunindo o pianista e os outros membros do quarteto. Ele passou a Felipe um chaveiro e disse: "Isso é para você e os meninos". Dulzaides ficou espantado quando saiu e pousou os olhos num Cadillac Seville novinho em folha estacionado na frente do Tropicana. Trafficante havia dado a ele o carro aparentemente sem nenhuma segunda intenção.

O fato de que o dono do clube rival estava dando grandes presentes para empregados do Tropicana poderia ser visto como uma intromissão para alguns, mas mantinha a filosofia da Máfia de Havana. Trafficante estava se certificando de que todo mundo soubesse quem era o chefe, e ele encorajava outros em sua equipe a fazer o mesmo.

Norman Rothman era um subalterno de Trafficante que operava a concessão de jogo no rival Sans Souci, mas ele também era visto com frequência no Tropicana. Parte da razão era que a namorada de Rothman, a estonteante Olga Chaviano, era uma *showgirl* com contrato no clube. Rothman era um elegante cavalheiro mais velho com uma longa carreira no negócio de casas noturnas desde seus dias em Miami Beach. Muitos sentiam que ele tinha uma participação no Tropicana. Novamente, um competidor tendo como namorada uma das maiores atrações do cabaré podia ser visto com olhos duvidosos, mas era tolerado e até encorajado. Afinal, o que poderia ser mais adequado à época do que a união de um judeu de meia-idade dono de uma boate e uma ardente vedete? A Máfia de Havana estava a toda.

Para aqueles que seguiram o desenvolvimento de Cuba como destino turístico, a ilha parecia estar situada à beira de uma nova Era de Ouro. Financiadores, mafiosos, investidores e turistas gostavam do que viam. O número de turistas estrangeiros gastando dinheiro em Cuba cresceu 35% entre 1952 e 1955, com o prospecto de aumentos ainda maiores nos próximos anos. A companhia aérea Pan American tornava mais fácil chegar lá oferecendo uma viagem de ida e volta, via Miami, por US$ 39,00, anunciada em jornais e revistas por toda costa leste dos Estados Unidos. Claro, a empresa tinha uma rede de interesses: como proprietários do International Hotels, a Pan American tinha uma participação no Hotel Nacional e era assim investidora dos irmãos Lansky e do resto da Máfia de Havana.

Com a Pan Am mostrando o caminho, outras empresas de transporte saltaram à bordo. A Delta Airlines anunciava excursões de trinta dias pelo Caribe, o ano inteiro, culminando com paradas em Havana. Várias linhas de cruzeiros reconfiguraram suas rotas para conectar Nova York, Miami e Nova Orleans diretamente com Havana. Uma entidade conhecida como West Indies Fruit and Steamship Company veio com uma ideia inovadora: eles reformaram duas de suas maiores balsas para que fossem equipadas para transportar automóveis. Turistas saindo da Flórida podiam agora dirigir seus carros para uma balsa e desembarcar no porto de Havana. O truque despertou uma fascinação por carros americanos em Havana. Fords, Chevrolets, Duesenbergs e Cadillacs do final dos anos 1940 e 50 inundaram Havana; era o começo de uma cultura de carros antigos que persiste em Havana até os dias de hoje.

Nos meses que antecederam a temporada de turismo de 1955, uma série de acontecimentos assinalou que deveria ser a estação de turismo mais lucrativa de todos os tempos. Primeiro veio a reabertura do Oriental Park, conhecido por ser o mais atraente hipódromo das Américas. A ocasião foi narrada no *New York Times*, que descreveu os novos proprietários como "um grupo de investidores americanos e cubanos". Lansky, Trafficante e uma seleção de outros mafiosos eram parte desse grupo, e a ação na pista prometia ser feroz. Um cronograma completo de corridas foi marcado para quintas, sábados e domingos. Apostas foram aumentadas para um mínimo de mil dólares, com dois mil e quinhentos dólares de limite nos dias da semana e cinco mil nos finais de semana.

Aqueles que faziam negócios com os novos proprietários do Oriental Park sentiam o gosto da abordagem ao estilo da Máfia na empresa. Um empreiteiro chamado Joseph Lease tentou instalar um totalizador – um aparato mecânico que automaticamente atualizasse a soma de dinheiro apostada na corrida. Essa nova tecnologia iria eliminar os velhos quadros de páreo manipulados à mão que eram padrão em corridas de cavalo há gerações. Na noite de 9 de dezembro – cinco dias depois que a pista reformada abriu – dois mafiosos deslizaram para Havana, bateram na cabeça de Lease com porretes em seu quarto de hotel e voltaram no próximo voo para Miami. Num artigo no *Havana Post*, investigadores da polícia especularam que os meliantes queriam que Lease retirasse o novo equipamento de apostas, que ameaçava a habilidade deles para manipular o pagamento da bolita nos Estados Unidos – os pagamentos eram baseados nas apostas das corridas de cavalos.

Um evento ainda mais poderoso relacionado à riqueza da Máfia de Havana ocorreu no final de dezembro, quando a artista americana

Eartha Kitt se apresentou na grande abertura do Club Parisién, um opulento cabaré recém-renovado no Hotel Nacional. O subalterno de Lansky, Wilbur Clark, era o diretor de atrações do Nacional e todas as grandes atrações de Havana eram contratadas pela International Amusements Corporation, de Trafficante, então jamais acontecia um show na cidade no qual a Máfia não participava da organização.

O Club Parisién havia sido renovado para atrair grandes talentos americanos. Não tinha o tamanho ou os espetáculos ambiciosos do Montmartre, Sans Souci ou Tropicana, mas oferecia o mesmo tipo de intimidade que fazia clubes como o Copacabana e o Stork Club tão populares em Nova York. Com uma iluminação reduzida, flora e fauna tropicais e bancos aconchegantes de veludo, o clube foi projetado para namorados. Ninguém personificava melhor o glamour polido do lugar do que Eartha Kitt.

Descrita por seu antigo namorado Orson Welles como "a mulher mais excitante do mundo", Kitt era uma ardente atriz, cantora e dançarina afro-americana com um ronronado – "purrrrrrrr" – que era sua marca registrada. Sua exótica e levemente asiática beleza e graça deram a ela habilidades de gata que ela posteriormente iria usar em seu papel como Mulher-Gato na popular série de TV *Batman*, dos anos 1960. Em 1954, Kit fez um grande sucesso com uma música chamada "Santa Baby". A letra estava carregada de insinuações sexuais. No palco do Parisién, Kit acariciava um microfone e deslizava como uma encantadora da selva. Vestida num tubinho preto curto e justo, ela cantava: "Santa baby, just slip a sable under the tree, for me / Been an awful good girl, Santa baby / So hurry down the chimney tonight". ["Noel, querido, deslize um casaco de peles para minha árvore / Tenho sido uma garota boa de doer, Noel, querido/ Então desça rápido pela minha chaminé esta noite."] Para aqueles que estavam lá, a abertura do Parisién com Eartha Kitt ficaria como uma das noites mais encantadoras de toda uma era.

Outro show que iluminou o céu com estrelas foi a chegada de Nat King Cole no Tropicana. O suave Mr. Cole – que iria se tornar o primeiro afro-americano a ter um programa de variedades na televisão dos EUA – estava no auge de sua popularidade. Seu som marca-registrada era "Unforgettable", que estava no topo das paradas há meses, e sua turnê de duas semanas no Tropicana ficou esgotada semanas antes da estreia.

O show de abertura para Cole era um espetáculo elaborado chamado *Fantasia Mexicana*, com señoritas saltitantes, batuques de conga e uma dançarina de biquíni cujo adereço de cabeça era uma pilha de mais de um metro de altura de *sombreros*. Alguns estavam preocupados que o estilo mais íntimo de Cole não pudesse competir com essa abertura extravagante ou com o tamanho do palco do Tropicana. Essas preocupações caíram por terra quando Cole andou até a frente do palco de smoking branco, sentou-se no piano e começou a cantar em seu barítono doce. A audiência ficou fisgada. Ofelia Fox, a esposa do proprietário, disse: "Ninguém amava os shows do Tropicana mais do que eu. Mas depois de ouvir Nat King Cole cantar, eu não queria ouvir mais nada".

Tanto Kitt quando Cole eram afro-americanos, assim como Dorothy Dandridge, Sarah Vaughan, Ella Fitzgerald, Johnny Mathis e muitos outros artistas que iriam se apresentar nas casas noturnas de Havana nos meses seguintes. A vida noturna da cidade era um mistura multirracial de negros, brancos e latinos, tornando-a uma das cenas mais badaladas no mundo. Enquanto que os shows e cassinos em Las Vegas eram opressivamente habitados por caucasianos, e as casas noturnas em Nova York eram ainda um lugar de muita segregação racial, Havana trazia diversão com uma mistura internacional de raças, línguas e classes sociais. Você não era *cool* enquanto não falasse um pouquinho de espanhol, dançasse o mambo e tomasse um Cuba libre, daiquiri, *mojito* ou alguns dos vários drinques tropicais que foram criados para os turistas. A cena era sexy, percussiva e fazia a inveja dos festeiros pelo mundo.

Presidindo tudo, como um Mágico de Oz *guajiro*, estava El Presidente Batista. Para o ex-cortador de cana do Banes, deve ter sido o auge de um sonho impossível. Batista, que certa vez foi recusado como membro do Havana Iate Clube por causa de sua raça, era agora o supervisor de uma fabulosa cena de diversidade racial. O presidente não aparecia nos cassinos e clubes com muita frequência, a não ser que fosse por caridade, como em *La liga contra el cáncer*. Mas estava subentendido que ele era o principal responsável pela ressurreição da cidade e, com o tempo, o Tropicana, o Club Parisién, o Sans Souci e outros fabulosos clubes da era seriam vistos como o florescimento do *Batistaismo*.

As coisas iam bem em Havana – tão bem que alguns começaram a se perguntar se a resistência política da ilha, que havia declinado e escorrido desde o golpe de Batista, finalmente havia sido silenciada. Ainda havia uma bomba vez ou outra, ou outros atos de sabotagem contra instalações do governo, mas para a maioria parecia que os dissidentes haviam sido afogados pela inexorável batida da conga e estouros de champanhe. A percepção geral era de que Cuba agora estava livre de arruaceiros e revolucionários. O próprio Batista chegou a essa conclusão no começo do ano quando, numa demonstração incomum de generosidade, ele declarou que haveria uma anistia para prisioneiros políticos. Na tarde de 15 de maio, vinte prisioneiros saíram da prisão da Isla de Pinos. Entre eles estava Fidel Castro, com vinte e nove anos, e seu irmão mais novo, Raúl.

Noticiários foram mostrados nos cinemas de Havana com Castro, num terno cinza, descendo os degraus da prisão, com o braço levantado em desafio. Mais tarde ele fez uma declaração à imprensa: "Ao deixarmos a prisão... nós proclamamos que devemos lutar por [nossas] ideias mesmo pelo preço de nossa existência... Nossa liberdade não pode ser banqueteada ou silenciada, devemos batalhar e lutar por uma nação sem despotismo e miséria". Contrário à aparência de aquiescência política no país, Fidel acrescentou: "Há uma nova crença, um novo despertar na consciência nacional. Tentar afogá-los irá provocar uma catástrofe sem precedentes... Os déspotas desaparecem, o povo permanece..."

A anistia estava fermentando já há algum tempo. O Presidente Batista era inicialmente contra a ideia, sentindo que soltar Castro e seus comparsas iria fazer o governo parecer fraco. Entretanto, a opinião pública era a favor da anistia, especialmente depois que um grupo de mães cubanas formou o Comitê dos Pais pela Anistia de Prisioneiros Políticos. As mães lançaram um manifesto chamado

"Cuba, Liberdade para Nossos Filhos". Batista também foi pressionado duramente pela família da esposa de Castro, que tinha conexões no alto governo.

A mensagem pública por trás da anistia de Batista era simples. Com a capital da ilha fervendo economicamente e a Máfia de Havana aglutinando-se como uma força nos bastidores dos negócios cubanos, El Presidente estava fortalecido. Poderosas instituições financeiras, cassinos, cabarés, hotéis e uma quantidade de criminosos subalternos estavam se formando. A força de Batista com o povo parecia mais forte do que nunca. Por que não apaziguar aqueles que clamavam ser inimigos do estado mostrando que ele não tinha medo de nada nem de ninguém? Que jeito melhor de demonstrar que o regime estava acima de pequenas rixas e sintonizado com os desejos do povo? Enquanto outros procuravam esmagar seus inimigos, Batista, permitindo que Fidel Castro e seus compatriotas saíssem da prisão, pretendia mostrar ao mundo que ele era realmente um ditador benevolente.

Foi um movimento ousado com uma intuição dramática. Iria se mostrar o maior erro de sua vida.

PARTE DOIS
LA ENGAÑADORA

8
ARRIVEDERCI, ROMA

FIDEL CASTRO NÃO DANÇAVA O MAMBO. Na verdade, ele não ele dançava nada.

Apesar de ser uma pessoa fisicamente ativa a vida toda, o jovem revolucionário via a dança e a festa em geral como um tipo de frivolidade inútil. Ele associava as casas noturnas e cabarés em Havana com as classes altas, o que o levaria a denunciar o tipo de vida acontecendo na capital da cidade como o último refúgio da burguesia. Numa carta para um *compañero* em 1 de janeiro de 1955, Castro achou difícil esconder seu desprezo pela vida noturna cubana que estava atraindo turistas de todo o mundo. "Que diferença faz a dor e o sofrimento de nosso povo para os ricos e estúpidos que lotam as pistas de dança?" ele escreveu. "Para eles, nós somos jovens desmiolados, perturbadores do paraíso social existente. Não haverá falta de idiotas que pensam que os invejamos e aspiramos a mesma existência ociosa, miserável e desprezível que eles vivem hoje."

Fora da prisão, Castro imediatamente retomou seu papel como proeminente ativista político do país. Enquanto multidões dançavam o mambo e o cha-cha-chá no Tropicana e por todo lado, Fidel organizava uma resistência contra o "fraudulento regime do ditador". Ele logo descobriu que Cuba – e Havana em particular – tinha outras ideias.

Por um lado, nos quase dois anos desde que Castro lançou seu ataque ao quartel de Moncada, o movimento de resistência havia se fragmentado. O grupo mais ativo era o Directorio Revolucionario, comumente conhecido como o Directorio, um radical grupo de estudantes formado por José Antonio Echevarría. Havia também o Partido Ortodoxo, com o qual Castro havia sido afiliado desde que havia concorrido ao congresso, anos antes. O Partido Comunista oficial era também uma ativa organização do submundo, mesmo que tenha sido tornada ilegal por Batista. Esses grupos estavam todos interessados em estratégia e táticas. Alguns não estavam prontos ainda para suportar a chamada de Castro para derrubar o governo de Batista através de uma insurreição armada.

No rádio e nas publicações voltadas à esquerda como *La Calle* e *Bohemia*, Fidel denunciou o regime. O governo respondeu banindo sua voz das transmissões e proibindo o *La Calle* de imprimir seus artigos. Ele fora, efetivamente, silenciado politicamente. Além disso, o SIM e vários outros grupos dentro da polícia secreta reforçaram sua campanha periódica de terror contra grupos de oposição, com prisões, desaparecimentos e assassinatos.

Alguém queria Fidel morto. Desde o dia em que ele saiu da prisão, agentes da polícia secreta seguiram Castro por todo lado, e boatos foram abundantes. O líder rebelde mudou-se de casa em casa, nunca dormindo em nenhum lugar por mais de duas noites seguidas. Fidel e seus seguidores acreditavam que a anistia havia sido uma fraude. Na prisão, o governo não poderia matar Fidel Castro sem tornar óbvio que eles o fizeram ou deixaram acontecer. Nas ruas, ele podia ser morto e ninguém poderia provar quem foi o responsável.

Foi nessa atmosfera de repressão e paranoia que Castro chegou à conclusão de que ele não podia ser um líder oposicionista em Cuba. Numa mensagem para seus seguidores, ele escreveu:

> Estou deixando Cuba... Seis semanas após ter deixado a prisão, estou convencido mais do que nunca da intenção do ditador de permanecer no poder por vinte anos, mascarado de diversas formas, governando como agora pelo uso do terror e do crime... Como seguidor de José Martí, acredito que a hora chegou para tomar nosso direito e não implorar por ele, para lutar ao invés de implorar. Vou residir em algum lugar do Caribe. Em viagens como essa, não se volta, ou se volta com a tirania decapitada aos seus pés.

Muito se falou sobre o tempo em que Castro morou na Cidade do México, onde ele se mudou com seu irmão Raúl e um punhado de outros apoiadores que acabariam formando a estrutura de comando do Movimento 26 de Julho, que recebeu esse nome pela data do ataque de Moncada. No México, Castro divorciou-se de sua esposa, após seis anos, e entrou numa batalha prolongada pela custódia de seu filho mais novo, Fidelito. Ele também conheceu Ernesto "Che" Guevara, o médico e intelectual argentino com quem ele iria planejar uma estratégia para voltar dramaticamente a Cuba e deflagrar a guerra contra Batista. Depois de muitas discussões tarde da noite com Guevara na Cidade do México, Fidel começou a evoluir politicamente. Ele se tornou um marxista, apesar de perceber que se ele fosse reunir apoio e levantar dinheiro para sua causa talvez fosse melhor levar com calma suas ideias mais radicais por enquanto.

Um dos aspectos mais intrigantes desse período na vida de Castro foi sua viagem de sete semanas para os Estados Unidos para levantar dinheiro e apoiar seu movimento. Entre as cidades onde Castro fazia discursos, solicitava fundos e buscava estabelecer os Clubes 26 de Julho estavam Nova York, Tampa e Miami. Ao ir para essas localidades, Castro estava seguindo os passos de seu herói, Martí, que havia vivido por um tempo em Nova York e angariado apoiadores em Tampa e Miami durante a Guerra de Independência de Cuba. Ao viajar para essas cidades, Castro também estava pisando nos capilares que alimentavam a veia principal da Máfia de Havana.

Não fica claro o quanto Castro sabia do envolvimento da Máfia em Havana nesse ponto da história, mas alguns fatos eram de conhecimento geral. A conferência da Máfia no Hotel Nacional, em dezembro de 1946, foi grande o bastante para se tornar parte do folclore de Havana, não apenas nos círculos de poder, mas também pelas ruas. O envolvimento da Máfia nas questões políticas de Cuba era parte da consciência pública desde os anos 1920, apesar de poucos saberem dos detalhes. Com a volta de Batista ao poder, Meyer Lansky, contratado como "consultor de turismo", era certamente conhecido e às vezes reverenciado na imprensa. Na verdade, no começo de seu cargo, Lansky comprou os serviços de um colunista particularmente influente e personalidade de rádio que atendia pelo nome de Tendelera (seu verdadeiro nome era Diego Gonzáles). Tendelera recebia sessenta dólares por mês para dar apenas histórias favoráveis sobre Lansky e seus parceiros. Pagar esse tipo de suborno a jornalistas era uma prática comum para a Máfia desde os dias da Lei Seca em Nova York, Chicago e em todo lugar.

Outros mafiosos em Havana haviam se tornado bem conhecidos: a dupla Amletto Battisti e Amadeo Barletta era notória; eram o tipo de gente que Castro podia ter tido em mente quando se referiu aos "cúmplices e parasitas que constituem o séquito do ditador". Também era parte do discurso público que uma completa multidão de homens associados com os mafiosos americanos estava sendo trazida para supervisionar a administração de vários hotéis, cassinos e cabarés. *Habaneros* com algum discernimento teriam sabido que essas pessoas estavam amarradas ao governo cubano.

Uma evidente manifestação da aliança da Máfia com Batista era a ligação com Roberto Fernández Miranda, o cunhado do presidente. Era de conhecimento público que Fernández Miranda tinha sido agraciado com o controle do negócio altamente lucrativo de caça-níqueis na cidade. Os *traganíqueles* eram visíveis por toda cidade. Não estavam apenas nos cassinos, mas também em cabarés menores e em bares e bodegas de esquina. As máquinas eram compradas em Chicago e importadas para Havana onde Fernández Miranda as punha para alugar; ele e seus parceiros eram os únicos que podiam esvaziar as máquinas. Era estimado que os caça-níqueis gerassem lucros próximos de um milhão de dólares por mês, com o cunhado de Batista tendo 50% do lucro garantido, cortesia da Máfia de Havana.

Castro sabia que os gângsteres americanos estavam na cama com a família Batista, mas ele tocava levemente em sua ligação direta com o regime dos mafiosos. Lansky, Trafficante e os outros eram investidores não apenas de Batista, mas do futuro de Cuba. Castro poderia ter acreditado que ele poderia apelar para esses homens como investidores, usar o dinheiro deles para financiar a revolução e lidar com eles depois. Ele revelou isso numa carta para um amigo, quando escreveu: "Martí certa vez disse: 'O maior segredo do sucesso é saber como esperar'. Devemos seguir essa mesma tática... Haverá muito tempo para esmagar as baratas".

Naquele outubro, Castro fez um discurso violento no Palm Garden Hall em Manhattan, onde ele anunciou pela primeira vez: "Posso informar a vocês com completa confiança que em 1956 estaremos livres ou seremos mártires!" Posteriormente ele fez um discurso similar em Miami, na Flagler Street, a apenas alguns quarteirões de onde Lansky havia feito o quartel general de seu National Cuba Hotel. No mês seguinte, Castro estava em Tampa, lar dos Trafficante.

Ele discursou no Italian Club, em Ybor City, para uma plateia de estudantes de faculdade e imigrantes cubanos. No final desse e de outros discursos em Tampa, ele sempre passava um *jipijapa*, um enorme chapéu cubano, para os simpatizantes fazerem suas doações.

Em geral, Castro era bem recebido nos Estados Unidos. Para o americano médio, o jovem ativista era uma entidade desconhecida; eles não tinham opinião forte de um jeito ou de outro. Por razões óbvias, a maioria dos cubanos americanos era solidária. Eles haviam sido forçados a sair da ilha ou a fugir por causa da repressão e do tumulto. Qualquer um que representasse a si mesmo como uma alternativa ao presente regime e tivesse uma quantidade significativa de seguidores teria a atenção dos exilados nos Estados Unidos.

Fidel voltou à Cidade do México e continuou a formular seus planos para a revolução. O dinheiro reunido em Nova York, Miami e Tampa foi usado para comprar armas. O Movimento 26 de Julho recrutou membros e, através de contatos por toda Cuba, organizou células revolucionárias na ilha. No México, Castro, Guevara e um pequeno exército de insurgentes começaram um intenso treinamento de rebelião. Fidel continuou a seguir em direção a sua promessa de um grande ato revolucionário em Cuba em algum ponto de 1956, mas os acontecimentos na ilha seguiram em seu próprio ritmo.

No dia 28 de outubro de 1956 aconteceu um incidente que atingiu o coração da Máfia de Havana. Por volta das 4h, numa manhã de domingo, o Coronel Manuel Blanco Rico, chefe do SIM, estava deixando o clube e cassino Montmartre de Lansky com um grupo de parceiros. No palco, o cantor italiano de ópera Mario Lanza estava cantando um bis da música que era sua marca-registrada, "Arrivederci, Roma". Blanco Rico e seu pessoal estavam no saguão, esperando pelo elevador.

Dois homens entraram no clube e sacaram armas – uma pistola e uma submetralhadora. Eles abriram fogo, obrigando o Coronel, seu séquito e todos os outros nos arredores a buscar abrigo. Balas pulverizaram o vestíbulo do clube. Dois dos acompanhantes de Blanco Rico, incluindo a esposa de um coronel do exército, acidentalmente trombaram com um espelho. Quando os pistoleiros saíram do clube, o comandante da inteligência militar estava morto e havia doze feridos entre vidro quebrado, gritos por socorro e muito derramamento de sangue.

Foi um assassinato político ousado conduzido no lar da Máfia de Havana. Os atiradores eram membros clandestinos do Directorio Revolucionario. Eles haviam vindo para matar Santiago Rey, o ministro do interior de Batista, mas quando foi descoberto que ele não estava lá, eles elegeram Blanco Rico como alvo.

O assassinato deflagrou uma onda de violência, como vingança, por parte do regime de Batista. No dia seguinte, um esquadrão militar invadiu a embaixada do Haiti em Havana, onde vários cubanos haviam previamente buscado asilo. Uma violenta batalha armada aconteceu. Dez pessoas foram mortas, entre elas o chefe do time de invasão da SWAT, General Rafael Sala Cañizares, que morreu no hospital devido a um ferimento à bala. Apesar de Batista estar ao lado da cama do general quando ele faleceu, de acordo com aqueles que o conheciam, o presidente não viu a morte como uma grande tragédia, uma vez que permitia que ele pusesse as mãos na renda de exploração do jogo do general – supostamente US$ 730 mil por mês.

A Máfia deu o troco duramente, via Batista. Seguiu-se uma série de assassinatos financiados pelo governo, junto com uma renovada derrubada de atividades subversivas. Através da imprensa clandestina de Cuba, Fidel Castro lançou uma declaração criticando a repressão do governo, mas também condenou o assassinato no Clube Montmartre. "Não sei quem fez o ataque a Blanco Rico", disse Fidel numa entrevista de jornal, "mas acredito que, de um ponto de vista político e revolucionário, o assassinato não tinha justificativa, porque Blanco Rico não era um executor".

Sua condenação ao assassinato surpreendeu alguns, mas estava de acordo com a filosofia revolucionária de Castro, que evitava atos indiscriminados de terrorismo. Além disso, ele tinha suas próprias ideias sobre como derrubar o governo de Batista e seus auxiliares mafiosos. Na verdade, a maior preocupação de Castro com o assassinato e violência que se seguiu foi como isso poderia interferir em seus próprios planos, que envolviam uma invasão dramática da ilha que deveria acontecer antes do fim do ano.

O SANGRENTO ASSASSINATO no Montmartre espantou a Máfia de Havana. Revolucionários abrindo fogo com metralhadoras dentro de uma casa noturna ou cassino era a realização de seus maiores medos. Encontrar e matar os criminosos era trabalho de Batista. Lansky tinha outras preocupações.

Não muito tempo depois do tiroteio, o Montmartre fechou, uma decisão que provavelmente foi tomada por Lansky e Batista juntos. O fechamento foi anunciado como temporário, mas o clube nunca mais reabriria em tempo integral. O Montmartre seria a primeira baixa no eminente confronto entre a Máfia e a Revolução.

Lansky precisava fazer uma grande declaração, tanto para mostrar que o desenfreado desenvolvimento de Havana iria seguir independentemente do clima político quanto para reafirmar sua identidade como o parafuso principal da máquina. Apesar de ele não ser um homem geralmente levado pelo ego, toda a reputação de Lansky dependia do desenvolvimento de Havana. Foi através de seu relacionamento com Batista que todas as coisas fluíram; foi ele quem fundou a base para a nova era de hotéis, cabarés e cassinos. Já era hora de Lansky iniciar um projeto que ele pudesse chamar de seu, um que permaneceria como um monumento para sua posição como criador e supervisor da Máfia de Havana.

Em novembro de 1956, Meyer fundou uma nova empresa chamada La Compañía Hotelera Riviera de Cuba. O propósito dessa empresa era presidir o financiamento, criação e construção de um novo hotel-cassino a ser construído perto da Calle Paseo, ao longo do Malecón. O hotel seria chamado de Riviera e seria um opulento estabelecimento, com 21 andares, 440 quartos, 2 salas de jantar, um cassino, um cabaré, piscina, cabaña clube, parque, jardins e 2.600 metros quadrados de espaço para uso comercial. O orçamento para esse hotel era de onze milhões de dólares, e seria aumentado para catorze milhões. O financiamento primário seria feito pela Riviera Hotel Company, com todos os investimentos garantidos pelo BANDES.

O nome de Lansky não era visto em nenhum lugar da lista de diretores da empresa, apesar de todos saberem que ele era o verdadeiro diretor do empreendimento. Como presidente da empresa, Lansky nomeou Harry Smith, um milionário canadense que possuía uma parte do Jockey Club no Oriental Park desde o primeiro exercício de Lansky em Cuba nos anos 1930. O secretário da empresa era o Senador Eduardo Suarez Rivas, antigo confidente de Luciano, pau para toda obra da Máfia de Havana.

O Hotel Riviera seria o queridinho de Lansky, do começo ao fim. Ele iria escolher a dedo o arquiteto do hotel e supervisionar todos os aspectos da construção. De certa forma, essa seria a oportunidade de Meyer neutralizar qualquer contaminação que tivesse resultado do fiasco do Hotel Flamingo de Bugsy Siegel. Lansky iria mostrar a seus amigos mafiosos a forma certa de construir um hotel-cassino, sem custos ultrajantes, disputas e nenhum drama de qualquer tipo. Seria a casa construída por Lansky, um orgulho para a Máfia de Havana.

No final de novembro, a construção começou. Enquanto isso, Lansky havia percebido que com toda a construção do cassino já em andamento em Havana, era provável que houvesse um sério déficit de funcionários com experiência nos cassinos, a não ser que algo fosse feito. Gerentes de salão e empregados do alto escalão podiam ser importados dos Estados Unidos, mas aqueles trabalhando no salão precisariam ser tirados em sua maior parte da população local. Um esforço de recrutamento começou, e em dezembro Lansky criou um rebuliço abrindo uma escola para trabalhadores do jogo situada no prédio da Ambar Motors (de propriedade de Amadeo Barletta), não muito longe do Hotel Nacional, na Calle 23, ou La Rampa, como a principal rua comercial em Vedado era conhecida. A escola atraiu muitos inscritos e teve sua equipe de ensino formada por funcionários experientes dos Estados Unidos.

Rafael "Ralph" Rubio era um jovem crupiê que trabalhava em Las Vegas na época. Um dia ele foi sondado pelo gerente assistente do El Rancho Vegas, o cassino onde ele trabalhava. O gerente assistente já havia sido empregado de Lansky no Ben Marden's Riviera, um cassino em Fort Lee, Nova Jersey, que era de propriedade de um consórcio de mafiosos da Costa Leste leal a Lansky. O homem disse a Rubio: "Ouvi da organização de Meyer Lansky que as oportunidades estão crescendo em Cuba. Ele está procurando crupiês – especialmente bilíngues. Você está interessado?".

Ralph havia nascido em Tampa; filho de um imigrante nascido em Cuba, ele falara espanhol e inglês sua vida toda. Ele achou que Havana poderia ser uma alternativa exótica para o seco e indefinível Deserto de Nevada. "Onde eu assino?" ele respondeu.

Com uma esposa e filho recém-nascido, Rubio se encaminhou para Havana. Era final de novembro, uma época quando a temperatura é amena e o céu resplandece em vários tons de azul. Rubio originalmente se estabeleceu com parentes em Vedado. Foi entendido que ele seria empregado no cassino do Hotel Riviera como pit boss, que era uma posição de respeito para um rapaz de vinte e seis anos. Ainda assim, o Riviera não estava agendado para ficar pronto até a temporada de turismo do próximo ano. Os serviços de Rubio eram atualmente requeridos na escola de treinamento de profissionais do cassino de Lansky, onde ele iria servir como um dos oito a dez treinadores temporários.

Rubio encontrou Lansky pela primeira vez na escola. Tendo crescido em Tampa, ele tinha familiaridade com os maiores jogadores do submundo americano. Na verdade, Ralph tinha uma conexão familiar. Seu tio Evaristo "Tito" Rubio havia sido sócio de Charlie Wall, o rei da bolita em Tampa antes de ter sido colocado a escanteio pela família de Trafficante. Tito Rubio também foi coproprietário do Lincoln Club, uma das maiores e mais populares casas de jogo ilegais em Tampa. Em março de 1938, Tito estava vindo para casa depois de uma noite em seu clube. Na varanda de sua casa em Ybor City ele foi cercado por três pistoleiros. Eles abriram fogo com uma espingarda, acertando Tito Rubio. O assassinato ocorreu durante a sangrenta guerra da bolita na cidade, e ninguém tinha dúvidas de quem havia encomendado o tiro – os Trafficante.

Ralph Rubio tinha oito anos de idade quando seu tio favorito foi abatido, no estilo dos gângsteres. Ele cresceu com um ódio profundo pelo nome Trafficante. Anos depois, Ralph se lembrava: "Para mim, Meyer Lansky era um competidor de Santo Trafficante. Eu preferi ver dessa forma. Trabalhar para Lansky era um jeito de ficar quites com a pessoa que matou meu tio".

Lansky era, de acordo com Rubio, "um homem brilhante e cavalheiro"; ele tratava seus empregados com respeito. Dizia aos seus alunos na escola de crupiês: "Precisamos de bons profissionais trabalhando nas mesas. Sejam pacientes. Transformem esses garotos cubanos em bons profissionais e vamos ter lucro".

A escola era comandada por um dos parceiros mais confiáveis de Lansky, Giardino "Dino" Cellini e seu irmão, Eddie Cellini. Os irmãos Cellini haviam nascido de pais italianos na cidade siderúrgica de Steubenville, Ohio. Quando adolescentes, ambos começaram no negócio do jogo como distribuidores de cartas na Rex's Cigar Store, que servia como fachada para jogos e apostadores de toda área de Steubenville-Youngstown. Ambos eram veteranos estabelecidos do negócio de cassinos, com antigas conexões com a Máfia que eram conhecidas pelo Escritório de Narcóticos, o FBI e outras agências da lei americana.

Dino era sócio de Jake Lansky no Nacional. Na escola de crupiês, ele era o chefe. Um homem de boas maneiras, ele parecia mais velho do que os seus trinta e nove anos (ele havia nascido em 1918), Dino tinha o hábito de beijar a mão das mulheres. Ele também era um chefe durão. Ralph Rubio se lembrava: "Eu me dei bem com Eddie Cellini, mas tive um conflito de personalidade com Dino. Ele era teimoso e queria as coisas do jeito dele o tempo todo. Mas era um gênio no negócio de cassinos".

A abertura da escola foi o assunto da vez em Havana. De acordo com Rubio:

> "Tínhamos mais alunos do que podíamos lidar. A maior parte dos empregados que recrutamos eram funcionários das companhias aéreas, pois eram bilíngues. O salário que as companhias aéreas pagavam ficava entre noventa e cinco a cem dólares por mês. Nós oferecemos cinquenta dólares por semana para que eles fossem à escola de treinamento e polpudos salários se eles fossem contratados. Os treinamentos duravam o dia todo. Fazíamos três horas de manhã, uma pausa para o almoço, depois três horas à tarde. Para aqueles, como nós, que faziam o treinamento, era exaustivo."

A ideia da escola era recriar as verdadeiras condições do cassino. Numa sala cheia de mesas de jogo, os professores agiam como os jogadores e tentavam enganar os futuros empregados.

> "Os cubanos eram excelentes crupiês no blackjack e na roleta, mas por alguma razão eram terríveis no craps. Ele não conseguiam captar o espírito daquele jogo. Era um problema para nós. Tivemos de mandar muitos deles embora e recrutar novos crupiês de craps em Las Vegas."

Nos anos seguintes, Lansky às vezes citava a escola de treinamento como um exemplo de sua magnânima abordagem com o povo cubano. "Era trabalho duro porque eles não eram instruídos", ele contou a um biógrafo. "Teria sido mais fácil importar americanos. Mas eu vejo isso como um tipo de experimento social". É verdade que Lansky estava criando trabalhos e oportunidades para vários jovens rapazes cubanos (não havia funcionárias mulheres nos cassinos de Havana), mas de acordo com aqueles que trabalharam tanto em Vegas quanto em Havana, os salários pagos por Lansky eram mais baixos. A vantagem, é claro, era que trabalhar num dos cassinos de Havana era um trabalho de alto prestígio. Enquanto a década avançava, crupiês e gerentes de salão associados com a Máfia de Havana eram como a realeza, príncipes na Corte de Saint James.

Além disso, o trabalho tinha um benefício extra. O governo de Batista tornou possível para funcionários de cassino ser classificados como "técnicos", e assim serem isentos de pagamento de imposto, o que tornava o trabalho especialmente atraente para profissionais experientes como Ralph Rubio. Apesar de seu salário ser menor do que fora no El Rancho Vegas, com sua isenção de impostos ele poderia ganhar mais do que nunca.

No começo de sua estadia em Cuba, Rubio reverenciou Lansky e eles desenvolveram uma sólida relação de trabalho que iria florescer nos próximos três anos. Lansky fazia uso da facilidade de Ralph com espanhol e inglês, e frequentemente ele escolhia o jovem cubano-americano como um emissário para várias aparições públicas que Lansky odiava fazer. Às vezes ele também usava Ralph como um esplêndido garoto de recados. Uma vez, ele escolheu Rubio para entregar um caro presente de aniversário para Marta Batista, a esposa do presidente:

> "Era um belo bracelete. Eu me lembro de que veio um carro com soldados armados para me pegar. Fui levado para a propriedade de Batista perto do Acampamento Columbia, a principal base militar. Com a atividade revolucionária rolando na época, era um pouco assustador. O presidente estava lá na casa, mas eu não falei com ele. Eu dei o presente para a esposa de Batista. Ele era bem educada e amistosa. Conversamos um pouco; ela até recomendou uma boa escola para meu filho."

Foi uma época empolgante para qualquer um associado com a Máfia de Havana. No próximo ano, pelo menos três grandes hotéis-cassinos foram programados para abrir. A cidade estava aparentemente transbordando de oportunidades e atividades. Como se tornaria cada vez mais o padrão, entretanto, muito dessa atividade estava em contraste a um clima totalmente diferente no ar. Além de Havana, os ventos da revolução estavam soprando novamente. E daquele ponto em diante, se tornaria cada vez mais difícil para as forças da Máfia de Havana olharam para o outro lado.

Ao mesmo tempo em que Lansky estava tentando fazer com que a juventude de Havana se transformasse em profissionais do jogo, nos mares do Caribe, uma embarcação de trinta e oito pés chamada *Granma* balançava em águas turbulentas. A bordo estavam Fidel Castro, seu irmão Raúl, Che Guevara e setenta e nove outros representando a vanguarda do Movimento 26 de julho. Eles também tinham um plano que envolvia a juventude de Cuba, um plano com um objetivo único: revolução.

O último empreendimento de Castro parecia outro empreendimento frustrado, apesar de o plano original ser sólido o suficiente. Os setenta e nove homens e mulheres foram escolhidos de um esquadrão altamente treinado de quase cento e cinquenta rebeldes no México. Os rebeldes estavam em contato constante com as células revolucionárias de Cuba, particularmente com um grupo considerável em Santiago, liderado por um motivado jovem chamado Frank País. O plano era que Castro e seu grupo navegassem em direção à costa e atacassem alvos militares na Província Oriente, enquanto ao mesmo tempo na capital, Santiago, País iria liderar uma rebelião. Finalmente, esses dois grupos iriam se unir, e o Movimento 26 de Julho iria controlar todo o Oriente. O plano era que eles construíssem um exército rebelde unificado que iria abrir caminho pela ilha, ganhando os corações e mentes do povo, antes de invadir Havana e derrubar o regime de Batista.

Os problemas começaram com a escolha do barco. O *Granma* era uma embarcação gasta pelo tempo que Castro comprou de um americano que vivia na Cidade do México. O barco era preparado para levar no máximo vinte e cinco pessoas em segurança. Três anos antes, ele havia afundado durante uma tempestade, mas Castro colocou várias pessoas trabalhando nele para que pudesse navegar. No final de novembro, o *Granma* ainda não estava completamente pronto, mas Fidel estava determinado a cumprir sua promessa de iniciar um ataque no final do ano. Em 25 de novembro, o contingente rebelde deixou Tuxpan, no Golfo do México, e se encaminhou para o mar cantando o hino nacional cubano e a marcha de 26 de julho. Não demorou muito e eles encontraram fortes ventos e águas turbulentas.

Havia poucos marinheiros experientes no navio, e quase instantaneamente os rebeldes ficaram violentamente enjoados. Che Guevara, médico do grupo, procurou freneticamente pílulas para enjoo, mas não encontrou nenhuma. Em seu *Reminiscências da Guerra Revolucionária Cubana*, Guevara escreveu: "O barco todo ficou com um aspecto ao mesmo tempo ridículo e trágico: homens com rostos angustiados seguravam suas barrigas, alguns com suas cabeças em baldes, outros deitados nas posições mais estranhas, imóveis, suas roupas encharcadas de vômito". Outro relato descrevia os membros da tripulação "cagando nas calças".

A certo ponto, começou a entrar água no barco. Parecia que havia um vazamento, então, apesar de haver pouca comida, a tripulação começou a jogar fora rações e suprimentos no oceano para deixar mais leve a carga. Só depois descobriram que o que eles achavam que era um vazamento era, na verdade, uma torneira de bombeamento que podia ser facilmente fechada: a comida havia sido jogada no mar sem necessidade.

O *Granma* saiu do curso. A viagem deveria levar cinco dias, mas no quinto dia o barco ainda estava bem longe do sul de Cuba.

Em Santiago, o líder rebelde Frank País não tinha como saber do atraso. Na manhã de 30 de novembro, ele deflagrou um ataque que deveria coincidir com a chegada do *Granma*. Com uma pequena força de vinte e oito homens, País liderou um ataque aos quartéis da Polícia Nacional e da Polícia Marítima. Usando uniforme verde-oliva, com tarjas vermelhas e pretas do 26 de Julho nos braços, os rebeldes tacaram fogo no quartel da polícia e travaram uma batalha de tiros com quatrocentos soldados antiguerrilha bem treinados. Eles foram absurdamente sobrepujados. Apesar de Frank País ter escapado, a maioria dos outros rebeldes foi morta na batalha ou posteriormente executada pelas forças militares.

A bordo do *Granma*, Castro, Guevara e outros ouviram no rádio os relatos sobre o massacre em Santiago. "Eu queria poder voar", disse Fidel.

A jornada pelo mar continuou por mais dois dias. Quando o barco chegou à praia em Oriente, às 4h20 da manhã em 2 de dezembro, os homens estavam famintos e desorientados. Guevara escreveu:

"Não era um desembarque, era um naufrágio". Na escuridão total, os homens arrastaram-se através da lama e do mangue. Tentaram recuperar armamentos e suprimentos, mas não foi fácil. Eles se reuniram na praia, fizeram uma contagem e se encaminharam em direção aos morros. Chegaram a um pobre camponês iletrado vivendo numa pequena cabana e cozinhando num fogão de carvão. "Não tenha medo", Castro disse ao homem. "Eu sou Fidel Castro e viemos libertar o povo cubano". O homem convidou Castro e vários de seus homens para sua cabana e dividiu a comida com eles.

Desde o momento do ataque de Frank País em Santiago, o exército de Batista soube que Castro iria desembarcar, apesar de não saberem exatamente onde. Uma embarcação da guarda costeira cubana procurando pela praia avistou o *Granma* preso no mangue e imediatamente chamou um ataque aéreo. Castro e seus homens ouviram as explosões e correram para uma montanha, em uma área florestal, onde levantaram acampamento e passaram a primeira noite em Cuba.

No dia seguinte, os rebeldes começaram a marchar em direção a Sierra Maestra, a cadeia de montanhas acidentadas que percorre vários quilômetros de terra na Província Oriente. O contingente de Castro sabia que as montanhas eram sua única esperança: com cobertura de arbustos e terreno pedregoso, quase impenetrável, a Sierra Maestra seria um santuário. Com um camponês local agindo como guia, Castro e seu povo marcharam pelas montanhas com paradas apenas ocasionais para se alimentar e descansar nos dias que se seguiram. No começo da manhã de 5 de dezembro, eles chegaram, num estado de completa exaustão, a uma área identificada no mapa como Alegría de Pío. Os rebeldes montaram acampamento, percebendo que estavam a salvo por enquanto.

O ato de entrar numa revolução armada clandestina requeria dedicação e ousadia; também colocava os insurgentes à mercê da população local. Uma traição poderia ser desastrosa como qualquer bala ou bomba, como o contingente de Castro logo percebeu. No dia da chegada em Alegría de Pío, o camponês guia dos rebeldes saiu para buscar provisões – ou foi o que ele disse. Ao invés disso, ele buscou um posto da Guarda Rural para reportar a presença rebelde na área.

Morrendo de fome e precisando de energia, o grupo de Castro sugava pedaços de cana enquanto marchava, deixando para trás um traço de bagaços que tornaram fácil para a Guarda Rural traçar a rota deles.

Às 16h30, os rebeldes estavam descansando; muitos haviam tirado suas botas para enrolar seus pés sangrando em ataduras. A emboscada que se seguiu os pegou completamente de surpresa. Raúl Castro posteriormente descreveu o acontecimento como uma "hecatombe" e um "inferno". Tiros caíram sobre os rebeldes de todos os lados e os homens se dispersaram como vermes. De acordo com Che Guevara:

> Fidel tentou em vão reagrupar seus homens num campo de cana próximo... O ataque surpresa havia sido massivo demais, as balas foram muito abundantes... Perto de mim um camarada chamado Arbentosa estava caminhando em direção à plantação. Uma explosão de tiros nos atingiu. Senti uma dor terrível no peito e outra no pescoço, e tinha certeza de que eu estava morto. Arbentosa, derramando sangue pelo nariz, boca e de um enorme ferimento feito por uma bala calibre 45, gritou algo como: "Eles me mataram", e começou a atirar feito louco...

Guevara foi baleado, mas conseguiu chegar até uma árvore para se acobertar.

> Eu imediatamente comecei a me perguntar qual seria a melhor forma de morrer, não que eu parecesse perdido. Eu me lembro de uma velha história de Jack London na qual o herói, sabendo que está condenado a congelar até a morte no Alasca, se apoia numa árvore e decide terminar sua vida com dignidade. Essa é a única imagem que consigo me lembrar.

A Guarda Rural ateou fogo no canavial; o que havia sido um inferno metafórico, se tornou literal, com chamas e fumaça preta bloqueando o sol da tarde.

Quando a poeira baixou no massacre em Alegría de Pío, o exército rebelde de Castro estava aparentemente destruído. A matança foi completa: dos oitenta e dois homens que desembarcaram do *Granma*, uma dúzia foi morta no campo de batalha, outros no canavial em chamas. Outros vinte e um foram executados dentro de um dia ou dois, vinte e dois foram capturados e aprisionados, e dezenove simplesmente sumiram. Alguns chegaram até Sierra para voltar para casa e se esconder, ou se renderam e nunca mais foram vistos. Apenas dezesseis escaparam, incluindo os irmãos Castro e Guevara, que sobreviveu a seus ferimentos à bala e desapareceu em Sierra Maestra.

Para Batista e seu governo, o resultado foi um sucesso arrasador. A vitória militar foi anunciada no rádio e nos jornais. Em sua empolgação, a máquina de propaganda do governo proclamou que o próprio Fidel Castro havia sido morto. Um soldado do exército disse que eles haviam pego os corpos de rebeldes e que, além de Fidel, o cadáver de Raúl Castro também foi identificado por documentos em seu bolso. Fidel estava morto, Raúl estava morto, os rebeldes foram "literalmente pulverizados". A Revolução havia sido sufocada em seu berço.

Em Havana, notícias do fim de Castro espalharam-se através dos cassinos e casas noturnas na alta da temporada de turismo. Ele estava realmente morto? A mídia americana parecia pensar que sim. O chefe da United Press em Havana zelosamente comprovou as alegações do exército, relatando que o corpo de Castro havia sido positivamente identificado pelo passaporte que ele carregava em seu bolso. Graças à UPI, a informação se espalhou pelo globo. Atenção: o rebelde incômodo estava morto. Para qualquer um operando dentro do reino da Máfia de Havana, eram boas notícias.

Outros tinham suas dúvidas. A censura e a manipulação da informação sempre fora uma arma chave no arsenal do regime. Além de um representante do exército, ninguém estava alegando ter de fato visto o corpo de Castro. O fato de que ele ainda não havia sido exibido publicamente – à maneira dos regimes vitoriosos – levaria os rebeldes a concluir com fé que era tudo uma mentira. Para eles, Fidel estava vivo, se escondendo nas montanhas, esperando para lutar novamente.

Na verdade, ninguém sabia no que acreditar. Fidel estava morto ou estava vivo? Em Havana, não parecia importar muito. A roleta e as cartas transbordavam de otários e as vedetes faziam sua mágica. Lansky, Trafficante e os outros mafiosos eram aparentemente imunes.

DURANTE O MÊS de dezembro, a ilha fervia como uma prostituta com febre. Fora de Havana, a chegada de Castro havia despertado uma atividade frenética. Não importava se ele estava morto ou vivo: o gênio estava fora da lâmpada. R. Hart Phillips, do *New York Times*, captou o clima:

> O terrorismo resplandecia. Bombas explodiam e trens eram descarrilados; cidades eram apagadas pela sabotagem dos postes de luz; incêndios criminosos eram provocados por jovens revolucionários. Coquetéis Molotov eram jogados contra caminhões, prédios do governo e depósitos, com o gás explodindo e espalhando fogo para todo lado.

A maior parte dessa atividade acontecia no Oriente, onde o levante abortado de Frank País havia falhado em seus objetivos imediatos, mas teve sucesso em desestabilizar a população. A resistência parecia estar dispersa, desorganizada, um espasmo de rebelião que Castro esperava capitalizar para sua própria invasão. Apesar de estar longe de ser coordenada, a atividade antigoverno na ilha parecia feita para mostrar ao regime de Batista que mesmo se Castro tivesse sido capturado ou morto, não importava. O espírito da revolução havia despertado.

Em Havana, a polícia e os soldados montavam guarda em prédios públicos e pontos estratégicos tais como pontes, o túnel do porto e entradas da cidade. Agentes da SIM patrulhavam as ruas dia e noite, e começaram uma caça aos elementos revolucionários. A maior parte do show de força era apenas isso – um show. Havia ocasionais sustos por bombas em Havana, nos cinemas e em praças públicas, mas parecia mais um jogo de gato e rato do que uma guerrilha organizada.

Era uma tradição em Havana que às 9h um canhão fosse disparado na Fortaleza de San Carlos de la Cabaña, uma fortaleza colonial localizada do outro lado do canal da Havana Antiga. O disparo do canhão era tão preciso que toda cidade podia acertar seus relógios de acordo com a familiar explosão. Agora, os revolucionários marcaram várias explosões pela cidade para acontecer pouco antes ou depois do som cerimonial do canhão. O resultado era uma inquietante discordância de explosões e quebras que tornou, entre outras coisas, impossível de marcar o tempo certo. Foi feito para contribuir com o clima de caos.

Com a aproximação do Ano Novo, a vida noturna da cidade nunca havia sido tão empolgante. As bombas não mantinham as pessoas afastadas; na verdade, havia algo nas explosões e rumores de revolução que tornavam a música mais quente, a dança mais sensual, e a atividade sexual mais urgente. O preço dos voos vindos de Miami abaixaram para trinta e seis dólares, com anúncios regulares no *Diário de la Marina* e jornais dos EUA proclamando: "55 minutos de puro prazer, 5 rápidos voos diariamente".

No Tropicana, o show principal durante o Natal era Beny Moré, conhecido como o maior artista cubano de todos os tempos. Moré era tão popular em Cuba quanto Nat King Cole e Frank Sinatra eram nos Estados Unidos. Um compositor completo e líder de banda que atingiu aclamação pública com a orquestra Pérez Prado, Moré era tão hábil tocando um mambo tórrido como era com um bolero suave. Sua música mais conhecida – o bolero sedutor "Como Fue" – era conhecido por ter facilitado o processo romântico em casas noturnas, quartos de hotel e pousadas de Havana a Santiago. Moré também podia ser um artista efervescente à maneira do grande jazzista Dizzy Gillespie. Ele frequentemente usava um chapéu de palha *guajiro* e segurava uma bengala enquanto dançava e arremetia à frente do microfone.

A chegada no Tropicana de El Bárbaro del Ritmo – como Moré era às vezes chamado – era motivo de celebração. Por anos, Beny havia sido banido oficialmente do clube. O problema era sua bebida (Moré amava o rum de Santiago) e sua flagrante falta de profissionalismo. Outros cabarés faziam vista grossa aos atrasos de Moré por causa de sua posição de proeminente afro-cubano na ilha. Mas no

Tropicana os padrões eram rigorosos. O conceito musical ou tema de um show era o astro, não um artista individual. Entretanto, Moré acabou convencendo Martín Fox de que ele seria um bom menino e foi contratado para uma temporada de duas semanas.

El Bárbaro del Ritmo cumpriu a promessa. Não apenas atraiu um público enorme para o clube, como também chegou na hora em cada apresentação e fez seu show inteiro sem aparentar estar bêbado no palco. Em seguida, ele ficava até mais tarde, bebendo no Bajo las Estrellas, o bar do clube, geralmente com um grupo de meninas de seu show.

A atmosfera de celebração trazida pela aparição há muito esperada de Moré no Tropicana continuou até a véspera do ano novo. A noite final era tradicionalmente a mais cheia de qualquer clube. Todos os hotéis da cidade estavam lotados e os clubes também, com um público que transbordava até o estacionamento. No Tropicana, aqueles reunidos observavam o ritual comum do ano novo: à meia noite, doze pombas brancas eram soltas para o céu do palco. Todo mudo comia doze uvas verdes para dar sorte. Havia brindes de champanhe e beijos às doze badaladas. Quando a manhã chegava, muitos ainda estavam no Bajo Las Estrellas bebendo mais champanhe e comemorando.

Lá pela uma e meia do ano novo, o bar foi sacudido por uma explosão que revirou cadeiras e cacos de vidro. Foi um pandemônio. As pessoas agarraram seus pares e começaram a correr em direção ao estacionamento e o jardim. Gritos de ajuda ecoavam em inglês e espanhol. Temendo que pudesse haver outra bomba em algum lugar do estabelecimento, muitos foram embora. O cassino esvaziou antes que a roleta tivesse parado de girar. Uma jovem saiu do bar com o braço arrancado na altura do ombro.

Foi um acontecimento chocante: apenas dois meses depois do assassinato do Coronel Blanco Rico no Montmartre, começava a parecer que as casas noturnas e os cassinos não eram imunes afinal. A revolução estava se espalhando como um fungo, deixando o caos no seu rastro.

Martín Fox ficou péssimo com a bomba em seu clube. No dia seguinte, ele e sua esposa foram ao hospital para visitar a jovem cujo braço havia sido arrancado. Era Megaly Martínez, uma menina de dezessete anos que estava passando seu primeiro final de ano no

Tropicana. Quando o dono do clube e sua esposa chegaram, a garota estava sob sedação pesada, cercada por familiares chorando. Fox insistiu em pagar as contas do hospital, e disse à família da garota que iria dar a ela uma soma anual para sua educação e também se certificar de que ela tivesse a melhor prótese de braço disponível em Cuba ou nos Estados Unidos.

De volta ao clube, a destruição era considerável. Sob as circunstâncias, era um milagre que não tivesse ocorrido mais fatalidades ou ferimentos graves. Os investigadores da polícia intuíram que a bomba havia explodido antes de ser devidamente posicionada. Era uma pequena bomba caseira, do mesmo tipo que foi plantada por toda a cidade na véspera de ano novo. A polícia não tinha pistas específicas sobre quem era o responsável.

Não houve mais bombardeios no Tropicana. Nos dias e semanas seguintes, a segurança foi reforçada e informantes do governo puderam se infiltrar no clube. Esses profissionais camuflados eram conhecidos como os "trinta e três" porque recebiam exatamente trinta e três pesos e trinta e três centavos por mês para espionar para o regime.

Por um tempo, Martín Fox ficou obcecado em encontrar quem havia plantado a bomba. Como empresário do clube mais famoso da cidade, ele não podia acreditar que alguém queria atacá-lo pessoalmente. Ele não tinha inimigos. Por que alguém iria querer destruir seu clube? Apenas posteriormente foi que ocorreu a ele que quem soltou a bomba naquela noite foi provavelmente a mesma garota que havia perdido o braço na explosão. Fazia sentido. Provavelmente, a bomba havia explodido antes que a garota fosse capaz de escondê-la no clube. Ela havia pago um preço caro por sua afiliação com a revolução.

Martín nunca investigou a sério sua teoria; ele deixou de lado. Por um tempo, ele continuou a pagar as contas da menina e mandar dinheiro para a família. Uma hora a comunicação acabou e ele nunca mais ouviu falar da menina.

O ANO HAVIA COMEÇADO de forma explosiva. Por um tempo, parecia que a ilha nunca mais seria a mesma. Mais uma vez Batista soltou sua polícia secreta. Em Oriente, a gangue de Rolando Masferrer,

Los Tigres, começou a fazer sua presença ser sentida. Em Santiago, quatro jovens suspeitos de atividade revolucionária foram presos e supostamente entregues a Masferrer e sua gangue. Em 2 de janeiro de 1957, os quatro garotos foram encontrados torturados e mortos num prédio vazio. Uma das vítimas, William Soler, tinha catorze anos de idade.

A reação foi rápida e pungente. Dois dias depois que os corpos profanados foram encontrados, uma reunião de quinhentas mulheres vestidas de preto caminhou pelas ruas de Santiago, numa procissão silenciosa. Algumas usavam véus pretos, outras carregavam rosários e rezavam. Lideradas pela mãe de William Soler, elas carregavam uma placa que dizia: *Cesen los asesinatos de nuestros hijos* (parem com o assassinato de nossos filhos).

Estava ficando cada vez mais difícil para os mafiosos fingir que estava tudo lindo na terra de Cristóvão Colombo. O descontentamento estava no ar, e marchava direto para Havana.

9
UM TIRO PARA *EL PRESIDENTE*

Meyer Lansky estava preocupado. Em algumas manhãs, antes de a cidade acordar, ele pedia para o motorista parar no Malecón. Lansky saía do carro perto do grande monumento de pedra erguido em honra ao naufrágio do USS *Maine*. Esse navio de batalha atracado no porto de Havana em 1898 naufragou, levando os militares americanos a uma guerra com a Espanha. A guerra aconteceu em solo cubano, e levou o governo dos EUA a se instalar como senhores da ilha. Lansky não estava em guerra com a Espanha, mas era um americano operando em Cuba, um estranho numa terra estranha. Ele nunca se sentiu mais isolado do que nessas manhãs, quando ele ficava vendo o mar, as ondas batendo contra as pedras, e contemplava seu futuro num universo que estava se tornando cada vez mais complicado.

O motorista de Lansky esperou no carro. O nome do homem era Armando Jaime Casielles e apenas recentemente ele havia sido recrutado pelo chefe da máfia de Havana como seu motorista. Até pouco tempo antes, Jaime estivera morando em Las Vegas, trabalhando como crupiê no Flamingo hotel e cassino. Foi lá que o jovem cubano encontrou Lansky pela primeira vez, que estava na cidade à negócios. Lansky disse a Jaime: "Você parece ser um cara que sabe cuidar de si mesmo. Você devia trabalhar para mim".

Jaime nasceu e foi criado no bairro La Ceiba, de Havana, perto de Marianao. Era um garoto esperto, bom na escola, mas também conhecia bem o mundo mais perigoso das ruas. Aos dezoito anos, Jaime entrou numa briga com um vagabundo na notória favela Jesús Maria, de Havana. Ele atirou no homem e foi forçado a fugir do país. Fez isso se escondendo no porta-malas de um carro à bordo de uma balsa que fazia viagens regulares entre Havana e Key West. Nos Estados Unidos, Jaime viveu por um tempo com parentes e, em 1949, entrou na Northwestern

University, no subúrbio de Chicago. Posteriormente, um conhecido ofereceu a ele um emprego em Las Vegas, primeiro como funcionário na escola de treinamento do Flamingo, e de vez em quando como crupiê no cassino. Jaime gostava de seu trabalho em Vegas; ele não tinha planos imediatos de voltar a Cuba. Mas então surgiu Lansky.

O nome Lansky era lendário em Las Vegas, onde Meyer era considerado como uma espécie de pai amoroso. O nome era até mais significativo no Flamingo, que havia sobrevivido a seu início turbulento sobre a administração de Bugsy Siegel para se tornar um dos empreendimentos mais prósperos em Vegas. Mesmo com Lansky sendo famoso em Vegas, Jaime não o reconheceu quando pôs os olhos pela primeira vez naquele despretensioso chefe baixinho da Máfia. Foi outro funcionário do Flamingo que disse a ele: "Aquele é Meyer Lansky, financiador da Máfia".

Posteriormente, Jaime teve a oportunidade de falar com Lansky no cassino e também num jantar a que ambos foram convidados. Foi nesse jantar que Lansky abordou o jovem funcionário com uma proposta: "Olhe", ele disse, "sou um velho amigo de Fulgencio Batista. Faço negócios com ele em Havana. Não tenho necessidade de recrutar ninguém como segurança porque quando preciso de um, apenas peço à Batista para me mandar um. Mas estou pedindo que seja meu valete, meu segurança, meu motorista".

Desde o momento em que se conheceram, Jaime admirou Lansky. Para o jovem cubano, o mafioso judeu não era um homem fisicamente atraente, mas ele tinha um tipo de elegância fruto de uma suprema confiança. Quando Meyer Lansky falava com você, olhava em seus olhos, como se estivesse acessando sua verdadeira natureza. Jaime tinha a impressão de que, apesar de nunca falar sobre seus problemas em Havana, – com Lansky ou qualquer pessoa – de alguma forma Lansky sabia, ou pelo menos suspeitava, que ele já tinha atirado num homem. Esse foi provavelmente o motivo pelo qual Lansky o escolheu como seu motorista e segurança.

"Ok", Jaime disse a Meyer. "Ficarei honrado em ser seu valete".

Quando o jovem cubano chegou para trabalhar para Lansky, em fevereiro de 1957, Lansky ainda estava vivendo no Hotel Nacional.

Inicialmente, Jaime foi colocado numa suíte ao lado da de Lansky. Na primeira vez em que ele entrou na suíte de Meyer, o chefão da Máfia começou a tirar as roupas. "Vamos comemorar", ele disse. "Desça ao bar e me traga uma garrafa de Pernod".

"Pernod? O que é isso?" perguntou Jaime.

"É uma bebida muito elegante. Nunca provou?"

"Não", Jaime disse.

Ele desceu ao bar, pegou uma garrafa de Pernod e voltou ao quarto. Quando chegou lá, o chefão da Máfia estava de cueca. "Vá em frente e sirva o Pernod", disse Meyer. "Há gelo e copos. Sirva um para mim e tome um também. Você vai ver como é bom e como você vai se sentir bem depois".

Lansky desapareceu no banheiro. "Será que esse cara é gay?" Jaime perguntou a si mesmo. Ele estava andando por aí de cueca, que era estranho para Jaime. Isso o fez repensar a oferta inicial de Lansky, quando ele disse a Jaime que não precisava de um segurança, mas queria que Jaime dirigisse para ele mesmo assim. Poderia o famoso mafioso estar dando em cima dele?

Lansky voltou para o quarto usando um roupão. Os dois homens beberam o Pernod. Conforme conversavam amigavelmente, as suspeitas de Jaime sobre a sexualidade de Lansky pareciam mais e mais absurdas. Anos depois, ele se lembrou: "Nós conversamos sobre tantas coisas, depois ele [Lansky] foi para o banheiro, tomou uma ducha, se vestiu e foi tudo. Nada de incomum aconteceu. Mas eu fiquei muito impressionado; Lansky andando de cueca daquele jeito".

Jaime trabalhou com vários carros, incluindo um Chevrolet Impala 1957, um conversível e uma Mercedes preta que era usada para ocasiões especiais. Como motorista de Lansky, ele levava o chefão da Máfia de Havana em seus compromissos diários, e principalmente para o terreno do Hotel Riviera, na época em construção.

Inicialmente, Jaime não percebeu nada de errado com Lansky, que era quase sempre um cavalheiro e com um temperamento estável. A única vez que Lansky chamou a atenção de seu valete foi quando ele dirigiu rápido pelo Malecón. *"Despacio, Jaime, despacio"* – devagar, devagar – ele dizia em seu espanhol precário. Foi só depois que Jaime começou a suspeitar que Lansky estava distraído ou preocupado com alguma coisa. As paradas reflexivas de manhãzinha pelo Malecón eram só uma parte disso; Jaime notou que Lansky não terminava suas refeições no La Zaragozana, seu restaurante favorito em Havana Antiga. E ele bebia – nunca em público, mas às vezes na privacidade de sua suíte de hotel, e esvaziava meia garrafa de vinho ou algumas taças de Pernod.

Jaime acreditou ser algo relacionado com a Revolução. Apesar de o regime de Batista permanecer alegando que Fidel Castro e seus rebeldes foram esmagados como insetos na Província Oriente, rumores da sobrevivência de Castro persistiam. Durante as primeiras semanas de 1957, bombardeios e atos de sabotagem contra o governo prosseguiram, e parecia haver uma ameaçadora mudança de apoio público, especialmente saindo de Havana. As ações repressoras de Batista em resposta – que envolviam quase assassinatos diários e desaparecimentos de supostos inimigos do regime – só pioravam as coisas.

Lansky tinha uma causa legítima para estar preocupado com a situação política da ilha. Mas enquanto Jaime passava mais e mais tempo com seu novo patrão, ele começou a perceber que as preocupações de Lansky tinham pouco a ver com Castro e tudo a ver com a Máfia lá nos Estados Unidos.

Entre as tarefas de Jaime estava levar Lansky para suas reuniões de cúpula semanais da Máfia em Havana. Essas reuniões aconteciam às quintas-feiras ou sextas no Miramar, lar de Joe Stassi, o mafioso de voz grave de Nova Jersey.

"Hoboken Joe" Stassi e Lansky se conheciam há tempos. Nascido em 1906, no Lower East Side de Manhattan, Stassi conhecia Lansky desde os alegres dias da Lei Seca. Stassi na época era um subordinado de Longy Zwillman, o maior contrabandista de Nova Jersey, que também era parte do grupo de Lansky-Luciano. Com vinte e poucos anos, Stassi era um temido pistoleiro: ele teve um papel importante ao organizar um dos mais famosos ataques da Máfia de todos os tempos – o assassinato de Dutch Schultz em Newark, em 1936. Desde então, Stassi se inclinou para o lado dos negócios do crime organizado, como advogado de Lansky. Tanto ele quanto Lansky foram ensinados pelo grande investidor, Arnold Rothstein, e agora estavam tentando adaptar a filosofia de Rothstein – gângsteres, gente do *showbiz* e políticos corruptos, todos do mesmo lado – para a vaporosa realidade em Havana.

A casa de Stassi se localizava numa rua sinuosa e bem escondida que corria em paralelo ao rio Almendares, não muito longe do local onde Lansky esperava com ansiedade a construção do Hotel Riviera. A casa tinha um portão na frente e uma entrada em meia lua. Uma luxuosa vegetação tropical cercava a casa.

Os encontros semanais geralmente aconteciam no final da tarde, com Stassi presidindo como uma espécie de intermediário entre as várias partes presentes. Todo mundo se reunia na biblioteca e, às vezes, eles se espalhavam pela varanda. Junto com Meyer, e algumas vezes com seu irmão, Jake, incluíam-se entre os participantes principais: Trafficante, os irmãos Cellini, Norman Rothman e Wilbur Clark. Os outros eram uma coleção de homens – a maioria com experiência no negócio dos cassinos – que preenchiam os patamares mais baixos da Máfia de Havana, incluindo:

Thomas "Blackjack" McGinty – Nascido e criado em Cleveland, McGinty era um antigo explorador trabalhista, contrabandista e proprietário do Saloon McGinty, um dos mais renomados estabelecimentos da Máfia na história daquela cidade. McGinty se tornou sócio de Lansky através de suas conexões com a velha Mayfield Road Gang e desde os anos 1930 se envolveu em operações de jogo em Youngstown, Ohio; Covington, Kentucky; e o Sul da Flórida. Ele tinha uma parte do Desert Inn em Las Vegas; em Havana, ele tinha uma parte da concessão de jogo no Hotel Nacional.

Charles "The Blade" Tourine, vulgo Charles White – Em Havana, Tourine era conhecido como Charles White. Um antigo proprietário de casa noturna em Nova Jersey que posteriormente se mudou para Miami, ele teve por anos uma ligação entre o mundo legítimo dos negócios e a Máfia. White foi trazido à Cuba para servir como gerente numa casa noturna no Capri Hotel, então sob construção, no bairro de Vedado.

Nicholas "The Fat Butcher" di Costanzo – Um mafioso com conexões no submundo de Nova Jersey a Miami, di Costanzo era conhecido por ter um temperamento volátil. Ele foi chamado a Havana para servir como gerente no cassino de Capri. Com quase dois metros de altura e corpulento, di Costanzo era uma figura que impressionava, e ele rapidamente fez inimigos na cidade por sua pública reclamação sobre empregados e colegas mafiosos.

Joe Silesi, codinome Joe Rivers – Rivers era pau para toda obra na Máfia de Havana. Ele se candidatou a trabalhar gerenciando dois novos cassinos, um no Deauville Hotel e outro no Hilton, ambos sob construção. Parceiro de Trafficante, Rivers iria se tornar um dos rostos públicos mais visíveis da Máfia em Havana.

William Bischoff, codinome Lefty Clark – Alto e grisalho, Clark era um veterano gerente de hotel com ligações com a Flórida e Las Vegas. Ele cuidava do cassino no Sans Souci, e mais tarde das operações no Tropicana, onde ele criou vários "brindes" e outras ferramentas de promoção para atrair apostadores. Clark trabalhava tanto para Lansky quanto para Trafficante em Havana.

Eddie Levinson – Irmão de um famoso jogador chamado Louis "Sleep Out" Levinson, Eddie cuidava de operações de jogo para a Máfia em Covington, Kentucky, e também para os irmãos Lansky no Sul da Flórida. Ele era um importante membro do que era às vezes mencionado como "A Máfia Judia", uma junção de homens de negócio, principalmente de Nova York e da Flórida, associados com as operações de jogo de Meyer Lansky. Levinson chegou a Havana para trabalhar como gerente geral do cassino no Hotel Riviera.

Nos encontros regulares na casa de Joe Stassi, não havia representantes do governo cubano, nem mafiosos nascidos em Cuba, como Amadeo Barletta ou Amletto Battisti. Eram reuniões exclusivamente para mafiosos americanos e seus parceiros de negócios. Frequentemente, essas reuniões tratavam de negócios e desenvolvimentos relacionados à Máfia nos Estados Unidos que poderiam afetar as operações em Havana, e vice-versa.

Armando Jaime não era participante dessas reuniões. Como motorista de Lansky, ele geralmente ficava do lado de fora, no carro, ou fazia entregas antes de voltar para pegar seu chefe na hora marcada. Às vezes, alguns na reunião seguiam no banco traseiro de Lansky para continuar a discutir assuntos importantes para a Máfia de Havana. Enquanto dirigia pela cidade, Jaime ouvia fragmentos de conversas entre Lansky e os outros. Um nome específico sempre vinha à tona: Anastasia.

Jaime era familiar com o nome de Albert Anastasia. Ele estudara na Northwestern University durante o tempo em que as audições Kefauver foram televisionadas, quando Anastasia foi identificado como líder de uma equipe assassina de mafiosos com base no Brooklyn, conhecida como Murder Inc. Entre a constelação de mafiosos expostos durante as audições, Anastasia emergiu como um dos mais sinistros e aterrorizantes.

Através das conversas que Jaime ouvia saindo do banco traseiro do carro de Lansky, ele tinha a impressão de que Anastasia estava de certa forma se tornando um problema para a Máfia de Havana. Apesar de não saber dos detalhes, Jaime ouviu que era algo a ver com a insatisfação de Anastasia com a divisão dos lucros em Havana. Anastasia não achava que recebia sua porção justa e aparentemente fez seu descontentamento se tornar conhecido. Estava causando uma onda de preocupação entre os membros da Máfia de Havana.

O mais preocupado de todos era Lansky. Meyer tinha um histórico com Albert Anastasia, desde o começo de seu envolvimento com o crime organizado. Dos numerosos mafiosos que causavam problemas para o chefão judeu da Máfia no submundo, Anastasia estava no topo da lista. Era uma figura volátil, um assassino por excelência, e um mafioso veterano que participou de cada grande reunião de cúpula, incluindo aquela no Hotel Nacional em 1946. Anastasia era teimoso e imprevisível. Se alguém podia interferir nos planos da Máfia de Havana e arruinar as coisas para todos, era Anastasia, o temperamental brutamontes que às vezes era visto como amigo, às vezes como inimigo, assim como o "Chapeleiro Louco."

ATÉ ENTÃO, LANSKY HAVIA mantido as coisas com relativa facilidade em Havana. Desde que assumiu como czar do jogo de Batista, ele governou um império que se desenvolvia rapidamente, dividindo porcentagens e espalhando a riqueza com um olho em direção à paz e a tranquilidade dentro dos postos da Máfia. Representantes de Nova York, Nova Jersey, Miami, Tampa, Cleveland, Chicago, Pittsburgh, Detroit e Las Vegas, todos recebiam uma parte da ação em Havana. Lansky era capaz de manter tudo isso junto e supervisionar os pagamentos com um mínimo de discórdia – até surgir o nome de Anastasia.

Anastasia era um homem durão de ombros largos, com 1,70 metro, pesando 100 quilos. Ele tinha o rosto de um coveiro – frio – com olhos fundos e um cabelo preto grosso e crespo. Em todas as fotos públicas de Anastasia – a maioria das quais foram tiradas quando ele estava indo e vindo de algum tipo de processo jurídico – ele nunca aparece sorrindo. Ele parecia ser um homem que carregava um fardo pesado, um homem desagradável que logo iria descarregar-se através da violência ou o uso da força durante um papo corriqueiro. Seu temperamento era sem dúvida parcialmente determinado por seu papel no Sindicato. Ele era o assassino chefe, o principal homem responsável por fazer corpos desaparecerem. Como um investigador do comitê Kefauver colocou: "Sr. Albert Anastasia tem muitos esqueletos no armário".

Na maior parte das vezes, Anastasia era leal, e amava Charlie Luciano. Ele teve seu começo na Máfia com Charlie Lucky e acredita-se que tenha sido um de seus pistoleiros – junto com Vito Genovese – no assassinato de 1931 de Joe "the Boss" Masseria. Aquele assassinato ajudou a pavimentar o caminho de Luciano e Lansky para formar a Comissão, que lançou uma nova era para o crime organizado nos Estados Unidos. Anastasia acreditava de forma correta que ele era um pai amoroso. Ele foi recompensado podendo controlar – junto a seu irmão Anthony "Tough Tony" Anastasio – um império do submundo nas docas do Brooklyn que era altamente lucrativo, especialmente nos anos anteriores, durante e imediatamente após a Segunda Guerra.

A história dos irmãos Anastasia é como um conto de fadas da Máfia, um clássico do homem que se fez sozinho, uma parábola mafiosa "da Itália ao Brooklyn". Albert nasceu como Umberto Anastasio em 1902, em Tropea, uma vila de pescadores na província da Calábria.

Seu pai era um trabalhador ferroviário que morreu em algum momento antes da Primeira Guerra Mundial. Quando seu pai faleceu, a família havia crescido com nove filhos e três filhas. Um menino e duas meninas morreram cedo. Outro filho emigrou para a Austrália. Todos os filhos tiveram de trabalhar desde cedo em fazendas, ferrovias, barcos de pesca e navios.

Aos onze ou doze anos de idade, Umberto e seu irmão Tony zarparam como pau para toda obra em um navio mercante e rodaram por alguns dos maiores portos do mundo. Em 1917, eles saltaram no Brooklyn e se estabeleceram num apartamento frio próximo ao porto. Umberto Anastasio mudou seu nome para Albert Anastasia, apesar de Tony manter o Anastasio.

Não levou muito tempo para Albert arrumar encrenca. Em 1921, aos dezenove anos, ele foi condenado junto com outro homem pelo assassinato de um estivador italiano. Anastasia recebeu pena de morte e foi mandado para a prisão Sing Sing em Ossining, Nova York. Depois de dezoito meses no corredor da morte, ele teve um novo julgamento por questões técnicas. Enquanto isso, duas testemunhas cujos depoimentos haviam condenado Anastasia no primeiro julgamento, desapareceram, uma morta e a outra assustada voltou para a Itália. A acusação que havia deixado Albert a poucos meses de ser executado foi derrubada. Ele era um homem livre.

Ainda com vinte e poucos anos, Anastasia voltou ao Brooklyn e continuou de onde havia parado. Formou uma aliança com Luciano, que ele via como uma espécie de príncipe siciliano. Luciano retornou a afeição. "Você sabe, Charlie", Albert uma vez disse a Lucky. "Aposto que sou o único vagabundo tagarela de quem você gosta realmente".

Anastasia tinha um temperamento arredio e não parecia se importar em matar. Na verdade, parecia gostar. Alberto mataria primeiro e perguntaria depois. Ele saltou sobre a oportunidade de servir Luciano tomando parte na importante execução de Joe the Boss no restaurante italiano Scarpato's na West 15th Street em Coney Island. Posteriormente, junto com o judeu do Brooklyn chamado Louis "Lepke" Buchalter, ele se tornou cabeça da força da Máfia, que a imprensa chamaria de Murder Inc.

Ninguém havia ouvido falar da Murder Inc. ou qualquer coisa assim até 1940, quando os policiais de Nova York prenderam Abe "Kid Twist" Reles por acusações de homicídio. Um malicioso e tagarela bandido profissional do Brooklyn, Reles abriu a matraca sobre vários assassinatos feitos por um bem organizado esquadrão de assassinos italianos e judeus. Eles se encontravam para planejar seus assassinatos no Midnight Rose's, uma *bombonière* sob os trilhos elevados do metrô em Brownsville. Esse grupo, alegava Reles, havia viajado pelos Estados Unidos durante os empoeirados anos da Grande Depressão – da Nova Inglaterra à Califórnia, Minnesota para Nova Orleans e Miami – e cuidaram de centenas de assassinatos contratuais. O líder do grupo era Anastasia. Como o escritório da promotoria do Brooklyn colocou: "Nenhum assassinato da Máfia acontece no Brooklyn sem permissão e aprovação de Anastasia". Kid Twist Reles disse de Anastasia: "Ele é a lei".

Murder Inc. era algo novo: um esquadrão de assassinos que fazia acertos fora da cidade, assim como trabalhos locais. Eles usavam todas as técnicas possíveis: atirar, esfaquear, estrangular, enterrar vivo, bombardear, envenenar, torturar e asfixiar. O preço médio para um trabalho era vinte e cinco mil dólares, uma quantia substancial durante os anos magros da Depressão. Todo o empreendimento era altamente sigiloso – a definição de uma operação do submundo – e provavelmente teria continuado a ser se não fosse pelos lábios frouxos de Abe Reles.

No léxico da Máfia, Kid Twist era um "canário" que "cantava como um pássaro". Antes de terminar de cantar para os promotores, Reles deu detalhes de uns duzentos assassinatos em que ele havia pessoalmente participado ou que conhecia intimamente, levando a quarenta e nove processos. Vários assassinos foram para a cadeira elétrica, incluindo Louis Lepke.

Em novembro de 1941, Abes Reles ainda estava dando informações e construindo casos para o escritório da promotoria do Brooklyn. O próximo da fila a ser processado seria Albert Anastasia. A promotoria anunciou que estava prestes a fechar o "caso perfeito" contra o temido chefão da Murder Inc.

O mais valioso informante sobre a história do crime organizado estava sendo mantido num quarto no Half Moon Hotel, no calçadão de Coney Island. Ele era protegido 24 horas por dia por um contingente de seis policiais, membros orgulhosos da polícia de Nova York. De alguma forma, Reles resolveu se arriscar. Os policiais disseram que não sabiam como pôde ter acontecido. Estavam cochilando quando Reles tentou escapar e "caiu" seis andares até sua morte. Ou talvez ele tenha cometido suicídio. Para sempre, desde então, alguns na imprensa acreditavam que os policiais foram comprados e fizeram parte do esquema. O falecimento de Reles levou a um dos mais famosos epitáfios da história da Máfia: "Ele sabia cantar, mas não sabia voar".

Anastasia escapou do processo. Em 1943, ele surpreendeu os promotores, policiais e até seus amigos ao se alistar no exército americano. De acordo com o advogado de Lansky, Doc Stacher, foi ideia de Meyer. O alistamento de Albert no exército iria aumentar suas chances de obter cidadania americana e tornaria mais difícil para os investigadores e a imprensa impugnar sua integridade. Anastasia se tornou sargento. Sua tarefa era treinar estivadores militares numa base em Indiantown Gap, na Pensilvânia. Em 1944, ele foi honravelmente dispensado quando foi descoberto que ele era velho demais.

Na época das audições Kefauver, Anastasia era uma lenda em seu próprio tempo. Ele alegou ser um humilde alfaiate. O fato de que ele havia recentemente se mudado para uma casa enorme num penhasco em Palisades, Nova Jersey, com uma vista espetacular do Rio Hudson, levou muitos do comitê a questionar sua história de emprego.

"Entre 1919 e 1942, você pode contar ao comitê sobre alguma ocupação que teve?" perguntou um senador.

"Não me lembro", respondeu Anastasia.

"Bem, você tem alguma ocupação legítima de trabalho entre 1919 e 1942?"

"Eu me recuso a responder sob a base de que isso pode me incriminar."

O comitê pressionou Anastasia sobre o assunto; ele se esquivou de um modo que até fez alguns do comitê rirem. "Naqueles anos", colocou Albert, "eu ia ao hipódromo e fazia umas apostinhas e ganhava vez ou outra, e perdia. Era o que eu costumava fazer".

A natureza altamente pública das audições Kefauver levou muitos mafiosos a se esconder ou se resguardarem, mas não Anastasia. Ele parecia aproveitar sua notoriedade ampliada. Em 1951, enquanto as audições ainda estavam correndo, foi publicado um livro explosivo com o nome *Murder Inc: The Story of the Syndicate*, coescrito por Burton B. Turkus, um antigo assistente da promotoria do Brooklyn que cuidava de muitos processos do Murder Inc. Turkus identificou Anastasia como "aquele que se safou", escrevendo, "esse marginal de boca suja e cabelo encaracolado estava próximo de trinta assassinatos com sua pistola e furador de gelo e corda de estrangulamento, fosse em pessoa ou no comando... Os assassinatos alegados pela tropa que ele comandava chegam aos três dígitos".

Anastasia foi exposto como um grande mafioso, mas isso não prejudicou seu trabalho. Na verdade, antes mesmo das audições terem terminado, ele começou a apagar algumas pessoas. Em abril de 1951, com *Murder Inc* ainda nas prateleiras das livrarias, Albert cuidou dos assassinatos de Philip e Vincent Mangano, os irmãos que chefiavam a família criminosa da qual ele era membro. Anastasia tinha uma antiga rixa com Vincent Mangano, que havia deteriorado ao ponto onde eles quase se pegaram em várias ocasiões e tiveram de ser separados.

Philip Mangano foi o primeiro a ir. Ele levou tiros simétricos em cada bochecha e na nuca. Seu corpo foi encontrado no brejo de Sheepshead Bay, no Brooklyn, totalmente vestido, exceto por sua calça. Por volta da mesma época, Vincent Mangano foi dado como desaparecido; seu corpo nunca foi encontrado.

Anastasia nunca admitiu ter alguma coisa a ver com os assassinatos dos irmãos Mangano, apesar de ele ter apontado rapidamente que Vincent Mangano o queria morto antes de ele desparecer. Aparentemente, o chapeleiro louco havia deixado de limpar esses assassinatos com a Comissão, o que era o protocolo com todos os chefes da Máfia. As ações de Anastasia criaram um ninho de vespas de ressentimento e hostilidade que teria reverberações através do submundo americano pelos próximos oito anos.

Meyer Lansky sempre tentou manter distância de Anastasia. Havia um grau de hipocrisia em sua aversão ao notório brutamontes da Máfia. Muitas vezes em sua carreira, Lansky havia se beneficiado das tendências homicidas da Máfia. Do assassinato de Joe the Boss em frente, Anastasia havia cuidado da eliminação de muitos dos competidores de Lansky, e ele fornecia o músculo que dava à Máfia sua reputação mais temida. Anos depois, Lansky falou com frequência sobre a crença de que ele era um homem de negócios tão legítimo quanto qualquer um, mas na verdade ele havia atingido sua estatura no mundo das altas finanças graças em parte a homens como Albert Anastasia. A reputação da Máfia por violência dava a Lansky um avanço em seus negócios. Ele colhia as recompensas do medo instaurado por coisas como a Murder Inc.

No começo dos anos 1950, Lansky gostava de pensar que ele havia superado gângsteres como Anastasia. Albert era tudo que ele não era: impulsivo, cabeça quente, rude, insolente. Sua audácia não tinha limites. O assassinato dos irmãos Mangano ao menos tinha relação com os negócios, uma consequência do submundo manobrando seu controle, que era mais do que podia ser dito do assassinato de Arnold Schuster.

Schuster era um cidadão comum, uma pessoa sem ficha criminal ou ligação com o submundo de qualquer forma. Uma noite, em 1952, Anastasia estava sentado em sua mansão em Nova Jersey vendo televisão quando viu uma entrevista com Arnold Schuster, que descreveu sua experiência como testemunha contra o famoso ladrão de bancos, Willie Sutton. Schuster recebeu um relógio de bom cidadão. Anastasia ficou possesso, gritando em frente à TV: "Não aguento alcaguetas! Quero ele morto!" Albert nem conhecia Willie Sutton, mas montou um time e cuidou do assassinato de Arnold Schuster.

Em 8 de março de 1952, Schuster levou um tiro na Brooklyn Street, perto de sua casa. O assassinato despertou uma tempestade na imprensa, com o público ultrajado pelo assassinato brutal de um bom cidadão. A agitação causava problemas para Anastasia entre seus parceiros da Máfia, mas ele não parecia se importar. O Chapeleiro Louco tinha sua própria forma de lidar com esses assuntos. Quando a arma usada no ataque foi ligada a um bandido chamado Freddie Tenuto – o homem que Anastasia contratou para matar Schuster – Albert simplesmente mandou matar Tenuto. O corpo nunca foi encontrado.

A remoção de seres humanos do mundo físico era uma forma de vida para Anastasia. Anos depois, o traidor da Máfia, Joseph Valachi se lembrava: "Com Anastasia era sempre matar, matar, matar. Se alguém vinha e falava alguma coisa ruim para Albert, ele diria: 'Atire nele. Atire nele!'"

Em meados dos anos 1950, enquanto Lansky estava em Cuba construindo seu império de jogo para a Máfia, Anastasia estava em sua fortaleza fortificada em Nova Jersey planejando assassinatos.

Em novembro de 1955, a Receita Federal americana processou Albert sobre evasão de divisas. Um julgamento de cinco semanas terminou com um recesso do júri; um segundo julgamento foi marcado para 1956. Charles Ferri, um encanador de sessenta e oito anos de Fort Lee, Nova Jersey, que havia ganho oito mil e setecentos dólares pelo trabalho que fez na mansão de Anastasia, deveria ser uma testemunha chave. Em maio, cerca de um mês antes do julgamento, Ferri e sua esposa desapareceram de casa na periferia de Miami. De acordo com um relato do FBI: "A residência de Ferri em Miami estava em pedaços, com sangue encontrado na sala, quarto e chãos do banheiro, além do corredor. Havia também uma grande piscina de sangue ao lado da cama da Sra. Ferri". A suja cena do crime não trazia corpos e ninguém jamais foi encontrado. Pouco depois disso, o corpo de Vincent Macri, um parceiro de Anastasia, foi encontrado com um tiro, metido dentro do porta-malas de um carro no Bronx. Alguns dias depois, o irmão de Vincent, Benedicto, desapareceu, e seu corpo foi supostamente jogado no rio Passaic. Os assassinatos dos dois Ferri e dos dois Macri foram vistos como parte de uma trama para eliminar todas as possíveis testemunhas contra Anastasia. O caso contra ele estava em frangalhos. Albert declarou-se culpado em duas acusações de evasão de impostos e terminou cumprindo menos de doze meses numa prisão federal no Michigan.

Apesar de ter conseguido matar, mentir e negociar para conquistar a liberdade, os custos legais para Anastasia foram consideráveis.

Quando ele saiu da prisão, precisou buscar novas fontes de renda. Isso pode ter tido algo a ver com seu foco em Havana. Outro fator motivacional pode ter sido seu relacionamento próximo com Luciano. De acordo com um relato do FBI, Anastasia foi para a Itália em maio de 1957 e se encontrou com Luciano e Joe Adonis, outro mafioso que havia sido deportado dos Estados Unidos de volta para a Itália. Luciano pode ter se tornado isolado e amargo na Itália. A exploração de Cuba havia sido em parte sua ideia, mas ele foi forçado a ler sobre isso de longe, sem nenhuma palavra de seu velho parceiro Lansky. Luciano pode ter provocado Anastasia, encorajando-o a persistir em suas exigências por uma porção justa dos lucros cubanos.

Logo depois de sua viagem secreta à Itália, Anastasia pediu uma reunião em Nova York com os líderes da Máfia de Havana. O encontro aconteceu no Warwick Hotel, um respeitável edifício da era da Lei Seca na West 54th Street em Midtown, em Manhattan. Anthony "Cappy" Coppola, motorista e segurança de Anastasia, alugou o quarto 1009 para a ocasião. De acordo com um relato impresso meses depois no *New York World-Telegram & Sun*, a reunião foi composta de "meia dúzia de bandidos americanos e cubanos".

"Todo mundo está ficando rico em Havana, menos eu", Anastasia disse. Quando foi apontado que Albert tinha uma parte do recentemente reformado hipódromo Oriental Park, ele respondeu: "Sim, mas e quanto aos cassinos? É lá onde está o dinheiro, vocês sabem".

Lansky e os outros já tinham formulado um plano. Os detalhes foram alinhados em encontros regulares na casa de Joe Stassi, em Havana.

"O Hilton é seu", Lansky disse a Albert.

Era uma oferta aparentemente substancial. O Havana Hilton estava sendo construído há quase dois anos e marcado para abrir no meio de 1958. Seria o maior hotel em Havana – com capacidade para 660 quartos – e teria um gigantesco cassino. Dar a Anastasia uma fatia considerável, iria diminuir o lucro de todos, mas valia a pena se pudesse aplacar um confronto com o Chapeleiro Louco. O acordo foi feito com todos os maiores membros da Máfia de Havana.

Anastasia parecia satisfeito com a oferta, mas ele disse que queria ir para Havana e ver a operação com os próprios olhos. Ele não havia estado na ilha desde dezembro de 1946, quando participou da grande conferência da Máfia no Hotel Nacional. "A oferta parece boa", disse Albert. "Vou estar lá nos próximos meses para checar eu mesmo".

Lansky deixou o Hotel Warwick pensando que havia evitado uma grande crise. Era outro exemplo de sua habilidade de resolver contratempos no submundo de maneira digna, sem derramamento de sangue. Anastasia havia sido comprado e amansado.

Tudo estava certo com Meyer, exceto por uma coisa: de volta a Cuba, os acontecimentos começaram a decair para seu parceiro e benfeitor El Presidente Batista. O mundo da Máfia de Havana estava prestes a ser virado de cabeça para baixo.

O PROBLEMA PARA O REGIME DE BATISTA era que havia arriscado o pescoço ao proclamar – com absoluta certeza – que Fidel Castro estava morto. No final de fevereiro, Batista foi feito de idiota quando o *New York Times* publicou a primeira de uma série de três reportagens na qual Castro levantava do túmulo. Antes, a dita Revolução havia sido um acontecimento disperso. Agora, com as notícias de que Castro estava vivo e planejando na Sierra Maestra, era como se a oposição tivesse acendido um barril de pólvora de 10 toneladas. Nada mais seria igual.

A maneira como a história se desdobrou era tão dramática quanto a história em si. No começo de fevereiro, um repórter de cinquenta e oito anos do *Times*, chamado Herbert L. Matthews foi contatado por operadores revolucionários em Havana. Matthews não era o correspondente regular do *Times* em Cuba, mas ele havia escrito sobre a ilha e tinha uma compreensão dos políticos locais. Quando Matthews foi informado por um membro do 26 de Julho que Castro estava vivo, ele achou difícil de acreditar. Foi arranjado para Matthews entrar na Sierra Maestra, onde ele iria ver por si mesmo e também fazer a entrevista exclusiva de uma vida.

O encontro era ideia de Castro. No final de janeiro, ele estava escondido em seu acampamento na montanha, tentando começar uma rede de comunicação que iria ligar seu pequeno bando de insurrecionistas sobreviventes com forças revolucionárias através da ilha. Um dia, Castro perguntou a um *campesino* que havia acabado de voltar das terras baixas: "O que eles dizem sobre mim [em Havana]?"

"Bem, na verdade, eles dizem que você está morto", o homem respondeu.

"Que estou morto?"

"É o que dizem."

Castro conhecia a história da luta revolucionária cubana e entendia como as palavras podiam ser armas poderosas. O General Máximo Gómez, um dos heróis de Cuba durante a Guerra de Independência, havia dito: "Sem imprensa não se chega a lugar algum". Assim, foram feitos planos para trazer um repórter americano para as montanhas, para que pudesse ser espalhado ao mundo que a Revolução ainda estava viva e à toda.

Quando Matthews chegou ao acampamento de Castro na montanha, na manhã de 17 de fevereiro, Fidel apareceu através de densas árvores *guaguasí* e dos arbustos como uma visão espectral. El Comandante en Jefe usava uniforme de campanha e um boné verde-oliva, e carregava um rifle com uma mira telescópica. "Podemos acertar [soldados] a milhares de metros com essas armas", ele disse ao repórter.

A entrevista durou três horas, praticamente só com Castro falando. Matthews não era um iniciante; ele havia feito reportagens sobre os ataques do fascista italiano Benito Mussolini na América do Norte, e cobriu a Guerra Civil Espanhola para o *Times*. Mas o escritor estava obviamente fascinado por Castro. "Tomando-o, como se pode fazer de primeira, pelo físico e personalidade, esse é um homem e tanto – poderoso em seu 1,8 metro, pele azeitonada, rosto amplo, com uma barba desgrenhada", escreveu Matthews no primeiro de seus três artigos.

Castro conduziu a entrevista com grande habilidade. Dos vinte e poucos homens que compunham o "exército" revolucionário de Castro, ele pediu a alguns para tirar seus uniformes e desfilar ao redor do campo, dando a impressão de que havia mais soldados do que havia de fato. Ele disse a Matthews: "Eu não vou te dizer quantos soldados nós temos, por motivos óbvios. Ele [Batista] trabalha em colunas de 200; nós trabalhamos em grupos de dez a quarenta, e estamos vencendo. É uma batalha contra o tempo. E o tempo está a nosso favor".

No final da entrevista, os dois homens fumaram juntos charutos cubanos. Matthews pediu a Castro para assinar seu bloco de anotações, acompanhado da data, para provar que os dois haviam de fato se encontrado. Matthews então deixou as montanhas e voou de volta para Havana, onde estava hospedado no Hotel Sevilla Biltmore. Dias depois, ele voltou para Nova York e fechou sua história, que saiu com uma foto de Castro com seu uniforme e rifle de mira telescópica. O artigo e a fotografia foram publicados em destaque na primeira página.

Sob a lei da censura de Batista, um censor exclusivo foi nomeado em cada jornal que circulava em Cuba. O censor responsável pelo *Times* imediatamente ordenou que o artigo, junto com a foto de Castro, fosse cortado a mão de cada cópia antes de ser distribuída. Mas, nesse caso, não havia forma de impedir o fluxo de informação. Turistas e homens de negócios viajando dos Estados Unidos para Cuba traziam cópias do jornal e, em pouco tempo, o furo de Matthews era o assunto da ilha.

A resposta do regime de Batista foi outra série de erros arrogantes que iria engolir a credibilidade da ditadura. O ministro da defesa de Cuba lançou uma declaração onde se lia:

> É opinião do governo, e estou certo de que do povo cubano também, de que a entrevista e as aventuras descritas pelo correspondente Matthews podem ser consideradas um capítulo de um romance fantástico... Sr. Matthews não entrevistou o insurgente pró-comunismo, Fidel Castro, e a informação veio de certas forças da oposição.

A declaração ia além, deixando implícito que a foto usada pelo *Times* era falsa.

> Nota-se que Matthews publicou uma fotografia dizendo ser de Castro. Parece estranho que, tendo obtido tal entrevista, Matthews não tirou uma foto de si mesmo com o insurgente comunista como prova do que ele escreveu.

Erro arrogante número dois: Matthew tinha uma foto dele com Castro na selva. Na foto, os dois homens estão sentados juntos, Castro acendendo seu charuto, enquanto o correspondente fumava um cigarro e fazia anotações em seu bloco. O *Times* imprimiu a declaração do ministro de defesa de Cuba, junto da fotografia, com uma citação de Matthews: "A verdade sempre aparece, com censura ou sem censura".

O governo cubano havia dado um tiro no pé: sua insistência de que Castro estava morto quando o mundo estava sendo informado do contrário criou um "efeito Lázaro". Aos olhos do público, a mitologia de Fidel Castro havia nascido. O ex-advogado barbudo com um exército sobrevivente de pouco mais de vinte soldados era agora o mais famoso revolucionário das Américas.

Noticias da sobrevivência de Castro nas montanhas deflagraram um alvoroço de atividades. Em Oriente, bombas explodiam a cada par de horas e a energia era cortada. Em Havana, o Directorio Revolucionario correu para fazer uma trama audaciosa que estava na rota há meses.

Na tarde de 13 de março – duas semanas depois que a última parte da série de Matthews apareceu no *Times* – Batista estava em seu escritório no segundo andar do palácio presidencial. Estava lendo um livro – *The Day Lincoln Was Shot* – quando ouviu o som de disparos de fora e foi informado que o palácio estava sob ataque. Ele fechou seu livro e, sob guarda armada, rapidamente pegou um elevador secreto que o levava a um andar superior.

O palácio presidencial ficava a menos de um quarteirão do hotel Sevilla Biltmore, nos arredores de Havana Velha. Meia dúzia de ruas estreitas rodeavam a grande estrutura de pedra com degraus de concreto que levavam, além de pilares de mármore, para a porta da frente. Os ataques chegaram em caminhões de entrega e à pé. Vestido principalmente em roupas normais, o esquadrão de cinquenta homens arrebentou o portão da frente do palácio e, com pistolas, metralhadoras e granadas, abriu caminho para o prédio. A resistência era feroz; guardas militares atiraram de volta com rifles e revólveres. Tiros, gritos, explosões e fumaça das granadas se apoderaram da área.

Ao mesmo tempo em que os rebeldes do Directorio estavam atacando o palácio, outro grupo armado invadiu o estúdio de transmissão da Radio Reloj, uma popular estação de rádio. Esse esquadrão foi liderado por José Antonio Echevarría, líder do Directorio. Os dois ataques foram coordenados para acontecer aproximadamente ao mesmo tempo, com o objetivo de assassinar o presidente, derrubando o governo de Batista e anunciando no rádio, tudo com floreios dramáticos.

Era um tipo de missão suicida, por um motivo: Batista sabia que o ataque estava vindo, apesar de não ter ideia da data ou hora precisa. Agentes da SIM haviam se infiltrado no Directorio. A segurança do presidente havia dobrado de tamanho. Quando o ataque veio, o exército estava pronto.

Mesmo assim, os rebeldes conseguiram penetrar no palácio e – usando algumas submetralhadoras e granadas – atiraram e bombardearam até chegar ao escritório do segundo andar de Batista. Quando eles irromperam no escritório, ele havia escapado por pouco para o andar de cima e estabelecido uma defesa sólida. Os rebeldes foram forçados a atirar contra soldados do governo no saguão de mármore do prédio. Estavam esperando um reforço de uma segunda onda de ataques, mas o grupo foi incapaz de penetrar no perímetro de tanques e veículos armados que haviam fechado a área quando o ataque começou.

No final, o ataque no palácio foi uma baderna. Cinquenta pessoas morreram – cinco soldados e quarenta e cinco rebeldes. Muitos outros insurgentes foram feridos ou capturados, e posteriormente seriam torturados e usados como exemplo pelo regime.

Enquanto isso, no estúdio da Radio Reloj, Echevarría e sua equipe de rebeldes tomou a estação e anunciou nas ondas do rádio: "Povo de Havana! A Revolução está em curso. O palácio presidencial foi tomado por nossas forças e o ditador foi executado em seu covil!" Depois de explodir o painel de controle da estação, Echevarría se encaminhou para a rua, onde foi imediatamente morto pela polícia.

Por um tempo, o audacioso ataque no palácio e estação de rádio criou uma onda de simpatia por Batista. Líderes financeiros e empresariais, a grande imprensa e diplomatas estrangeiros reuniram-se em seu apoio, denunciando os ataques como uma ameaça à democracia.

Batista, por sua vez, menosprezou a severidade dos ataques. Enquanto isso, sua polícia secreta caçou e matou quatro estudantes que eram tidos como participantes do ataque. El Presidente podia alegar uma grande vitória em sua batalha contra a agitação política, mas a visão geral da situação na ilha permanecia ilusória como sempre.

Uma semana após o ataque, na cerimônia de inauguração de uma resplandecente refinaria de óleo Shell de vinte e cinco milhões de dólares em Cuba, Batista respondeu à pergunta de um repórter declarando simplesmente: "Não há rebeldes em Sierra Maestra". Foi uma declaração impressionante dado o que era conhecido sobre Castro e seu Movimento 26 de Julho.

A Máfia de Havana estava disposta a aceitar a visão de Batista, apesar de fazer suas apostas em desenvolver uma estratégia própria para ganhar sobre a política Cubana. Assim como os mafiosos Luciano, Trafficante e Lansky, que haviam procurado conquistar uma posição como sócios chave em Havana afogando esposas com carros, casacos de pele e braceletes de diamantes, a Máfia tentou ganhar a população através de diversos brindes. No Tropicana, onde agora o salão de jogos estava anunciado no *Diario de La Marina* e no *Havana Post* como "Lefty Clark's Casino", foi instituído um jogo de bingo. Entre os maiores prêmios estavam seis automóveis novinhos de 1957, uma Bonanza oferecida pela Cadillac, Oldsmobile, Buck, Mercedes-Benz, Pontiac e Chevrolet.

Num país onde a renda mensal média era doze dólares, dar de presente carros de luxo era um nível de extravagância que rivalizava com os dias minguantes do Império Romano.

Se Batista não pudesse capturar os corações e mentes do povo Cubano, a Máfia de Havana e seus afiliados estavam preparados para fazer de seu modo. Distribuir novas máquinas capitalistas era uma gota no balde para Lansky & Cia, que nunca perderam de vista o grande prêmio: um império do jogo e das trapaças que não podia ser negado, não importa quantas bombas fossem armadas e tiros disparados pelo crescente círculo de Fidel Castro e seus companheiros revolucionários.

10
CARNAVAL DA CARNE

Santo Trafficante reconhecia algo bom quando via. Apesar de não ser o chefão em Havana, como era em Tampa, ele estava numa ótima posição na primavera de 1957. Seu novo hotel – o Deauville – havia aberto perto do Malecón. Com um custo de 2,3 milhões de dólares e uma capacidade de 140 leitos, o hotel de 14 andares não chegava nem perto do luxo do esperado Riviera, mas era mesmo assim uma fonte sólida de dinheiro para Santo. Junto do banqueiro da bolita Evaristo Garcia Jr. ele era um grande investidor no hotel, e tinha a concessão de jogo. O veterano da Máfia de Havana, Joe Rivers, administrava o cassino para Trafficante.

De modo geral, os negócios estavam indo tão bem para a Máfia, que em 12 de março ele pediu uma residência permanente em Cuba, a melhor forma de supervisionar as várias propriedades. Incluído entre elas estava não apenas o Deauville, mas também o hotel e cassino Comodoro, a boate e cassino Sans Souci, a International Amusements e uma parte da concessão de jogo no Tropicana. Ele também tinha outro grande hotel-boate-cassino – o Capri – marcado para abrir nos próximos seis meses.

Para cuidar de tantos empreendimentos em Cuba, Trafficante reuniu uma equipe dentro da Máfia de Havana que era fundamentalmente leal a ele, não a Lansky. Seu parceiro mais visível era Jimmy Longo, seu antigo guarda-costas e motorista da Máfia de Tampa. Um parceiro chave no Deauville era John Martino, um antigo agiota de Miami e operador de boates. Martino também era especialista em máquinas eletrônicas de jogo, criadas para aumentar os lucros dos donos dos cassinos. Outro membro favorito da equipe era Ralph Reina, um antigo parceiro da bolita do pai de Trafficante que comandava o Hotel Comodoro. Posteriormente, Reina iria se tornar mensageiro de Trafficante, com o importante trabalho de transportar malas cheias de dinheiro dos cassinos de Havana diretamente para as contas de banco particulares de Santo na Flórida.

Em Cuba, Trafficante era lendário não apenas por tomar conta de sua equipe, mas também por estender sua hospitalidade a seus familiares e amigos. Ele, às vezes, os colocava em suítes, os levava para jantar ou dava a eles lugares especiais nos shows do Sans Souci e no Tropicana. Nascido e criado em Tampa, o Dr. Ferdie Pacheco, que posteriormente iria ficar famoso como *cornerman* do campeão de boxe Mohammad Ali, conhecia Santo de seus dias em Ybor City. O médico de trinta anos visitou Havana onde Trafficante presidia em seu domínio como um príncipe siciliano. Lembrava-se Pacheco: "Se ele soubesse que você era de Tampa, tudo que você iria querer em Cuba estava com o Santo".

Com o séquito serviçal de Santo e base financeira aparentemente autônoma, circulavam especulações dentro da Máfia de Havana sobre seus potenciais acordos paralelos. O assunto de discussão mais inflamado dentro dos círculos criminosos – e também dentro das forças da lei americanas – era se o chefe da Máfia de Tampa estava usando ou não Cuba como um ponto de baldeação para trazer drogas aos EUA.

Desde a época de Lucky Luciano em Havana, em 1946-47, o Escritório de Narcóticos do EUA estava obcecado com Cuba como um canal para tráfico de heroína e cocaína financiado pela Máfia. Desde que Trafficante chegou a Cuba, o Escritório o elegeu como "a pessoa de interesse". Não faltava base para o foco no chefão da Máfia de Tampa. Ele era, afinal, filho do Santo Trafficante Sr., a quem se acreditava ter usado Cuba como rota de narcóticos desde os anos 1930. Um dos sócios de Trafficante era George "Saturday" Zarate, que na época da chegada de Santo Jr. em Cuba ainda estava vivendo à toda em Havana.

Zarate era um clássico gângster cubano-americano da velha guarda. Ele havia nascido em Cuba em 1898, mas se mudou na adolescência para Tampa, onde logo se tornou tanto um usuário quanto traficante de morfina. Zarate foi um dos pioneiros em estabelecer ligações entre os submundos americano e cubano do começo e meio do século vinte. Em 1928 ele foi condenado na Flórida sob a acusação de tráfico de drogas e cumpriu trinta e três meses de prisão. Ao ser solto, ele voltou ao submundo de Tampa e tomou sua parte no lucrativo mundo da bolita. Foi quase vítima duas vezes de atentados à sua vida, uma num tiroteio dentro do clube de jogo El Dorado, em Ybor City, que o deixou com um ombro e braços cheios de estilhaços. Em 1941 ele foi julgado na corte criminal por cuidar do círculo da bolita que o *Tampa Tribune* descreveu como sendo financiado pelo "sindicato cubano". Ele se safou, mas a coisa estava tão pesada para Zarate que ele se mudou para Nova York.

Lá, Zarate fez muitos inimigos. Abriu um restaurante chamado La Fiesta na West 46th Street no distrito teatral e tentou abrir caminho para os jogos ilegais. Também se envolveu com tráfico de drogas. Zarate e uma gangue de cubanos contrabandearam carregamentos de cocaína peruana para os Estados Unidos via Cuba. Em 14 de dezembro de 1948, agentes dos narcóticos e a polícia federal invadiram o restaurante de Zarate e descobriram um carregamento de pura cocaína peruana avaliado em US$ 750 mil. Zarate foi preso e acusado como principal réu numa denúncia múltipla de tráfico de drogas. Ao invés de enfrentar julgamento, ele fugiu e foi para Havana.

Para todos os efeitos, Zarate vivia em semiaposentadoria em Cuba, mas o Escritório de Narcóticos estava interessado em saber se ele mantinha contato com velhos amigos em Tampa. Ele foi colocado sob vigilância e, em 8 de outubro de 1953, de acordo com um relatório do escritório, ele foi "observado na companhia de Santo Trafficante no Hotel Presidente [em Havana]. Foi relatado que Zarate ainda estava metido no tráfico de drogas, agindo como um intermediário entre fontes peruanas fornecedoras da cocaína e compradores gângsteres americanos como Santo Trafficante".

O escritório manteve um arquivo aberto sobre Santo. George Zarate, por outro lado, deixou o radar deles – e a vida na terra – quando sofreu um ataque cardíaco fatal em Havana, em 22 de agosto de 1955. Foi enterrado no Necrópolis de Colón, o cemitério mais famoso da cidade e lugar de descanso tanto de ricos quanto pobres.

A maioria dos comentários sobre a época de Trafficante em Havana cita como certo seu envolvimento no tráfico de drogas ilícitas, mas não há evidências para embasar a alegação nos arquivos da lei, documentos da corte ou entre os poucos sócios da família Trafficante que falaram com investigadores ou jornalistas no curso dos anos. Frank Ragano, que foi advogado de Trafficante durante os anos de Havana e na maior parte de sua vida adulta, escreveu em seu livro de memórias:

> Apesar dos boatos em Cuba de que Santo era um chefão do tráfico, eu nunca o vi usando droga alguma. Ele me disse que os cubanos achavam que ele estava envolvido com drogas porque seu nome de família significava "traficante" em espanhol. Ele fez uma piada sobre isso, desprezando os cubanos como ignorantes.

   Ragano visitou seu cliente inúmeras vezes em Havana. Ele não hesitou em divulgar muitos dos piores crimes de Trafficante em seu livro (que foi publicado sete anos depois da morte do chefão da Máfia, em 1987), mas reiterou várias vezes: "Eu nunca tive nenhuma evidência de que Santo estava envolvido com drogas".
   Por outro lado, havia drogas em Cuba, como notado pelo próprio Santo e outros. Uma noite no Sans Souci, Trafficante levou Ragano através do banheiro masculino do clube para uma porta dos fundos, que ele destrancou. Ele conduziu Ragano a um quarto: no fundo, havia uma parede cheia de cofres. Dentro deles, os cubanos ricos mantinham seus estoques particulares de cocaína. O chefão da Máfia explicou a seu advogado que a elite cubana usava cocaína como uma forma de sustentar sua prodigiosa vida noturna.
   Também era sabido que Amletto Battisti, proprietário do Sevilla Biltmore Hotel, importava cocaína através de uma fonte peruana, assim como o senador Eduardo Suarez Rivas e outros membros do gabinete de Batista. Esses exemplos envolviam cubanos contrabandeando drogas para Cuba para consumo local, sem envolvimento conhecido de mafiosos nascidos nos EUA. Em seu livro, *La conexión cubana*, o autor colombiano Eduardo Saenz Rovner detalha inúme-

ros casos de cocaína e heroína em Cuba dos anos 1950, incluindo um envolvendo um grupo de nacionalistas colombianos que foram pegos contrabandeando entorpecentes através de Cuba para os Estados Unidos em 1956. Nenhum desses casos envolvia membros da máfia de Havana ou seus associados.

A questão óbvia é: por quê? Se cocaína era de fato prevalente em Havana, e Cuba estava sendo usada como ponto de baldeação por outros, por que a Máfia de Havana não iria querer uma parte do negócio?

A resposta provavelmente está em algum lugar da psique de Meyer Lansky. O chefão judeu da Máfia era bem conhecido por sua aversão ao tráfico de drogas, mesmo antes dele se estabelecer em Havana. O argumento contra se envolver com drogas era pungente: em Cuba, especialmente, os riscos superavam os benefícios. Através de suas conexões com o governo de Batista, a Máfia de Havana tinha uma licença literal para "fabricar" dinheiro através dos jogos nos cassinos e investimentos relacionados. A força da lei americana não podia tocá-los. Por que botar em risco o que estava se preparando para ser a mais lucrativa época que a Máfia já havia experimentado desde a Lei Seca se envolvendo com narcóticos? Essa política de "sem drogas" foi provavelmente passada por Lansky para todo mundo conectado com a Máfia de Havana, sob ameaça de expulsão ou até morte.

Trafficante não precisava do tráfico para viver. Ele estava indo muito bem através de seus cassinos, hotéis e outros investimentos. Não apenas isso, mas Havana havia se tornado um mostruário para Santo. Com a capacidade hoteleira na cidade dobrando de tamanho, e até triplicando, ao ano, Havana era agora um local popular para convenções de negócios e excursões políticas. Altos jogadores, homens de negócios e políticos americanos que passavam pela cidade tinham um gostinho da hospitalidade da Máfia de Havana, com Trafficante servindo de anfitrião e distribuidor não oficial de quartos de cortesia, fichas gratuitas de cassino para jogar, ingressos para shows e boates e outros benefícios tirados dos aperitivos de entretenimento que a cidade trazia.

Um político americano que passou por Havana em 1957 foi o senador de Massachusetts, John F. Kennedy. A estrela de Kennedy estava subindo aquele ano. Ele havia ganhado um Prêmio Pulitzer por seu livro campeão de vendas, *Profiles in Courage*, e já estava sendo discutido como possível candidato para a próxima eleição presidencial. Aos quarenta anos de idade, ele era jovem e atraente, com uma queda incorrigível para galinhar que despertou a atenção do – entre outros – Federal Bureau of Investigation (FBI).

Naquele ano, Kennedy visitou Cuba pela primeira vez, daquelas que seriam suas muitas visitas à ilha nos próximos dezoito meses. Seu companheiro nessa viagem foi o senador da Flórida George Smathers, de quem Kennedy havia se tornado amigo no Senado. Oficialmente, a viagem era para visitar o recentemente indicado embaixador americano em Cuba, Earl E. T. Smith. Smith era um milionário corretor de valores que, como outros embaixadores recentes de Cuba, era um ardente apoiador de Batista. Kennedy era um bom amigo da esposa de Smith, Florence, que ele conheceu ainda solteira como Florence Pritchett, uma modelo loira e fotógrafa popular no mundo social de Nova York. Ele havia sido notoriamente fotografado com Pritchett em 1944 no Stork Club em Manhattan e durante os anos havia se encontrado com a socialite em vários locais dispersos ao redor do mundo. Acreditava-se que eles tinham um caso esporádico.

Em Cuba, JFK foi apresentado a Havana pelo Senador Smathers. "Ele [Kennedy] não era muito de cassino", Smathers se lembrou anos depois, "mas a boate Tropicana tinha um show que não dava para acreditar". O senador da Flórida era amigo de Trafficante e Lansky, e os dois alegaram depois terem encontrado Kennedy em Havana. Na verdade, de acordo com ambos, eles fizeram mais do que apenas encontrar Kennedy. Trafficante contou a Frank Ragano que, ao encontrar o senador de Massachusetts, "seu instinto disse a ele que Kennedy tinha um fraco pelas mulheres e que ele e [Evaristo] Garcia se ofereceram para organizar uma orgia particular para ele, um favor que Santo achou que poderia deixar o proeminente Kennedy em dívida com ele".

A orgia foi montada numa suíte especial no Hotel Comodoro, de Trafficante, um refúgio na praia no rico bairro de Miramar. O mafioso arranjou para Kennedy passar a noite com "três lindas prostitutas". Sem que Kennedy soubesse, a suíte teve um espelho de dois lados que permitia que Trafficante e Garcia observassem o encontro de Kennedy do outro quarto.

Meses depois, a orgia de Kennedy ainda era assunto de conversa entre a Máfia de Havana. Trafficante e Garcia ainda estavam espantados pelo acontecido quando contaram a Ragano sobre isso. Tanto Santo quanto Lansky iriam posteriormente expressar nojo para amigos e parceiros que um senador dos EUA que pregava pela lei, ordem e decência aceitasse favores sexuais arranjados por mafiosos como eles.

Posteriormente, Trafficante se martirizou por não ter filmado secretamente a safadeza de Kennedy no Comodoro. Teria feito um material de chantagem incrível.

O DISTINTO SENADOR DE MASSACHUSETTS não foi a primeira nem a última pessoa a cair sob o feitiço de Eros em Havana. Sexo era uma mercadoria na ilha quase desde o tempo de Colombo. A mulata cubana, celebrada em verso e música como uma cortesã hábil e solícita, havia sido peça central do turismo local desde 1920, pelo menos, quando Havana começou a ser vendida como um playground tropical louco para o gosto dos norte-americanos. Quanto à prostituição, era uma instituição em Cuba tão velha quanto os primeiros espanhóis.

A era da Máfia de Havana trouxe uma estratificação do sexo que estava culminando em tudo o que veio antes. No topo da pirâmide estavam as *showgirls* dos mais prestigiosos clubes, como o Sans Souci ou o Tropicana. Revistas como *Cabaret* e *Show* apresentavam suas meninas nas capas e em matérias especiais como *Diosas de Carne*. Apesar de serem notadas por seus atributos sexuais vestidas em lantejoulas, algumas também eram dançarinas de primeira, coreógrafas e cantoras. *Show*, uma revista em língua espanhola publicada em Havana, trazia dançarinas e modelos numa sessão recorrente chamada *Ensalada de pollo* – salada de frango. Fotos de *pollos electrizantes* posando de biquíni, bermuda e cinta-liga eram acompanhadas por legendas safadas: "Monica Castell – com essa anatomia ninguém pode perder uma batalha"; "a escultural Mitsuko Miguel – um convite esplêndido à vida"; "a doce e espetacular Sarah Carona – poucas mulheres no mundo podem oferecer a característica cinturinha de vinte e nove polegadas e coxas de trinta e nove... com seu gracioso caminhar pode-se ouvir murmúrios unânimes de exaltação entre o público".

A maioria dessas mulheres estava além dos sonhos de qualquer *Zé Mané*. Uma lendária *showgirl* como Olga Chaviano – uma esplendorosa beleza de cabelos selvagens – estaria acessível a alguém como Norman Rothman, mas turistas de final de semana não deveriam perder tempo. O folclore das meninas no Montmartre, Sans Souci e Tropicana estava cheio de histórias de dançarinas sendo puxadas pelos pés por senhores parisienses, milionários italianos e mafiosos americanos. Algumas dessas histórias eram provavelmente apócrifas. Em alguns cassinos, as meninas eram solicitadas para *fichar*, sentar-se nas mesas de jogos e fingir jogar com fichas oferecidas pela casa como uma maneira de atrair clientes homens para a mesa. A maioria das mulheres era esperta o suficiente para distinguir um grande apostador de um turista de final de semana e ajustar sua disponibilidade de acordo.

Existia um tipo de clube mais baixo, entretanto, onde as chances de um cara normal aumentavam. Para cada cabaré de luxo, havia cinco ou seis clubes menores dispersos pela cidade. O sucesso dos cabarés criava um efeito dominó. O El Dorado era um clube popular no Prado, com um bom *boulevard* para o público. O Southland Club e o Sierra Club também eram próximos de Havana Central. Cruzando a cidade, em Vedado, havia o Club 21, Club 23, Mocambo, Johnny 88, Pigalle, Pico Blanco no Saint Johns Hotel e muitos outros. Em Miramar havia o Le Martinique, Mes Amis, Le Rêve e Johnny's Dream, um clube *after-hours* que ficava aberto até de manhãzinha. Era nos arredores da cidade que ficavam muitos dos mais notórios estabelecimentos, como o Bambú (na rodovia Rancho Boyeros), o Ali Bar (clube favorito de Beny Moré), o Night and Day, Club 66, o Palette Club, o Topeka, o Alloy e Las Vegas.

Nenhum desses clubes tinha um cassino, mas muitos tinham máquinas caça-níqueis. Quase todos tinham uma banda que era uma versão menor das grandes orquestras que tocavam no Tropicana e Sans Souci. A maioria dos clubes, mesmo os menores, tinha *showgirls*, ou pelo menos duas ou três dançarinas que eram contratadas para se apresentar na frente da banda. Era nesses estabelecimentos mais íntimos que o mambo, o cha-cha-chá e o jazz afro-cubano deram luz a uma efervescente cena de dança, diferente de tudo visto anteriormente – em Havana ou em qualquer lugar. Prostitutas trabalhavam nesses clubes, mas também era possível que um homem ou uma mulher começassem uma paquera física na pista de dança, fossem para um quarto de hotel e terminassem com algo parecendo afeto verdadeiro, amor ou – pelo menos – luxúria tropical sem custos. Em Havana, tudo era possível.

As opções sexuais de um consumidor variavam muito. Por exemplo, o burlesco era um passatempo popular nos anos 1950, e Havana era uma parada comum no circuito, apresentando tanto talentos nascidos em Cuba quanto nos EUA. Betty Howard, que foi nomeada uma das dez maiores *performers* eróticas por ninguém menos do que o famoso empresário burlesco Harold Minsky, apresentou-se nos teatros Campoamor e Martí. A *Cabaret Quarterly* notou que suas "batidas no *bongo* lotavam os teatros de Havana". Elvira Padovano era outra *performer* erótica descrita numa revista masculina como "excitante e imprevisível como uma tempestade tropical... Uma bailarina clássica na adolescência, ela recentemente mudou para uma fase mais tórrida e piruetou-se aos holofotes dos clubes [de Havana]". A revista *Pageant* elogiou o talento de Tybee Afra como uma "uma dançarina rítmica afro-cubana... no Brasil, eles deram o nome dela a uma flor; em Havana, seu retrato é mostrado até em caixas de fósforos".

E quem poderia se esquecer da aparição em Havana de Bubbles Darlene?

Uma dançarina exótica do Minnesota, Darlene (nome real: Virginia Lachinia) estava na cidade para se apresentar no cassino cabaré do Sevilla Biltmore Hotel. Uma tarde, ela decidiu passear pelo Prado usando nada além de calcinhas pretas e uma capa de chuva transparente carregando um guarda-sol. Carros frearam e cabeças se viraram. Loira e de topless, Bubbles Darlene passeava com uma mão na cintura e um sorriso malicioso no rosto. Ela havia sabiamente avisado um fotógrafo da revista *Cabaret* para capturar o momento em filme. Supostamente, a coisa toda foi inspirada pela música cubana: *La Engañadora* – que conta a história de uma mulher que engana seu namorado usando seios postiços.

A polícia chegou à cena. Um oficial tirou a mulher nua pelo braço e perguntou: "O que há de errado com você? De onde você é?"

"Não quero enganar ninguém", respondeu Bubbles. Então ela tentou recitar – em espanhol – a letra de *La Engañadora*.

Na delegacia, um policial perguntou novamente: "De onde você é?"

"De todo lugar", ela respondeu. "A arte não tem fronteiras."

Finalmente, ela disse à polícia que era uma dançarina exótica que se especializou numa versão de *striptease* com mambo. Sua explicação para andar na rua daquele jeito foi impressa no *Cabaret Yearbook*:

> Estava calor e eu decidi sair do meu quarto de hotel para dar um passeio. Eu estava escutando no rádio a música "La Engañadora". Eu sei que a letra fala de uma garota que usa seios falsos para ter uma figura melhor. Bem, eu pensei, eu não preciso de enchimentos e vou mostrar ao mundo que a música não fala a verdade sobre todas as garotas. Então fui pra rua assim. Não achei que os cubanos fossem se importar.

Bubbles foi multada em cinquenta dólares por atentado ao pudor e liberada. Desde então, ela se colocou como "A Dançarina que Chocou Havana, Cuba!" Seu passeio pelas ruas sem roupas foi lembrado com afeto, como símbolo de toda uma era lasciva. Numa época de governos fraudulentos, polícia secreta, atividade política clandestina e mafiosos, Bubbles Darlene, pelo menos, não era uma enganadora.

O Sexo em Havana era para ser mostrado, mas também vendido. Com fabulosas garotas e dançarinas burlescas aquecendo a população masculina, havia muitos homens excitados andando pela noite sufocante de néon. A prostituição prosperava, assim como na maioria dos países caribenhos, onde homens da Europa e da América do Norte vinham procurando por um tipo de diversão sexual que eles não conseguiam ter em casa. O lendário pianista Bebo Valdés contou à escritora Rosa Lowinger que ele era frequentemente abordado por turistas americanos no Tropicana procurando por prostitutas. Por uma gorjeta de cinco pesos, ele às vezes indicava os notórios prostíbulos no bairro de Colón. "Os americanos do Sul queriam apenas negras", se lembra Valdés, que é de descendência negra.

Como tudo mais no submundo da cidade, os prostíbulos eram planejados para atender a todos os gostos e bolsos. A maioria dos estabelecimentos de nível pertencia a uma franquia operada e de posse de uma espanhola conhecida como Doña Marina. Sua cadeia de bordéis servia os hotéis luxuosos da cidade. Casa Marina era um prédio de três andares em Havana Velha, com quartos especiais, camas redondas e artefatos antigos. Havia também El Templo de Marina, ao lado do Sevilla Biltmore Hotel, na esquina do Prado. Doña Marina tinha outro bordel num prédio na San Jose Street e uma cadeia de lojas de lingerie no Prado.

Seus estabelecimentos eram tão bem conhecidos que ela até ganhou as páginas da *Stag*, uma revista masculina americana. Sob a manchete: "Pecado ao som de Rumba", a Casa Marina foi descrita como "uma das mais luxuosas casas de má fama no hemisfério oeste... Cortinas de veludo e móveis antigos adornam suas salas. Drinques são servidos para visitantes por criadas vestidas de branco que graciosamente recusam gorjetas ou pagamento. O excelente serviço de Marina é raramente oferecido em Cuba ou em qualquer lugar; duas enfermeiras treinadas ficam de prontidão dia e noite numa clínica imaculada para proteger a saúde de clientes e empregadas".

Não muito longe da Casa Marina, do outro lado do Prado, no centro de Havana, fica o bairro de Colón. Lá, a prostituição é mais ao nível da rua. Junto das ruas estreitas do Trocadero, Ánimas e Virtudes, as mulheres se exibem em portas e janelas. O sexo no bairro de Colón é um negócio sujo, tão baixo quanto um dólar por uma transa que pode durar cinco minutos. O bairro era primariamente para marinheiros, xucros e pobres em geral.

Havia outras casas de prostituição ao redor da cidade, incluindo uma perto do aeroporto chamada Mambo. Com uma porta giratória, a Mambo atraía turistas que chegavam e saíam e queriam ter sexo no minuto em que chegavam ou pouco antes de deixar a ilha. Na Mambo, você podia ter sexo com uma suposta virgem por uma quantia de cem dólares.

Com os negócios de prostituição tão prósperos em Cuba, parecia às vezes que a Máfia de Havana cuidava do negócio. Não há evidências para sustentar essa suposição. Durante o século, a força da lei se esforçou para ligar a prostituição ao crime organizado ou à Máfia. Mas, tirando o caso que notoriamente encarcerou Lucky Luciano, na história da Máfia nos Estados Unidos houve poucos casos de processos envolvendo prostituição. O negócio nunca foi tão lucrativo como tráfico de drogas ou jogo – negócios que tendiam a se espalhar e criar outros negócios. Onde a prostituição era valiosa para uma organização criminosa era como fonte de suborno, pagamentos e patronagem.

Em Havana, por exemplo, a polícia militar e civil recebiam uma porcentagem dos bordéis. A prostituição era a malandragem deles; existia como forma de apaziguar o baixo escalão da Máfia de Havana. Assim como as drogas e a bolita, o comércio de sexo em Cuba era deixado aos cubanos, enquanto que os mafiosos americanos se preocupavam com o controle dos cassinos, casas noturnas, bancos e líderes políticos.

É um fato da natureza humana que num universo sexual tão variado e sofisticado como em Havana, havia aqueles que testavam os limites. Além dos palácios de shows da cidade, teatros burlescos e bordéis, havia um mundo secreto. Uma cena homossexual bem variada existia, apesar desse aspecto da vida noturna da cidade ser certamente menos conhecido do que os clubes de *strip* e bordéis.

José "Pepe" Rodríguez era um michê que veio para Havana da cidade de Cienfuegos na metade de 1957. Anos depois, Pepe, como era conhecido por seus amigos, se lembrou da era como um tipo de glória para a homossexualidade em Cuba: "É verdade que você não podia ser abertamente *maricón* à luz do dia, mas de noite tudo era diferente. Na sombra de todo grande cabaré, havia clubes menores para homossexuais, com muita sobreposição entre os dois mundos".

Pepe frequentemente trabalhava no bar do Tropicana, onde alguns dos mais distintos cidadãos andavam dos dois lados da cerca. "O cara com quem você tinha de ter cuidado era Papo Batista, o filho do presidente. Se ele gostasse de você – cuidado! Você nunca sabia aonde isso podia levar". Pepe também rondava muitos dos clubes perto do Prado, especialmente o Clube 21, um pequeno cabaré em Vedado, na frente do Hotel Capri, que abriu em novembro de 1957.

Não era comumente sabido que uma sombra gay existia ao lado dos estabelecimentos mais reverenciados da Máfia, mas dado o gosto da cidade por sexo, não era surpresa. De acordo com Pepe, a subcultura gay da cidade era tolerada, e até encorajada, pelos supervisores econômicos de Havana, incluindo os mafiosos.

Lésbicas também tinham seu papel. No Comodoro – o hotel onde o Senador Kennedy teve sua orgia – às vezes era feita uma exibição para hóspedes especiais. O advogado Frank Ragano se lembrou de ser levado lá por Martín Fox, proprietário do Tropicana. Numa grande suíte do hotel, um grupo de mulheres dançava e apresentava atos lésbicos, uma com a outra, então se ofereciam para fazer sexo com os homens na plateia. Fox disse a Ragano que, pela sua experiência, muitos homens achavam que o sexo lésbico era mais estimulante do que os shows heterossexuais. Essa observação era reveladora, vindo de Fox, cujos laços matrimoniais com uma atraente esposa de vinte e dois anos, Ofelia, era de conveniência. Apesar de poucos saberem na época, Ofelia Fox era uma lésbica enrustida.

De todo os lugares onde exibições de sexo bizarro eram apresentadas em Havana, o mais notório permanecia sendo o teatro Shanghai. Esse venerável estabelecimento, localizado no Barrio Chino de Havana, estava aberto desde o começo dos anos 1930. Originalmente criado como um teatro legítimo de dramas orientais, ele mudou de mãos e através dos tempos se tornou conhecido por apresentar o rala e rola. O coreógrafo do Tropicana, Rodney Neyra, teve seu começo lá, nos anos 1940, como um produtor de shows burlescos e teatro de nudez. Na metade dos anos 1950, suas performances se tornaram grosseiras – eram descritas na revista *Cabaret* como "o show burlesco mais cru do mundo". Filmes pornográficos eram acrescentados à mistura. Entre os atos, filmes explícitos de 8-milímetros eram mostrados numa tela sobre o palco. Mas a atração principal era o ato teatral em si.

Havia três shows por noite, das 21h30 até as primeiras horas da manhã. Os preços variavam de 65 centavos de dólar por um lugar no balcão até US$ 1,25 por uma cadeira na frente do palco. O lugar era surpreendentemente grande, com bancos para aproximadamente quinhentas pessoas no piso principal e trezentas no balcão. Uma cortina de veludo vermelho era um resquício dos dias do clube como um teatro legítimo.

Uma abertura típica mostrava a dança de López e Romero. Com um ritmo quente de mambo, Alfred Romero e Conchita López travavam uma "dança apache", com Alfred arrancando peças de roupas de Conchita conforme dançavam. Finalmente, a mulher estava dançando completamente nua. Posteriormente, vinha o ato principal, que geralmente envolvia alguma forma de sexo ao vivo. O show principal era melhor se você falasse espanhol, por causa dos diálogos envolvendo a linguagem vulgar das ruas e insinuações sexuais.

Um esquete típico que durou semanas no Shanghai retratava um homem e uma mulher num restaurante. Eles estavam sentados numa mesa vazia. Um garçom se aproxima com os cardápios. O homem pergunta ao garçom: "onde está o jogo de mesa?" Sem falar uma palavra, o garçom tira garfos, colheres, facas e guardanapos de seus bolsos e arruma a mesa. Depois de certa discussão sobre o menu, a mulher diz: "Vou tomar café." Chega uma xícara e um bule e café preto é servido. Sal e pimenta? "*Si, señor*", aqui no bolso da cintura. Açúcar? "Claro" – numa garrafinha no bolso da camisa. "Onde então está o creme?" a mulher pergunta. O garçom sorri, e tira para fora o pênis. A mulher toca o pênis do garçom e começa um sexo oral até que, aparentemente, o garçom ejacula no café.

De todos os shows de sexo no Shanghai, de longe os mais memoráveis eram aqueles envolvendo o Superman. O nome dado para um famoso *performer* bem-dotado. Superman era um alto e magro cubano de descendência africana que frequentemente vinha ao palco usando uma capa. Vários esquetes e cenários foram criados para apresentar o que era a maior atração: o membro de 30 centímetros de Superman. Às vezes, Superman aparecia no palco num balanço do tipo de um trapézio, sobre a plateia, com seu prodigioso membro balançando ao vento. Outras vezes ele fazia sexo no palco com duas ou três mulheres consecutivamente. Décadas depois do fato, seu ato foi imortalizado em *O Poderoso Chefão Parte II*, numa cena em que Don Michael Corleone, seu irmão Fredo e um grupo de "dignitários" americanos vão a um show no Shanghai.

Como muitos outros que faziam a vida em Havana durante a era da Máfia, Superman não era o que parecia ser. De acordo com o michê Pepe e com outros, esse despretensioso homem, famoso em Cuba por suas proezas heterossexuais era, de fato, gay. "Sei porque ele [Superman] transou muitas vezes com um amigo meu que trabalhava no teatro", alegou Pepe.

Durante os anos 1950, as aparições do Superman no Shanghai encheram o teatro de turistas. Ralph Rubio, que trabalhava como treinador na escola de Lansky e mais tarde serviria como gerente financeiro no Riviera hotel-cassino, viu a apresentação de Superman em inúmeras ocasiões. Às vezes era trabalho de Rubio servir como "diretor de entretenimento" e levar os grandes apostadores, figuras políticas e outros importantes parceiros de Lansky para uma boa diversão. Quase todo mundo queria ser levado ao infame teatro Shanghai para ver o Superman.

Numa ocasião, Rubio acompanhou um grupo que incluía Irving "Niggy" Devine, um empresário do jogo, silencioso coproprietário do Fremont Hotel e Cassino em Las Vegas e parceiro de Eddie Levinson, que Lansky havia importado para gerenciar o cassino no Riviera. Devine mal pode se conter quando viu Superman no palco. Parte da apresentação envolvia a participação da plateia: os clientes podiam escolher, de um grupo de mulheres no palco, quais eles queriam ver serem penetradas pelo Superman com sua enorme ferramenta. Rubio se lembrava: "Nig Devine era um degenerado sexual. Ele deu trezentos dólares a mais para ver Superman fazer sexo anal com uma mulher".

Devine passou o dinheiro para um representante do teatro; no palco, Superman fez a coisa. Como Rubio se lembra, ele virou a cabeça quando viu o famoso *performer* entrar na mulher por trás. Rubio não podia olhar. Era doloroso demais.

A DEGRADAÇÃO SEXUAL dos cidadãos cubanos para o entretenimento dos turistas norte-americanos e europeus foi o segredinho da Máfia de Havana. Apesar de os mafiosos americanos não serem a força controladora por trás da prostituição e da pornografia em Cuba (o Shanghai foi de propriedade de José Orozco García, um operador independente), o sexo comercial em todas as suas permutações era uma grande atração de toda a era. Como Ralph Rubio colocou: "Tudo era montado em torno do sexo". O cabaré, com suas deusas de carne, foi uma extensão dos cassinos. As prostitutas e artistas do sexo eram o tempero especial dos cassinos e palácios de shows: era tudo parte do mesmo universo.

Fidel Castro e outros membros da revolução entendiam a verdadeira natureza dos bons tempos na capital. Não era desconhecido do Movimento 26 de Julho que no Teatro Martí de Havana, que recebeu seu nome do "arquiteto espiritual" da Revolução e herói pessoal de Fidel, a estrela burlesca Betty Howard estava rebolando a bunda e balançando as tetas, em três shows por noite. Aos inimigos do regime de Batista, um apodrecimento moral acontecia em Havana, que era uma consequência natural da relação profana do presidente com o que Castro se referiu como desfalcadores, seu termo de escolha para aqueles por trás da pilhagem econômica da ilha.

No começo de 1957, o Movimento 26 de Julho havia começado a reunir forças. Em vários conflitos com a Guarda Rural na Sierra Maestra, os rebeldes de Castro se saíram bem, sem perdas e ganhos substanciais em termos de armamentos e suprimentos. Eles permaneciam se movendo e adaptando seus arredores. Lembrou-se Fidel:

> "Nós nos identificamos muito com o meio-ambiente das montanhas. Nos adaptamos tão bem que sentíamos como se fosse nosso habitat natural. Não foi fácil, mas acho que nos identificamos com a floresta tanto quanto os animais selvagens que viviam lá. Estávamos constantemente em movimento. Sempre dormíamos na floresta. Inicialmente, nós dormíamos no chão. Não tínhamos nada para nos cobrir. Depois, tínhamos redes e nylon... e usávamos plástico para nos cobrir e nos proteger da chuva. Organizávamos

as tarefas da cozinha por times. Cada time carregava o equipamento de cozinha e comida morro acima... Não conhecíamos a região bem... Estudamos o terreno conforme fomos lutando."

Até agora, o movimento havia sido dominado por intelectuais urbanos e estudantes, mas conforme os rebeldes foram sendo forçados a viver nas situações mais drásticas, as prioridades mudaram. Os seguidores de Castro se uniram ao povo mais destituído de Cuba – um grupo que não poderia estar mais afastado daqueles na capital, que aprontavam tarde da noite, cortesia da Máfia de Havana. Como Castro colocou:

> "Batista estava seguindo com uma feroz campanha de repressão e havia muitas casas queimadas e muitos camponeses mortos. Nós lidamos com os camponeses de uma maneira muito diferente dos soldados de Batista, e lentamente conquistamos o apoio da população rural – até que esse apoio se tornou absoluto. Nossos soldados vinham da população rural."

O segundo no comando de Castro, Che Guevara, sentia que essa convergência entre rebeldes e camponeses marcava o verdadeiro começo da Revolução:

> "A guerrilha e os camponeses se uniram numa massa única, para que então (e ninguém poderia dizer em que momento precisamente a longa marcha ocorreu) nos tornássemos parte dos camponeses... A ideia da reforma agrária nascia, e a comunhão com as pessoas estava deixando de ser uma teoria e se convertendo numa parte definitiva de nosso ser."

Em maio, o movimento teve outro impulso da mídia americana quando a CBS televisionou um documentário chamado *The Story of Cuba's Jungle Fighters* [*A História dos Combatentes da Selva Cubana*]. Quatro semanas antes, um produtor e *cameraman* da CBS trilhou a Sierra Maestra para entrevistar Castro e seus seguidores – com câmera. Desta vez, Fidel seria visto em carne e osso, mostrando ao entrevistador os arredores de seu campo rebelde. Em claro e bom inglês, Castro proclamou: "Batista acha que mentindo pode obter o que não consegue pela força das armas... Quando um de seus soldados é morto em combate, ele diz que ele morreu num acidente. Bem, tem havido muitos acidentes aqui em Sierra Maestra nos últimos meses".

A aparição na televisão foi estrondosa para as relações públicas. Fidel solidificou seus status como um tipo de Robin Hood tropical. Cubanos decepcionados migraram para o Movimento 26 de Julho. No verão, o *Ejército Rebelde* havia crescido de seus iniciais doze membros sobreviventes para algo em torno de trezentos. Eles se dividiram em colunas e se espalharam pelas montanhas ao redor.

Em julho, o movimento lançou sua primeira declaração de princípios. O "Sierra Manifesto" foi composto por Castro e dois proeminentes líderes da oposição de Havana, que encontrou o líder rebelde nas montanhas. Entre os princípios lançados havia a exigência que, depois que Batista fosse deposto e um governo revolucionário fosse instalado, o jogo e a corrupção seriam erradicados. Pela primeira vez, o movimento declarou por escrito que era um inimigo irrefutável da Máfia de Havana. De lá em diante, seria guerra até a morte.

O PRESIDENTE BATISTA FICAVA agitado cada vez que o nome de Castro era mencionado. Seu círculo interno conhecia os sintomas: falta de foco, comer compulsivamente, uma tendência a autopiedade. Acima de tudo, Batista não podia entender como, num país que estava vivenciando seu melhor clima econômico em décadas, poderia haver uma perturbação política. Sua resposta às notícias de que Fidel estava expandindo sua revolta para o campo foi bombardear indiscriminadamente. Repressão e vingança se tornaram a regra do dia. Quando um contingente da Marinha cubana tentou tirar proveito do clima geral de discórdia e encenar um motim numa base em Cienfuegos, eles não foram apenas derrotados, foram esmagados. Muitos foram mortos num tiroteio. Quarenta soldados que se renderam foram sumariamente executados. No total, trezentos soldados e civis foram mortos durante o tumulto em Cienfuegos.

Na Província Oriente, muito do terrorismo sancionado pelo governo foi executado por Los Tigres de Masferrer. O Senador Masferrer adotou uma nova técnica de mostrar os corpos das vítimas, torturados e assassinados. Em julho, quatro jovens suspeitos de envolvimento na resistência civil foram mortos e seus corpos pendurados em postes de telefone na saída de Santiago. O incidente foi vagamente similar ao assassinato de William Soler e três outros adolescentes no mês de janeiro. Para cada quatro adolescentes mortos pelo regime de Batista, dez mais se juntavam à revolução.

A polícia secreta conquistou certo sucesso. Em 30 de julho, Frank País, de vinte e três anos, o popular líder do Movimento 26 de Julho foi caçado e assassinado pelo governo. Foi feita massiva procissão para o funeral do rebelde abatido e uma greve paralisadora foi organizada pelas uniões de trabalho. Cuba agora estava afundada numa pequena guerra civil.

Toda essa atividade aconteceu fora da capital, e a Máfia de Havana permanecia alegremente ignorante da confusão ao redor dela. Apesar de que o ataque no palácio presidencial deveria ter alertado os mafiosos que seu mundo estava mudando, eles depositaram fé no braço forte do governo. Além disso, eles tinham seus próprios problemas para lidar. Conforme a estação de turismo de 1957-58 se aproximava, uma nuvem negra passava sobre o domínio da Máfia. Foi um fenômeno que um meteorologista podia ter chamado de Furacão Albert.

Como prometido, Albert Anastasia chegou a Havana para verificar seus investimentos. Por cinco dias, no final de setembro, ele passeou usando um chapéu de feltro, como se ainda estivesse na fria Nova York. Ele foi a muitos dos estabelecimentos mais importantes da Máfia, incluindo o hipódromo Oriental Park, do qual possuía uma porcentagem do lucro, o cassino Sans Souci e o clube Tropicana. No Tropicana ele recebeu uma mesa especial e foi tratado como um rei por Martín Fox. Dias depois, Anastasia foi visto em uma reunião no saguão do hotel Copacabana, em Miramar. Na reunião, ele gritava; fez ameaças e gestos destinados a intimidar outros presentes.

Lansky não estava nessa reunião. Como seu empregado Ralph Rubio se lembrou: "Fomos avisados sobre Anastasia. Nos disseram para tratá-lo com respeito, mas Lansky deixou claro que, da parte dele, Anastasia não era bem-vindo em Havana".

O Lorde Alto Executor da Máfia tinha uma reclamação a fazer para seus associados em Cuba. Sua queixa tinha a ver com o hotel Hilton. Anastasia ficou sabendo que sua parte do hotel e cassino devia ser dividida com não menos do que quinze outros, incluindo a união dos funcionários de hotel de Cuba e o Sindicato Gastronômico. Dinheiro do fundo de pensão da união foi usado para financiar o prédio, tornando os trabalhadores – pelo menos simbolicamente – investidores do hotel. Anastasia não gostou dessa ideia. Trafficante tinha seus próprios estabelecimentos (o Comodoro, Deauville e Capri) e Lansky tinha os seus (o Nacional e o Riviera). Por que ele, Abert Anastasia, deveria dividir sua parte com um consórcio que incluía de lavadores de prato cubanos a Kenneth Johnson, um senador do estado de Nevada?

Depois que o Chapeleiro Louco deixou Havana, houve uma estranha calma. O motorista de Lansky, Jaime Casielles, noticiou uma mudança palpável em seu patrão. Anastasia ainda era um assunto de discussão entre os mafiosos que se reuniram para o encontro semanal na casa de Joe Stassi, mas Lansky não parecia mais preocupado com o ponto de distração.

"Lansky uma vez me disse", Jaime se lembrou, "a pior coisa que poderia acontecer a um homem era que ele perdesse seu ritmo ou ser derrubado. Se ele tinha uma filosofia, era essa: sempre manter o equilíbrio em sua vida e negócios".

Anastasia havia desestabilizado as coisas em Havana, mas de acordo com Jaime, seu patrão era proativo – ele deu os passos necessários para restaurar o equilíbrio. "A impressão na minha cabeça era de que ele havia decidido o que precisava ser feito. E qualquer que tenha sido a decisão, deu a Lansky um sentimento de determinação e um tipo de paz".

As decisões podem ser libertadoras, ou podem significar um caminho sem volta. A decisão de Lansky estava prestes a derrubar o submundo americano no seu cerne.

11
VINGANÇA TROPICAL

Para Santo Trafficante, os problemas da Máfia de Havana com Albert Anastasia representavam uma certa abertura. O chefão da Máfia de Tampa sabia que o sindicato em Cuba – que tinha sido estruturado por ele mesmo, Lansky, Batista e outros – não era uma operação autônoma: as decisões feitas na ilha criavam um efeito dominó, com repercussões numa vasta gama de "famílias" que possuíam um grupo de interesse nos cassinos e boates. Dados todas as facções envolvidas, talvez fosse inevitável que os desenvolvimentos em Cuba criassem camadas de intriga que, às vezes, levavam a ciúmes e desentendimentos. Como a maioria dos mafiosos de alto nível, Trafficante reconhecia que as rivalidades dentro do submundo eram frequentemente uma oportunidade para manobras e jogos de poder; elas traziam um espírito maquiavélico à Máfia.

Menos de dois meses depois do furacão da visita de Anastasia à Havana, Trafficante pegou um voo de Havana para Tampa, e depois para Nova York. Ele viajou sob o nome de B. Hill, um codinome que ele frequentemente usava. Pousou no aeroporto de Newark, pegou um táxi para Manhattan e deu entrada no Warwick Hotel na West 54th Street com a 6th Avenue.

Algumas semanas antes, ele escreveu uma carta a Anastasia pedindo que cuidasse para que alguns parceiros de negócios cubanos ficassem no Warwick. "Diga a Cappy para cuidar dessa gente", escreveu Santo. Cappy era o apelido de Tony Coppola, guarda-costas e braço direito de Anastasia, que Trafficante havia recepcionado em Havana em inúmeras ocasiões.

Foi ideia de Trafficante reunir um grupo que incluía cubanos e Anastasia para discutir os planos para o cassino no Havana Hilton. Também presente estaria Joe Rivers, um veterano da Máfia de Havana, que voou para Nova York porque também era um amigo próximo de Anastasia.

A reunião aconteceu no quarto 1009, a suíte de Anastasia no décimo andar do Warwick. Trafficante, Rivers e Anastasia se encontraram com um grupo de quatro cubanos, que incluía Robert "Chiri" Mendoza. Esguio, de cabelos pretos, com um bronzeado perene, Chiri Mendoza era o bem conectado empreiteiro que estava construindo o Havana Hilton e também um candidato provável a receber a sublicença para operar o cassino do hotel. Parceiro de negócios do Presidente Batista em vários empreendimentos, Mendoza era de uma antiga e importante família cubana dona do Almendares Tigers, uma das franquias de baseball mais famosas da ilha. Na verdade, era sonho de Mendoza recrutar o grande jogador Joe DiMaggio para servir como anfitrião do novo cassino Hilton.

Joe Rivers conhecia DiMaggio e ajudou a marcar um encontro. Por respeito, o astro de baseball do Yankees encontrou com esse grupo no Warwick Hotel. Ele disse aos homens que ele não poderia endossar bebidas ou jogos por causa do efeito negativo que causaria sobre "a juventude da nação".

Depois que DiMaggio partiu, o grupo reuniu-se no Chandler's, um restaurante perto de Midtown Manhattan. A discussão no restaurante era sobre tomar controle da concessão do cassino no Hilton. O preço para a concessão – a ser pago para a Hilton Company – era de US$ 1 milhão, e mais US$ 2 milhões por baixo do pano para Batista fechar o acordo (US$ 2 milhões na época era o equivalente a US$ 25 milhões hoje). Trafficante estava esperando que Anastasia contribuísse com uma parte do dinheiro.

Como um veterano do submundo, Anastasia teria reconhecido a oferta de Trafficante como o que ela era: uma forma de passar por cima de Lansky. Albert sabia que Santo tinha seus próprios parceiros em Havana, cubanos com quem a família Trafficante tinha negócios desde os tempos do contrabando de bebidas. Para Anastasia, Santo era um forasteiro de Tampa, ao contrário de Lansky, que Albert conhecia desde que eles eram jovens marginais do Lower East Side. Mas o submundo estava cheio de parcerias de conveniência, homens que se juntavam por interesses mútuos e pela realização de um inimigo em comum. Até onde esses homens sabiam, Lansky tinha total domínio de Havana; ao se encontrar num restaurante em Manhattan para discutir como iriam melhorar suas posições, eles estavam exercitando seus direitos como jogadores.

O que esses homens não sabiam e que havia outro proeminente membro da Máfia de Havana na cidade. Alguns dias antes, Joe Stassi, viajando sob o nome de Joe Rogers, chegou a Manhattan e se hospedou no hotel Park Sheraton, não muito longe do Warwick, na West 55th Street com a 7th Avenue.

Como um gerente do dia a dia da Máfia em Havana, Stassi era considerado amigo de todas as facções. Quando todos se encontravam em sua casa, perto do Rio Almendares, para as conferências de quinta e sexta-feira à tarde, para discutir o desenvolvimento da ilha, eles sentiam que estavam num campo neutro. A mansão tropical de Stassi era a coisa mais próxima que a Máfia de Havana tinha de um quartel oficial, e Hoboken Joe era considerado o mediador ideal. Na verdade, Stassi estava do lado de Lansky.

Os dois homens se conheciam desde a infância; Stassi, posteriormente, chamaria Lansky de "o pilantra mais esperto que eu já conheci". Apesar de Stassi ser totalmente siciliano, temperamentalmente ele tinha mais coisas em comum com os irmãos judeus de Stanton Street no Lower East Side. Como ele falou a um entrevistador quando estava idoso: "Os judeus fizeram a Máfia. Sem os judeus, os italianos não poderiam ter chegado a lugar algum. Foram os judeus que fizeram todo o trabalho".

Para os membros da Máfia de Havana, Stassi pode ter sido um mediador, mas sua reputação por fazer o trabalho sujo remetia há décadas. Stassi havia matado para a Máfia em várias ocasiões. Um de seus primeiros assassinatos foi quando ele estava com vinte e poucos anos, e foi encomendado por superiores da Máfia de Nova York que ele matasse seu melhor amigo. Ele atirou na cabeça do sujeito à queima roupa, enquanto ele estava sentado no carro. Stassi não ficou feliz de matar seu melhor amigo, nem curtiu particularmente os outros assassinatos que cometeu para a Máfia. Conforme os anos passavam e ele ficava mais importante na organização, Stassi não fazia mais trabalho sujo. Como Albert Anastasia, ele se tornou mais um organizador de assassinatos: ele juntava equipes de tiro, planejava os esquemas e arranjava a fuga.

Stassi tinha a habilidade de montar grandes assassinatos. Isso era parte do que ele fazia para uma das mais antigas fraternidades criminosas do mundo.

Stassi não estava em Nova York para visitar parentes ou ver as paisagens. Ele estava lá porque seus serviços profissionais eram requeridos. Estava na cidade para facilitar a vida da Máfia de Havana.

No restaurante Chandler's, Trafficante, Anastasia e os cubanos comeram e falaram sobre negócios. De acordo com todos, a reunião foi boa. Santo e Albert concordaram em arrumar o pagamento para o Havana Hilton. Chiri Mendoza seria o homem de ponta. Todos eles se cumprimentaram e se despediram.

Dois dias depois – na manhã de 25 de outubro – Albert Anastasia foi cortar o cabelo e entrou para os anais da história das gangues.

ELE NUNCA SOUBE o que o acertou. O fogo cerrado veio de trás – sem aviso. Dois invasores usando lenços no rosto entraram na barbearia do hotel Park Sheraton, onde um dos mais temidos mafiosos do mundo estava sentado numa cadeira com uma toalha quente no rosto. Foi um disparo profissional, rápido e brutal. Bam, bam, bam, bam, bam, bam – seis tiros, com um entrando por trás do ombro de Anastasia e continuando numa trajetória descendente, perfurando pulmões, rins e baço. Dois tiros o acertaram na mão, quando ele levantava seu braço direito num vão esforço de se proteger. Um tiro passou de raspão em sua nuca e outro o atingiu no lado direito da cintura. A última bala o acertou atrás da cabeça, partiu seu crânio e ficou alojada no hemisfério esquerdo de seu cérebro.

Eram 10h20. Anastasia havia ido para o barbeiro como parte de uma rotina antiga. Ele tinha um grosso cabelo siciliano; se ele não desse uma aparada pelo menos uma vez por semana, o cabelo ficava despenteado, tal qual uma famosa foto de preso tirada quando ele tinha vinte e cinco anos: fios espetados, olhos frios e vazios. Quando Anastasia se encheu de balas na barbearia do Park Sheraton, o cabelo já tinha pontos grisalhos e começava a rarear nas têmporas. Para alguns, o chefão da máfia de cinquenta e cinco anos havia simplesmente ficado velho e descuidado. Um bandido mais novo nunca ficaria desprotegido assim; Anastasia chegou a acreditar que era o chefe do pedaço e, portanto, impenetrável. Ele havia autorizado tantos assassinatos em sua vida que poderia ser perdoado por pensar que era só ele quem distribuía a morte no submundo.

De acordo com uma testemunha, após ser atingido várias vezes, Albert saltou para frente em sua cadeira. Um relato diz que ele avançou contra seu próprio reflexo no espelho, achando que era o pistoleiro. Os atiradores mantiveram-se tranquilos: estavam vestidos em longos sobretudos com luvas pretas e chapéus. Suas bandanas no rosto os faziam parecer como ladrões de banco do Velho Oeste.

A cacofonia de disparos e fumaças dos Smith & Wesson calibre 32 e Colt calibre 38 durou menos de um minuto. Quando Anastasia veio ao chão, perto da cadeira do barbeiro, os pistoleiros se viraram para a saída da mesma forma que entraram. Mas a porta da West 55th Street havia se fechado atrás deles. Então eles partiram por outra porta, essa dando direto para o saguão do hotel Park Sheraton. Eles tiraram as máscaras e desapareceram na multidão sem ninguém perceber o que havia acabado de acontecer.

Havia várias testemunhas na barbearia: quatro barbeiros, três engraxates, uma manicure e três clientes. Um dos clientes era Vincent Squillante, um associado de Albert na Máfia, que estava sentado há duas cadeiras quando os disparos começaram. Squillante se abaixou atrás de uma cadeira buscando cobertura. Depois que os pistoleiros cuidaram do negócio e fugiram, Squillante gritou: "Me deixem sair", e correu para a porta. A outras testemunhas ainda estavam lá quando a polícia chegou.

Um lençol branco foi jogado sobre o corpo de Anastasia no chão. Detetives na cena começaram a fazer perguntas. As testemunhas foram capazes de descrever o incidente em detalhes, mas quanto aos motivos, era uma questão que iria ficar em suas imaginações.

Os disparos aconteceram cedo o bastante para chegarem aos jornais da tarde: "O Mafioso Anastasia é Assassinado" gritava o *Daily News* de Nova York; "Disparos da Máfia Derrubam Chefão da Murder Inc" dizia o *Daily Mirror*. Nos anais dos assassinatos da Máfia, isso era um fenômeno. Desde que a Comissão foi formada, lá no começo dos anos 1930, não havia um assassinato dessa magnitude – um alto chefão apagado em plena luz do dia. Quem tinha culhões para matar Albert Anastasia? Uma pessoa dessas tinha de ser louca, ou conectada aos altos níveis.

Não demorou muito para os detetives descobrirem possíveis suspeitos. Na cena do crime, eles revistaram o corpo de Anastasia e descobriram uma chave para o quarto 1009 do Warwick Hotel. Eles foram para o hotel. Fizeram muitas perguntas. Em pouco tempo a investigação sobre o assassinato de Anastasia começou a tomar um aroma pungente; começou a ganhar o cheiro de Cuba.

No começo da manhã da morte de Anastasia, Trafficante deu saída no Warwick Hotel. Ele voou para Nova York diretamente para o aeroporto de Havana, onde, coincidentemente, ele deu com Joe Rivers, que também voltou a Cuba num voo separado.

"Você ouviu as más notícias?" Rivers perguntou a Santo. "Albert está morto."

De acordo com Trafficante, foi a primeira vez que ele ficou sabendo sobre o assassinato da barbearia.

Nos dias seguintes, o nome de Trafficante foi mencionado frequentemente em relatos dos jornais sobre os disparos. Detetives e repórteres colocaram que Trafficante, Rivers e um grupo de cubanos havia se encontrado com Anastasia não muito antes de seu assassinato. Foi sugerido na imprensa que talvez Anastasia estivesse tentando fazer um braço de ferro com Trafficante e os cubanos, medir forças com as operações da Máfia em Havana. Por um tempo, os detetives viram os dois encontros no Warwick Hotel e no restaurante Chandler's como sua pista mais promissora. Eles conseguiram interrogar um dos participantes dos encontros – Cappy Coppola, guarda-costas de Anastasia. Em particular, os policiais queriam saber por que Coppola não estava por perto na manhã em que seu chefe foi morto. Ele não ficava geralmente por lá quando Albert cortava o cabelo e se barbeava? Não era seu trabalho se certificar de que seu chefe nunca estivesse vulnerável a um ataque? Copolla fechou a boca e não disse nada.

Enquanto isso, o advogado de Trafficante, Frank Ragano, viu uma foto no *Tampa Tribune* de Cappy Coppola sendo levado para o interrogatório por detetives de Nova York. Ragano sabia que Coppola e Trafficante eram amigos. Ragano havia algumas vezes viajado para Nova York com Santo e eles sempre jantavam e bebiam lá com Coppola, que parecia reverenciar Trafficante. E agora Copolla havia sido levado a interrogatório por especulações que ele e Trafficante estivessem de alguma forma envolvidos no assassinato de Anastasia – sendo a teoria de que Albert havia feito exigências não razoáveis sobre Cuba e tenha sido apagado.

Ragano encontrou Trafficante em Ybor City durante uma das regulares passagens indo e vindo entre Tampa e Havana. Eles se encontraram no restaurante favorito de Trafficante, o Columbia, um clássico estabelecimento espanhol do velho mundo conhecido por sua ótima paella.

"Creio que você esteja lendo todo esse *nonsense* sobre mim", Trafficante disse para seu advogado.

"Sim", respondeu Ragano. "A promotoria de Nova York está dizendo algumas coisas bem graves sobre você – que você estava num encontro decisivo com Anastasia e que ele queria tomar seus cassinos em Havana".

Com desprezo em sua voz, Trafficante respondeu: "Essa gente não tem ideia do que está falando. Alberto era meu *cumbate*".

Cumbate era uma variação Tampa-Siciliana de compadre. Ragano vivia em contato o suficiente com suas raízes sicilianas para saber que o termo foi usado para significar que os dois homens tinham uma ligação próxima – uma relação de irmãos de sangue baseada num senso profundo de lealdade.

Trafficante explicou a Ragano: "Fui a Nova York para fazer Anastasia investir no negócio de um cassino que estou tentando fazer em Havana. Não podia fazer o acordo sem ele e queria oferecer uma parceria meio a meio... Disse a ele que o Hilton seria uma mina de ouro".

Até onde Ragano sabia, a explicação de Trafficante – e especialmente seu uso da palavra *cumbate*, que era sagrada para qualquer homem siciliano – era o suficiente para convencê-lo de que o assassinato de Anastasia não era algo que seu cliente havia arquitetado.

A questão permanecia: se Trafficante não sabia nada sobre o assassinato de um homem com quem ele havia se encontrado na noite passada, então qual plano sinistro estava em curso?

Um comandante óbvio era Lansky, mas Trafficante não disse nada a Ragano sobre o chefão judeu da Máfia, que havia se tornado ao mesmo tempo seu parceiro e seu competidor em Havana. Se Santo suspeitava de Lansky, ele manteve para si mesmo.

Em Nova York, Cuba e em todo canto, Meyer Lansky não era visto em nenhum canto. Nos dias e semanas após o assassinato de Anastasia, Meyer fez o que ele era conhecido por fazer: ficou na surdina. Ele não havia estado em nenhum lugar próximo da cena do crime no dia em que Anastasia teve seu último corte de cabelo. Na época, ele estava em Havana tomando conta dos negócios. Não havia evidências ligando-o aos disparos. Essa era apenas a forma que Lansky gostava. Ele estava no processo de tomar decisões nos altos escalões da Máfia antes de Joe "The Boss" Masseria a – talvez – seu parceiro Benny Siegel e, sem dúvida, de outros. A habilidade de Lansky de escapar de processos era lendária. Ele um mafioso não declarado cujas atividades criminais eram frequentemente especuladas, mas raramente provadas.

De volta a Havana, o motorista de Lansky, Armando Jaime, achou curioso que antes da morte de Anastasia o famoso mafioso tenha sido assunto principal de uma conversa entre Lansky e seus sócios, mas depois disso, o assunto raramente voltou à tona.

Joe Stassi voltou a Havana e as reuniões semanais recomeçaram, longe de rancor e tristeza. De alguma forma, o problema de Anastasia havia desaparecido.

O ASSASSINATO DO CHAPELEIRO LOUCO pode ter se tornado um tópico de discussão proibido entre os mafiosos de Havana, mas rapidamente se tornou a conversa padrão entre os fofoqueiros de Cuba.

No passado, o assunto de mafiosos americanos operando em Havana tinha estado bem distante da mídia. A censura em Cuba tornava quase impossível para os jornalistas investigarem corrupção financeira, já que era quase ligada ao governo. Nessas ocasiões, quando Lansky, Trafficante ou outros gângsteres conhecidos eram mencionados na imprensa, era quase sempre como "empresário americano" ou "operador de cassino".

O assassinato de Anastasia alterou um pouco a equação. Já que o disparo parecia ter sido destinado à máxima exposição – ou pelo menos para entregar uma mensagem para o mais alto e amplo nível possível – o resultado foi uma grande especulação pública. Em Havana, o assunto começou a aparecer nas colunas sociais e relatos de jogos. Uma revista até colocou a história na capa, com a manchete: "¿*Operan en nuestros cabarets gangsters americanos?*"

O *Confidencial de Cuba* era um tabloide sensacionalista vendido em farmácias, mercados, no aeroporto e bancas de revistas em Havana e Santiago. O slogan da revista era "*Todo lo vemos, todo lo oímos, y nada silenciamos*" – Vemos tudo, ouvimos tudo, não calamos nada. Na verdade, a revista era pouco mais do que uma coleção de histórias e fofocas relacionadas à alta sociedade cubana, que inevitavelmente envolvia personalidades e eventos relacionados às casas noturnas e cassinos. Junto com perfis e entrevistas, o *Confidencial* frequentemente incluía anúncios de página inteira dos vários cabarés da cidade controlados pela Máfia.

No primeiro número lançado depois da morte de Anastasia, a revista dedicou várias páginas ao caso. Na capa estava uma foto do corpo prostrado de Anastasia no chão da barbearia, junto de uma foto de Trafficante com a legenda. "*Santo Traficanti o Traficante*", um jogo de palavras com o nome de Santo. Havia também uma foto de Anthony "Tough Tony" Anastasio, com uma legenda sugerindo que ele poderia estar chegando a Havana para "vingar a morte do irmão". Dentro da revista havia duas páginas com mais fotos e mais perguntas provocativas. A cobertura foi tão inflamada que Amletto se sentiu obrigado a publicar um anúncio na revista proclamando: "Amletto Battisti não tem, nunca teve, nem nunca terá qualquer relação profissional com gângsteres".

Os tiros em Anastasia sacudiram as coisas em Cuba, trazendo um nível sem precedentes de consciência ao público de mafiosos, mas isso não era nada comparado à reação dentro da própria Máfia. A atenção deflagrada pela morte trouxe algo que não havia acontecido em onze anos – uma grande derrubada de chefões da Máfia ao redor dos Estados Unidos.

Em Apalachin, uma pequena cidade no interior de Nova York, há uns 300 km de Manhattan, sessenta mafiosos chegaram na manhã de 14 de novembro – apenas duas semanas e meia depois do assassinato na barbearia. A conferência deveria acontecer no lar de Joseph Barbara, um soldado do interior de Nova York da família criminosa Magaddino. Muitos pesos-pesados da Máfia participaram, incluindo Vito Genovese, Carlo Gambino, Joe Profaci e Sam Giancana de Chicago. Também havia Santo Trafficante.

Trafficante havia partido de Tampa sob o codinome B. Klein, trocou de avião em Newark, New Jersey e aterrissou na cidade de Binghamton, no interior de Nova York. Ele então dirigiu para a propriedade de 58 acres de Barbara em Apalachin. Lá, juntou-se ao grupo que incluía chefões e *capos* de Nova York e da Califórnia.

Os tópicos de discussão na reunião eram variados, mas no topo da lista de todos estava o assassinato de Anastasia e o desenvolvimento financeiro em Cuba.

O fato de que Meyer Lansky não estaria presente falava muito. Nos últimos meses, uma rixa se desenvolveu entre as facções da Máfia de Frank Costello e Vito Genovese em Nova York. Desde a conferência de Havana, em 1946, Genovese estava competindo para se estabelecer como o *capo di tutti capi*, chefe de todos os chefes. Costello, que era visto por muitos como o homem principal desde que Luciano foi deportado para a Itália, era o rival primário de Genovese. Cinco meses antes do encontro em Apalachin, um assassino contratado pela Máfia deu um tiro em Costello quando ele chegava em casa, em seu apartamento em Manhattan, na Central Park West. A bala pegou de raspão na cabeça de Costello, ferindo-o levemente.

Lansky estava fortemente identificado com Costello. Junto de Luciano e Ben Siegel, esses quatro homens foram amplamente responsáveis por terem criado a Comissão – o corpo de governo para a Máfia como foi constituído nos anos 1930, 40 e 50. Lansky avisou que estava doente demais para participar do encontro em Apalachin. Costello também foi uma ausência sentida. A reunião estava parecendo muito com um encontro dos mafiosos que estavam do lado de Vito Genovese.

A presença de Trafficante no encontro sugeriu que, mais uma vez, ele estava firmando uma posição contrária a Lansky. Os dois não se gostavam, apesar de terem se unido por interesses mútuos em Cuba.

O encontro em Apalachin nunca saiu do chão. Quando os doze mafiosos chegavam de carro no minúsculo vilarejo, uma tropa local ficou desconfiada. Eles bloquearam a estrada quando eles se aproximavam da casa. Os mafiosos entraram em pânico. Quase todos eles tinham antecedentes criminais; alguns estavam em condicional, o que especificava que eles não podiam se juntar com bandidos conhecidos. Os mafiosos fugiram, correndo pelos campos ao redor da propriedade de Barbara.

O policial Fred Tiffany parou Trafficante quando ele tentava passar por um bloqueio na estrada atrás da residência de Barbara. Santo foi preso com o membro da família Gambino, Carmine Lombardozzi e o capo da família Genovese, Mike Miranda, e foram levados para a corte judicial local. Quando foram interrogados, Santo deu seu nome como Louis Santos.

Ao todo, cinquenta e oito homens foram detidos naquele dia. Desses, cinquenta tinham mandatos de prisão, trinta e cinco tinham condenações, e vinte e três haviam passado um tempo na cadeia. Todos eram ítalo-americanos.

O encontro abortado em Apalachin foi um fiasco, e não por razões legais imediatas. Alguns mafiosos receberam pequenas acusações, mas a maioria deles foi mandada para fora da corte por um juiz do distrito. O verdadeiro desastre foi que pela primeira vez na história, um grande encontro de mafiosos ao redor do país havia sido flagrado e exposto enquanto acontecia. Muitos na imprensa e nas forças da lei americana – incluindo o diretor do FBI, J. Edgar Hoover – estava há anos alegando que não havia nada de comissão nacional do submundo. Mesmo com o comitê Kefauver estabelecendo que o crime organizado de fato existia, a Máfia era uma história diferente. O diretor do FBI e outros continuaram a menosprezar a ideia de que havia uma Máfia organizada nos Estados Unidos. Nesse aspecto, o flagra no encontro em Apalachin foi um marco. Estabeleceu irrevocavelmente pela primeira vez que a Máfia americana era, de fato, uma irmandade nacional.

Nos anos posteriores foi sugerido que alguém havia dedado às autoridades locais que a reunião iria acontecer. Vito Genovese, organizador do evento, foi feito de bobo, então quem denunciou o encontro era provavelmente um inimigo do ambicioso mafioso. Um possível culpado era Lansky. Era curioso que não houvesse membros da "máfia judaica" de Meyer participando da reunião em Apalachin. E Lansky desprezava Genovese – por bons motivos. Genovese estava por trás da tentativa de assassinato de Frank Costello. Além disso, Genovese havia criado a reunião em parte para discutir resentimentos sobre a divisão de espólios em Cuba, dando a Lansky outro motivo para querer sabotar o evento. Em 1977, Doc Stacher – amigo e sócio de uma vida toda de Meyer – confirmou a um entrevistador que foi o chefão judeu da Máfia quem abriu o bico: "Ninguém sabe até hoje que foi Meyer quem cuidou da humilhação de Genovese".

O golpe foi efetivo: Genovese estava arruinado pelo fiasco em Apalachin e depois ficou enroscado num processo por tráfico de drogas que acabou com sua carreira. Trafficante, outro competidor ocasional de Meyer, foi colocado em seu lugar: seus esforços para formar uma aliança contra Meyer foram frustrados. O desejo da Máfia de aplacar a força da Máfia de Havana foi frustrado. Mais uma vez, o Little Man estava no alto comando.

Como resultado, o assassinato de Anastasia e o flagra no encontro da Máfia no interior de Nova York foram uma festa para a imprensa. Desde as audições Kefauver que a Máfia não era foco de especulações tão quentes nos jornais e nas rádios. Com Cuba aparecendo em destaque em ambas as histórias, a reputação da ilha como "Playground da Máfia" alcançou novos níveis. Assassinato e Máfia agora eram parte da sedução, junto a jogos, entretenimento e os três S – sexo, sol e sofisticação.

Em Havana, a estação de turismo de 1957-58 iria se mostrar a mais popular de todos os tempos. A cidade cresceu como destino para jogadores, convenções e turistas sexuais para um mostruário de celebridades internacionais.

A ilha há muito era um ponto de férias para estrelas do cinema e escritores famosos. Em 1951, Frank Sinatra e Ava Gardner foram para Havana em lua de mel; sua visita foi fotografada e comentada no jornal de língua inglesa *Havana Post*, onde Walter Winchell tinha uma coluna. "Dizem que A Voz tem uma atração especial pela Pérola das Antilhas", escreveu Winchell. Sinatra, é claro, tinha suas próprias razões para promover Cuba como destino. Ele era amigo de Lansky, Trafficante e outros da Máfia de Havana e havia demonstrado interesse em investir num cassino-boate, como faria posteriormente em Las Vegas.

Sinatra abriu o caminho. Mais tarde, em 1950, ele foi seguido por, entre outros, Marlon Brando. O taciturno astro de cinema e vencedor do Oscar de 1954 por *Sindicato de Ladrões* estava no auge da fama quando veio a Havana procurando divertimento. Um aficionado por música latina, Brando fez questão de conhecer a banda no Tropicana. Liderada por Armando Romeu, a orquestra no Tropicana era a maior e mais completa da ilha. Brando estava hipnotizado. "Descobrir música afro-cubana quase me enlouqueceu", ele escreveu anos depois em sua autobiografia.

Brando era um *conguero* (tocador de conga) amador. Enquanto estava em Havana, ele foi numa louca caçada noturna pela *tumbadora* perfeita. Ele ofereceu comprar uma de Romeu, mas foi recusado. Brando deixou o clube com duas das mais lindas modelos do Tropicana e seguiu pela noite. Seu guia em Havana foi Sungo Carreras, o mesmo ex-jogador de baseball que havia sido valete de Charlie Luciano durante sua época na cidade uma década antes. Sungo levou Brando para o Club Choricera, onde o ator pôde tocar conga ao lado do grande *timbalero* Silvano "El Chori" Echevarría. Posteriormente, Brando encontrou e comprou um par de congas. Numa entrevista para a revista *Carteles*, ele foi citado dizendo: "Gosto realmente de Havana... O mar é estranho. É como o céu. Você pode ver as coisas que quer imaginar".

O escritor britânico Graham Greene era presença constante em Cuba. Numa viagem para ilha em 1957, ele tentou marcar uma entrevista com Fidel Castro, mas foi incapaz de fazer acontecer. Ao invés disso, ficou em Havana e deu os toques finais num romance que iria acabar sendo publicado em 1958 como *Nosso Homem em Havana*. O romance menciona muitos dos lugares favoritos de Greene em Havana, incluindo o bordel de Doña Marina, onde o escritor cedeu ao desejo de sua antiga tendência por prostitutas. Greene também gostava de beber *añejo* e tinha uma queda ocasional por cocaína. Uma vez, ele comprou um pequeno papelote do que deveria ser cocaína de um taxista. Quando provou, Greene descobriu que era basicamente bicarbonato de sódio. Alguns dias depois, o taxista de quem ele havia comprado o procurou para devolver o dinheiro; ele também havia sido enganado. O famoso escritor frequentemente contava essa história aos amigos para ilustrar, como ele colocava, "a honestidade do povo cubano".

O ator Errol Flynn também aprontou por Havana em 1957. Flynn era conhecido como um playboy internacional. Ele passava várias horas no cassino do novo Hotel Capri e na boate adjunta Salón Rojo. Flynn era fascinado pela Revolução e dizia que queria encontrar Fidel em Sierra Maestra. Posteriormente, ele agitou um lenço com a insígnia do Movimento 26 de Julho, que ele alegava ter sido dada a ele pelo próprio Castro. Mais tarde, o famoso astro de cinema visitou Havana e anunciou sua intenção em produzir um docudrama chamado *Cuban Rebel Girls*, que iria traçar a educação política de uma jovem camponesa. O filme foi feito, financiado por Flynn, estrelando sua namorada, então com dezoito anos, Beverly Aadland. Flynn interpretava um jornalista americano cobrindo a revolução. Lançado no final dos anos 1959, com apenas cinquenta e oito minutos de duração, *Cuban Rebel Girls* é um encerramento estranho e amador à carreira de um grande astro de Hollywood (Flynn morreu em outubro de 1959; *Cuban Rebel Girls* foi seu último filme).

De todas as celebridades que foram identificadas com Cuba nos anos 1950, nenhuma era mais conhecida do que Ernest Hemingway. O autor vencedor do prêmio Pulitzer ia à Cuba desde o final dos anos 1920. Pescar e beber eram suas principais paixões, apesar de ele também encontrar tempo para escrever. Ele escreveu a maior parte de *Por Quem os Sinos Dobram* no quarto 551 no quinto andar do hotel Ambos Mundos, com uma vista cinematográfica da Plaza de Armas, em Havana Antiga. O escritor descobriu muitos prazeres sensuais na ilha, incluindo as frutas tropicais, o saboroso café e o tabaco mundialmente famoso – todos os quais ele comentou num artigo de revista chamado: "Marlin Off the Morro: A Cuban Letter", que foi publicado no número de lançamento da *Esquire*, em 1933.

Na metade dos anos 1950, Hemingway era uma lenda em Cuba. Ele havia publicado *O Velho e o Mar*, que se passava numa vila de pescadores em Cojimar, fora de Havana. Quando ele ganhou o prêmio Pulitzer, em 1953, dedicou ao povo de Cojimar. Hemingway comprou uma casa nos arredores da cidade e frequentemente se aventurava em Havana para beber no El Floridita, um atmosférico restaurante-bar conhecido como o berço do daiquiri.

O status de celebridade internacional de Hemingway levou à criação de inúmeros mitos sobre sua época em Cuba, incluindo a crença de que ele bebera em outro bar bem conhecido de Havana Velha, La Bodeguita del Medio. Essa história foi iniciada por um colunista de fofocas cubano chamado Fernando Campoamor, também conhecido como "o Walter Winchell de Havana Velha". Campoamor, que era sócio do La Bodeguita, também era creditado como aquele que escrevera na parede: "Bebo meus daiquiris no El Floridita e meus mojitos no Bodeguita", um grafite que foi erroneamente atribuído à Hemingway. Na verdade, o escritor só visitou o bar uma vez na companhia de um guia turístico do submundo chamado Bruno, que ciceroneava americanos ricos.

Hemingway não era um aficionado por cassinos e boates, mas era onde a maior parte das celebridades passava o tempo. No outono de 1957, o universo da Máfia de Havana era o cenário de diversão mais efervescente do planeta. Num lugar onde as celebridades e astros do cinema se encontravam, talvez fosse lógico que a Máfia teria como seu mascote uma pessoa que incorporasse ambas as tradições. Essa pessoa era George Raft.

Raft era um ator-personagem que também era um protagonista. Delicado e bonito, era um cara durão que sabia por onde pisava. Durante os anos 1930, 40 e 50, ele fez carreira interpretando bandidos e gângsteres junto de astros como Jimmy Cagney e Humphrey Bogart. Ele também era tão identificado com seus papéis de mafioso que o FBI fez um documento sobre o ator que o identificava como "associado notório" da Máfia. A imagem de Raft como a epítome do gângster o tornou o símbolo perfeito para a Máfia de Havana.

Em novembro, o ator foi contratado como anfitrião do cassino e da boate do Hotel Capri. Raft realmente não tinha de fazer nada além de passear por lá e ser visto. Ele foi pago para ser George Raft, gângster, astro do cinema, o rosto da Máfia de Havana. Foi a parceria ideal.

Nascido e criado no duro bairro no lado oeste de Manhattan, Hell's Kitchen, George Ranft (posteriormente mudado para Raft) vinha de uma família alemã e italiana. Mais velho de dez filhos, George foi para as ruas desde pequeno para escapar do sufocante apartamento alugado e do catolicismo rígido de seus pais. No começo da adolescência, Raft havia entrado numa famosa gangue de rua conhecida como os Gophers [espécie de roedor, próximo do esquilo], que teve esse nome porque eles gostavam de se encontrar em porões para discutir seus atos criminosos.

No começo dos anos 1920, com Nova York sofrendo pela Lei Seca, Raft encontrou trabalho como ator da Broadway e dançarino, ao mesmo tempo em que distribuía bebida a criminosos do West Side. Ele se tornou um membro ativo da cena da Broadway, que tinha astros como Mae West, escritores como Damon Runyon e os gângsteres Arnold Rothstein e Charlie Luciano. Quando o jovem bandido, dançarino e ator se mudou para Hollywood nos anos 1930, ele foi capaz de fazer uso de seu conhecimento íntimo da vida dos gângsteres numa carreira próspera. Em filmes como *Hush Money*, *A Morte me Persegue*, *I Stole a Million*, *Loan Shark*, entre outros, Raft aprimorou sua imagem como um mafioso durão e urbano. Ele também se vestia muito bem, com uma autoestima ao ponto de arrogância, e fazia sucesso com as mulheres – o homem perfeito para os mafiosos americanos em Cuba.

Com Raft cuidando do cassino do Capri, as celebridades inundaram a cidade. Como Paris nos anos 1890, ou Berlim no final dos anos 1930, Havana era uma festa sem fim. Elizabeth Taylor, Eddie Fisher, Edith Piaf, Tyrone Power, Ava Gardner, Cesar Romero – muitas das maiores estrelas da época faziam o curto voo até Havana. A ilha era o lugar onde estar.

As estrelas eram uma grande atração para os turistas, mas a grande atração para as estrelas em si era outra coisa. Marlon Brando não era a única celebridade com uma queda por música latina. A tórrida, complexa, sofisticada e primitiva música afro-cubana da metade dos anos 1950 era a coisa mais quente desde o ragtime.

A música sempre fora parte do charme de Cuba. No final dos anos 1920 – ao mesmo tempo em que Capone, Lansky, Luciano e outros mafiosos estavam descobrindo a ilha – Cuba produziu seu primeiro hit internacional "*El Manisero*" (O Vendedor de Amendoins). A música era tão popular que foi satirizada por Groucho Marx no filme *Diabo a Quatro* (1933). Na época que aconteceu a febre do mambo no final dos anos 1940, a música influenciada por Cuba havia entrado no cenário americano através da orquestra de Xavier Cugat, entre outros, e seria seguida pelo sucesso de Desi Arnaz.

Arnaz era um músico e ator nascido em Santiago que foi para os Estados Unidos. Ele casou com a comediante Lucille Ball e juntos lançaram o grande sucesso televisivo *I Love Lucy*. O show apresentava ao público americano a conga e o bongô, que Arnaz tocava exuberantemente no show, e talmbém a Babalú, a orixá Santeria ou Deusa, cujo nome Arnaz frequentemente invocava. A popularidade de *I Love Lucy* serviu como uma ponte – apesar de incongruente – para americanos que viajavam para Cuba durante a era da Máfia de Havana.

Música e dança eram a atração para uma nova geração de turistas que lotavam os hotéis, cassinos e boates. O mambo foi reconfigurado como o cha-cha-chá, uma versão simplificada do ritmo que era mais fácil para os americanos dançarem. A rumba, uma música e dança tradicional que veio do interior de Cuba, era lânguida ou tórrida, dependendo da banda. Cantoras como Celia Cruz e Beny Moré saíram do firmamento para se tornarem grandes estrelas. Orquestras lideradas por Pérez Prado, Arsênio Rodríguez e Israel "Cachao" López se tornaram a base para alguns dos maiores músicos do mundo.

De todos os estilos musicais que ficaram associados com a era da Máfia de Havana, nenhum era mais representativo do *submundo* do que o jazz afro-cubano, também conhecido como *cubop* ou mais comumente como Latin jazz. A música jazz era a arte americana clássica que acompanhou virtualmente toda a era "gloriosa" da Máfia nos Estados Unidos desde o final do século dezenove. Em Storyville, o lendário distrito da luz vermelha em Nova Orleans, na virada do século, o ragtime deu lugar a uma forma de jazz mais livre, influenciada pelo blues, praticada por gente como Buddy Bolden, Jerry Roll Morton e Louis Armstrong. A música tinha suas raízes na experiência afro-americana; também era a música dos bordéis, dos *speakeasy*, e as boates da Máfia de Boston e Los Angeles. O jazz era uma música de raças misturadas, através da qual ricos e pobres se juntavam pelo desejo de sacudir o plácido café com leite da vida americana (isso é, até o próprio jazz ser incorporado pelo café com leite).

É provável que o jazz tivesse nascido sem uma influência da Máfia, mas é improvável que sua música teria crescido e florescido como aconteceu sem a moldura econômica proporcionada pelo crime organizado. Particularmente, na era dos Roaring Twenties (a Lei Seca), quando o jazz se tornou uma obsessão internacional, o dinheiro do contrabando tornou possível para as casas noturnas contratarem grandes orquestras. Jay McShann, Count Basie e Duke Ellington criaram orquestras renomadas mundialmente que eram financiadas por clubes controlados pela Máfia. Essas orquestras lançaram muitas lendas do jazz, que desenvolveram seus talentos e comandaram shows em clubes menores, alguns dos quais também eram de propriedade da Máfia.

Em Chicago, Al Capone adorou a música e investiu numa geração inteira de músicos. No Harlem, o Cotton Club, de propriedade da Máfia, tinha sua própria banda, a sofisticada Duke Ellington Orchestra. Kansas City tinha um bairro inteiro de clubes de jazz e afterhours que lançaram sua própria versão da música, conhecida como "dirty jazz," um som influenciado pelo Delta blues que deu origem a McShann, Basie e Charlie "Bird" Parker, entrou outros. Esse florescente distrito do jazz em Kansas City – que existiu do começo dos anos 1920 até os anos 1930 – se tornou possível por causa de uma máquina política corrupta que servia como modelo da Máfia de Havana construída por Lansky, Batista etc.

Foi no final dos anos 1940 que o grande jazzista Dizzy Gillespie viajou pela primeira vez a Havana numa expedição musical que deu origem ao Latin jazz. A música era um cruzamento de ritmos africanos como interpretado pelos descendentes de escravos cubanos e americanos. Gillespie descobriu Chano Pozzo, um lendário *conguero* com padrões afro-cubanos pulsando através de suas veias como ectoplasma. Como compositor, Dizzy trouxe o brilho percussivo de Chano Pozo junto com o bepop, uma desafiadora forma de jazz estrelada por ele mesmo e Charlie Parker. O resultado foi histórico; entre as muitas composições que se tornaram clássicos do cubop nos anos 1950 estavam "Manteca" e "Afro-Cuban Suite." Músicos de jazz dos Estados Unidos inundaram Havana e músicos cubanos seguiram para o norte para tocar nas orquestras de Machito, Mario Bauza e Tito Puente. A música que eles criaram era sufocante, aventureira, luxuriosa – a trilha perfeita para uma era marcada pelo jogo, bebidas, danças e fornicação na noite tropical. A cena musical em Havana oferecia algo que um ambiente estéril e manufaturado como Las Vegas nunca poderia esperar trazer: uma cultura orgânica e exótica misturada com os aspectos mais aventureiros dos afro-americanos. Comparada a Havana, Las Vegas era para caretas, caipiras, cowboys e gente desatualizada que havia perdido contato com suas raízes étnicas.

A Máfia não criou conscientemente esse ambiente mais do que o identificou ou compôs toda a ótima música que cresceu na era do jazz. Mas a cultura gângster inegavelmente adotou seu desenvolvimento – não apenas pelo investimento financeiro que fez as bandas e clubes prosperarem, mas também por entender que o jazz – no caso o jazz afro-cubano – era a música certa na hora certa. O jazz latino era a música evolucionária de duas tradições de escravos – caribenhos e norte-americanos. Era algo original. Único. E elevou a era da Máfia de Havana ao reino da mitologia.

 É irônico que os mafiosos e políticos que comandaram a era fossem qualquer coisa, menos descolados. Lansky preferia a *danzón*, um estilo clássico de dança com suas raízes na música francesa que era romântica de uma forma bem tradicional. Trafficante tinha uma queda pelo jazz, mas era por natureza um homem reservado que raramente tomava a pista de dança. Batista, que foi uma figura pública pela maior parte de sua vida adulta, apenas dançava quando a música era uma *contradanza* formal, um tipo de valsa cubana. As armadilhas da era eram periféricas para esses homens. Acima de tudo, eles eram homens de negócios.

 Lansky, Trafficante e Batista não se importavam com o tipo de música que tocava, contanto que os revolucionários fossem mantidos à rédea curta e o dinheiro fluísse dos cassinos e boates em suas contas particulares. O som da conga era secundário ao som da contagem das moedas, onde cada tilintar fazia sua bela música.

A cidade de Havana por volta de 1920. Ao longe, o Hotel Nacional (com dois pináculos) se ergue sobre o Malecón, o mais famoso passeio a beira-mar de Havana. (© Getty Images)

Lucky Luciano (de sobretudo) quando se preparava para partir secretamente da Itália para Cuba. O plano de Luciano era reviver seu papel como chefe da Máfia. Posteriormente, ele foi deportado de volta à Itália pelo governo cubano, sob pressão dos EUA. (© Bettman/Corbis)

Benjamin "Bugsy" Siegel (esquerda), cuja morte foi alegadamente encomendada na Conferência da Máfia, de dezembro de 1946, no Hotel Nacional. De acordo com Luciano, foi Meyer Lansky (abaixo, no centro) que tomou a decisão de apagar Siegel. Ele levou um tiro no rosto, morto por assassinos desconhecidos. (© Bettman/Corbis)

Lucky Luciano (centro) é preso em Havana. Está acompanhado por Benito Herrera, chefe da polícia nacional cubana (esquerda) e Alfredo Pequeño, ministro do interior (direita). Sob pressão do governo americano, oficiais cubanos mantiveram o chefão da Máfia num centro de detenção. Em março de 1947, ele foi deportado de volta à Itália. (© *New York Daily News*)

Meyer Lansky, conhecido como o financiador do submundo e, de acordo com um antigo relatório policial, "o garoto mais brilhante da Combinação". (© Library of Congress)

De 1933 a 1940, Fulgencio Batista governou Cuba como o maior líder militar do país. Vários presidentes vieram e foram, mas o Major General Batista sempre manteve o controle. (© Bettman/Corbis)

Batista voltou à Cuba e concorreu a presidente em 1952. Ele era tão bem conhecido que não foi necessário colocar seu nome no cartaz da campanha. Daí o slogan: *Este es el hombre* (Esse é o homem). (© Getty Images)

Em 1955, Fidel Castro chegou a Tampa, na Flórida, para levantar dinheiro para a Revolução. Ele discursou no clube italiano em Ybor City, centro da comunidade imigrante. Note, atrás dele, as bandeiras americanas e cubanas juntas. (© *Tampa Tribune*)

Santo Trafficante (de chapéu) ao lado de seu velho guarda-costas e motorista, Jimmy Longo. Em Havana, Longo ficava frequentemente ao lado de seu chefe. (© *Tampa Tribune*)

Frank Sinatra entregou dinheiro a Luciano em Cuba e, em fevereiro de 1947, se apresentou para um seleto grupo de mafiosos no Hotel Nacional. Posteriormente, ele se tornou um investidor em Havana. (© Bettman/Corbis)

O original rei do mambo: Pérez Prado (abaixo, no centro) que criou um estilo musical que se tornou trilha da era da Máfia de Havana. (© Getty Images)

A primeira unidade de guerrilha de Fidel Castro e membros do movimento revolucionário quando eles patrulhavam a região montanhosa de Sierra Maestra. Esse grupo de oito homens iria acabar se multiplicando em milhares e se tornar a maldição da Máfia de Havana. (© Bettman/Corbis)

O Presidente Batista jura esmagar os rebeldes e manter o controle. (© Bettman/Corbis)

O Senador John F. Kennedy era um dos numerosos políticos que iam para Havana buscar diversão. Em dezembro de 1957, ele participou de uma orgia bancada por Santo Trafficante. (© Getty Images)

Havia casas noturnas de todos os tamanhos em Havana. Na foto, uma dançarina de rumba chamada Zulema se apresenta no Club Zombie. (© Getty Images)

No Montmartre Club a roleta era especialmente popular com as damas. (© Bettman/Corbis)

A exuberante Olga Chaviano: modelo, dançarina no Tropicana e esposa troféu de Norman Rothman, chefão do jogo e contrabandista de armas. Essa foto publicitária foi tirada por volta de 1955. (© Vicki Gold Levi Collection)

O luxuoso clube noturno Tropicana propiciou um mundo de fantasia para seus clientes até o *réveillon* de 1956, quando uma bomba explodiu dentro da boate e a revolução chegou. (© Rosa Lowinger Collection)

O regime de Batista buscou esmagar violentamente qualquer atividade de rebeldia, incluindo um levante contra um quartel do exército em Matanzas, em abril de 1956. Onze rebeldes foram mortos. (© AP Photos)

Joe Stassi, o gerente do dia a dia da Máfia de Havana. (© Richard Stratton Collection)

Em 1957, o mafioso Albert Anastasia anunciou que estava insatisfeito com a divisão dos lucros em Havana. (© AP Photos)

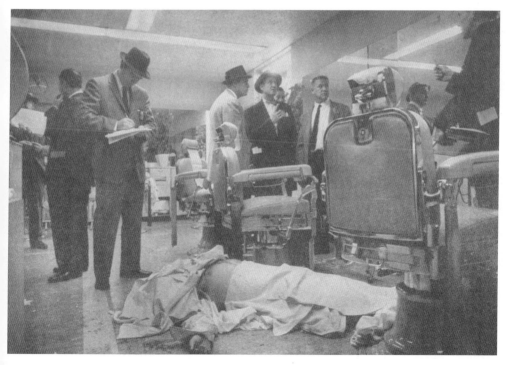

Depois de fazer um movimento para tomar o território de Meyer Lansky, Anastasia foi apagado num famoso ataque no centro de Manhattan que garantiu seu lugar no Hall da Fama dos gângsteres. (© Getty Images)

Jake Lansky, irmão de Meyer, dentro do Gran Casino Nacional. (© Getty Images)

Confidencial de Cuba, janeiro de 1958. (© Rosa Lowinger Collection)

Uma rara foto de Meyer Lansky em Havana. Aqui ele é visto entrando no cassino do hotel Riviera com uma mulher não identificada. (© Getty Images)

O Hotel Riviera abriu em dezembro de 1957. Entre suas várias atrações estava o cassino mais glamouroso da cidade, onde os crupiês vestiam smokings e as mulheres usavam joias e casacos de pele. (© Getty Images)

O Hipódromo Oriental Park de Havana foi "tomado" pela Máfia desde os anos 1920. O prédio à direita é o Jockey Club e cassino. (© Getty Images)

George Raft na mesa de *blackjack* dentro do cassino do hotel Capri. (© Getty Images)

O mafioso Santo Trafficante (abaixo, à esquerda, de óculos) era famoso por agraciar seus sócios. Aqui ele paira sobre Martín Fox, proprietário do Tropicana. Ofelia, a esposa de Martín Fox (de branco), está sentada à sua esquerda.
(© Rosa Lowinger Collection)

A Máfia tinha grandes planos para a Pérola das Antilhas. Em 1958, muitos novos hotéis, cassinos, cabarés e condomínios de luxo se erguiam ao longo do Malecón. Havana deveria se tornar a Monte Carlo do Caribe. (© Getty Images)

Na manhã seguinte: após a partida súbita de Batista do país, muitos cubanos invadiram os cassinos e os destruíram. No Plaza hotel-cassino, as pessoas arrastaram mesas de jogos e equipamentos para as ruas e os queimaram. (© AP Photos)

1959: nos primeiros dias do ano novo, os rebeldes invadiram a cidade e tomaram conta. No lobby do Havana Hilton eles estabeleceram seu quartel-general. Onde antes havia mafiosos, agora havia revolucionários. (© Bettman/Corbis)

Fidel Castro saboreia o momento. (© Bettman/Corbis)

12
UMA MULHER ESCULPIDA A MÃO

NA NOITE DE 10 DE DEZEMBRO DE 1957, MEYER LANSKY observou sua maior criação – e viu que era ótima. O Riviera, hotel e cassino, foi finalmente aberto para negócios. Era o maior e mais glamouroso estabelecimento de seu tipo em Havana até então. Localizado no Malecón, no lado Vedado do rio Almendares, o Riviera era chique e excitante. De fora, o prédio tinha um cenário natural imaculado, com esculturas modernas de jardim e elegantes motivos verdes, cinza e pretos que caiam bem com o céu e o mar. Dentro, o saguão era liso e futurista. Pisos de mármore davam espaço a paredes de mosaicos turquesas e manchados tetos de estuque. O prédio lembrava alguns de Miami Beach com sua arquitetura art déco, outros de Las Vegas com seu brilho, mas o que Lansky tinha em mente era algo único: um exemplo de Havana, sem poupar gastos, no seu melhor estilo. No topo de tudo isso, o hotel foi o primeiro grande prédio da cidade a ter ar-condicionado central ao invés de unidades individuais de ar. O prédio respirava um ar frio e brilhava como uma joia. Era a obra prima de Meyer Lansky.

Junto dos luxuosos quartos do hotel, da enorme piscina, restaurante e bares, havia um cassino, um clássico covil oval com carpetes grossos, um teto alto, lustres de vidro e paredes folhadas a ouro sem janela. Do outro lado do cassino estava o Copa Room, um espaço para apresentações baseado no clube Copacabana em Nova York.

As festividades da noite de abertura foram opulentas. Na inauguração do Copa Room estava Ginger Rogers, a estrela do cinema e dos palcos cuja carreira havia atingido seu auge quando ela estrelou uma série de filmes muito populares com Fred Astaire nos anos 1930. Apesar de já haver passado seu auge como mocinha ingênua e dançarina (ela tinha quarenta e seis anos na época), Rogers era uma estrela da era mais estrelada de Hollywood. Ela pode ter sido uma estrela de primeira, mas seus talentos não eram necessariamente extensos o suficiente para impressionar o inescrutável Lansky. Depois de testemunhar o show de abertura no Copa Room, Meyer supostamente declarou: "Ela sabe rebolar o traseiro, mas não consegue cantar uma droga de uma nota sequer".

Lansky era o chefão. Todo mundo sabia que o Riviera era seu bebê, apesar de ele preferir manter a reputação como um mestre por trás das câmeras. Não havia motivo pelo qual Meyer não poderia ter listado seu nome como proprietário do Riviera – talvez por hábito ele preferisse se esconder por trás de outros homens, no caso, os irmãos Smith, Harry e Ben, dois hoteleiros de Toronto com quem Lansky havia negociado o contrato de gerenciamento. A licença do cassino estava em nome de Eddie Levinson, um codinome usado por Lansky. O único lugar onde o nome de Lansky aparecia na papelada era como diretor da cozinha do hotel.

O Hotel e Cassino Riviera era uma extensão do ego de Lansky, mas também fora concebido como um mostruário da Máfia de Havana. De acordo com o plano, como tramado por Lansky e Luciano, Havana um dia iria lembrar Monte Carlo, com uma série de hotéis de luxo pelo Malecón. O Riviera era o primeiro a ser abertamente ligado à Máfia de Havana. Como um palácio de shows, era uma obra de arte, e seus atributos logo iriam ser transmitidos a salas de todo o canto através de uma grande rede de televisão americana.

Em 19 de janeiro de 1958 – apenas cinco semanas depois que o hotel abriu – o popular *Steve Allen Show* transmitiu um especial de uma hora que mostrava muito do estabelecimento. Elaborados números de dança foram encenados no saguão e na área da piscina, e o apresentador do show promoveu sem parar o Riviera. O programa todo era uma grande propaganda do hotel.

Na época, o show de Allen era considerado o mais moderno de muitos shows de variedades na televisão americana. Allen trazia músicos de jazz e humoristas de primeira dos quais os programas mais sérios, como o de Lawrence Welk e Ed Sullivan, não se aproximavam. Seu próprio material era algumas vez gentilmente mais político e ele se via como um contador de verdades de uma forma satírica. A frase de abertura do monólogo de Steve era a seguinte: "Estamos em Havana, lar do abacaxi e de Meyer Lansky. E estamos felizes de estar aqui". O programa estava apenas começando e Allen já estava tirando seu chapéu para o chefão da Máfia de Havana.

O programa continuou sem um tropeço. Allen passeava pelo cassino cercado de jogadores vestidos para a noite. A sedutora Tybee Afra dançava, a câmera a seguia até a piscina. No palco do Copa Room, o ventríloquo Edgar Bergan brigava com seu boneco, Charlie McCarthy, por aprontar em Havana. "O que você estava fazendo pela noite à fora?" Bergan perguntou ao boneco. "É uma história longa... e suja", respondia Charlie. A plateia ria. O humorista Lou Costello fez uma esquete chamada "The Dice Game" ["O Jogo de Dados"] sobre um turista ignorante que na verdade é um hábil praticante do razzle-dazzle. O programa estava cheio de insinuações sexuais e referências veladas ao jogo e aos mafiosos.

O programa de Allen foi um divisor de águas para a Máfia de Havana. O melhor que eles tinham a oferecer estava sendo transmitido para milhões ao redor dos Estados Unidos e Canadá, e parecia não importar que notórias figuras da Máfia estavam envolvidas. De fato, era um apelo a mais.

Lansky estava aparentemente no auge. Desde o dia em que abriu, o Riviera ficou lotado por toda a estação de turismo de 1957-58. E o cassino do hotel rapidamente se estabeleceu como lar dos grandes apostadores. Turistas e festeiros inundaram a cidade, mas grandes jogadores viajando pelo circuito de Monte Carlos a Vegas passavam suas noites no cassino do Riviera. "A reputação de Lansky atraía os grandes apostadores", lembrou-se Ralph Rubio, gerente financeiro no cassino. "Ele nem tinha de mostrar seu rosto; o nome de Meyer Lansky era o suficiente para atrair grandes jogadores do mundo todo".

A posição de Lansky em Havana pode ter subido à sua cabeça e o levado a adotar um comportamento mais típico de Luciano, Trafficante e outros gângsteres. Em algum ponto do final de 1957 e em 1958, o chefão judeu da Máfia começou um caso com uma cubana. O caso era incomum para Meyer, e também arriscado. Sua esposa,

Teddy, era uma visitante frequente de Havana, apesar de geralmente ficar separada de Meyer no Focsa, um enorme condomínio de prédios recém-construído não muito longe do Hotel Nacional. Lansky, obviamente, não queria que sua esposa soubesse que ele tinha uma amante. Igualmente importante era que ele não queria que seus sócios soubessem. Meyer havia sido crítico com outros que tomavam riscos desnecessários para manter casos secretos. Ele sentia que projetava uma aura de fraqueza. Para Lansky, as aparências eram tudo.

O nome da mulher era Carmen. Ele a conheceu na loja de departamentos El Encanto. O motorista de Lansky, Armando Jaime Casielles, frequentemente deixava seu chefe no grande prédio do Paseo del Prado, onde Carmen vivia com sua mãe. Ela tinha por volta de vinte anos, e Jaime a considerava uma das mulheres mais lindas que ele já havia visto:

> "[Ela] tinha pele azeitonada, altura mediana, com cabelo preto encaracolado que descia até sua cintura... Era uma mulher verdadeiramente linda, com uma graça e um caminhar prazeroso, de boas maneiras, fala mansa, sempre mantendo o tom baixo. Ela tinha mãos de pianista, com longos dedos e um corpo bem torneado. Seus seios eram de tamanho médio e firmes, não precisava de sutiã. Era completamente coberta com uma fina penugem, quase invisível, em seus braços e coxas – não muito, de maneira delicada. Seus joelhos e dedos do pé eram adoráveis. Ela era uma mulher esculpida a mão, como dizemos em Cuba."

Jaime frequentemente se encontrava levando e buscando Lansky em Paseo del Prado. Uma noite, em particular, Lansky pediu que Jaime entrasse com ele.

O apartamento estava localizado sobre uma joalheria. Jaime seguiu seu chefe sobre um lance de escadas. Lansky tocou a campainha e quase imediatamente a porta se abriu, e havia uma mulher que Jaime reconheceu da loja de departamentos El Encanto. Eles entraram no apartamento.

"Viemos tomar café", Meyer disse a Carmen.

Ela assentiu e saiu. Lansky então se virou para Jaime e explicou: "Ninguém, absolutamente ninguém, pode saber que estou aqui. Nem Joe Stassi, nem Trafficante, nem Norman Rothman. Eu disse a todos que iria fazer uma pequena viagem para Caracas ou Costa Rica. Então ninguém vai achar estranho se não me ver por um tempo. Ninguém deve te importunar, mas se alguém tentar fazer perguntas sobre onde estou, não diga nada. Entendeu?"

"Claro", disse Jaime. Pela primeira vez, ele percebeu que era intenção de Lansky passar uns dias, talvez até uma semana ou mais, lá no apartamento de Carmen. Lansky não havia trazido bagagem; Jaime ficou com a impressão que tudo de que seu chefe iria precisar – uma muda de roupas, artigos de higiene – já estava na casa de Carmen.

Lansky abaixou a voz e falou de maneira conspiratória. Explicou que um homem nunca estava tão vulnerável quanto quando estava tendo um caso secreto. Seus inimigos podiam usar a oportunidade para atacar. Lembrou-se Jaime:

> "Eu podia sentir que ele estava ficando um pouco paranoico, me dizendo coisas que eu já sabia, como me lembrando de que quando eu saísse para pegar o carro, eu deveria checar a área com cuidado. Tinha de checar o saguão, ele disse, os jardins, a entrada do hotel. E tinha de fazer isso como se não fosse importante, como se fosse algo normal. E cuidado, Jaime, se você vir algo estranho, ou algo que você ache que não se encaixa. E quando você ligar o carro e vier me buscar, mantenha o motor ligado até eu entrar. Então saia imediatamente."

Lansky explicou a Jaime: "Eu quero que você venha me visitar aqui a cada dois dias. Por enquanto, provavelmente, é melhor deixar o carro e caminhar. Certifique-se de que não esteja sendo seguido. Não pare para falar com ninguém, nem que te peçam um isqueiro. Acima de tudo, não caminhe em ruas paralelas. Fique nas ruas mais movimentadas em Vedado. Em circunstância nenhuma você deve ser pego em lugares desertos, ou escuros, ou deixar qualquer carro parar ao seu lado enquanto você caminha".

Jaime escutou atentamente, captando cada palavra:

"A última coisa que ele deixou clara, com um gesto, um olhar, era que de agora em diante a arma não deveria estar no porta-luvas do carro. Eu deveria carregar comigo, o tempo todo, e estar pronto para usá-la."

Carmen voltou com uma bandeja e duas xícaras de café. Ela passou a xícara para Lansky e o motorista. Jaime estava fascinado por Carmen, mas não ousava olhar demais ou encará-la para o caso de El Viejo – o velho – notar. Ele achou a beleza dela "desconcertante". Disse a seu chefe: "Ok, venho a cada dois dias. Mas e se precisar de mim para algo urgente, algo imediato?"

"Eu deixo uma mensagem, alguma palavra", respondeu Lansky. "Você vai receber um sinal, uma pista, não se preocupe."

Os dois homens beberam o café. Lansky então contou a Carmen que queria que ela trouxesse dois drinques, um Campari com gelo para ele e um uísque para Jaime. Ele queria fazer um brinde. Carmen novamente se encaminhou para a cozinha e voltou com as bebidas.

"Vamos subir ao terraço", Lansky disse a Jaime. Eles pegaram seus copos e foram para a sacada, que dava para o Prado repleto de árvores, que estava vívido, mesmo que estivesse perto da meia-noite. Jaime baixou o olhar para o hotel Sevilla Biltmore, com seu famoso Jardim Suspenso, onde Amletto Battisti tinha sua sala de jogos. Não muito longe do hotel estava o palácio presidencial, também à vista.

"Eu fui tolo o suficiente de fazer uma observação", lembrou-se Jaime anos depois, "em referência a esses prédios; acho que eu disse algo do tipo: 'Tão perto e ninguém pode imaginar que você está aqui.'"

"Lansky disse: 'É assim, e é assim que tem de ser, Jaime. Não acha?' Eu não respondi, mas senti que na escuridão do terraço, seus olhos tentaram alcançar minha mente. Ele então colocou o copo na mesinha e disse: 'Quero que você vá ver Don Amletto amanhã.'"

"'Lá', eu disse, 'em El Sevilla?'"

"Em seu escritório."

"A que horas?"

"De noite, é claro. De noite."

"Em seu nome?"

"Sim, em meu nome."

"E o que digo a ele?"

"Que nada que combinamos permanece."

"Só isso?"

"Só isso. Nada que combinamos permanece. Ele vai saber o que significa."

Jaime assentiu. Os dois homens sentaram-se em silêncio por um tempo, enquanto os sons do Prado – risadas, cantoria, buzinas, músicas – subiam pela rua. Jaime sentiu que não havia mais nada a ser dito. "Eu me levantei, disse adeus e o deixei lá na companhia da bela mulher." No dia seguinte, ele passou a mensagem enigmática para Don Amletto Battisti, uma das muitas que ele entregou para Lansky em seu tempo de valete. Ao receber a mensagem, o proprietário do Sevilla Biltmore assentiu e não disse nada.

Várias vezes Jaime visitou El Viejo na casa de sua amante no Prado. O cubano não achava nada de mais; afinal, havia visto em toda sua vida homens mais velhos – cubanos, americanos e europeus – vindo para Havana para ter jovens amantes.

Jaime só conhecia Lansky por dez meses; ele ainda não havia percebido quão incomum era para o homenzinho cometer essa ousadia.

NA DURAÇÃO INTEIRA DE UMA HORA do *Steve Allen Show*, ao vivo do Riviera hotel, não houve menção a Fidel Castro ou à Revolução. A Máfia de Havana vivia em seu próprio mundinho: celebridades, jogos, bebidas, prostituição, assassinato – mas nada de revolucionários. Os *Fidelistas* estavam vivos e bem na Sierra Maestra, mas podiam estar no planeta Urano. O show devia continuar.

Nas várias décadas desde a Revolução Cubana, volumes foram escritos detalhando o pensamento por trás da estratégia de guerra de Castro. Na época, havia um debate feroz dentro do movimento sobre qual era a melhor forma de derrubar Batista e seus amigos. Muitos, incluindo mais proeminentemente os membros do Directorio, sentiam que a melhor forma era cortar a cabeça – ou seja, assassinar o líder – como tentaram fazer com o ataque no palácio presidencial no ano anterior. Pegar Batista ou outra pessoa do alto escalão em seu gabinete, em um golpe, poderia catapultar o governo num estado de caos e trazer a ditadura a seus joelhos.

Castro não concordava. Desde que se estabeleceu em Sierra Maestra, Fidel – e numa extensão ainda maior, seu parceiro intelectual Che Guevara – havia chegado à conclusão de que a Revolução deveria acontecer fora de Havana e se mover inexoravelmente em frente. Para esse fim, o Movimento 26 de Julho passou o final de 1957 e os primeiros meses de 1958 estabelecendo uma "zona liberada" dentro da Sierra Maestra. Pequenas fábricas foram construídas para produzir calçados, reparar armas e fazer bombas. Havia também um açougue, a fábrica de tabaco e um hospital. Um mimeógrafo foi transportado às montanhas e os rebeldes produziam um jornal semirregular, *El Cubano Libre*. Eles também adquiriram um pequeno transmissor de rádio e começaram a transmitir propaganda para as áreas próximas.

Entre aqueles que ouviram a voz de Castro no rádio estavam William Gálvez Rodríguez, um jovem ativista de Holguín, no lado leste da ilha. Aos dezenove anos, Gálvez havia sido expulso do instituto politécnico local por atividades políticas "subversivas". Posteriormente, ele se tornou membro do grupo estudantil, feito principalmente de alunos do colégio que faziam reuniões secretas e entravam em agitações anti-Batista. Em Santiago, Gálvez havia sido encarcerado e interrogado numerosas vezes por agentes do SIM. Aos vinte e poucos anos, ele era um membro forte da Revolução.

Ouvir Castro mudou a vida de Gálvez. "Fidel estava transformando em palavras as coisas que sentimos", ele se lembrou anos depois. "Ele era uma inspiração para qualquer um que se importasse com *la patria*."

Gálvez se tornou um membro clandestino do Movimento 26 de Julho. Ele voltou para sua província natal de Holguín e se tornou o líder de um *grupo de acción y sabotage*. De noite, ele era um membro secreto da organização; de dia, um estudante de pós-graduação. A Revolução deu um novo sentido à sua vida.

Gálvez acabaria sendo incorporado ao exército rebelde na Sierra Maestra, onde ele iria servir a Che Guevara e um dos mais efetivos líderes da Revolução, Camilo Cienfuegos. Acabaria também sendo promovido a capitão e seria reconhecido como comandante. "O fato de que estávamos em tamanha desvantagem numérica com o exército de Batista não nos freava", lembrava-se Gálvez. "Nossa moral era forte."

Jovem incitadores como Gálvez representavam alguns dos homens mais ousados de sua geração: orgulhosos, corajosos e dedicados à causa do *fidelismo*.

No começo de 1958, o exército revolucionário de Castro consistia-se de aproximadamente trezentos soldados. Enquanto que os primeiros meses da guerra envolveram a formação desses soldados para um exército viável, agora o Movimento 26 de Julho inaugurou uma segunda fase, na qual conquistar a opinião do mundo era o objetivo primário.

Em fevereiro, um artigo escrito por Castro apareceu na revista *Coronet* em Nova York. Sob a manchete: "Por que Lutamos", El Comandante foi a grandes distâncias para assegurar aos investidores americanos que o movimento de "campanha armada em solo cubano" era o melhor caminho para uma democracia realmente liberal em Cuba. Castro declarou: "Não temos planos para expropriação ou nacionalização de investimentos estrangeiros aqui". Ele reconheceu que uma tomada de patrimônio americano "era uma ideia do começo de nosso programa, mas suspendemos esses planos". Ele também declarou – em contradição com a própria propaganda de governo – que "não apoiamos reforma agrária".

Para aqueles na oposição, o artigo no *Coronet* e uma entrevista seguinte de Castro na revista *Look* foram exemplos de uma grande decepção. Em *El Cubano Libre* e na Radio Rebelde, o movimento defendia uma varredura política e uma revolução social baseada em Martí e Marx. Para o consumo americano, Castro manteve a compostura. "Eu sei como a revolução parece um remédio amargo para muitos homens de negócios", ele disse à *Look*. "Mas depois do primeiro choque, eles vão achar uma benção – chega de coleta de impostos indevidos, nada de ladrões no exército ou oficiais famintos por suborno". Como havia feito quando viajou a Nova York, Tampa e Miami para levantar dinheiro para *la lucha*, Castro estava trabalhando dos dois lados da cerca.

No final de fevereiro, os seguidores de Castro encenaram um de seus sucessos de relações públicas mais dramáticos até então, dessa vez, na frente do quintal da Máfia de Havana.

O Grande Prêmio de Fórmula 1 era um evento muito popular. Havia sido inaugurado no ano anterior por Roberto Fernández Miranda, cunhado de Batista e também o novo diretor da Comissão Nacional de Esportes. Era seu papel como comissário de esportes que Fernández Miranda pudesse lucrar com o jogo: ele controlava a loteria nacional, usava as máquinas de caça-níquel da ilha como seu caixa dois pessoal e, portanto, era uma engrenagem significativa na máquina da Máfia de Havana.

Fernández Miranda, junto com o corpo de turismo cubano, havia chegado à conclusão de que os eventos de esportes internacionais eram melhores para atrair celebridades do que os costumeiros festivais de rua afro-cubanos durante o carnaval. O Grande Prêmio de Cuba foi feito aos moldes do Grande Prêmio que acontecia todo ano em Monte Carlo. A versão cubana envolvia grandes pilotos de Fórmula 1 de todo o mundo e acontecia pelo Malecón, com um lista completa de pilotos passando pelo Deauville, Nacional, Riviera e outros estabelecimentos da Máfia.

Juan Manuel Fangio, da Argentina, era o favorito da competição. Aos quarenta e seis anos, Fangio era muito admirado em Cuba. Ele havia ganhado o Grande Prêmio de Mônaco no começo da década e trouxe muito prestígio ao evento em Havana. Seu carro, um Maserati 450S, era visto zumbindo para cima e para baixo do Malecón nos dias anteriores à competição, já que Fangio e seu time tentavam reparar o que eles achavam que eram inconsistências no controle do veículo.

Na noite anterior à competição, o famoso piloto estava no saguão do Lincoln Hotel, em Havana Central. Ele e sua equipe haviam terminado um longo dia de testes e estavam mergulhados numa discussão sobre o Maserati quando dois homens adentraram o saguão. Os dois tinham vinte e poucos anos e vestiam-se casualmente. Um deles ficou perto da entrada do hotel, enquanto o outro se aproximou de Fangio e dos três membros da equipe.

"Qual de vocês é Fangio?" perguntou o jovem.

"Sou eu. O que você quer?" perguntou o piloto.

O homem tirou uma arma e apontou para Fangio. "Sou membro do Movimento 26 de Julho. Quero que você venha comigo. Não resista e você não será machucado". O revolucionário encostou a arma na costela de Fangio e o encaminhou para a saída. Na entrada do hotel, o sequestrador virou-se para o povo espantado no saguão e disse: "Ninguém saia do hotel nos próximos cinco minutos. Há quatro homens lá fora com metralhadoras apontadas para a porta". Os rebeldes então levaram Fangio para fora e o colocaram num sedan que esperava. O carro virou a esquina e mergulhou na noite.

Dentro de minutos, telefones tocaram em todas as agências da cidade. Os revolucionários haviam sequestrado o campeão de corridas e se recusavam a dizer onde ele estava. No dia seguinte, as manchetes contaram a notícia ao mundo.

A polícia travou uma intensa caçada, buscando em todos os esconderijos rebeldes conhecidos. Havia pouca comunicação dos rebeldes. A corrida foi adiada na esperança de que Fangio fosse solto, mas ele não foi.

As notícias só aumentaram o interesse no evento: cento e cinquenta mil expectadores se alinharam no Malecón para ver a corrida. A competição começou, apenas para terminar em tragédia meia hora depois quando um motorista cubano deslizou num rastro de óleo que vazou na pista de outro carro. A Ferrari amarelo vivo girou fora de controle e atingiu um dos suportes da arquibancada. Dúzias de espectadores caíram sobre o carro e o asfalto. Um dos motoristas parou para ajudar as pessoas; posteriormente ele contou à revista *Time*: "Eu nem conseguia ver a Ferrari. Os corpos estavam todos empilhados. Eu estava abrindo espaço entre braços e pernas". O acidente matou quatro pessoas e machucou perto de cinquenta. A corrida foi suspensa.

As autoridades consideraram sabotagem, um ato deliberado de assassinato dos rebeldes, mas uma investigação rapidamente determinou que a batida foi um acidente. Mesmo assim, acontecendo como foi no meio de uma campanha revolucionária contra o governo, o evento fez parecer como se Cuba estivesse amaldiçoada com morte e destruição.

Algumas horas depois que a corrida foi interrompida, Fangio foi solto. Calmo e limpo, ele passou os detalhes de sua captura para a imprensa. Para evitar perseguições policiais, ele foi transferido para três casas diferentes, todas bem mobiliadas. Foi tratado com respeito e bem alimentado (carne e batatas, frango e arroz). Faustino Perez, o comandante do Movimento 26 de Julho em Havana, fez uma aparição especial para se desculpar a Fangio pela inconveniência; ele explicou o motivo por trás da abdução e as razões para a Revolução.

Fangio não tinha nada além de elogios para seus raptores, aos quais ele se referia como "meus amigos, os sequestradores". Dada a tragédia que havia ocorrido na corrida, eles podem até ter salvado a vida dele, ele disse: "Se o que os rebeldes fizeram foi por uma boa causa, então eu, como argentino, aceito", ele disse à mídia.

O sequestro e a corrida abortada foram grandes golpes para o movimento 26 de Julho. Batista e sua força policial ficaram parecendo vulneráveis. Roberto Fernández Miranda pareceu incompetente por permitir espectadores tão próximos da pista. Fangio praticamente propôs um brinde à Revolução. E tudo aconteceu no colo da Máfia de Havana.

Castro aproveitou o momento. Nos dias que se seguiram, foi anunciado na Radio Rebelde e em vários jornais subversivos que uma nova iniciativa iria começar. Os rebeldes iniciaram um de seus atos mais controversos até então, começando a queimar a colheita de açúcar pela ilha.

Cultivo e processamento de açúcar constituía cerca de um terço da economia da ilha e empregava dois quintos da força de trabalho. Atingir a safra iria afetar a todos – incluindo a Máfia de Havana. Castro reconheceu publicamente que era uma "decisão terrível", acrescentando:

> "Conheço bem as perdas pessoais envolvidas. Minha família tem plantações consideráveis lá no Oriente, e minhas instruções para nossas ações clandestinas deixam claro que a safra [da minha família] deve ser a primeira a ser queimada, como um exemplo para o resto da nação. Só uma coisa pode salvar a cana, e é a rendição de Batista."

Numa questão de semanas, membros da unidade de Ação e Sabotagem do movimento queimaram dez engenhos de açúcar ao redor do perímetro de Sierra Maestra. Mais perto de Havana, os rebeldes tacaram fogo em 40.000 galões de combustível na refinaria de óleo Belot, de posse da Esso Standard, com sede em Nova Jersey. O fogo, num subúrbio de Havana, queimou por dias, forçando a companhia a formar uma brigada aérea e voar com produtos químicos americanos para apagá-lo. Parecia que a ilha toda estava em chamas.

Em Santiago, o assassinato de dois estudantes pela polícia criou um boicote prolongado por estudantes do ensino médio e da faculdade. O Movimento 26 de Julho e o Directorio organizaram alunos, professores e administradores; no final de fevereiro, eles haviam fechado literalmente todas as escolas primárias e secundárias assim como faculdades e universidades pelo país, a Revolução crescia tão rapidamente que ameaçava sair do controle. As bombas explodiam e atos de sabotagem aconteciam em todas as províncias. Estradas eram fechadas, paralisando o trânsito comercial de Havana. O exército revolucionário cresceu e se dividiu em "colunas" separadas, uma comandada por Raúl Castro e outra por Che Guevara, expandindo suas regiões de controle pelo campo. Fidel e Guevara podem ter esperado estabelecer uma fundação sólida para a revolução, primeiro fora de Havana, mas os acontecimentos agora estavam tomando seu próprio rumo. Ao mesmo tempo, Havana estava chegando ao limite como *playground* para a Máfia, e a Revolução começou a se esforçar dentro dos limites da cidade com mais força do que nunca. Apenas dois dias depois do sequestro de Fangio, um time de rebeldes roubou o Banco Nacional de Cuba, manteve os funcionários sobre mira de uma arma e ateou fogo nos cheques e letras de câmbio do dia anterior entregues por toda Havana. Eles não levaram dinheiro. O ato foi destinado a demonstrar a falta de habilidade do estado cubano de cuidar dos assuntos econômicos do país.

Semanas depois, um esquadrão do Directorio tentou assassinar Raúl Menocal, um ministro de Batista. Ele milagrosamente escapou depois de ser atingido por meia dúzia de balas. A noite de 16 de março se tornou conhecida como "A Noite das Cem Bombas", porque a resistência do submundo em Havana disparou muitas explosões pela cidade, de Havana Velha até Miramar.

Boatos de múltiplos carregamentos de exércitos rebeldes na ilha motivaram a crença de que Batista estava em grande encrenca. Seu apoio à comunidade de negócios da ilha e – mais importante – seu até então estável relacionamento com o governo americano começou a erodir. As coisas estavam indo rápido agora, espalhando-se como fogo, e a Revolução parecia mais e mais com uma manifestação do desejo do povo.

Castro sentiu que o momento crescia; ele e os outros nos altos escalões do movimento estavam travando intensas comunicações, tentando decidir como era a melhor forma de capitalizar em desenvolvimentos positivos. A liderança em Havana defendia fortemente uma *huelga* (greve) geral. Mas os líderes da resistência não queriam fazer apenas uma paralisação do trabalho, apesar de que o fato de os trabalhadores não aparecerem em seu trabalho naquele dia, representou um aspecto essencial da estratégia. Isso foi acompanhado por novos atos de sabotagem industrial e agrícola, violência, assassinatos de oficiais do governo, ataques contra símbolos do regime e uma balbúrdia generalizada. A ideia era expor a falta de habilidade de Batista em manter a ordem pública e econômica e revelar a Washington D.C., e ao mundo, que Cuba não poderia ser governada pelo presente regime. Foi anunciado publicamente que haveria uma greve; particularmente, a data foi marcada para 9 de abril.

Isso foi o fim: a greve iria fechar escritórios do governo, todos os estabelecimentos comerciais e, mais pontualmente, os cassinos e boates. Castro iria acertar Batista e seus amigos mafiosos onde eles respiravam.

APESAR DO TUMULTO, para muitos, a vida em Havana seguia como se não houvesse nada de errado. Como uma criança com os dentes crescendo, a cidade agarrava-se à teta materna. A elite econômica vivia em seu próprio mundinho, no qual os bons tempos continuavam, os dólares dos turistas fluíam e o Presidente Batista comandava tudo com pulso firme. Para os membros da Máfia de Havana – e também para as famílias de empresários americanos, para os diplomatas, os militares cubanos e membros da administração de Batista – era possível acreditar que tudo estava certo no mundo. Quanto mais próxima uma pessoa fosse dos mafiosos e seus parceiros no sistema, mais provável eles enxergarem o que estava acontecendo em Cuba como nada mais do que uma grande aventura.

Isso aconteceu com a neta de Lansky, Cynthia Schwartz, que chegou a Havana no começo de 1958. Cynthia era a filha de sete anos de Richard Schwartz, filho de Thelma "Teddy" Lansky de um antigo casamento. Meyer tinha uma relação fria, ainda que cordial, com seu enteado, que tinha dezenove anos na época em que Lansky se casou com Teddy em 1948.

Richard trabalhava com *silk-screen*. Seus negócios não estavam indo bem no final dos anos 1950, então Teddy sugeriu a Meyer que talvez ele pudesse contratar o jovem para trabalhar em algum canto no cassino do Riviera. Richard era um visitante frequente dos estabelecimentos de luxo de Lansky em Broward County, incluindo o Club Bohème e o Plantation, onde ele frequentemente se anunciava como "filho de Meyer Lansky". A tendência de Richard por usar o nome de Lansky não agradava Meyer, apesar de o chefão da Máfia concordar em deixar seu enteado trabalhar no cassino Riviera como pit boss. Schwartz chegou a Havana em novembro de 1957, algumas semanas antes do hotel-cassino abrir as portas.

Quando a jovem Cynthia e seus dois irmãos juntaram-se aos seus pais em Havana, em janeiro de 1958, a cidade estava agitada. A pequena Cynthia não sabia nada do lugar. Anos depois, ela se lembrava: "Eu sabia que estava em Havana, Cuba, mas onde ficava no mapa eu não saberia dizer. Eu via mar por todo lado, então eu sabia que era uma ilha, mas não muito mais. Eu me sentia como a garotinha de *Peter Pan*. Eu estava numa aventura".

Ela se juntou aos pais num apartamento no Focsa, o prestigioso complexo de apartamentos em Vedado, também lar do chefão do cassino, Norman Rothman. Foi colocada numa escola primária conhecida como Lafayette Academy, uma escola para americanos e filhos de cubanos ricos onde o inglês era falado. O uniforme da escola consistia-se de uma camisa cor de canela e uma saia marrom com a insígnia da Lafayette.

Cynthia sabia pouco da reputação de seu avô, apesar de logo se tornar aparente que Meyer Lansky era alguém especial em Havana. A cada dia, no horário de almoço da escola, ela era buscada por sua mãe e trazida para o Hotel Riviera, onde sua avó Teddy tinha uma cabaña ao lado da piscina. "Éramos tratados como a realeza no Riviera", ela se lembra. "A cada dia na cabaña eu recebia um sanduíche de peru em pão integral com molho, que eu amava. Então íamos nadar na piscina. Era a única piscina de água salgada em toda Havana. Eu me lembro porque a piscina tinha gosto de sal."

Vez ou outra, Cynthia era levada ao cassino para dizer alô para seu pai. Pelos olhos de uma criança, o salão do cassino era especialmente exótico. Às vezes ela passava tempos com seu avô. Lansky dizia: "Venha, Cindy, vamos dar uma volta". O chefão da Máfia e sua neta passeavam pelo cassino e pelo saguão, onde o Grande Lansky era tratado como um rei. Para Cynthia, a experiência era única: "Eu me sentia especial quando estava com meu avô".

Era verdade que Lansky, os mafiosos e suas extensas famílias eram tratados como realeza em Havana, mas não era assim lá nos Estados Unidos. O destaque do assassinato de Anastasia e a convenção interrompida da Máfia em Apalachin colocaram a Máfia cara a cara com a mídia. A imprensa tendia a atrair o interesse de forças ambiciosas da lei tentando subir na carreira. O Procurador de Manhattan, Frank Hogan, espalhou a notícia de que estava interessado em falar tanto com Lansky quanto com Trafficante depois do assassinato de Anastasia, apesar de ambos terem razões para acreditar que no começo de 1958 o calor tenha se dissipado. Que é o motivo pelo qual na tarde de 11 de fevereiro, numa breve viagem a Manhattan para ver seu médico particular, Lansky tenha ficado surpreso quando foi "pinçado." Aconteceu na esquina da West 53rd Street com a Broadway em midtown Manhattan logo que Lansky saiu de um táxi do aeroporto.

Meyer estava em Nova York porque havia recentemente começado a sofrer de úlcera. Estava frio e havia neve no chão quando os detetives o trouxeram à delegacia na West 54th Street. Apesar de geralmente educado com os policiais, Lansky ficou incomodado de ser levado sem um bom motivo. Quando um detetive perguntou a ele o que sabia sobre o assassinato de Anastasia, Meyer retrucou: "Tanto quanto um esquimó no Alasca".

Outro detetive perguntou a Lansky o que ele fazia da vida.

"Negócios", Meyer respondeu.

"Que tipo de negócios?"

"Meus negócios." Lansky recusou-se a dizer qualquer outra coisa.

Os detetives prenderam Lansky sob acusação de vadiagem, uma óbvia acusação de "foda-se" às vezes usada pela polícia quando querem acossar alguém. Lansky chamou seu advogado, mas somente na manhã seguinte. Moses Polakoff chegou à delegacia com uma fiança de mil dólares para tirar seu cliente. A acusação de vadiagem acabou sendo rejeitada pelo juiz.

Um time de detetives continuou a seguir o judeu mafioso enquanto ele estava em Nova York. Numa tarde, o Detetive William Graff estava sentado no saguão do Hotel Novarro em Central Park South, onde Lansky estava hospedado. Graff era parte do time de vigilância da polícia que estava supostamente operando sem que Lansky soubesse. Nessa tarde de neve em particular, Lansky entrou no hotel e viu o detetive, que agia como se tivesse acabado de chegar por lá. Lansky caminhou até ele e se sentou. Sem se importar em se apresentar, o chefão da máfia começou a esfregar a barriga e reclamar da úlcera.

"Estou com uma coisa na cabeça", ele disse a Graff.

O detetive se inclinou à frente em expectativa. E se Lansky estivesse prestes a divulgar um fato importante sobre sua vida criminal? Ele fez sinal para Lansky continuar.

"São as galinhas", disse Meyer.

Hum? O detetive não tinha ideia do que o mafioso falava.

"As galinhas", repetiu Lansky. "Não se encontram boas galinhas em Havana."

O Detetive Graff escutou, intrigado, o famoso Meyer Lansky dando a ele um tratado de como era difícil encontrar frango fresco em Havana. Carne – sem problema. Seu hotel, o Riviera, tinha os melhores bifes em Cuba, ele disse. Também não era difícil encontrar carneiro ou frutos do mar. Mas frango – esqueça. Os frangos cubanos eram mirrados e mal nutridos. É por isso que ele veio para Nova York – para arranjar um suplemento de galinhas decentes que fossem mandadas a Havana por via aérea.

O detetive sorriu educadamente e tentou conduzir a conversa a uma direção mais relevante, mas Meyer não era bobo. Ele só falava sobre sua agravante úlcera – e galinhas. "Estava jogando comigo", o detetive disse ao escritor Robert Lacey anos depois.

Como era o caso periodicamente em sua vida, a notoriedade de Lansky estava novamente causando problemas a ele. Em março, a revista *Life* publicou um artigo intitulado "Mafiosos Avançam na Problemática Havana". Completo, com fotos de Meyer, Jake Lansky, Trafficante, Fernández Miranda e Batista – um literal quem é quem da Máfia de Havana. O artigo sugeria que os mafiosos estavam indo aos bandos para tomar vantagem da instabilidade política em Cuba. Claro, nada poderia estar mais longe da verdade. Os mafiosos estavam lá desde o começo. O artigo revelava em detalhes maiores do que nunca, a natureza dos acordos financeiros entre Lansky e Batista, descrevendo o mercado de jogo de Havana como "uma previdência privada para os dias em que o líder político seja deposto ou o dia em que seu mandato terminar, o que vier antes".

A prisão de Lansky em Nova York e seu artigo na *Life* criaram problemas para os diplomatas americanos em Cuba que se interessavam pelo futuro político de Batista. Desde que o carismático Fidel Castro apareceu nas páginas do *New York Times* e na televisão americana, a opinião pública nos Estados Unidos pendia a favor do "Robin Hood" e longe de Batista. Agora que os negócios do El Presidente com os mafiosos americanos estavam sendo trazidos à tona, reforçavam-se as alegações de Castro de que Batista era corrupto e ladrão. Foi feita pressão nas unidades diplomáticas para ficarem em cima de Batista. El Presidente foi procurado pelo embaixador americano Earl E. T. Smith, que perguntou: "Não há nada que você possa fazer em relação aos mafiosos no seu meio?" Smith fez uma referência em particular a Lansky, cujas acusações criminosas de vadiagem ainda estavam em aberto na época.

Em meados de março, Batista anunciou publicamente que Lansky seria banido de Cuba enquanto estivesse enfrentando acusações criminosas. Lansky sabia bem que não poderia tomar a ameaça à sério. Anos depois, ele contou a um biógrafo.

> Batista fez uma brincadeira comigo. Ele anunciou publicamente que eu não poderia voltar a Havana enquanto essas "acusações sérias" sobre mim permanecessem. Naturalmente [as acusações] foram afastadas. E quando voltei a Cuba, Batista e eu demos uma boa risada com a coisa toda.

O relacionamento Lansky-Batista foi o centro da Máfia de Havana, mas visões dos dois homens juntos eram quase tão raras como de Fidel Castro. O chefão da Máfia e o ditador construíram um universo financeiro que mudou o curso da história de Cuba, mas ambos perceberam que quanto mais bem sucedidos seus negócios se tornavam, mais necessário era manter a aparência de separação. Ralph Rubio, que como gerente financeiro de Lansky no Riviera interagia com seu chefe de maneira quase diária, nunca viu os dois homens juntos. Armando Jaime Casielles ocasionalmente levava Lansky a encontros com Batista no palácio presidencial ou no Kuquine, propriedade de Batista. Um dos encontros no Kuquine aconteceu numa tarde no começo de 1958. Jaime esperou no carro enquanto Lansky encontrou com o presidente em seu escritório – no mesmo quarto onde Batista conheceu um jovem Fidel Castro anos antes.

Lansky saiu da reunião obviamente perturbado, o que era raro para ele. Por um longo tempo, Jaime dirigiu pela cidade e pelo Malecón, e Meyer não disse nada. Ele acabou murmurando quase para si mesmo: "Esse cara quer cada vez mais e mais".

Jaime percebeu que ele estava falando sobre Batista. "Mais do quê?" ele perguntou a Lansky.

"Pasta, Jaime, pasta", disse Lansky, usando uma gíria para dinheiro. "Mais e mais. Ele é insaciável."

Uma pessoa que viu Lansky e Batista juntos foi um advogado da Califórnia chamado Joe Varon. Ele representou Lansky em algumas questões menores e estava em Havana para participar da abertura oficial do hotel-cassino. Ele estava lá com Lansky quando Batista fez uma aparição surpresa. Em *Little Man*, Varon é citado dizendo: "Eles [Lansky e Batista] estavam bem, bem próximos. Como irmãos". De acordo com o autor Robert Lacey:

> Varon estava impressionado por quão bem Batista falava inglês e pela evidente cordialidade do presidente em relação a Meyer. Batista abraçava seu amiguinho americano de uma maneira bem latina... Meyer parecia distintamente desconfortável com esse aspecto do relacionamento, esquivando-se incomodado com o abraço de urso do chefe da nação. Essa confraternização pública não combinava com Lansky.

Acima de tudo, os dois homens estavam satisfeitos de operar através de intermediários. Cada noite de segunda-feira, um mensageiro apontado por Lansky entrava no palácio presidencial por uma porta lateral. Carregava com ele um malote cheio de dinheiro, parte do pagamento mensal de US$ 1,28 milhão que era entregue ao presidente. Batista mesmo nunca encontrou o homem; ele sempre usava um parente como intermediário. Essa era a forma que Lansky e Batista gostavam: não havia necessidade de chamar atenção para o fato de que eles eram parceiros num acordo financeiro que estava desviando milhões dos cassinos para seus próprios bolsos. Melhor criar a ilusão de autonomia. Algumas coisas eram mais importantes do que a amizade.

13
O SOL QUASE NASCE

AS GRANDES FESTIVIDADES DE ABERTURA do hotel e cassino Havana Hilton foram surpreendentemente colocadas em segundo plano. Parecia haver tantos membros da polícia militar quanto convidados – consequência dos recentes bombardeios e sequestros. A fixação do nome Hilton na paisagem de Havana era importante para o Presidente Batista, que via o hotel como seu maior passo em direção às tentativas da cidade de se apresentar como a Monte Carlo do Caribe. Mesmo assim, Batista não apareceu no evento, apesar de mandar sua esposa, Marta. Muitos viram sua ausência como resultado de preocupação com a segurança, mas havia outra razão. Nas semanas que levaram à grande inauguração, muitos homens de negócio cubano contaram ao embaixador americano, Smith, que Batista era tão impopular com seu próprio povo que eles não queriam ser vistos em sua companhia. Apesar de a maior parte dos industriais americanos ainda apoiar o presidente, os líderes dos negócios cubanos começaram a abandonar o que viam como um barco naufragando.

Para a Máfia de Havana, a abertura do Hilton foi outra maçã na cesta. Localizado em Vedado, não muito longe de seus outros estabelecimentos, o hotel tinha uma capacidade para 660 quartos, que o tornava ainda maior do que o Riviera. O Hilton também incluía uma grande boate, chamada El Caribe, um cabaré-lounge conhecido como Turquino, e claro que um cassino imenso. Com Albert Anastasia removido da lista de investidores, a sociedade do cassino e do clube foi dividida entre quinze diferentes partes, incluindo o Sindicato Gastronômico. O empréstimo para a construção do hotel foi do BANDES, o grande financiador econômico da Máfia de Havana.

Lansky não foi ligado diretamente ao Hilton, mas como todos os grandes empreendimentos comerciais em Havana, o negócio devia sua existência a um clima de jogo e vida noturna criado pelos mafiosos.

O prestígio do nome Hilton tinha um grande peso na indústria hoteleira, e a abertura do hotel em Havana ressoou até Las Vegas.

Desde que a explosão de jogo cubana começara, no começo dos anos 1950, Havana e Las Vegas se encontraram competindo pelos mesmos dólares de entretenimento. Pela maior parte do tempo, essas duas fortalezas da sorte coexistiram pacificamente. Muitos investidores, concessionários e mafiosos possuíam participações em ambas as cidades. Como o jogo em Havana era sazonal, dúzias de funcionários de cassinos iam e viam entre os dois maiores empregadores de funcionários de jogo na América do Norte. Os artistas iam de grandes salas de shows em Vegas a cabarés em Havana, e vice-versa. As duas cidades revolviam ao redor do mesmo eixo de jogo e entretenimento.

Nos anos recentes, Vegas começou a ter dificuldades. No começo e meio dos anos 1950, um frenesi levou à rápida construção de não menos do que seis grandes hotéis-cassino e a criação da Strip, em Vegas. Os hotéis abertos mais recentemente estavam todos passando por dificuldades financeiras. A Comissão de Jogo de Nevada chegou à conclusão de que o Havana Riviera, o Capri, o Nacional e agora o Havana Hilton estavam prejudicando os negócios em seu paraíso no deserto. A ação que eles decidiram tomar iria ter consequências profundas na Máfia de Havana.

Em abril, semanas depois da abertura do Hilton, a comissão de jogo em Vegas anunciou que qualquer um que tivesse uma licença de jogo em Nevada, e que também estivesse operando em Cuba, teria que desistir de sua licença ou deixar Havana. A comissão mencionou especificamente nove homens, incluindo Moe Dalitz, Blackjack McGinty, Sam Tucker, Morris Kleinman e Wilbur Clark, todos arrendatários do cassino do Hotel Nacional. Eddie Levinson, do Hote Fremont de Las Vegas, foi identificado como coproprietário do Riviera.

O aviso foi um espanto para os envolvidos. Os homens estavam sendo forçados a fazer uma escolha entre Havana e Las Vegas. Eles contrataram advogados e lutaram contra a decisão, mas no final foram forçados a garantir suas propriedades nos Estados Unidos. Meses depois do aviso, eles haviam vendido suas consideráveis participações em Havana. Na época, pode ter parecido uma tragédia financeira. Mas, no final, os mafiosos que foram forçados a sair de Havana por causa da comissão, ficaram parecendo os apostadores mais sortudos de Cuba.

Quando a temporada de turismo de 1957-58 chegava às suas últimas semanas, Havana vivia uma mistura de bons momentos e paranoia política. O problema era que o lazer e a revolução eram inerentemente incompatíveis. A cidade, que sempre teve orgulho em ter seu lado selvagem, agora se tornava mais obscura e clandestina. Muitos anos depois, usando a imagem poética da história, alguns diriam que essas semanas e meses em Havana lembravam os últimos respiros do Império Romano.

O advogado Frank Ragano se lembra de vir para a cidade em 1958 para visitar seu cliente Trafficante. Como ele fazia com frequência em suas visitas a Cuba, Ragano fez a ronda com Santo, que adorava mostrar seu "mundo". Trafficante acompanhou o advogado para vários cassinos, incluindo seu favorito, o Sans Souci. Como Lansky, Santo nunca apostava. "Bartenders não bebem porque eles sabem as consequências", ele contou a Ragano. "Eu sei quais são as chances contra os jogadores. Você não pode vencer os cassinos".

Trafficante levou seu amigo à sala de contagem do Sans Souci. A sala era pequena e abafada, com guardas armados na porta. Na mesa, no centro da sala, dois homens – um usando um visor na cabeça e outro dando entradas num livro-caixa – sentavam-se cercados por pilhas e pilhas de dinheiro. Trafficante explicou: "Esse é o quarto mais importante do meu cassino. Nós lidamos com dinheiro e você ou perde ou ganha as notas que estão aqui nesta sala". Trafficante assentiu em direção ao homem com o livro e a máquina. "Esse é Henry. Ele é de Tampa e controla a contagem para que nada se perca. Essas pessoas te roubariam sem pensar", ele disse, se referindo aos empregados cubanos, "então trago gente de Tampa para a sala de contagem".

Ragano estava impressionado com os bens de seu cliente – hotéis, cassinos, boates. Ele perguntou a Trafficante: "Santo, você está ganhando tanto dinheiro com negócios legítimos aqui em Havana. Por que não usa o dinheiro de forma honesta lá na sua terra?"

Trafficante sorriu. "Frank, em terra de cego quem tem um olho é rei." Ragano interpretou a declaração como se dissesse que a corrupção e os valores duvidosos tornaram possível para ele ganhar um pedaço de Cuba.

Ragano não era um principiante. Ele havia assistido a shows de sexo em Cuba e sabia que a cidade tinha adquirido uma reputação por moralidade dúbia. Ele admirava seu cliente e sentia que Havana dava a ele um tipo de confiança pervertida. Ele queria aproveitar o fluxo, como escreveu no livro *Mob Lawyer*.

> Tornei-me um homem diferente em Cuba. Em Havana, meus valores tradicionais se tornaram menos importantes, e Santo se tornou mais honesto e menos hipócrita do que a maioria das pessoas. Ele obtinha o poder que podia da vida sem a menor gota de culpa moral e era absolutamente não crítico consigo mesmo. Eu queria me encaixar em sua vida, imitá-lo, conquistar seu respeito.

Mais tarde, Ragano teve suas dúvidas:

> Às vezes eu me perguntava se havia descartado os valores éticos em Havana. Então eu pensava na questão de Santo, que o estilo de vida de Havana fora criado para ser aproveitado, e já que todos estavam aproveitando suas delícias, por que eu deveria ser a exceção?

A depravação sexual que havia sido típica de lugares como o Shanghai Theater agora se expandia para a comunidade. Trafficante levou seu advogado e amigo para *las exhibiciones*, shows de sexo ao vivo que se tornaram assunto na cidade. "Não queremos ir àquelas armadilhas para turistas", Santo disse a Ragano. "A primeira coisa que cada secretária, professorinha e enfermeira quer ver quando vem aqui é *una exhibicion*."

Trafficante fez seu motorista levar Ragano e ele próprio a uma casa num dos melhores bairros de Havana. Na casa, uma anfitriã os conduziu até um quarto que havia sido transformado num *lounge* para coquetéis. "Quando os cavalheiros estiverem prontos para ver o show, me avisem", a mulher disse. Os dois homens beberam. Trafficante explicou a Ragano o que iria acontecer. Normalmente, ele disse, o show era apresentado para um grupo de seis a oito pessoas, mas ele marcou um show particular.

"No corredor", disse Santo, "há um quarto onde eles apresentam três homens e três mulheres, e você escolhe um par para fazer o show. O valor é vinte e cinco dólares – bem barato quando você considera o show que eles fazem."

O chefão da Máfia e seu advogado carregaram seus drinques para o outro quarto. Lá, três homens e três mulheres usando roupões foram apresentados para inspeção. Trafficante não esperou Ragano fazer a escolha. "Teremos El Toro e aquela garota lá", ele disse à anfitriã, apontando para a mulher mais bem apanhada no quarto.

A anfitriã assentiu e pediu para Santo e Ragano seguirem-na para um quarto ao lado mobiliado com sofás e poltronas confortáveis. Um palco em forma de meia lua cercado por espelhos fora montado no meio do quarto. Nas paredes, pinturas de homens e mulheres nus.

Os dois homens bebericavam. A anfitriã bateu palmas e El Toro e a mulher de seios grandes entraram no quarto e tomaram o palco. Eles tiraram os roupões e começaram a fazer sexo, utilizando cada posição conhecida do ser humano, terminando com sexo oral.

Ragano ficou chocado com o que viu. Depois, perguntou a Trafficante sobre El Toro.

"Seu pau deve ter uns 30 centímetros", explicou Santo. "É um cara e tanto. Eles também o chamam de Superman."

Percebendo que esse era o famoso Superman que se tornara uma lenda em Havana nos anos 1950, Ragano perguntou se podia usar sua câmera Super-8 para filmar o show. Trafficante usou sua influência para conseguir permissão. Usando a luz local, o advogado capturou o Superman em filme. O produto final é granulado e escuro, mas num quarto cercado por fotos de nus, o membro de Superman é revelado. Ele e a mulher fizeram o mesmo de antes. É a única filmagem do *performer* sexual mais renomado da era da Máfia de Havana.

"Incrível", concluiu Ragano. "Como as pessoas podem ganhar a vida com isso?" ele perguntou a Trafficante.

"Frank, você tem de se lembrar de que aqui sempre há algo para todos os gostos. Você quer ópera, eles têm ópera. Você quer beisebol, eles têm beisebol. Você quer dança de salão, eles têm dança de salão. E se você quer shows de sexo, eles têm shows de sexo ao vivo. É o que faz esse lugar tão bom."

Nos dias seguintes, Trafficante ofereceu a Ragano uma chance de "compra". Agora que muitos dos mafiosos de Vegas haviam sido forçados a se retirar, havia abertura para amigos selecionados. Um novo cassino começava a ser planejado e as participações estavam sendo vendidas particularmente a vinte e cinco mil dólares para cada 1% do investimento total. Ragano ficou tentado. Ele consultou sua esposa Nancy sobre o assunto.

"Santo não ouviu nada sobre aquele revolucionário, o Castro?" ela perguntou a seu marido. "Eles dizem que ele está tentando tomar o país."

Ragano mencionou Castro e sua insurreição rebelde a Trafficante, que bufava sempre que o assuntou era trazido à tona. Até onde o chefão da Máfia de Tampa sabia, os rebeldes eram uma piada. Além disso, ele imaginava que mesmo que Castro conquistasse o impossível e assumisse o país, pouca coisa iria mudar.

"Tenho certeza de que Fidel nunca vai dar em nada", disse Santo. "Mas mesmo se desse, eles nunca iriam fechar os cassinos. Há muito dinheiro aqui para todo mundo."

NA SEGUNDA SEMANA DE ABRIL, Trafficante tinha bons motivos para amaldiçoar Castro e sua Revolução. A greve nacional planejada, que foi anunciada com grande alarde por Fidel, acabou sendo um fracasso. O Movimento 26 de Julho havia antevisto uma interrupção total, especialmente em Havana. Literalmente todo mundo na cidade deveria ficar em casa, criando o caos e levando a cidade a uma paralisação. Nunca aconteceu. Os cassinos, boates, bares e *las exhibiciones* ficaram abertos. O show continuou como se nada tivesse acontecido.

O fracasso da greve foi um golpe para a Revolução. As razões para os contratempos eram variadas. Anunciando a greve publicamente um mês antes, Castro deu a Batista muito tempo para reagir. O governo não sabia a data exata, mas eles sabiam que a greve estava vindo. Nas semanas anteriores ao 9 de abril, membros da polícia secreta caçaram com sucesso e executaram quatro dos maiores líderes do movimento em Havana. Foram feitas declarações por empregadores e pelo governo que aqueles que tomassem parte na greve perderiam seu trabalho. Havana era a veia econômica da ilha; empregados na cidade tinham o privilégio de ter trabalhos sólidos e não queriam perdê-los. Isso, além da falta de líderes revolucionários na cidade, trouxe um mau resultado às forças da Revolução.

Na esteira da greve abortada, o Presidente Batista farejou uma vitória; ele deixou que todos soubessem que ele se esforçaria para finalmente destruir os rebeldes. O regime havia conquistado poucas vitórias contra a Revolução em meses recentes; eles viam a greve falha como uma importante abertura estratégica. Líderes militares fizeram planos para lançar a Operación Verano, uma força coordenada do exército contra colunas rebeldes em Sierra Maestra. O bombardeio começou no Oriente.

A REVOLUÇÃO FOI, de várias maneiras, um grande improviso. Alguns dos eventos mais significativos do movimento – o ataque em Moncada, a chegada do *Granma*, a greve fracassada – inicialmente pareceram ser derrotas ressoantes. Mas o Movimento 26 de Julho tinha uma habilidade improvável em transformar derrota em vitória. Algumas de suas façanhas mais bem sucedidas nasceram da necessidade ou puro desespero.

Esse certamente foi o caso da manhã de 26 de julho, quando uma coluna de guerrilha liderada por Raúl Castro decidiu tomar o assunto em suas próprias mãos e sequestrar um bando de cidadãos americanos.

Raúl e uma brigada armada atacaram a mina da Baía de Moa no leste de Oriente, cercando os funcionários do local, em sua maioria americanos e alguns canadenses. Em outro canto de Oriente – num esforço coordenado – um ônibus cheio de militares foi sequestrado. No total, foram feitos quarenta e oito reféns, mantidos no campo perto da Baía de Moa.

A usina da Baía de Moa era uma das grandes estações mineradoras de níquel de propriedade dos EUA em Cuba. Por anos, a ilha foi uma grande produtora de níquel, que era extraído através de um custoso processo de mineração que empregava centenas de americanos e também alguns cubanos. Para a fúria de muitos cubanos, o governo de Batista deu à Freeport Sulphur Company uma literal isenção de impostos para operar a mina da Baía de Moa e outra perto de Nicaro. Juntas, essas duas minas forneciam 11% do suprimento do níquel do mundo.

Na tradição da United Fruit – El Coloso – a Freeport Sulphur Company era um símbolo do imperialismo americano na ilha. O corpo de diretores da empresa era bem próximo do regime de Batista, e foi dito que o embaixador americano, Smith, foi nomeado por causa de sua relação próxima com um antigo presidente da empresa que ainda era um grande acionista. Para os rebeldes, a Freeport Sulphur Company era um símbolo de uma "aliança maldita" que existia entre capitalistas estrangeiros e o regime corrupto de Batista – um esquema, segundo seus pensamentos, que era contrário aos interesses do povo cubano.

Seria exagero dizer que ao focar os industriais americanos em Cuba o movimento estava atingindo a Máfia de Havana, mas de certa forma é uma correlação precisa. Conforme a Revolução progredia, a política dos irmãos Castro, de Guevara, William Gálvez e outros se expandia e se aprofundava; o inimigo não era apenas Batista, era a tradição histórica de exploração e pilhagem de Cuba, do Caribe e da América Latina que remetia ao tempo de Cristóvão Colombo. Nesse sentido, as empresas americanas que tiveram benefícios para possuir e lucrar com os recursos naturais de Cuba eram indistinguíveis dos mafiosos que possuíam e dirigiam os cassinos. Eles eram todos parte da mesma força ocupadora.

O sequestro em massa na Baía de Moa também serviu a um propósito estratégico. Um mês antes, Raúl Castro e sua coluna haviam acampado em Sierra Cristal, montanhas que cercavam a empresa mineradora. A força aérea de Batista localizou a coluna de Raúl e começou um bombardeio incessante. O sequestro dos cidadãos americanos forçou a Força Aérea Cubana a cessar o bombardeio enquanto um cônsul americano negociava a liberação dos reféns.

O incidente acabou se tornando outro golpe de relações públicas para o movimento. Raúl usou a oportunidade para revelar à imprensa que a base militar próxima de Guantánamo – de posse dos EUA por acordo de arrendamento desde 1903 – estava sendo usada pela Força Aérea Cubana como uma estação de abastecimento. Bombas foram jogadas nos civis da área. Raúl e os sequestradores levaram os reféns para as cidades que foram bombardeadas e mostraram os civis inocentes, vítimas do bombardeio de napalm. No geral, os reféns foram tratados com respeito e cuidado; eles até tiveram uma festa de 4 de julho durante sua prisão.

Quando os americanos desarmados foram soltos sob ordem de El Comandante Fidel, a opinião pública nos EUA requisitou que a força área de Batista não pudesse mais usar Guantánamo (propriedade dos EUA) para abastecer seus bombardeiros. Além disso, durante o período de negociação de duas semanas para soltar os reféns, os rebeldes foram capazes de descansar e recuperar suas forças. Isso se mostrou um ótimo intervalo para o exército revolucionário, que sobreviveu ao bombardeio de Batista e surgiu do cessar fogo revigorado.

Nos meses seguintes, haveria grandes vitórias. Na Batalha de Jigüe, um dos maiores confrontos cara a cara da guerra, um oficial e todo um pelotão do exército cubano se rendeu às forças de Castro. Os soldados foram tratados com respeito e liberados. Alguns soldados deixaram o exército de Batista e entraram na Revolução. Era a clássica estratégia de guerrilha: ganhar os corações e mentes, e seus traseiros seguiriam.

Fortalecido pelos sucessos em campo, o exército revolucionário começou a preparar-se para um ataque final. No final do verão, a Coluna 2, um grupo que incluía o Capitão William Gálvez, foi mandado numa perigosa missão para cruzar a ilha, cercando Havana e montando um acampamento na província à oeste de Pinar del Rio. Na província de Las Villas, a coluna de Gálvez encontrou resistência e foi atingida por granadas de morteiro de 81 milímetros; o capitão foi deixado inconsciente. Quando ele acordou, havia sido arrastado em segurança e disseram que ele sofrera apenas ferimentos superficiais.

Gálvez e seus homens continuaram. Quando montaram um posto avançado no oeste, o exército rebelde teria Havana cercada e iria assim tentar o avanço final para a capital.

Anos depois, o Comandante Gálvez lembrava-se da época com orgulho. "Podíamos sentir o cheiro da vitória", ele disse.

Quando a nova temporada de turismo se aproximou, as reservas nos hotéis em Havana estavam baixas. Pela primeira vez, se tornou inegável o fato de que a guerra estava tendo um efeito negativo no turismo. Os poderosos de Las Vegas estimaram as chances de sobrevivência de Batista em menos de duas para uma, um prognóstico que mesmo a Máfia de Havana não poderia ignorar.

Como empresário do jogo a vida toda, Lansky sabia como manejar a sorte. Ele ainda tinha uma imensa maioria de fichas sobre Batista, mas o que iria fazê-lo parar de aumentar sua aposta? Meyer sempre havia planejado expandir seus interesses pelo Caribe e além. Com as forças de Batista despedaçando-se no campo de batalha e El Presidente sofrendo sérios arranhões na imagem, chegava a hora de Lansky explorar outras opções.

No verão e no outono de 1958, Meyer e outros membros da Máfia de Havana fizeram uma série de viagens pelas ilhas. Essas viagens incluíam paradas em Puerto Rico, Bahamas, Jamaica, Barbados e República Dominicana. Mais do que tudo, eram viagens curtas de um ou três dias. O boato entre muitos da Máfia de Havana era de que a International Hotels Inc., subsidiária da Pan Am que era dona do Hotel Nacional, havia deixado claro para Lansky e Trafficante que eles estavam interessados em se expandir pela região. A Máfia de Havana receberia uma parte considerável das concessões de jogo nos hotéis da corporação. Assim, Lansky e Trafficante começaram a cultivar contatos e a estabelecer relações através do Caribe.

Uma viagem em particular para a República Dominicana, em julho de 1958, parecia mais importante do que a maioria. Armando Jaime acompanhou Lansky em sua viagem, como ele fez em outras ocasiões. Ele não perguntou aonde eles estavam indo; simplesmente dirigiu com Lansky até o aeroporto Rancho Boyeros, onde eles embarcaram num pequeno Cessna junto com Santo Trafficante e um homem que Jaime não reconheceu.

O avião passou por cima da ilha, indo para o leste. Lansky lia uma revista e Jaime olhou pela janela conforme o cenário mudava de planícies para montanhas e de volta para planícies. Logo eles estavam num grande mar, azul escuro, quase negro, e chegaram a um novo cenário tropical. A viagem durou por volta de duas horas.

Quando o Cessna tocou o solo de um aeroporto comercial, um carro estava lá para recebê-los antes de eles desembarcarem do avião. No solo, Jaime ficou ao lado de Lansky e Trafficante quando eles encontraram um americano que os guiou pelo aeroporto sem ter de passar pela imigração; tudo havia sido combinado. Foi no terminal que Jaime viu uma placa que dizia: "Bem-vindo à República Dominicana" e percebeu que pela primeira vez Lansky e Trafficante haviam sido recebidos como hóspedes do ditador dominicano, Rafael Trujillo.

Os homens encontraram um rosto familiar no estacionamento do aeroporto – Charles White, também conhecido como Charles "the Blade" Tourine. White era o especialista em jogo de Miami e dono de boates que havia sido levado a Havana para cuidar do cassino no Capri. Ele também seria um dos mais visíveis participantes – um tipo de relações públicas – nos esforços da Máfia de Havana para estabelecer uma rede de contatos no Caribe.

Num comboio de três carros, Lansky e Jaime, Trafficante, White e outros se dirigiram do aeroporto através da cidade, por uma estrada, para as cercanias do município. Eles pararam na frente de um grande portão de madeira atrás do qual ficava uma enorme mansão. Guardas armados recebiam os carros no portão e os deixavam passar para a área do pátio. No pátio, um grupo de homens esperou pelos líderes da Máfia de Havana. Armando Jaime se lembrou:

"A primeira surpresa que eu tive era que a propriedade, com todas as suas armas impressionantes, parecia uma fortaleza. Eu nunca tinha visto tantos personagens armados. Nunca. Pessoas que eu não conhecia, que eu nunca havia visto antes, nem em Havana ou Las Vegas. Eles estavam todos lá para cumprimentar Lansky – em sua maioria homens brancos, norte-americanos, elegantemente vestidos, entre quarenta e quarenta e cinco anos de idade. Quando o Velho [Lansky] saiu do carro, eles vieram cumprimentá-lo, um por um, com um respeito consumado, eu diria até com certa emoção. E Lansky ofereceu a eles sua mão, com uma saudação, uma frase, algumas palavras que eu não podia ouvir de onde eu estava."

Quando o grupo se encaminhou para fora, Jaime viu os rostos familiares de Wilbur Clark, gerente do cassino do hotel Nacional, e Joe Stassi. Foi então que ele percebeu que essa não era uma viagem rápida de rotina pelas ilhas, mas um grande encontro do cérebro do truste.

Se Jaime precisava de provas, vieram menos de trinta minutos depois de sua chegada, quando dois Cadillacs pretos se dirigiram até o portão. Trafficante recebeu a ligação da guarita de segurança; ele autorizou que os dois carros entrassem na propriedade. Do primeiro Cadillac saiu um alto e musculoso negro vestido com um uniforme de oficial dominicano. Era um oficial representando o governo de Trujillo. O homem cumprimentou Trafficante na porta e foi levado para dentro, onde Lansky esperava por eles na biblioteca.

Os homens tiveram uma breve reunião particular, durante talvez dez minutos, e então o emissário do governo Trujillo partiu. Jaime ficou com a impressão de que era um tipo de boas-vindas oficial, um reconhecimento de todas as partes envolvidas de o que quer que transpirasse nesse encontro de homens de negócios e mafiosos na ilha, qualquer que fosse o acordo, iria acontecer por cortesia do governo Trujillo, e iria então ser sujeito ao mesmo tipo de "taxação" que os mafiosos estenderam a Fulgencio Batista.

Jaime foi apresentado para o anfitrião da reunião, um americano que era proprietário da fábrica de pneus Dominican Goodrich. O anfitrião mandou que um grupo de criados conduzisse Lansky, Trafficante e Jaime até seus quartos. Eles se reuniram num quarto que deveria ser dividido conjuntamente por Lansky e Jaime. Foi nesse quarto, longe dos outros hóspedes, que Jaime detectou uma mudança no clima. Ele se lembrou:

> "Santo me deu uma pistola calibre .45 com vários cartuchos e disse: 'Isso é para ser usado aqui, se necessário. Mas você não pode usar fora dessa casa em hipótese alguma.' Foi a primeira vez que vi Trafficante armado. Ele estava lá com uma pistola em seu cinto, e mais tarde uma metralhadora. Ele parecia um louco.
> Lá em Havana, Santo sempre se mostrava muito elegante, requintado, suave, fosse no Sans Souci, nos encontros na casa de Joe Stassi ou no Hotel Nacional. Mas aquele Trafficante naquela casa era um homem diferente. Ele revelou sua verdadeira natureza."

Lansky entrou no quarto e Trafficante também passou para ele uma pistola calibre .45. Jaime teve outra surpresa:

> "Foi a primeira vez – e única – que vi Lansky com uma pistola. Numa gaveta na sua suíte no Hotel Nacional havia uma arma, mas ele nunca a tocava. E eu sabia que também havia uma pistola num armário na sala da casa de Carmen, mas também nunca o vi tocando na arma. Agora, aí estava Lansky, a quem eu nunca vi tocando uma arma – nem mesmo as pistolas no porta-luvas dos carros; ele pegou a pistola e checou o cartucho. Então colocou no cinto e os cartuchos no bolso do paletó."

Claramente havia algo grande acontecendo nessa mansão da República Dominicana. "Eu tinha a impressão de que tudo poderia acontecer", se lembrou Jaime.

Os convidados principais começaram a chegar no dia seguinte. Jaime reconheceu esses homens como sicilianos, fossem italianos nativos com sotaques fortes ou sicilianos americanos de lugares como Nova York, Nova Jersey ou Chicago. Esses homens também foram barrados e revistados no portão, o que deixou muito deles bravos. Charles White estava lá para recebê-los no portão, com um pedido de desculpa pela revista e tomada de todas as armas.

Lá dentro, Lansky sentou-se numa cadeira na biblioteca e recebeu os homens, um por um. Como no dia anterior, esses homens cumprimentavam Lansky com respeito quase chegando à reverência. Aqueles que não puderam ter a reunião com o Little Man, se encontraram com Trafficante, também na biblioteca. Posteriormente, todo esse grupo de homens de negócios, mafiosos – talvez quarenta ou cinquenta homens – se reencontraram num salão nos fundos da casa.

"Vá dar um passeio se quiser", Lansky disse a Jaime. "Pegue um dos carros aqui, com placas de licença dominicanas e vá se familiarizar com a cidade. Pode ficar fora a noite toda, se quiser. Não vamos precisar de você de novo até amanhã de manhã."

Jaime recebeu as chaves de um Impala. Ele ficou atrás da direção, ligou o motor e se aproximou do portão. Magicamente, o portão se abriu, como se os guardas já tivessem sido informados de cada movimento seu. Ele se afastou da mansão, pela capital e além. Passou a noite num bordel na cidade de Santiago de Los Caballeros.

Às 7h da manhã seguinte, o motorista de Lansky voltou para a mansão. Novamente, os portões se abriram e guardas com pistolas acenaram enquanto ele entrava na propriedade.

Dentro da casa, Jaime ficou surpreso de ouvir vozes de homens no salão dos fundos. Aparentemente, eles ficaram acordados a noite toda. Algumas das vozes eram altas, argumentativas – falando em italiano ou inglês com sotaque italiano. Jaime se encaminhou para o andar de cima, tirou a roupa e deitou na cama.

Uma hora depois, Lansky abruptamente entrou no quarto e disse a ele. "Estamos saindo". Exatamente assim. Ele parecia perturbado. Jaime se levantou, se vestiu e fez as malas. Sem dizer adeus a ninguém, ele, Lansky e Trafficante foram imediatamente ao aeroporto. No mesmo Cessna em que eles haviam chegado, eles deixaram a República Dominicana. Lansky e Trafficante não trocaram uma palavra sequer durante as duas horas de voo.

Armando Jaime nunca descobriu o que aconteceu de errado durante o encontro de mafiosos no quintal de Trujillo. Houve outras viagens curtas no Caribe, e mais algumas para a República Dominicana, apesar de nenhuma ser tão carregada de tensão como a estadia de um dia na mansão do empresário da Dominican Goodrich.

Outros no Caribe ouviram histórias sobre os planos de Lansky de expansão, e alguns donos de cassino ficaram preocupados. Joe Stassi Jr., filho de Joe Stassi e crupiê no cassino do Sans Souci, havia ficado amigo de um dono de cassino da República Dominicana que atendia pelo nome de Pat Slots. Joe Jr. marcou um encontro em Havana entre Pat Slots e Lansky. Slots ouviu de Lansky: "Não se preocupe. Se você tem um cassino na República Dominicana, ninguém vai tirar isso de você". O dono do cassino ficou muito satisfeito.

Stassi Jr. era um membro da nova geração que tinha ligações diretas com a Máfia de Havana. Seu pai era um importante chefão em Cuba, e Joe Jr. podia esperar um comensurável nível de deferência nos círculos de jogo e até de políticos da ilha. Isso era em parte porque Stassi Jr. havia ingressado no regime de Batista.

O garoto tinha dezesseis anos quando veio para Havana no começo de 1957. Apesar de ser filho de um conhecido mafioso, Joe Jr. não era um mafioso aspirante. Era um estudante em férias que veio ficar com seu pai por uma semana e acabou passando quase três anos na ilha. Ele se tornou um dos crupiês mais jovens no Sans Souci, frequentava o Tropicana e rapidamente se apaixonou por uma cubana que, por acaso, era filha do Senador Miguel Suarez Fernández, um notório oficial do círculo de Batista. Em 1958, Joe Jr. se casou, e ele e sua esposa logo tiveram filhos.

A experiência do filho de Joe Stassi em Cuba era um sinal do que estava por vir – isso é, se as coisas funcionassem para a Máfia de Havana. Lansky, Trafficante, Stassi e outros haviam criado raízes na ilha. Seu compromisso em pilhar Cuba era um projeto a longo prazo; deveria seguir por gerações.

DE TODOS OS MAFIOSOS estabelecidos em Cuba, Santo Trafficante era aquele que deveria ter melhor sabido. Graças a seus amigos cubanos e associados em Tampa, Santo tinha acesso próximo à história problemática da ilha. A Rebelião não era uma coisa nova. Se

Trafficante quisesse saber, qualquer legião de exilados cubanos em Ybor City poderia contar a ele sobre o ciclo de ditadura, corrupção e agitação política na ilha. O ciclo estava ocorrendo pelo menos desde a violenta queda de Machado lá no começo dos anos 1930, quando o pai de Trafficante estava contrabandeando bebida e drogas através da Pérola das Antilhas.

Foi um pré-julgamento de Trafficante que qualquer forma de governo que seguisse Batista ainda iria ser dependente do fluxo de capital que vinha dos cassinos. Em conversas com seu advogado, Ragano, o chefão da Máfia de Tampa deu a entender que ele já havia começado a se preparar caso Castro e a revolução tivessem sucesso. Ragano achou que isso significava que Santo estava secretamente mandando armas ou dinheiro – ou ambos – para os rebeldes na Sierra Maestra.

Não há evidência conclusiva ligando Trafficante ao contrabando de armas, mas é um fato que certos personagens em Havana associados com a facção da Máfia de Santo estavam tentando transportar armas para as montanhas.

Norman Rothman havia se envolvido com jogo em Cuba antes do golpe de Batista em 1953; ele era sócio de Trafficante tanto no cassino do Sans Souci quanto no do Tropicana. Ele tinha uma aliança particular com Batista; como um capitalista de mercado livre em Cuba, Rothman apoiava quem estivesse no poder, contanto que essa pessoa fosse simpática a seus interesses no jogo. Se Castro fosse assumir – como começava a parecer que iria – Rothman queria estar numa boa posição; para esse fim, ele estabeleceu contato com o Movimento 26 de Julho.

Em agosto de 1958, poucas semanas antes do começo de uma nova temporada de férias, Rothman se encontrou com José Aleman, um cubano vivendo em Miami que estava ativamente envolvido na resistência anti-Batista. Os dois se encontram na residência de Rothman em Surfside, norte de Miami. De acordo com Aleman, que testemunhou sobre esse encontro anos depois diante de uma audição de congressistas americanos, Rothman tinha em sua posse várias centenas de pesos cubanos de vários valores. Rothman disse a Aleman que os pesos eram falsificados. Ele propôs que esses pesos poderiam ser usados para afundar o mercado em Cuba, desestabilizar a economia local e apressar a queda de Batista.

Aleman examinou as notas e sugeriu que ele passaria a ideia para o chefe do Movimento 26 de Julho em Miami. Aparentemente, o movimento ficou desconfiado dos motivos de Rothman. Eles viraram as costas para ele.

O chefão do jogo estava determinado a ficar em bons termos com a Revolução. Para Rothman e outros representando a facção de Trafficante da Máfia de Havana, a Revolução apresentava uma oportunidade. Se eles pudessem estabelecer um canal contínuo com Castro – e Castro assumisse – eles usariam essa relação para minimizar o poder de Lansky, que era identificado como próximo a Batista. Era um jogo perigoso, mas fazia sentido. As facções de Trafficante e Lansky em Havana eram parceiras desconfortáveis, sempre procurando formas de manobrar os acontecimentos para proveito próprio.

Com isso em mente, Rothman buscou Sammy e Kelly Mannarino, os dois irmãos que haviam tido a concessão de jogo no Sans Souci antes de Batista e Lansky assumirem Havana. Rothman provavelmente sugeriu aos Mannarino que agradando Castro eles podiam voltar à cena de jogos cubana. É improvável que Rothman tenha feito tal oferta para os Mannarino sem o apoio de seu chefão no submundo, Santo Trafficante.

Em 14 de outubro, 317 armas foram roubadas do armamento da Guarda Nacional em Canton, Ohio. Os Mannarino contataram Rothman, que alugou um avião por seis mil dólares para levar as armas para Cuba. Rothman pretendia pagar pelas armas através de uma conta de banco na Suíça, usando ações roubadas como garantia de empréstimo. As armas estavam prestes a serem embarcadas quando foram localizadas por um radar da patrulha americana. O carregamento foi pego antes de deixar os Estados Unidos e a maior parte dos conspiradores foi indiciada, incluindo Rothman e os Mannarino.

Rothman permaneceu livre, sob fiança, e a Revolução continuou. Na verdade, o Movimento 26 de Julho conseguiu pegar suas armas de fontes improváveis, incluindo a Agência de Inteligência Central Americana (a CIA).

Ao mesmo tempo em que a facção de Trafficante da Máfia de Havana estava tentando ficar em bons termos com a Revolução, um oficial da CIA chamado Robert D. Weicha estava arranjando um carregamento de armas para a "Segunda Frente" de Raúl Castro. De acordo com o falecido jornalista investigativo, Tad Szulc, Weicha – que estava em Cuba como vice-cônsul dos EUA – já havia feito uma série de pagamentos, totalizando cinquenta mil dólares, ao Movimento 26 de Julho em Santiago. As atividades de Weicha eram altamente confidenciais e nunca foram tiradas dos arquivos secretos. Há também evidências de que a CIA estava envolvida em contrabando de armas para os rebeldes. Uma vez que ninguém da CIA jamais explicou seu pensamento na época, as razões para financiar e armar o movimento não podem ser facilmente identificadas. É uma suposição, no entanto, que a agência queria estreitar suas apostas em Cuba e comprar boas relações com os membros do movimento para futuras contingências. Isso coincide com a política da CIA em qualquer lugar do mundo sempre que conflitos locais afetam os interesses americanos.

Cuba estava se tornando um caldeirão de tramas secretas, agentes duplos e conspirações revolucionárias. E nem todas as armas enviadas para a ilha eram destinadas a Castro. Em março, o governo americano suspendeu todos os carregamentos para Batista com base que as armas eram para autodefesa contra um país estrangeiro e não para serem usadas contra cidadãos cubanos. Essa ação por parte do congresso americano veio como um choque para Batista, que agora era forçado a arranjar armas para seu exército através de um terceiro país. Um grande carregamento veio da República Dominicana; outros foram marcados para chegar da América Central.

Múltiplos carregamentos por avião inundaram a ilha de armas – algumas destinadas aos rebeldes, outras ao exército cubano. No espaço aéreo sobre a ilha e água ao redor, esses aviões provavelmente passaram por outros aviões que estavam deixando Havana com um tipo diferente e precioso de carga: dinheiro.

Quase todas as facções da Máfia de Havana tinham seus próprios mensageiros, cujo trabalho era mandar dinheiro e cheques para fora da ilha em contas particulares nos Estados Unidos, Europa e todo canto do Caribe. Trafficante tinha Ralph Reina, o antigo parceiro de Tampa que era parte da operação da família Trafficante desde os anos 1930. Lansky tinha Dan "Dusty" Peters, um personagem esguio e vívido que já fora anfitrião do Colonial Inn e outros estabelecimentos de jogo de Meyer na Flórida. No Riviera de Havana, onde os grandes apostadores não achavam nada demais escrever um cheque de vinte ou trinta mil dólares para cobrir uma dívida de jogo, era trabalho de Dusty levar esses cheques num voo de manhã cedo para Miami, onde eles descontavam e depositavam numa conta especial no Banco de Miami Beach. Mais tarde, foi sabido que Lansky também usava o Castle Bank nas Bahamas para grandes depósitos em dinheiro.

Sabia-se que Batista tinha várias pessoas que cuidavam disso, ministros do gabinete e membros da polícia secreta, cujo trabalho era transportar malas cheias de dinheiro e outros itens valiosos para depositar em contas particulares na Suíça.

No Tropicana, o proprietário Martín Fox tinha Lewis "Mack" McWillie, um antigo crupiê de blackjack de cinquenta anos de Las Vegas, que veio a Havana em setembro de 1958 para trabalhar como pit boss e mais tarde gerente financeiro. McWillie era musculoso e rude, com cabelo rareando e uma barriga protuberante. Era um brutamonte originalmente de Dallas cujo FBI descreveu como assassino. McWillie esteve ao redor de gângsteres e jogadores por toda sua vida adulta. Anos depois, na frente do House Select Committee on Assassinations de 1978 (investigando o assassinato de John F. Kennedy), McWillie explicou seu papel em Havana:

> McWillie: Eu gerenciava o Tropicana e o governo o tomou. Então fui mandado para o Hotel Capri por Martín, que disse que me arrumaria um trabalho lá, então fui pra lá.
> Presidente: Bem, não é verdade que você fez viagens a Miami?
> McWillie: Para pegar dinheiro para Fox.
> Presidente: De Cuba, para depositar dinheiro?
> McWillie: Sim, senhor.

Presidente: Explique isso a nós; nos diga o que você fazia.

McWillie: Eles me pediam para ir a Miami depositar dinheiro para eles e eu fazia isso.

Presidente: Pelo que você fazia, você estava fazendo um tipo de entrega para eles, é verdade?

McWillie: Bem, eu era gerente do cassino, e se eles quisessem que eu fizesse isso para eles, eu fazia.

Presidente: O efeito do que você estava fazendo é que eles estavam tirando o dinheiro de Cuba e depositando nos bancos aqui nos Estados Unidos, é verdade?

McWillie: Bem, o dinheiro que eu levava está aqui – eu entregava para um caixa e ele depositava na conta deles...

Lewis McWillie era o tipo de personagem típico que chegou a Havana na temporada de férias de 1958-59. Estava nos jornais de todo mundo: Havana estava repleta de intrigas revolucionárias e provavelmente à beira de uma grande mudança. Para jogadores à margem do submudo como McWillie, a ideia que um ditador todo poderoso pudesse misturar todas as cartas era uma oportunidade de ouro. Se Havana fosse cair, provavelmente o jogo e outras trapaças controladas pela Máfia de Havana seriam expostas. A velha guarda ficaria de quatro e um novo séquito de personagens chegaria lá como urubus, prontos para bicar os cadáveres.

A promessa de um novo dia se aproximou, e um novo grupo de trapaceiros chegou: aproveitadores, mercenários, espiões, sanguessugas e oportunistas.

Mesmo assim, Lansky, Trafficante e outros membros da elite da Máfia acreditavam que eles estavam em chão sólido. Contanto que o dinheiro fluísse dos cassinos e boates, eles eram capazes de manter suas ilusões. Se o mundo estava mudando, eles seriam os últimos a saber.

14
PEGUE A GRANA

O MAIS GRANDIOSO HOTEL-CASSINO JÁ CONSTRUÍDO em Cuba iria se chamar Monte Carlo de La Habana. No papel, era de tirar o fôlego: um massivo resort com tudo dentro: marina, canais interiores e ancoragem para iates, um ponto de aterrissagem para helicópteros e hidroplanos, e uma pista de golfe; junto com o cassino de sempre, boate, piano *lounge*, restaurante, etc. O Monte Carlo teria capacidade para 656 quartos e um design moderno criado por um dos arquitetos mais conhecidos do país. Apesar de o projeto ainda não ter sido anunciado publicamente, a construção começou em agosto de 1958. O hotel e as instalações ao redor foram projetados ao custo de vinte milhões de dólares, um novo recorde para Havana. O financiamento seria assumido primariamente pelo BANDES.

O Monte Carlo seria a junção de tudo que havia vindo antes, um hotel, lazer e um complexo de entretenimento único de uma série de hotéis-cassinos similares por todo Malecón. Nessa nova fase de desenvolvimento em Havana, o que viera antes era apenas um prelúdio – uma mixaria comparado com o que Lansky e a Máfia de Havana tinham em mente para o futuro.

"Havana será uma cidade mágica", Meyer disse a seu motorista, Jaime, uma tarde enquanto estava perto do local de construção do Monte Carlo. "Hotéis como joias sobre os recifes de corais que sustentam o Malecón. Fabulosos cassinos, boates e bordéis até onde o olho pode alcançar. Mais gente do que você pode imaginar."

O motorista de Lansky escutou; ele podia ver o brilho nos olhos de Lansky, mas também a dúvida. "Não, impossível", Meyer disse num bufar. E então ele respirou fundo o ar salgado e retomou seu otimismo. "Pode ser, Jaimito. Pode acontecer."

A última criação da Máfia de Havana seria administrada por uma empresa chamada La Compañía Hotelera de Monte Carlo. A Monte Carlo Hotel tinha em seu corpo de diretores alguns dos nomes mais famosos no mundo dos negócios, política e entretenimento. O acionista mais notório era ninguém menos do que o "O Presidente do Conselho", Frank Sinatra.

O interesse de Sinatra em Havana remetia pelo menos até a conferência da Máfia em 1946, no Hotel Nacional, quando ele supostamente transportou uma mala cheia de dinheiro para Charlie Luciano. Após anos de confraternização com mafiosos, o velho Olhos Azuis estava pronto para participar. Ele havia visitado Havana inúmeras vezes, mas, surpreendentemente, nunca havia se apresentado oficialmente lá. Foi tudo de acordo com o plano, que estava prestes a mudar em grande estilo. Sinatra não era apenas listado como acionista e possível membro do conselho do Hotel Monte Carlo, mas também tinha planos de montar um show de variedades semanal no hotel que iria ser televisionado ao vivo para os Estados Unidos e – supostamente – pelo mundo todo. Num relatório para o BANDES, advogados representando a empresa explicaram as intenções de Sinatra:

> [Sinatra] deseja televisionar as propriedades do hotel de Cuba para os Estados Unidos semanalmente, dado que ele é um produtor e que sua participação nesse programa pretende cumprir uma função dupla: primeiro, colocar o hotel que ele administra nos holofotes e, segundo, direcionar os lucros obtidos com o show em Cuba para uma empresa cubano-americana que vai produzir shows e filmes de Cuba com vistas panorâmicas do hotel servindo como cenário.

Juntando-se a Sinatra nesse empreendimento estava o cantor e ator Tony Martin, que se apresentava com frequência em Havana, o cantor e dançarino Donald O'Connor, que recentemente havia sido nomeado para o Oscar por seu papel em *Cantando na Chuva*, e o proprietário de restaurantes de Nova York, William Miller, que também era produtor de programas de entretenimento. Sobre Miller, os advogados do Monte Carlo foram efusivos nos elogios:

O Sr. Miller é considerado dentro dos Estados Unidos como a única pessoa capaz do que os americanos chamam de levantar os mortos. Em outras palavras, ele tem uma longa experiência em encenar shows que são enormes atrações turísticas nos Estados Unidos, e tem contatos e conexões com homens de negócios do mundo da arte de primeira linha. Como garantia, ele ofereceu trazer a Cuba os 20 mais importantes astros dos Estados Unidos para promover uma publicidade internacional em favor do governo dirigido pelo Major General Fulgencio Batista y Zaldívar.

Além de atuar como um apostador para a ditadura de Batista, a administração do hotel iria ter um considerável manejo político nos Estados Unidos. Outro dos diretores propostos para o Monte Carlo era Walter Kirschner, que viveu na Casa Branca por doze anos como conselheiro chave do Presidente Franklin Roosevelt. Foi notado no relatório dos advogados que Kirschner tinha uma relação pessoal com o atual ocupante da Casa Branca, Dwight Eisenhower, e ele também tinha poderosas conexões no Vaticano, onde serviu como enviado do governo americano. Kirschner conhecia o presidente e tinha acesso ao Papa: o que mais uma ditadura afiliada à Máfia poderia desejar?

O Monte Carlo deveria ser a epítome de tudo o que a Máfia esperava em Cuba – uma mistura de celebridades, poderosos homens de negócios, políticos bem conectados e mafiosos. O próprio nome do lugar – Monte Carlo – evocava tudo com que Lansky sonhava. A cidade havia chegado lá: Havana deveria ser o local de férias mais glamouroso do mundo, uma verdadeira máquina de fazer dinheiro cujos lucros de jogo e outras atividades de lazer em Cuba iriam financiar as empreitadas da Máfia ao redor do globo. O Monte Carlo era a última fase de um plano tão ambicioso que certamente despertaria os fantasmas de Jimmy Walker, Al Capone, Arnold "The Brain" Rothstein e cada mafioso ou parceiro de mafioso que pegou carona em seu vagão para sonhar com um paraíso da Máfia em Cuba. Estava tudo ao alcance, tão próximo que Lansky, Trafficante, Batista e os outros podiam sentir o gosto, segurar nas mãos, sentir o aroma do mel, poder e sexo que era a realização de suas mais loucas fantasias criminosas.

Tão perto e ainda tão longe: para um sonho que evoluiu em décadas de planejamento, manipulação e repressão, ele teve uma vida relativamente breve. O Monte Carlo pode ter sido um "acordo fechado" no papel, mas na realidade o projeto nunca saiu do chão. O povo cubano tinha outras ideias.

Era duro para qualquer um dizer se a Revolução era um sonho ou uma conclusão compulsória. A censura tornou difícil saber. Artigos sobre a guerra no *Diário de la Marina* eram baseados em relatório de imprensa do exército, com ênfase invariavelmente nas rendições: "Cinco criminosos foram presos ontem depois de se renderem perto de Trinidad e dizer que se arrependiam de ter ido para as montanhas". Numa ocasião, foi alegado que oito se entregaram dizendo: "Eles lamentavam ter lutado com os rebeldes". Algumas vezes surgiam relatórios de uma batalha de fato: "40 rebeldes e 5 soldados mortos, relata o exército". Ou "180 perdas relatadas em Oriente". Perdas de rebeldes eram sempre altas, do exército eram sempre baixas. Se você lesse apenas os grandes jornais em Cuba, você teria pensado que o governo tinha tudo sob controle.

Em dezembro de 1958, os ventos Los Nortes sopraram do Golfo e as ondas começaram a bater no muro de pedra que seguia pelo Malecón, como às vezes acontecia no início do inverno. Mesmo com o domínio da imprensa, a cidade estava inundada de rumores de que Batista não iria durar muito mais tempo. As comunicações com o resto da ilha foram cortadas porque os rebeldes haviam destruído vários postes telefônicos e bombardeado instalações elétricas. As rodovias ligando à cidade foram bloqueadas por milícias revolucionárias, impedindo a chegada de suprimentos de comida. Muitos dos melhores restaurantes de Havana foram forçados a reduzir drasticamente suas horas de operação ou fechar completamente porque não tinham produtos, carne ou laticínios. Numa ilha onde a cana de açúcar era mais comum do que grama, houve uma falta de açúcar como resultado da sabotagem dos rebeldes; o açúcar que restava era usado para exportação.

Havana nunca esteve tão isolada. Os hotéis, cassinos e cabarés ainda funcionavam, mas com lucros bem reduzidos. Acreditar que as coisas estavam indo bem requereria que uma pessoa passasse vinte e quatro horas por dia num cassino, onde não houvesse rebeldes, não houvesse transmissões da Radio Rebelde e não houvesse relógios, calendários ou janelas. De noite, os únicos veículos que se moviam livremente pelas ruas eram carros de polícia azuis e brancos, os Oldsmobiles verde-oliva do SIM, e os antigos carros que carregavam os homens de Los Tigres. Nas últimas semanas, a gangue do senador Rolando Masferrer havia se mudado de Santiago para Havana em antecipação ao desfecho entre o regime e os rebeldes que parecia provável a ocorrer.

Em seu escritório no palácio presidencial, Fulgencio Batista conduziu seus negócios por trás de janelas que foram equipadas com placas de aço para bloquear ataques de atiradores. O presidente raramente participava de eventos públicos, onde sua simples aparição poderia deflagrar um ato de desobediência civil, um motim ou, pior de tudo, uma tentativa de assassinato. Além da ocasional proclamação de rádio, Batista havia se retirado do discurso público. A maior parte do seu tempo era gasto em Kuquine, sua palaciana propriedade a trinta minutos do centro da cidade. Ele havia recentemente começado a adotar comportamentos estranhos. Comia grandes refeições que duravam horas, depois desaparecia no jardim, onde enfiava o dedo na garganta e vomitava. Então voltava à mesa, limpava a boca com um guardanapo de linho e voltava a comer. Seria vaidade ou um distúrbio compulsivo? De toda forma, El Mulato Lindo havia começado a exibir tendências que eram bem conhecidas das vedetes de Havana, um tipo de comportamento conhecido como bulimia.

De noite, Batista gostava de assistir filmes em seu cinema privado. Lá, no escuro, ele conseguia se perder num mundo de fantasia e sonhos esperançosos. Seus filmes favoritos eram os americanos de terror, especialmente os filmes de Drácula estrelados por Boris Karloff. Nas noites de domingo, o presidente convidava seu círculo minguado de amigos para jogar canastra com apostas relativamente baixas (dez a cinquenta dólares por jogo). Poucos percebiam que Batista trapaceava. Usando um sistema de códigos e sinais secretos, ele tinha parceiros entre os garçons, que davam a ele dicas das cartas que os outros jogadores seguravam.

Entre os historiadores, há uma opinião diferente sobre até que ponto Batista entendia a gravidade da situação em Cuba. Talvez ele tenha se iludido de que ele poderia contornar a crise. Em novembro, sua administração havia encenado uma eleição na qual um candidato fantoche era eleito presidente. Batista já havia anunciado que no final de fevereiro de 1959, quando seu mandato terminasse, ele iria se aposentar da vida pública. Apesar de as eleições terem sido denunciadas como fraude pelo Movimento 26 de Julho, e mesmo o Departamento de Estado dos EUA não reconhecendo o sucessor escolhido por Batista, é possível que o presidente acreditasse que ele podia manobrar seus últimos meses de mandato. Talvez ele acreditasse em sua própria propaganda. Afinal, enquanto ele tivesse a lealdade do alto escalão do exército cubano, ele poderia ser deposto?

A fé de Batista no poder onipresente do exército foi sacudida quando, no começo de dezembro, ele foi procurado pelo cabeça do SIM e ouviu que os altos escalões do exército estavam tramando sua derrubada. Batista pode ter ignorado a trama, mas a conspiração supostamente envolvia o General Martín Díaz Tamayo. O general era um dos confidentes de maior confiança de Batista. Foi o homem que o havia apoiado durante o golpe de 1952, tornando possível sua reascensão ao trono. Ser traído por Díaz Tamayo era como ser esfaqueado pelas costas por seu próprio irmão. Batista fez Díaz Tamayo ser preso e apagou com sucesso a conspiração militar, mas estava claro que um clima de motim havia se instaurado no último bastião de apoio do presidente – os oficiais militares.

Preocupações sobre as divergências no topo pioraram para Batista pela realidade dos eventos em solo. Parecia que a cada dia uma nova cidade caía aos rebeldes. O mais alarmante era que a maioria dessas conquistas ocorria sem muito derramamento de sangue; os civis e brigadas militares estavam simplesmente submetendo-se aos rebeldes sem lutar. Batista geralmente recebia notícias da Revolução em avanço com um olhar neutro. Era como o gato de Cheshire, um semblante sem emoção. Quando era questionado por aliados ou por diplomatas americanos, ele invariavelmente começava dizendo: "Sabe que noite passada enquanto eu me deitava na cama lendo *The*

Day Lincoln Was Shot eu pensei..." Era uma frase de abertura que personificava o presidente – alheio, desconectado, vivendo em seu próprio mundo enquanto o governo se despedaçava ao seu redor.

Na tarde de 17 de dezembro, as coisas mudaram. Batista foi procurado pelo embaixador americano Smith em sua propriedade em Kuquine. A reunião havia sido solicitada pelo embaixador. Nas últimas semanas, o governo americano estava pressionando Batista a se retirar. Eles haviam proposto vários cenários, incluindo uma transição conduzida pela Igreja Católica, ou um governo liderado por uma junta militar, ou um governo de um comitê a ser determinado por todas as partes interessadas, incluindo o Movimento 26 de Julho. Batista recusou todas as sugestões. Ele permaneceu em termos amistosos com a administração Eisenhower, mas era claro que ele não tinha intenção ou vontade de virar as rédeas para qualquer junta ou consórcio que incluísse representantes do inimigo.

No encontro em 17 de dezembro, Smith detectou uma mudança na atitude do presidente. Batista estava notavelmente mais suave. O embaixador sempre havia gostado e apoiado Batista; na verdade, ele havia advogado fortemente a favor do presidente dentro do governo americano. Mas outros no Departamento de Estado acreditavam que o exercício de Batista estava condenado. Eles queriam que o ditador saísse, e como embaixador, Smith era o homem a entregar as notícias. Quando ele se sentou na biblioteca na propriedade de Batista, ele lembrou ao presidente da longa e cooperativa relação que havia existido entre ele e o governo americano. Era como "passar vaselina antes de enfiar a vara", Smith se lembrou anos depois.

O problema para Batista era que seu benfeitor de uma vida toda, o governo americano, não apenas queria que ele deixasse a presidência, eles também queriam que ele deixasse a ilha. Quando Batista ouviu as notícias, Smith detectou uma leve irregularidade na respiração dele, como se o ditador Cubano tivesse levado um chute no saco. Havia notícias piores a vir. Quando Batista perguntou se ele podia entrar nos Estados Unidos e viver em sua casa em Daytona Beach, Smith respondeu: "Temo que não". O governo americano sentia que seria melhor se ele tentasse outro país, como a Espanha ou a República Dominicana. Talvez depois, quando a poeira tivesse baixado e o tio Sam fosse capaz de intermediar uma transição ordenada de poder em Cuba, Batista pudesse se refugiar em sua antiga propriedade na Flórida.

Para um homem que serviu como vassalo dos interesses políticos e financeiros dos Estados Unidos durante uma guerra mundial e através de inúmeros presidentes americanos e administrações, era um golpe cruel. El Mulato Lindo havia perdido sua utilidade.

Batista falou em sua própria defesa, mas quando a reunião de duas horas e meia acabou, Smith sabia que seu amigo havia realmente encarado a realidade. O fato de que ele estava perguntando sobre uma passagem segura para Daytona Beach, para si e sua família, era uma evidência de que Batista sabia que o final estava próximo. Em algum lugar no fundo de sua mente, ele havia aceitado a derrota.

Mesmo assim, o presidente não disse nada. Nos dias e semanas seguintes, ele não contou a ninguém sobre sua mudança. Através de canais secundários, Batista arranjou vistos para sua esposa e filhos. Publicamente, ele continuava a agir como se os rebeldes fossem ser esmagados e ele fosse sobreviver. Talvez mais cedo ele estivesse vivendo em negação, ou mesmo iludido ou alheio a total extensão da Revolução, mas agora ele havia escolhido iludir seus seguidores. Ele se tornou algo mais: La Engañadora. A música tão provocativa que inspirou Bubbles Darlene a caminhar de topless pelas ruas de Havana contava a história de uma grande decepção. Batista se encaixava nisso: ele havia deixado de ser um ditador benevolente para se tornar uma farsa completa – um gângster cuja própria sobrevivência era mais importante do que o destino da nação.

El Presidente não contou a seus conselheiros ou, mais importante, a seus amigos na Máfia de Havana que ele pretendia descontar as fichas. Lansky, Trafficante e os outros seriam deixados a sua própria sorte.

MESMO COM A DEPRESSÃO TROPICAL SE FORMANDO, Havana permanecia como um local festivo durante as férias. A loja de departamentos El Encanto anunciou autênticas árvores de Natal – "Pinheiros Nórdicos que acabam de desembarcar de navios frigoríficos" – a 85 centavos de dólar por 30 cm de comprimento. Outra loja se gabava de uma vitrine completa com ferroramas, vendendo "a preços de Miami". Luzes natalinas estavam por todo canto e vários papais noéis tocavam sinos e pegavam moedas em favor do Exército da Salvação Americano. As temperaturas eram amenas e a ideia de neve era nada além de uma fantasia de Hollywood, mas o espírito era real. O Natal em Havana era época de comemorar.

A atmosfera de férias continuou no ano novo, que era tradicionalmente a festa mais animada do ano, em uma cidade que ganhou a reputação de ter uma das maiores festas no mundo. As reservas estavam em baixa, mas ainda havia rebanhos de turistas nos hotéis e cassinos.

No começo da noite de *réveillon*, a cidade estava calma. Notícias das conquistas dos rebeldes durante a semana levaram muitos a acreditar que o final de Batista estava próximo, mas não houve anúncios costumeiros. No Riviera de Lansky, os quartos estavam quase totalmente ocupados e o restaurante do hotel lotado em sua capacidade máxima. Tudo parecia normal, exceto por algumas intrigas.

Ralph Rubio comia com sua família no restaurante do hotel naquela noite. Como era frequente, o tenente-coronel Esteban Ventura entrou com suas duas filhas e um bando de guarda-costas. Ventura – vestido em seu costumeiro terno de linho branco – era chefe do esquadrão anticomunista e antissubversão da ilha. Ele era um dos mais temidos e odiados oficiais da polícia por toda Cuba. Seu esquadrão atuava pela Quinta Jurisdição e posteriormente pela Nona Jurisdição, literalmente uma câmera de horrores onde colaboradores revolucionários eram interrogados, torturados e, às vezes, assassinados.

Rubio estava acostumado a ver Ventura tomar seu assento numa mesa cercado por guarda-costas. Mas esta noite ele viu algo diferente: os seguranças do tenente-coronel tiraram suas pistolas calibre .45 dos coldres e as colocaram na mesa diante de si ou em seus colos, cobertas por guardanapos. As armas estavam prontas para o uso.

A palavra oficial no hotel era de que as úlceras do Sr. Lansky estavam incomodando-o; ele passaria a maior parte da noite em seu quarto no vigésimo andar. De acordo com o motorista de Lansky,

Armando Jaime, isso era uma farsa. Mesmo que Teddy, sua esposa, estivesse na cidade, Lansky havia escolhido passar sua noite de ano novo com a amante, Carmen. Teddy foi deixada na companhia de Eduardo Suarez Rivas, um antigo parceiro da Máfia de Havana e advogado do Riviera. A Sra. Lansky dançaria no ano novo no Copa Room, enquanto seu marido aprontava em outro canto.

Por volta de 21h, Lansky estava terminando uma reunião na casa de Joe Stassi quando disse ao motorista: "Vamos pegar as mulheres e jantar no Plaza Hotel". Por mulheres, Lansky queria dizer Carmen e a namorada de Jaime, Yolanda Brito. Jaime continuou a dirigir o conversível até a casa de Yolanda em Vedado e depois para o apartamento de Carmen perto do Prado. Por volta das 22h, os quatro sentaram-se numa mesa no modesto café do Plaza Hotel, perto do Parque Central, em Havana Velha.

Construído em 1909, o Plaza era um hotel elegante, um dos mais antigos e reverenciados da cidade. Apenas recentemente um cassino fora aberto lá. Sua concessão de jogo era de posse conjunta de Joe Stassi e seu filho, Joe Jr. Os Stassi tinham outro parceiro no Plaza: Anthony Bruno, um chefe da Máfia da Filadélfia que recentemente comprara um lugar no sindicato de Havana.

Apesar de ser um dos locais escolhidos pela Máfia de Havana, o Plaza não era tão notório quanto o Riviera, Capri, Tropicana e outros estabelecimentos. Ao escolher passar o *réveillon* lá, Lansky estava deliberadamente esperando evitar grandes multidões; ele preferia algo mais discreto e menos popular com os turistas endinheirados e seus grandes associados na Máfia.

De acordo com Jaime, havia um clima soturno no ar naquela noite. Durante a semana, houve rumores e relatos de avanços dos rebeldes. Che Guevara e suas tropas haviam penetrado na província de Las Villas, na rodovia central, e pareciam prontos a fazer um movimento em direção à capital.

"Naquela noite", notou Jaime, "parecia que algo já estava acontecendo. Tudo era tenso e inquietante."

Jaime se lembrou de uma conversa que teve no começo da semana com Lansky. "Os barbudos estão quase ganhando a guerra", Lansky disse a Jaime. O motorista ficou surpreso; seu chefe não costumava falar sobre política cubana. Ele estava obviamente preocupado. Ele disse a Jaime que embora estivesse familiarizado com as inclinações políticas dos *barbudos*, ele não sabia o que o líder ia fazer. Mais importante, ele estava incerto sobre a posição deles sobre os cassinos, se eles iriam mantê-los abertos ou os fechariam imediatamente.

Mesmo que Lansky tivesse motivos para estar estressado, Jaime ficou espantado em ver como ele estava calmo. Durante todo o jantar, "ele estava quieto, perdido em pensamentos, com um ocasional cumprimento ou elogio à bela Carmen. Era como se ele soubesse de tudo ou previsse o que iria acontecer". A atmosfera branda na mesa de Lansky era um contraste com a farra de ano novo acontecendo ao redor deles.

À meia-noite, todo mundo fez a contagem regressiva e bebeu champanhe. Quanto mais ruidoso e embriagado se tornava o encontro, mais reservado ficava Lansky. Jaime estava na pista de dança com sua namorada quando, por volta da 1h30, viu Charles White entrar no bar, procurar com os olhos e andar direto para a mesa de Lansky. White se inclinou e sussurrou algo no ouvido de Lansky.

Jaime sabia que White era um membro importante da Máfia de Havana. Em viagens à República Dominicana, White tinha sido o homem da frente. Como gerente do cassino do Capri e outros estabelecimentos de jogo conectados à Máfia, ele era uma peça chave. Quando o homem falava, Lansky escutava.

Quaisquer que tenham sido as notícias que White sussurrou no ouvido de Lansky, o chefe da Máfia recebeu com "absoluta tranquilidade." Lansky se levantou, então ele e White deixaram a mesa e se encaminharam para a saída.

"Fique aqui com Carmen", Jaime disse a Yolanda. "Eu voltarei."

Ele deixou Yolanda com a amante de Lansky; as duas mulheres estavam agora sentadas com o gerente do cassino do Plaza. Jaime seguiu Lansky e White para o saguão. Lansky fez sinal para Jaime manter distância, como ele frequentemente fazia quando queria conversar em particular com um parceiro.

Os dois homens saíram e conversaram baixinho, parados nas sombras entre duas colunas do pórtico, na rua Neptuno. Jaime olhava da entrada do hotel. Depois de alguns instantes, os dois homens se separaram, com White correndo para pegar seu carro. Lansky caminhou de volta a Jaime. "Ele se foi. Os barbudos ganharam a guerra."

O chefão da Máfia não precisava dizer mais nada; Jaime sabia que "ele" se referia ao Presidente Batista. O canalha havia esperado até a nação toda estar ocupada com a celebração do ano novo e fugiu coberto pela escuridão.

Jaime estava espantado com a reação de Lansky: "Ele permanecia tão imperturbável, mais imperturbável do que nunca, mais do que o normal para ele. Eu nunca o vi tão quieto dessa forma, nem mesmo nas melhores circunstâncias".

Lansky disse para seu valete: "Melhor enviar as mulheres para a casa de Carmen, agora mesmo. Eu e você temos muito a fazer".

O apartamento de Carmen ficava há apenas três minutos. Os quatro – Lansky, Jaime, Carmen e Yolanda – entraram num táxi. Depois que as deixaram, Lansky e Jaime se certificaram de que as mulheres estavam em segurança lá dentro, então voltaram ao hotel a pé. "Melhor irmos andando", Lansky disse a Jaime. "Temos de aproveitar ao máximo o que sobrou da noite."

Quando chegaram ao Plaza, Lansky foi direto para o cassino e falou com o gerente: "Batista abandonou o país". Lansky ordenou ao homem: "Pegue todo o dinheiro americano do lugar – cofres, reservas de caixa, dinheiro do jogo – e separe do dinheiro cubano. Depois de guardar bem os dois, traga imediatamente à casa de Joe Stassi". O gerente assentiu e fez o que lhe mandaram. Lansky então se voltou para Jaime. "Pegue o carro", ele disse. "Não o conversível, é perigoso demais. Um dos outros carros."

Jaime sabia que a Máfia de Havana mantinha vários carros nas garagens de muitos dos hotéis-cassinos. Ele pegou um carro da garagem e buscou Lansky na frente do Plaza. "Rápido", Lansky disse ao entrar no carro, "antes que as pessoas tomem as ruas. Precisamos passar pelos cassinos e salvar o dinheiro. A primeira parada é no Sans Souci".

Eram três horas da manhã quando Jaime e Lansky aceleraram pela Avenida 51 em direção ao clube e cassino Sans Souci. As ruas estavam totalmente desertas – nenhum carro, nenhum pedestre, nenhum policial. Nada. Jaime apertava o acelerador e dirigia acima dos 100 km/h. Chegaram ao Sans Souci a tempo. Tanto Lansky quanto seu valete entraram no cassino. Eles se dirigiram à mesa de Trafficante. O chefe da Máfia de Tampa, vendo a chegada de Lansky, se levantou para encontrá-los.

Aparentemente ninguém no Sans Souci sabia da notícia. Jaime viu Trafficante encolher-se quando Lansky contou a ele que Batista havia ido embora. Lansky repetiu o que havia ouvido, que os rebeldes haviam tomado Las Villas e poderiam avançar na cidade já no dia seguinte. Num tom calmo, ele disse a Santo: "Faça a ronda em todos os cassinos. Pegue o dinheiro. Todo o dinheiro. Mesmo o dinheiro e os cheques na reserva. Leve à casa de Stassi para mantermos em segurança".

Lansky acrescentou: "A melhor coisa agora é se retirar, ser absolutamente invisível. Fechar os cassinos – e rápido. Porque de manhã uma multidão vai tomar as ruas e ninguém vai ser capaz de pará-la".

Trafficante assentiu e fez sinal para alguém ao longe. Lansky virou-se para Jaime. "Vamos", ele disse. "Vá para o Nacional, depois para o Riviera". Os dois homens deixaram o Sans Souci apressados.

Infelizmente para a Máfia de Havana, nem o gerente do Plaza nem Trafficante entenderam a urgência das instruções. Eles guardaram o dinheiro, mas foram lentos em fechar os estabelecimentos. Nas próximas horas, ambos os cassinos seriam destruídos.

O Povo Cubano não esperou até o dia raiar para tomar as ruas. Às 4h da manhã, as notícias da partida de Batista começaram a se espalhar. Inicialmente, as pessoas simplesmente deixaram suas casas e se reuniram espontaneamente nas ruas; havia muita comemoração e cantoria. As pessoas tocavam as buzinas dos carros e, como em qualquer boa celebração cubana, baldes, pedaços de pau e chocalhos foram usados como instrumentos de percussão improvisados. Com os minutos se passando e a magnitude do que acontecera começando a ser compreendida, o clima ficou mais nervoso. Houve distúrbios entre polícia e milícia rebelde, que saiu do esconderijo para começar o processo de tomar a cidade, agora que Batista havia partido.

No Parque Central, do outro lado do Plaza Hotel, houve um louco tiroteio entre rebeldes e membros do Los Tigres. Os *Masferristas* estavam num prédio na rua Manzana de Gómez e os rebeldes atiravam neles, acertando sacadas e janelas no segundo e terceiro andares. As pessoas na rua correram para se proteger.

Os anos de frustração estavam explodindo agora, a raiva acumulada sendo dirigida a qualquer coisa que simbolizava o regime de Batista. Entre as primeiras coisas a serem destruídas estavam os parquímetros.

Os medidores eram associados com o cunhado de Batista, Roberto Fernández Miranda. Junto com as onipresentes máquinas caça-níqueis, a outra lucrativa árvore de Fernández Miranda era os parquímetros que engoliam os centavos do povo cubano. Era de conhecimento público que esse dinheiro ia direto para os bolsos do cunhado de Batista. Com martelos, canos e tacos de beisebol, o povão cubano foi atrás deles até derrubá-los. Alguns conseguiram abrir os medidores e roubar as moedas, mas esse era um ato em sua maior parte não de roubo; era um ato de vingança contra um dos símbolos mais óbvios de corrupção da cidade.

Em seguida vieram as máquinas caça-níqueis. As pessoas invadiram os botequins, cafés e bares, arrancaram as máquinas, as jogaram nas ruas. Elas foram esmagadas com tacos e martelos. A maioria das máquinas estava nos cassinos, então a multidão se separou em grupos menores e cada uma seguiu seu caminho de carro ou a pé em direção aos maiores símbolos, os hotéis cassinos que haviam sustentado a ditadura de Batista todos esses anos.

O astro de cinema George Raft estava trabalhando no Capri. Naquela noite ele havia circulado pelo cassino cumprimentando as pessoas, como fora contratado para fazer. Acompanhado por uma garota que havia ganhado recentemente o prêmio de Miss Cuba, ele ficou no cassino até as festividades de ano novo começarem a morrer. Ele deu à sua parceira a chave de sua suíte e disse a ela que subiria em breve.

Quando Raft voltou ao quarto, a Miss Cuba estava pronta e esperando. De acordo com o astro do cinema:

Lá estava ela, dormindo na minha cama, mas percebi que ela abriu um olho quando entrei no quarto. Ela estava meio-acordada e amorosa. "*Feliz año nuevo*", eu disse indo para o meio dos lençóis de seda, junto daquela garota fantástica. No meio dessa linda cena – de repente – tiros de metralhadora! E o que parecia ser canhões! Telefonei para a recepção. "Aqui é o Sr. Raft", eu disse. "O que está havendo aí?" A operadora respondeu, mas eu mal pude ouvi-la – havia tanta comoção. Finalmente, eu percebi o que ela estava dizendo. "Sr. Raft, a Revolução está aqui. Fidel Castro tomou tudo. Está em Havana! Batista deixou o país!"

Ralft saltou da cama e deixou sua bela cubana. No saguão, parecia que o inferno havia tomado a terra:

Todo mundo no hotel estava gritando. "Os bandidos estão vindo! Escondam tudo!" Foi uma confusão em massa. As pessoas correndo para todo lado. Eu percebi que ninguém estava no comando, exceto talvez eu, já que as pessoas me perguntavam o que fazer. Então me lembrei de uma velha piada sobre como ser um homem do tempo: primeiro olhe pela janela. Que foi o que eu fiz – vi gente correndo, soldados gritando nas ruas. Vi de fato gente sendo morta! Mas junto disso – havia todos esses moleques civis – na maior parte adolescentes, jogando pedras e garrafas através de vitrines e janelas das casas. Então alguns deles começaram a mirar o hotel.

Um grupo de revolucionários avançou para o Capri. De acordo com Raft, havia mais de uma centena de arruaceiros gritando em espanhol. Eles começaram a demolir o cassino. Um dos rebeldes metralhou o bar, destruindo garrafas e mandando destroços de madeira e vidro para todo canto.

Eu não tinha certeza do que fazer... então subi numa mesa – em meio a toda a baderna – e comecei a gritar algo como "Acalmem-se! Pelo amos de Deus, acalmem-se!" A líder desses arruaceiros armados, essa menina, apontou e gritou em inglês: "É George

Raft, o astro de cinema!" Agora eu tinha a atenção deles, mas eu não sabia direito o que dizer. Eu não tinha roteiro, não tinha falas, mas consegui fazer algum tipo de discurso sobre como eu era um cidadão americano e neutro na questão. Se eles cooperassem, poderiam pegar comida e coisas assim. Funcionou! Eles se acalmaram, fizeram uma pilhagem de leve, depois a maioria foi embora... Mas nós [ainda] não podíamos sair do hotel. Era perigoso ir para as ruas... Então, enquanto os tiros continuavam nas ruas, o Capri ficou a salvo. Pelo menos por enquanto.

Outros estabelecimentos da Máfia de Havana não tiveram tanta sorte. O cassino que sofreu mais vandalismo foi o Plaza, o lugar onde o próprio Lansky havia jantado mais cedo naquela noite com seu motorista e sua amante. As batalhas armadas na frente do hotel no Parque Central continuaram durante as primeiras horas. Máquinas caça-níqueis e equipamento de jogo foram arrastados para fora do cassino do Plaza e para a rua, onde eles foram jogados em fogueiras. Uma cena parecida aconteceu no Sans Souci, com partes do cassino encharcadas com querosene e incendiadas. No Deauville, as janelas da frente do hotel foram despedaçadas quando a multidão tentava penetrar no cassino com más intenções. No Sevilla Biltmore, o cassino foi destruído. Amletto Battisti, o proprietário, imediatamente buscou refúgio na embaixada uruguaia, onde, como a maioria das embaixadas de Havana, soldados armados montavam guarda nervosos.

A grande indignidade de todas foi reservada para o Riviera. Num ato de audácia revolucionária, camponeses trouxeram para a cidade um carregamento de porcos e os soltou no saguão do hotel e cassino, guinchando, espalhando lama pelos pisos, cagando e mijando em todo o orgulho de Lansky, um dos mais famosos empórios de jogo da máfia no mundo.

Para alguns, a raiva contra os cassinos veio como uma surpresa. Batista poderia ser odiado por muitos, mas nem todo mundo fazia a ligação entre o dito presidente e o império de jogo da cidade. Eles preferiam viver num mundo de sonho, onde o desenvolvimento comercial em Havana ficava separado da repressão e inadequação social que contaminava o resto da ilha. Mas conforme a Revolução progredia, essa disparidade criou uma pressão interna que cresceu como o interior de um vulcão ativo. Havia muitos motivos para não gostar de Batista – seu golpe sem vergonha, a repressão violenta, a censura, corrupção, relações ilícitas com gângsteres e aproveitadores – mas, no final, os hotéis-cassino vieram simbolizar tudo isto acima. Emocionalmente, os revolucionários e finalmente o povo cubano identificou a Máfia de Havana como tudo que eles desprezavam no regime de Batista. E então eles atacaram os frutos de seu governo em Cuba com o tipo de selvageria geralmente reservada para salafrários, espancadores de mulheres e molestadores de crianças. *Morte à Batista! Morte aos colaboradores! Morte aos gângsteres americanos!*

HAVIA ARMAS POR TODO CANTO, nas mesas, no piso, em coldres nos ombros e enfiadas nas cinturas do bem alimentados mafiosos americanos e seus seguranças. Armando Jaime mantinha sua pistola calibre .45 enfiada nas costas, para pegá-la facilmente.

Eram 21h de primeiro de janeiro. Depois de um dia de destruição pela cidade, a multidão ficou mais organizada. Não havia mais gritos e saques, mas as demonstrações eram no mínimo mais formidáveis. Grandes massas de pessoas marchavam pelas ruas, muitas carregando bandeiras pretas e vermelhas do Movimento 26 de Julho. Carros cheios de revolucionários armados rodavam pela cidade para mostrar que estavam no poder agora. Qualquer um associado com o regime de Batista se escondeu por trás de portas fechadas. Logo haveria um êxodo em massa de *Batistianos* e turistas da ilha.

Os mafiosos se reuniram na mansão de Joe Stassi em Miramar, cercados por palmeiras e com uma vista do Rio Almendares. Stassi estava lá, assim como Lansky, Trafficante, Norman Rothman e Charles White. Outros também vieram e foram. Jaime, junto a outros guarda-costas e ajudantes da Máfia de Havana, ficavam nos fundos enquanto os mafiosos planejavam a estratégia.

Havia pilhas de dinheiro na sala da propriedade de Stassi. O dinheiro estava sendo dividido em partes iguais e distribuído entre os mafiosos. Jaime não tinha ideia de quanto dinheiro havia lá, mas ele imaginou que havia milhões.

Joe Stassi estava vestido com uma camisa de mangas curtas. Ele parecia nervoso e suava em profusão, mesmo com a temperatura bem fresca. Lansky, como sempre, estava calmo. Ele trouxe uma pequena mala, que encheu de pilhas arrumadinhas de notas de mil dólares. Jaime observou, mas nem tentou contar o dinheiro; era demais. Dias depois, enquanto Jaime levava seu chefe para o aeroporto Rancho Boyeros para deixar o país, Lansky disse a ele que havia "vários milhões de dólares" em sua mala.

Na primeira semana de janeiro, os revolucionários comemoravam e os mafiosos tentavam descobrir o que iria acontecer. Por enquanto, os cassinos estavam fechados, apesar de algumas boates permanecerem abertas. Fidel Castro ainda não havia chegado à cidade. Estava viajando numa caravana pela ilha, parando em cidades e vilas num tipo de marcha da vitória. Enquanto isso, o pessoal do governo americano, turistas e outros inundavam os aeroportos e navios numa tentativa de fugir da ilha.

Wayne S. Smith era um jovem oficial consular americano que havia chegado a Havana no começo daquele verão. Smith e outros do consulado passaram a semana tentando ajudar os turistas americanos e cubanos bem conectados a saírem da ilha. "Era frenético", Smith se lembrou anos depois. "Havia mais gente querendo sair do que havia assentos nos aviões e barcos. Obviamente, se você tinha alguma conexão com o governo de Batista, havia um clima de urgência em sair da ilha".

Cynthia Schwartz, a neta de oito anos de Lansky, conseguiu fugir com um grupo que incluía sua avó, Teddy, a esposa de Meyer. Deixando o prédio no Focsa, onde vivia, Cynthia viu soldados armados em uniformes verdes. Muitas pessoas estavam partindo e havia muito tumulto. Cynthia ouvira de sua avó que eles não podiam levar muita coisa com eles. "Fomos avisados," lembrou-se a neta de Lansky. "Era hora de ir."

Ralph Rubio havia recentemente se mudado com sua esposa e filhos para Playa Estes, um belo ponto perto da praia no leste de Havana. Com grande relutância, ele arrumou o máximo que pode às presas e tirou sua família de Cuba. Muitos dos outros empregados do cassino fizeram o mesmo, sentindo que, como beneficiários visíveis do regime de Batista, suas vidas estavam em perigo.

Aqueles mais próximos do presidente foram avisados. O Ministro do Interior Santiago Rey – descrito por Armando Jaime como o "cãozinho treinado de Batista" – havia escapado na noite anterior com o presidente. Eduardo Suarez Rivas, cujas conexões com os mafiosos de Cuba remetiam até os dias de Luciano, escapou num voo privado, apesar de ter deixado para trás US$ 780 mil numa conta bancária que seria esvaziada pelo novo governo. O lar do tenente-coronel Esteban Ventura foi vandalizado por um povo com raiva, mas ele conseguiu escapar de avião. Rolando Masferrer não teve a cortesia de ser avisado pelo círculo interno de Batista; ele foi forçado a se esconder em Cuba por alguns dias antes de finalmente conseguir uma passagem de barco para Miami.

Meyer Lansky não saiu imediatamente da ilha. Por curiosidade, ele esperou até que Castro entrasse na cidade em 8 de janeiro. Castro deu muitas entrevistas durante sua marcha comemorativa pela ilha, e Lansky examinava as palavras de El Comandante de perto para determinar qual era a posição do novo governo diante dos cassinos. Fidel era evasivo sobre o assunto, preferindo assegurar o povo cubano de que o Movimento 26 de Julho estava no comando agora e que Cuba entraria numa nova era de paz e prosperidade. Lansky, Trafficante e os outros gângsteres estavam convencidos que, não importa o que Castro dissesse, ele teria de permitir que os cassinos ficassem abertos se quisesse manter a economia da ilha.

Quando Fidel e seu séquito finalmente chegaram a Havana, a multidão pelo Malecón era opressora. Para a massa, Fidel anunciou: "O povo ganhou a guerra. Eu digo isso caso algum indivíduo ache que ganhou, ou algumas tropas acreditem que elas tenham ganhado. Antes de qualquer um, é o povo". Posteriormente, Fidel apareceu no Acampamento Columbia, base do poder militar do país, para reassegurar o exército de que ele nunca os considerou inimigos. Foi lá que um famoso momento do teatro político aconteceu: com Fidel de pé numa plataforma diante de outra massa de celebrantes, duas pombas brancas foram soltas por um membro do Movimento 26 de Julho. Uma das pombas da paz voou e pousou no ombro de Fidel enquanto ele falava. A multidão ficou espantada com o simbolismo. Fidel havia ido de um Robin Hood tropical e líder revolucionário para uma personificação de Cristo.

Não levou muito tempo para o clima mudar; a nova imagem santificada de Fidel não abraçou o conceito de perdão incondicional. As execuções começaram quase que imediatamente, principalmente de homens que eram supostos merecedores: os piores torturadores e assassinos do regime de Batista, traidores da Revolução, ou qualquer um metido em "atividade contrarrevolucionária". Eles foram colocados num muro contra a fortaleza La Cabaña e fuzilados por um pelotão.

As execuções sem julgamento trouxeram críticas dos Estados Unidos e outros cantos. O Movimento 26 de Julho não estava engajado agora no mesmo tipo de vingança sangrenta típica do regime anterior?

Castro não apenas defendeu o "direito do povo" de se vingar contra seus inimigos e opressores, ele se tornava agitado sempre que a questão surgia. Parado no enorme saguão do Hilton Hotel, que a liderança revolucionária havia tomado como seu quartel em Havana, Castro foi questionado por um repórter se ele estava preocupado que os Estados Unidos pudessem intervir. Ele respondeu dizendo que se o exército americano tentasse invadir a ilha, haveria "duzentos mil gringos mortos" nas ruas das cidades cubanas. Castro posteriormente se desculpou pela colocação destemperada, mas o dano já estava feito.

Para qualquer um até remotamente ligado ao regime deposto, um clima de paranoia se estabeleceu. Poucos tinham mais razão de se preocupar do que os mafiosos americanos que operavam os cassinos. Numa citação que circulava por toda Cuba e Estados Unidos, quando questionado sobre os proprietários dos cassinos, Castro declarou: "Nós não estamos dispostos apenas a deportar os gângsteres, mas a atirar neles".

Inicialmente os mafiosos consideraram a declaração de Castro como uma mera bravata. Lansky, Trafficante e outros queriam que fosse sabido que eles não haviam fugido de Cuba com medo, como foi relatado em alguns jornais. "Os apostadores tomaram o rumo de seu benfeitor e protetor, Presidente Fulgencio Batista, e fugiram do país em voos fretados", o *Daily News* de Nova York reportou. Um representante de Lansky imediatamente ligou para a embaixada dos EUA em Havana para dizer que o chefão do cassino não havia fugido de Cuba. Ele estava no Hotel Riviera, "tomando conta do pessoal de lá, mesmo estando muito doente e precisando ir ao hospital".

Santo Trafficante tampouco estava inclinado a fugir. Numa conversa por telefone com seu advogado, ele declarou: "Castro está completamente pinel! Ele não vai durar muito tempo no poder. Ou Batista vai voltar ou alguém vai substituir esse cara porque não há outra forma da economia continuar sem turistas, e esse cara está fechando todos os hotéis e cassinos. É uma tempestade temporária. Vai passar".

Castro de fato fechou os cassinos, cancelou a loteria nacional e declarou em um de seus primeiros decretos que limpar os "vícios, a corrupção e o jogo" estavam entre as prioridades do novo governo. Mesmo assim, foi só uma questão de semanas antes de Fidel voltar atrás. O Sindicato Gastronómico reclamou com Castro que sua ordem estava custando cerca de seiscentos empregos de seus membros. Conselheiros econômicos deram a Fidel as más notícias de que a economia iria ser destruída, a não ser que ele reabrisse os cassinos.

Como sua ligação governamental com a indústria do cassino, Castro indicou Frank Sturgis, mais conhecido no Movimento 26 de Julho como Frank Fiorini. Aos trinta e quatro anos, Sturgis era um veterano da Segunda Guerra Mundial nascido nos Estados Unidos e antigo gerente de boate em Virginia Beach, que se tornou um mercenário. No final de 1957 e em 1958, ele ajudou o Movimento 26 de Julho contrabandeando armas para a Sierra Maestra dos Estados Unidos, México e todos os cantos pela América do Sul. Em 30 de julho de 1958, Sturgis foi preso por posse ilegal de armas nos Estados Unidos, mas solto por falta de provas. Por seu papel como importante fornecedor de armas para o movimento, Sturgis foi nomeado inspetor chefe dos cassinos. Sturgis não sabia nada sobre o negócio e admitiu isso para Lansky, Trafficante e para todo mundo que quisesse ouvir.

Os cassinos foram reabertos, mas a incerteza, vingança e paranoia que existiam em Havana tornaram impossível que negócios relacionados ao turismo florescessem. Apesar de os rebeldes finalmente saírem do Havana Hilton (que logo seria renomeado para Havana Libre), o hotel estava operando com menos da metade de sua capacidade. No Riviera, as perdas operacionais do período de dezembro de 1958 a abril de 1959 foram avaliadas por contadores em US$750 mil. Em poucos meses, todos os grandes hotéis-cassino se afundaram em dívidas.

Para Castro e seu governo, o fracasso dos cassinos era um ponto de discussão. Um banco cubano – parte do sistema agora era supervisionada pelo novo ministro de finanças, Che Guevara – acusou os cassinos de desvio de dinheiro e assumiu a responsabilidade por contar o fluxo dos cassinos. *Rebeldes na sala de contagem*! Era demais para os mafiosos aguentarem. Quando os cassinos continuaram a sangrar dinheiro, o governo piorou as coisas acusando muitos dos operadores dos cassinos e prendendo-os.

Entre os mais importantes mafiosos presos por Castro estava Santo Trafficante. O chefão da Máfia de Tampa havia consistentemente subestimado a fúria da Revolução, e nos meses após a queda de Batista e a entrada de Fidel, ele tentou operar como se nada houvesse mudado. Anos depois, Santo se lembrou desse período num depoimento diante da House Committee on Assassinations de 1978:

> Presidente do Comitê: Quando Fidel Castro assumiu, quão rápido ele ordenou que os cassinos fossem fechados?
> Trafficante: Bem, logo depois de ele chegar a Havana, porque ele não desceu das montanhas até Batista partir. Ele fez um longo desfile, pode-se dizer, das montanhas para Havana. E eles ficavam entrevistando-o e ele ficava dizendo que os cassinos fechariam. Tudo estava um tumulto. Havia gente por todas as ruas, invadindo as casas. Havia uma completa hostilidade e a única coisa na época era tentar ficar vivo.

Presidente: Ouve uma época em que você foi detido ou aprisionado em Cuba?
Trafficante: Sim
Presidente: Pode nos contar quando foi isso?
Trafficante: Não sei dizer a data exata... Recebi a notícia de que os oficiais cubanos estavam querendo me colocar na cadeia porque eu era colaborador do Batista. Eles invadiram meu apartamento. Estavam procurando dinheiro. Destruíram toda a mobília. Costumavam vir e me pegar à noite; me levavam para o bosque, tentavam me fazer dizer onde eu havia colocado meu dinheiro, isso e aquilo, até que eu finalmente me escondi. E eles continuavam... quero dizer, eram um bando de... a maioria deles tinha quinze, dezesseis, dezessete anos. Tinham armas; era uma época ruim para ficar por lá.

Santo foi pego em seu apartamento em Vedado no dia 8 de junho e preso no campo de detenção Triscornia – o mesmo local onde Charlie Luciano havia sido mantido enquanto esperava pela deportação, doze anos antes. A Máfia de Havana havia dado uma volta completa: de ser renegados a ser o sistema, e ser renegados novamente. O mundo havia completado seu ciclo.

Trafficante não estava sozinho em Triscornia. O governo cubano havia chegado à conclusão de que se os mafiosos não podiam gerar lucros nos cassinos, então para que eles serviam? Foram acusados: Trafficante, Jake Lansky, Dino Cellini e John Martino, gerente de apostas no Deauville. Foram todos encarcerados por serem "forasteiros indesejados". Meyer Lansky e Norman Rothman estavam fora do país na época, ou provavelmente teriam sido presos também.

Joe Stassi estava em Havana. Na noite em que Trafficante, Jake Lansky e os outros foram encarcerados, Stassi ligou para o Capri: "Joe", ele ouviu do gerente do cassino, "não venha para cá. Eles acabaram de prender todo mundo". Stassi foi preso várias vezes desde que Castro assumiu, mas sempre deixavam-no ir embora. O fato de Santo e Jake terem sido pegos era o suficiente para Stassi perceber que dessa vez as autoridades estavam levando a sério. Ele foi se esconder e acabou deixando Cuba no final de 1959.

O filho de Stassi, Joe Jr., não teve tanta sorte. Por ter se casado dentro de uma família fortemente associada com o regime de Batista, ele era constantemente preso. Estava determinado a ficar em Havana com sua esposa e filho recém-nascido e trabalhar no ramo dos cassinos, mas o novo governo tinha outras ideias. Ele acabou passando um total de 112 dias na cadeia antes de desistir e deixar a ilha em 1961.

Trafficante recebeu o pior castigo de todos. No dia em que foi preso, seu advogado, Frank Ragano, recebeu uma ligação em seu escritório em Tampa. Era Santo, informando-o de que dessa vez parecia que o governo cubano não iria soltá-lo. "Não é exatamente uma prisão", disse Trafficante de sua cela no Triscornia. "É uma casa grande, do outro lado da baía do Malecón, e eu fui mandado ficar lá até que tomem uma decisão sobre meu caso".

"Está tudo bem com você?" perguntou Ragano.

"Posso ouvi-los atirando no povo de Batista na rua. Mas vou ficar bem."

A maior preocupação de Trafficante era que ele havia marcado o casamento de sua filha mais velha para acontecer no Hilton Hotel, no dia dos pais, em 21 de junho. Sua filha estava determinada a ter o casamento conforme o planejado, com seu pai presente. Com a data se aproximando, era incerto se o governo iria permitir que Trafficante assistisse ao casamento da filha. De alguma forma, a esposa de Santo, Josephine, conseguiu enviar uma mensagem pessoal para Castro e ele autorizou uma breve licença para o mafioso participar da cerimônia.

Ragano voou para o casamento, com Trafficante cuidando da cerimônia usando um terno branco e uma gravata borboleta preta. Havia cerca de duzentos hóspedes na sala de recepção no Hilton, com mais de uma dúzia de soldados armados no perímetro das festividades. Imediatamente depois, Trafficante foi levado em custódia e voltou para Triscornia.

Durante sua estadia em Havana, Ragano reparou na grande diferença de quando ele estava na cidade. "Uma atmosfera festiva foi substituía por um severo estilo de vida de acampamento militar. Sentinelas barbudos armados, que mal haviam saído da adolescência, patrulhavam as ruas ou gritavam em carros. Eu fiquei no Riviera de Lansky, literalmente um hotel fantasma, e podia ouvir os ecos dos meus passos no chão de mármore do saguão vazio".

No começo de agosto, Jake Lansky e Dino Cellini foram libertados da prisão e deixaram o país. Lewis McWillie subiu os degraus de pit boss para gerente de cassino no Tropicana, e posteriormente no Capri.

Trafficante ainda estava preso. Na verdade, num clima de pânico, ele ligou para seu advogado para dizer: "Eles vão me executar! Estou na maldita lista!" Ele implorou para que seu advogado pegasse um avião, voasse para Havana e tentasse negociar sua liberdade. Ragano voou de volta para a ilha e começou um torturante processo de negociação com os burocratas do governo revolucionário. Ele ouviu: "Em primeiro lugar, [Trafficante] era um apoiador do Batista e Batista fez miséria com a vida do povo cubano, com exceção dos ricos. Além do mais, o Sr. Trafficante é um traficante de drogas e não há espaço para traficantes sob o novo governo".

Ragano perguntou: "Que evidências vocês têm de que ele é um traficante de drogas?"

"O nome que ele usa – Trafficante. É isso o que significa em espanhol."

Ragano explicou que Trafficante era o verdadeiro nome de Santo e que ele nunca havia sido acusado de tráfico de drogas nos Estados Unidos ou em qualquer lugar. "Se você vai julgá-lo pelo nome", continuou Ragano, "então julgue pelo Santo".

Finalmente Trafficante foi trazido para encontrar Raúl Castro, que agora era ministro da defesa. Depois disso, o antigo rei do cassino foi solto sob custódia. Em conversas seguintes com Ragano, Santo foi discreto sobre como ele convenceu Raúl a deixá-lo partir, mas o advogado estava certo de que deveria ter havido um suborno. "Ou Santo usou seu próprio dinheiro escondido em Cuba ou um de seus ricos amigos cubanos foi até alguém no governo de Castro". A quantia que se estima que Trafficante tenha pagado por sua liberdade foi de cem mil dólares.

Muitos anos depois, Santo negou sob juramento que tenha havido tal pagamento. Ele admitiu, no entanto, que Raúl Castro teve um papel na sua soltura. "Acho que ele ajudou", Trafficante disse ao House Committee on Assassinations de 1978. Quando questionado se ele encontrou Raúl alguma vez depois de sair da prisão, o mafioso disse:

> Encontrei Raúl Castro uma vez no Hilton Hotel. Eu estava lá por acaso e um amigo me disse que se eu quisesse agradecer, ele estava no andar de cima num tipo de lugar, num tipo de quarto, como um bar público ou algo assim. Então eu subi e ele estava descendo as escadas. Então esse sujeito chamou [Raúl] e ele parou. Fui até ele e o agradeci. Ele disse: "Bem, apenas comporte-se e não dê nada a ninguém, não deixe ninguém te sacudir ou algo assim. Apenas se comporte e tudo vai ficar bem. Você não tem de ir embora. Não precisa ir a lugar algum".

Em outubro de 1959, Santo deixou a ilha para nunca mais voltar.

MEYER LANSKY FEZ UMA última viagem a Havana. Ele chegou em março e ficou em sua suíte favorita no Hotel Nacional. Ele estava lá principalmente para ver se podia lidar com o regime de Castro e preservar seu negócio de hotéis-cassino; ele pretendia encontrar sua amante, Carmen. Seu plano era ajudá-la a deixar a ilha e se reestabelecer em Miami ou Nova York. Mas o Chefão judeu não pôde localizar sua amada clandestina; ela havia se mudado do apartamento do Prado e talvez deixado Cuba. Ninguém parecia saber ao certo.

Não levou muito tempo para Lansky perceber que as perspectivas de trabalho para os mafiosos em Cuba estavam mortas. Na época, as execuções políticas na fortaleza La Cabaña aconteciam num ritmo de duas ou três por dia (houve uma estimativa de trezentas execuções nos primeiros dois meses do governo de Fidel Castro). Meyer reconheceu o novo governo de Cuba como o mesmo tipo de regime totalitário que forçou sua família a deixar a Rússia no começo do século. Ele deu sua opinião a Armando Jaime Casielles, que o deixou surpreso ao dizer que havia decidido ficar em Cuba sob o governo de Castro. Jaime se lembrou:

Quando ele me convidou para sair do país, disse que essa revolução era uma revolução comunista. Eu disse que não era uma revolução comunista, era uma revolução *fidelista*. "Estou nessa revolução porque é *fidelista*", eu disse.

Lansky teve dificuldade em aceitar que Jaime queria ficar; ele pareceu tomar a coisa como uma rejeição pessoal. Meyer, afinal, tinha passado a maior parte de sua vida trabalhando pela burguesia; ele se vestia e se comportava de uma maneira que deveria conotar classe e boa educação, apesar de ele e seus parceiros da máfia terem vindo em grande parte das camadas mais baixas da sociedade. Como o homem mais elevado na Máfia de Havana, Lansky trabalhava para os bem vestidos e bem alimentados. Toda sua existência era baseada em criar a ilusão de que a vida era uma grande festa, com champanhe, música e mulheres elegantes por todos os lados. Era uma visão compartilhada por seu parceiro mais poderoso – o Presidente Batista. Os revolucionários – Castro e seus homens – eram uma coisa totalmente diversa. Barbudos, sujos, intelectuais e doutrinários de um jeito que Lansky nunca poderia entender, eles eram uma afronta para a Máfia de Havana. Eles cheiravam mal e sujavam de lama os carpetes do Hilton, do Tropicana, do Riviera e outros tesouros da Máfia de Havana. Era um choque de culturas que nunca poderia ser resolvido.

"O problema", disse Lansky para seu motorista, "é que você não sabe realmente quem eu sou". Eles estavam sentados num banco no jardim do Hotel Nacional, cercados por palmeiras e plantas.

"Sei que você é Meyer Lansky", disse Jaime, "meu chefe, meu professor e um cidadão americano."

"Não. Não sou americano. Sou de uma pequena cidade que foi disputada por anos entre Polônia e Rússia. Mais do que tudo, sou um judeu, um judeu russo, e deixei a Rússia com a revolução acontecendo quando eu tinha doze anos e meio, quando a revolução comunista triunfou. Conheço uma revolução comunista quando vejo uma, e essa é uma revolução comunista."

"Bem, se é como você diz, então é para benefício do povo."

"Sim, mas e quanto a sua fonte de renda, sua vida? Se eles fecharem os cassinos de vez, você estará sem trabalho."

Jaime deu de ombros. "Você foi mais do que um patrão para mim. Foi um mentor. Mas vou ficar aqui em Cuba." Os dois homens deram adeus; nunca mais se viram.

Lansky ficou em Havana menos de uma semana. Ele voou de volta para Miami, depois para Nova York, monitorando a situação em Cuba de longe. Tecnicamente, ele ainda era proprietário do Riviera. Sua Compañía Hotelera Riviera ainda era a acionista principal, apesar de Meyer ser, como antes, colocado no papel como "gerente da cozinha". Os proprietários do hotel ficaram à deriva pegando dinheiro emprestado de várias instituições financeiras na ilha, até que eles, como a maioria das entidades e hotéis-cassino em Havana, estavam operando sobre uma montanha de dívidas.

Quando, em outubro de 1960, a *Gaceta Oficial de la República de Cuba* anunciou o confisco e nacionalização do Havana Riviera, foi o último prego no caixão. A gazeta anunciou o mesmo destino para outros hotéis-cassino, assim como para 165 outros empreendimentos americanos, incluindo franquias da Texaco, Goodyear, Kodak e General Motors.

O governo de Castro simplesmente confiscou os bens americanos na ilha: o legado da United Fruit Company, a empresa estrangeira de refinamento de açúcar, as enormes corporações americanas de mineração e todas as propriedades da Máfia de Havana eram agora propriedade do governo cubano.

Foi a mais audaciosa numa série de manobras econômicas hostis entre o governo americano e Castro, que havia começado no momento que o Movimento 26 de Julho tomou poder. A nova administração de John F. Kennedy pressionou Castro a realizar eleições e continuar a dar às empresas americanas o tipo de isenção de impostos que eles receberam nos regimes anteriores. Em numerosas entrevistas na televisão americana, Fidel continuou a prometer democracia. Ele prometeu eleições e negou que tivesse qualquer interesse em manter-se no poder oficialmente em Cuba. Logo, entretanto, Castro se revelou como a versão mais atual de La Engañadora.

As eleições continuaram sendo adiadas até que aparentemente não havia mais eleições. O teor do governo em Cuba se tornou mais e mais totalitário, com Fidel tomando todas as decisões sozinho em todas as questões do Estado. Muitos que tiveram grandes papéis na Revolução ficaram desencantados e protestaram – eles foram fuzilados, receberam longas sentenças de prisão ou fugiram exilados. Finalmente, Fidel proclamou com orgulho que ele era um marxista, e o novo slogan do governo se tornou "*Socialismo o muerte*".

Noventa milhas para o norte, o jovem americano antagonista de Castro precisava mostrar que era durão; Kennedy levantou durante sua campanha de eleição que seu oponente, Richard M. Nixon, estava sendo muito mole com Cuba. Consequentemente, o presidente americano que certa vez recebeu de presente da Máfia de Havana uma orgia, estabeleceu um bloqueio econômico contra Cuba – um embargo que permanece em funcionamento meio século depois.

Kennedy continuou a flexionar seus músculos vis-à-vis com Cuba, mas para Lansky, Trafficante e outros da Máfia de Havana, o mal estava feito. Eles foram grandes perdedores em Cuba. Certamente nenhum teve tanta sorte como o ex-presidente que, nas semanas antes da fuga, foi capaz de mandar malas cheias de dinheiro da ilha para sua conta particular na Suíça e em outros lugares. Foi estimado que Batista tenha saqueado de Cuba por volta de trezentos milhões de dólares. Uma indicação do peso de seu montante foi ele ter sido capaz de deixar quase três milhões de dólares num cofre no palácio presidencial. Uma brigada de revolucionários encontrou o dinheiro e mostrou para a imprensa. Aparentemente, Batista não precisava daquele dinheiro; talvez ele tenha deixado para trás como uma gorjeta.

Mais sintomático era a conta bancária em nome de Batista, que ele não conseguiu transferir antes de fugir. O saldo – que seria usado para ajudar a estabilizar o novo governo – era de meros vinte milhões de dólares.

Lansky e seus amigos certamente podiam ter usado aquela grana. Dada a natureza fluida das contas dos cassinos e a tendência dos mafiosos em esconder seus lucros, é impossível calcular exatamente quanto eles perderam, mas as somas devem ser assustadoras. Só o Hotel Riviera custou catorze milhões de dólares para ser construído e equipado, de acordo com os registros oficiais, ou dezoito milhões por uma estimativa que o próprio Lansky deu aos amigos. Desse investimento, seis milhões foram dados pelo governo de Batista sobre as provisões da Lei Hoteleira 2074. Uma boa estimativa do investimento pessoal da Máfia de Havana no hotel estaria entre oito e doze milhões.

De acordo com os próprios registros do hotel, o jogo no Riviera antes de Castro chegava a dar um lucro de três milhões de dólares por ano – e isso sem calcular os desvios, que sem dúvida estavam na casa dos milhões. E isso era só um cassino num hotel; o Hilton Capri, Deauville, Comodoro, Sans Souci, Tropicana, Nacional, Plaza, St. John's, Presidente e outros estabelecimentos da Máfia de Havana foram todos muito lucrativos.

O dinheiro foi só uma parte do que os mafiosos perderam em Cuba. Homens como Luciano, Lansky, Trafficante, Anastasia e outros com interesses financeiros em Havana estavam entre os membros fundadores do crime organizado nos Estados Unidos. De muitas formas o que eles criaram em Cuba foi a maior conquista até para a Máfia – um sonho transformado em realidade. Eles haviam infiltrado uma nação soberana e tomado controle das instituições financeiras e das manivelas de poder de cima para baixo. No submundo, às vezes era dito de forma exagerada que os mafiosos "cuidavam" de uma cidade; em Havana, a Máfia de fato cuidava de tudo. Nunca houve nada assim antes.

O nível de realização para os mafiosos garantia que a queda seria grande, e foi. No final, Cuba foi a derrota mais custosa para a Máfia. Eles haviam se posicionado como homens de negócios legítimos em Cuba. Eles haviam depositado sua fé no poder bruto do capitalismo americano. Quanto mais a incipiente revolução de Castro ganhava força, mais os mafiosos investiam na crença de que eles podiam afogar a vontade do povo através de uma infusão massiva de capital. Um desenvolvimento exuberante iria sobrepujar a Revolução – ou pelo menos ditar a forma como ela deveria seguir. No final, o povo cubano fez sua própria escolha, e os mafiosos foram mandados para fora da cidade.

Santo Trafficante nunca disse o quanto ele perdeu em Cuba, mas o que se dizia em Tampa era que ele estava quebrado. Os outros – Rothman, os Clark Lefty e Wilbur, Blackjack McGinty, Charley the Blade, Dino Cellini, entre outros – se espalharam, a maioria mantendo algumas conexões com o negócio dos cassinos em Las Vegas, Reno, Bahamas ou Europa. Joe Stassi estava tão quebrado que foi forçado a contrabandear heroína, algo que ele nunca havia feito antes em sua longa vida de gângster. Acabou sendo preso por tráfico de drogas e passou boa parte de seus últimos anos atrás das grades. Em 1999, Stassi deu uma entrevista para o escritor/cineasta Richard Stratton na qual ele disse: "Eu não tenho uma ereção há quarenta anos" – colocando sua última no tempo em que foi forçado a sair de Havana.

Quanto a Lansky, sua esperança de expandir seu negócio no jogo na República Dominicana foi destruída de vez em 1961, quando o ditador Rafael Trujillo foi assassinado. (Quatro anos depois, o governo americano – temendo outra insurreição como a de Castro nas Américas – fez uma invasão militar na ilha.) Para Meyer, foi provavelmente uma benção disfarçada. Ele abriu alguns cassinos nas Bahamas e na Inglaterra, mas não eram nada comparado ao que ele tinha em Havana. No decorrer dos anos, ele iria às vezes pensar com melancolia no que havia ganhado – e perdido – na pérola das Antilhas. Ele disse aos amigos que teve de deixar para trás dezessete milhões de dólares em dinheiro, que foram perdidos ao serem enviados para ser distribuídos para vários parceiros via Suíça. Mas dezessete milhões não eram nada comparados ao sonho frustrado – o sonho de um paraíso da Máfia em Cuba e além.

O Pequeno Homem havia apostado tudo – e saiu de mãos vazias. Anos depois, com a sabedoria da idade, ele poderia estar falando por toda a Máfia de Havana quando ele disse de seu tempo em Cuba: "Eu caguei com tudo".

Pelo Malecón, o vento ainda varre pelo norte e o oceano às vezes inunda a costa. Onde antes havia mafiosos, agora há revolucionários. ¡Viva Fidel! ¡Viva la patria! ¡Socialismo o muerte!

EPÍLOGO

Em 15 de abril de 1961, quase dois anos e meio depois que Castro assumiu o poder em Cuba, um pequeno exército de exilados cubanos tentou invadir a ilha e tomar o governo. O evento é conhecido como a invasão da Baía dos Porcos, pela área da província de Matanzas onde os rebeldes chegaram à terra. O ataque foi um desastre para os invasores: de um exército de quase 1.500 homens, 115 foram mortos e o resto capturado e aprisionado em Cuba. Alguns foram executados depois por traição.

O evento é lembrado como um fiasco para o movimento anticastrista e também para o governo americano, que começara a elaborar uma trama nos últimos dias da administração Eisenhower. Tanto o Departamento de Estado de Eisenhower quanto a CIA chegaram à conclusão de que o governo de Castro deveria ser derrubado e/ou Castro assassinado. A ordem de remover Fidel se tornou um dos segredos mais mal guardados nas Américas e inspirou várias tramas e esquemas para derrubá-lo. Um dos primeiros foi alegadamente criado por Meyer Lansky, que ofereceu um prêmio de um milhão de dólares para que Castro fosse morto.

O homem que foi procurado para planejar uma trama de assassinato para Fidel foi Frank Sturgis, o antigo contrabandista do Movimento 26 de Julho que havia se tornado ministro de jogos de Castro. O novo governo cubano não sabia ainda, mas Sturgis havia se virado contra Castro e começou um diálogo interno com a Máfia de Havana e a CIA. Muitos anos depois, em 1975, Sturgis iria testemunhar sob juramento diante de uma comissão do governo americano que ele foi procurado pelo chefão do cassino, Charles White, que lhe ofereceu um milhão de dólares para ajudar a matar Castro. Meyer Lansky foi o financiador, disse White. Sturgis estava pronto e disposto, mas ele não conseguiu o "sinal verde de seus contatos na embaixada americana".

De seu envolvimento numa trama para assassinar Castro, Lansky disse a seus biógrafos:

> Várias pessoas vieram até mim com várias ideias e claro que eu tinha minhas sugestões. Não era segredo que eu era bem conhecido em Havana e tinha sim influências. Mas não acho que eu deva entrar em detalhes do que foi dito.

A oferta de um milhão de dólares de Lansky permaneceu na mesa durante 1959, um convite aberto para qualquer um com meios e inclinações para apagar Fidel.

No princípio da nova década, Lansky havia deixado Cuba, mas os esforços para remover o "barbudão" do poder estavam apenas começando. As reações da Máfia em querer Castro morto coincidiam com os desejos da comunidade exilada cubana e o do governo americano. O fracasso em abril de 1961 na Baía dos Porcos não foi um impedimento; na verdade, seguindo aquele desastre, o novo presidente eleito, Kennedy, inaugurou uma iniciativa clandestina conhecida como o Projeto Cuba, que incluía como subsistema a operação financiada pela CIA, Operação Mongoose.

Com ela, a CIA assumiu o papel de eliminar Castro. Para atingir seu objetivo, eles se viraram para um grupo que foi identificado em memorandos oficiais da CIA como "o sindicato do jogo" – seu nome para a Máfia de Havana.

A parceria da CIA com a Máfia que cresceu do Projeto Cuba e da Operação Mongoose foi narrada em vários livros e documentários. No meio dos anos 1970, o público americano ficou chocado quando foi revelado pela primeira vez – através de uma série de audições do congresso – que a CIA havia buscado a Máfia num esforço de assassinar Castro. Muitos cidadãos respeitosos à lei acharam difícil de acreditar que o governo americano iria trabalhar lado a lado com as forças do crime organizado. Claro, não era nada novo. A inteligência naval americana fez aberturas similares com Lucky Luciano e Meyer

Lansky no começo dos anos 1940 no princípio da Segunda Guerra Mundial. A parceria *top secret* de Luciano com a marinha americana tornou possível tirá-lo da prisão e criou as fundações para toda a era da Máfia em Cuba.

Não é de se surpreender que a pessoa que se tornou o homem de frente da CIA na trama de assassinato de Castro foi ninguém menos do que Santo Trafficante. De todos os mafiosos que perderam feio em Cuba, poucos haviam sofrido tanto quanto o homem de olhos verdes. Junto à perda de todos os seus bens financeiros para o governo comunista de Castro, Trafficante amargou por meses no centro de detenção de Triscornia, esteve numa lista de execução e foi provavelmente forçado a pagar um suborno substancial para ver o dia de amanhã. Trafficante tinha motivos, a CIA tinha vontade: foi um casamento de conveniência.

Os intermediários eram os mafiosos Johnny Roselli e Sam Giancana, ambos investidores e hóspedes ocasionais da Máfia de Havana nos anos 1950. A CIA contatou primeiramente Roselli, que os levou a Trafficante – de forma bem parecida como Lansky uma vez levou a marinha americana a Luciano. Uma série de reuniões aconteceu, a mais importante no Fountainebleau Hotel em Miami Beach. Lá, um dos chefes da CIA passou pílulas letais que seriam usadas para envenenar Fidel. Charutos contaminados e conchas explosivas também foram discutidos como métodos possíveis de assassinato. Um adiantamento de aproximadamente vinte e cinco mil dólares em dinheiro foi entregue aos mafiosos, de um pagamento total de cento e cinquenta mil.

Castro, é claro, nunca foi assassinado. A crise dos mísseis cubanos, em outubro de 1962, mudou o foco de Kennedy em relação à trama para "pegar Castro". Tanto Lansky quanto Trafficante também desistiram de qualquer envolvimento direto em tramas para assassinar o líder cubano, mas esforços para conseguir a remoção de Castro continuaram a se solidificar. Muitas pessoas associadas com a Máfia de Havana foram envolvidas. Os veteranos do cassino, Norman Rothman, Dino Cellini, John Martino e Lewis McWillie tomaram parte em esquemas de contrabando de armas, tramas de assassinato e tentativas de golpes contrarrevolucionários. Alguns deram suas vidas à causa.

Rolando Masferrer sobreviveu a alguns dos mais violentos períodos na história cubana. Desde o final dos anos 1940, quando ele emergiu na Universidade de Havana como um formidável gângster e inimigo de Fidel Castro, ele projetou uma nuvem negra sobre a política cubana. Seu papel como líder do grupo Los Tigres e associado da Máfia de Havana continuou bem depois da queda de Batista. Em 1960, antes da invasão da Baía dos Porcos, Masferrer se envolveu num plano de invadir Cuba pela República Dominicana. O plano também envolvia Chiri Mendoza, antigo proprietário do Havana Hilton, e o ex-senador Eduardo Suarez Rivas. Foi parcialmente financiado por Fulgencio Batista, que enviou dois milhões de dólares de seu próprio dinheiro – possivelmente dinheiro tirado do esquema dos cassinos. O plano foi abortado quando quatro membros da trama foram presos em Cuba.

Masferrer dedicou o resto de sua vida ao assassinato de Castro e em sonhos de recapturar tudo o que foi perdido em Havana. Ele enviou carregamentos de armas com os antigos Mafiosos de Havana, Rothman, Martino e McWillie. Ele cofundou um grupo paramilitar conhecido como Alpha 66, que se dedicava a fazer explosões, assassinatos e outros atos de terror para apoiar o crescente movimento anticastrista em Miami. Como ele havia feito em Cuba, fundou um jornal, *Libertad*, que era dedicado a atacar seus inimigos. Masferrer era um escritor eficiente e, de acordo com aqueles que o conheceram, um homem inteligente, mas ele nunca afastou o fedor do *gangsterismo*.

Em outubro de 1975, num editorial em seu jornal, Masferrer defendeu os bombardeamentos como uma ferramenta política legítima. Uma semana depois – no Halloween – ele foi explodido em seu carro, que havia sido ligado com explosivos C-4. Masferrer morreu como vivera – violentamente. Os investigadores do FBI em Miami tinham uma grande quantidade de suspeitos, mas nenhuma testemunha para cooperar. O assassinato de Rolando Masferrer permanece não solucionado até hoje.

Comparado com o antigo líder dos Los Tigres, outros proeminentes atores nesse drama acabaram inteiros na história. Foram os seguintes:

Fulgencio Batista – Após fugir de Cuba, Batista viveu por um tempo na República Dominicana, mas logo se mudou para Portugal. Na ilha da Madeira, ao largo da costa de Lisboa, o antigo general viveu num resort sob constante guarda armada. Um jornalista britânico que escrevia para o *Miami Herald* teve permissão de entrevistar Batista no final de 1959. No terceiro andar do hotel, o jornalista foi levado a uma pequena antessala. "A porta estava forrada com uma bandeira cubana", ele escreveu. "Dois homens com rosto fechado me encararam quando eu entrei. Um, que estava mascando chiclete, voltou para estudar os resultados do futebol sul-americano. O outro, baforando um charuto de Havana de sete polegadas, caminhou até a porta, inclinou-se sobre ela e me olhou com suspeitas. Ambos pareciam ter lido romances do Raymond Chandler demais".

Batista viveu em constante medo de uma bala assassina. "Sim", disse o ex-presidente, "os homens de Castro podem me procurar até aqui. Mas se eu ficar pensando nisso minha vida toda, nunca ficarei em paz. Castro é um doente. Como se diz? Ele é doente da cabeça".

Nos anos que se seguiram, Batista escreveu vários livros de autojustificativa que mesmo os apoiadores reconheceram que eram recheados de meias-verdades e mentiras. Ele negou ter fugido com dez milhões de dólares, comparando relatórios de sua riqueza com o clássico árabe *As Mil e Uma Noites*. "Cada vez uma nova história, cada vez uma nova soma", ele disse desses que colocaram sua fortuna variadamente em trinta e nove milhões, oitenta milhões, cem milhões de dólares e acima.

Batista viveu seus anos de ouro na Espanha. Que se saiba, ele não teve contato com seus antigos associados da Máfia de Havana. Em 6 de agosto de 1973, catorze anos depois de ter sido mandado para fora de Cuba – ele morreu de ataque cardíaco na cidade de Mirabel. Tinha setenta e dois anos de idade.

Santo Trafficante – No começo de 1963, Trafficante havia desistido de assassinar Castro e voltou suas atenções para JFK. Kennedy havia irritado dois segmentos poderosos do submundo – os cubanos exilados anticastristas, que sentiam que ele os havia traído sem manter um crucial apoio aéreo durante a invasão da Baía dos Porcos, e a Máfia, que estava no outro lado de uma briga judicial incessante orquestrada pelo irmão do presidente, o procurador geral Robert Kennedy. Trafficante estava posicionado de forma única como um influente jogador nesses dois mundos: o submundo anticastrista e a Máfia. De acordo com muitas histórias seguintes ao assassinato de JFK, Trafficante teve um papel decisivo na conspiração para matar o presidente, junto com o mafioso de Nova Orleans, Carlos Marcello, que também foi um participante da conferência da Máfia no Hotel Nacional, em dezembro de 1946.

Em seu livro de memórias, o advogado Frank Ragano afirma que Trafficante literalmente confessou seu papel no assassinato de Kennedy. "Não devíamos ter matado Giovanni (John); devíamos ter matado Bobby", disse Trafficante para Ragano, muitos anos após o fato.

O relacionamento de Trafficante com seu advogado foi por água abaixo. O filho de Ragano, Chris – que nasceu no ano em que os mafiosos foram expulsos de Cuba – conheceu Trafficante em seus últimos anos. Santo nunca havia criado um filho e ficou obcecado com Chris como adolescente e jovem, soterrando-o com atenção e presentes caros. A atenção deixava Chris desconfortável. Finalmente, Trafficante tentou se engraçar com Nancy, esposa de Frank Ragano, dizendo que ela deveria deixar Frank; ela e Chris poderiam começar uma nova vida com ele. A Sra. Ragano recusou.

Em meados dos anos 1980, Trafficante se complicou com dois grandes julgamentos criminosos, um derivado das tentativas de fraudar milhões do fundo de pensão e saúde de uma união trabalhista e outro por formação de quadrilha e conspiração. Trafficante buscou os serviços de Ragano, com quem ele havia rompido anos antes. Ragano recusou representá-lo, mas Trafficante insistiu que Ragano aceitasse o caso ou algo poderia acontecer com seu filho. De acordo com Chris Ragano: "Meu pai nunca me contou [sobre a chantagem]. Fiquei sabendo disso por minha mãe depois que ele morreu".

De Trafficante, Chris se lembra: "Não dava para esquecer os olhos dele. Você olhava para eles e sabia que estava olhando direto na face do mal".

Santo Trafficante morreu de parada cardíaca em 17 de março de 1987, aos setenta e dois anos de idade. Ele foi enterrado ao lado do pai no cemitério L'Unione Sicilione em Tampa.

Meyer Lansky – As duas últimas décadas da vida de Lansky trouxeram um nível de notoriedade que superou tudo de seus anos pré-Cuba. Em 1969, o *Wall Street Journal* mostrou um mafioso de sessenta e oito anos, apontando que, "do grupo que nos anos 1930 formou o gigantesco conglomerado que é o crime organizado hoje, Lansky sobrevive isolado e exerce poder". Sua fortuna foi estimada em quase trezentos milhões de dólares, um número épico que eleva seu status nos círculos de negócios ao redor do mundo. Então veio *O Poderoso Chefão II*. Pela primeira vez na sua vida, Lansky se tornou um ícone cultural – um mago judeu que recebeu a maior parte do crédito pela "corporatização" do crime organizado nos Estados Unidos.

Para Lansky, a notoriedade era uma prostituta a ser mantida ao alcance da mão. Isso iria mostrar-se ser sua ruína. O governo federal designou Lansky como Gângster Número Um. Ele foi cercado com acusações de sonegação, uma acusação falsa de tráfico por carregar remédios controlados no aeroporto e ameaças de deportação. O FBI plantou um informante no escritório em Las Vegas de Eddie Levinson, antigo gerente de cassino de Meyer no Hotel Riviera. Agentes seguiam Lansky e sua esposa literalmente para todo canto que eles iam – incluindo viagens para o exterior. Os federais tinham poucas evidências e nunca conseguiram fechar um caso sério contra Lansky. A ideia era processar a lenda da máfia fora da corte, para tornar sua vida miserável.

Examinado pelos promotores e sob constante vigilância de agentes federais, Lansky buscou uma escapatória. Ele se tornou a versão moderna do Judeu Errante. Não podia morar na Inglaterra ou na República Dominicana por causa de seus antecedentes criminais. O insulto final veio quando ele tentou se fixar em Israel sob a Lei do Retorno. Ele foi rejeitado por uma corte israelita e mandado de volta. Lansky passou seus últimos dias em Miami Beach. Frequentemente era visto caminhando com seu cão pela Collins Avenue, geralmente com dois agentes do FBI observando de um sedan em algum lugar por perto. Em 15 de janeiro de 1983, depois de uma longa batalha contra o câncer, Lansky morreu no hospital com Teddy ao seu lado. Ele tinha oitenta e dois anos de idade.

Histórias sobre a riqueza de Lansky persistiam. Em seus últimos dias, o antigo chefão da Máfia contou aos associados e seus advogados que suas perdas em Cuba foram enormes. Em resposta, eles davam a ele um sorriso amargo. Lansky era o mais astuto de todos os mafiosos – "o garoto mais brilhante na Combinação". Como poderia o grande Lansky, antigo chefão da Máfia de Havana, morrer sem nada para mostrar?

A neta de Teddy Lansky, Cynthia (Schwartz) Duncan era parte de um grupo de membros da família que se reuniu para a leitura do testamento de Lansky. Nas câmaras da corte do Condado de Dade, os membros da família ficaram de queixo caído quando ouviram que todos os bens de Meyer Lansky resumiam-se a cinquenta e sete mil dólares em dinheiro. Lembrou-se a neta de Lansky: "Todo mundo lá sabia que não havia trezentos milhões, mas pensamos que haveria pelo menos cinco milhões... Depois disso, todo mundo foi a um bar lá perto para tomar um drinque forte".

Nos anos seguintes, esforços exaustivos foram feitos para localizar os milhões de Lansky, mas o dinheiro simplesmente não existia. Lansky falou para valer – ele e a Máfia perderam uma fortuna em Havana.

Fidel Castro – A era da Máfia de Havana teve vida curta na época de *El Comandante*. Expulsar os mafiosos de Cuba se tornou um grande orgulho para o governo revolucionário de Castro e para o povo cubano. Conforme os anos se passaram, evocar a era se tornou uma espécie de truque de festa; jogar uma referência ao tempo de *"la mafia en la Habana"* num discurso ou declaração oficial era uma boa política. Recentemente, em 22 de dezembro de 2005, quando o chefe da missão diplomática americana em Havana criticou o governo cubano por seu recorde em desrespeitar os direitos humanos, Castro publicamente denunciou o homem como "um pequeno gângster". Num discurso na Assembleia Nacional Cubana, Castro disse que não sabia quem era pior, o cara que estava com aquele cargo ou o que veio antes, que ele chamou de "o gângster anterior".

O termo não foi usado com leveza. Ao se referir a representantes do governo americano como gângsteres, Castro estava deliberadamente evocando as memórias da Máfia de Havana. Para o governo Cubano, os oficiais americanos na ilha vinham de uma longa linhagem de gângsteres que remetiam aos tempos em que bandidos, homens de negócios, diplomatas e políticos estavam todos misturados.

Com vários presidentes americanos indo e vindo, a maior conquista de Castro foi permanecer no poder e acima do solo. Ele sobreviveu a mais tentativas de invasão, de golpes internos e assassinatos do que se pode mencionar. Fez parceria com a União Soviética, se tornou um espião na Guerra Fria, e tentou exportar a revolução. Foi avariado pela crise financeira perene em seu país. O embargo americano contra Cuba funcionou para isolar Castro, mas também o transformou num herói entre os oprimidos do mundo.

Em Miami, aqueles que fugiram da ilha depois que Castro assumiu formaram um poderoso contingente eleitoral. Fidel se referia frequentemente a esses exilados como "a Máfia de Miami". Os políticos americanos – tanto Democratas quanto Republicanos – aproveitaram-se desse grupo, especialmente durante as eleições presidenciais. A ala mais radical dos exilados cubanos habilmente intermedeia e salvaguarda a política míope do governo americano em relação a Cuba. Em julho de 2006, quando Castro misteriosamente desapareceu da vista pública e passou as rédeas do governo para seu irmão Raúl, os cubanos de Miami dançaram nas ruas. A celebração evocava os primeiros dias de 1959, quando os cubanos festejaram com a queda de Batista. Os meses seguintes revelaram que Castro havia passado por uma série de operações gastrointestinais e estava se recuperando lentamente. Sua ressurreição fez pouco para enfraquecer o espírito dos exilados, que continuaram a sonhar com o dia em que iriam retornar a Cuba e recuperar o que eles perderam na Pérola das Antilhas.

Em agosto de 2007, os rumores persistiram: o ditador está morrendo. Ele está morto. Nosso momento de triunfo está perto.

Enquanto escrevo isso, Fidel sobrevive a tudo.

A passagem de tempo não cura todas as feridas. Como uma tatuagem barata de prisão, a perda de Cuba deixou uma marca indelével nos membros da Máfia de Havana. Para Lansky, Trafficante e muitos outros, houve a humilhação da derrota e também houve consequências financeiras que moldaram suas vidas por décadas. Alguns ficaram imersos na eterna busca de assassinar o Barbudão e se restabelecerem como grandes jogadores numa Havana pós-Castro. Com o passar do tempo, a CIA iria substituir a Máfia como inimigo espiritual da Revolução.

O crime organizado como tramado por Luciano, Lansky, Costello e companhia nunca mais se recuperou totalmente. A Máfia sobreviveu a um novo século, mas não era o mesmo empreendimento que ousava se infiltrar num país estrangeiro e estabelecer um império à beira-mar – que eles pretendiam usar como base para mais explorações criminosas. No amanhecer do século vinte e um, a Máfia não mais havia alcançado a influência de moldar o mundo; não representava mais o tipo de visão defendida por gente como Luciano, Lansky, Stassi e Trafficante. Esses homens sonhavam com um vasto estado criminoso com poder de eleger presidentes e moldar a economia global. No tempo deles, aparentemente não havia limite para o que a Máfia poderia atingir. Foi isso o que Cuba veio a representar: controle político, corrupção fabulosa e a habilidade de montar um show dos diabos. Ter posse do lugar e perder para o desejo do povo cubano foi uma justiça cruel.

O sonho era que Havana poderia ser uma festa que nunca terminaria. Na verdade, acabou sendo uma das maiores ressacas de todos os tempos.

AGRADECIMENTOS

Como a maioria dos autores sabe, o nascimento de um livro é uma aventura estranha, com muitos obstáculos, surpresas e grandes períodos de isolamento. Este livro em particular foi um salto de fé para mim. Desde o começo, eu sabia que havia uma história dramática a ser contada. Conseguir escavar os fatos e trazer essa história à vida com suas várias facetas foi um desafio assombroso. A tarefa ainda teve um senso de urgência já que a geração de pessoas que viveram essa história – tanto americanas quanto cubanas – estão entrando no capítulo final de suas vidas. Algumas pessoas que eu entrevistei faleceram antes de o livro ser publicado. Eu fui guiado pelo conhecimento de que essa talvez fosse a última chance de contar a história utilizando fontes que realmente viveram os eventos, ao invés de confiar apenas em pesquisas de arquivos ou material já publicado.

Para fazer isso acontecer, dependi da bondade de estranhos. Eu não poderia ter feito as conexões necessárias ou descoberto fontes-chave sem a generosidade de muita gente em Havana, Miami, Nova York, Tampa, Los Angeles, Washington D.C. e todo canto. A maioria das pessoas, creio eu, cooperou comigo por uma simples razão: elas queriam ver essa história finalmente contada, livre de hipocrisia, propaganda e más interpretações. Espero ter atendido a essas expectativas.

Antes de mais nada, gostaria de agradecer a Rosa Lowinger, uma estimada autora por seu próprio mérito, que me levou a muitas fontes importantes em Havana e Miami. Rosa também me recebeu de braços abertos em sua casa em Los Angeles, que é um pequeno arquivo de livros, revistas, arte e material erótico relativo a Cuba dos anos 1950.

Fiz inúmeras viagens a Havana, cada uma cheia de revelações de trabalho e distrações tentadoras. Raquel Carrera e sua família foram meus contatos iniciais e agradeço a ela por me fazer sentir em casa. Aquiles Jacas foi um *socio* e assistente essencial que me ajudou em ocasiões demais para eu mencionar. Também sou grato ao pai de Aquiles, Manuel Jacas Tornés, um distinto veterano da Revolução Cubana, médico e escritor, que se interessou pelo meu projeto. Agradecimentos especiais à: cineasta documentarista Estela Bravo, jornalista Marta Rojas, musicologista Helio Orovio, historiadora Estela Rivas no Hotel Nacional, e o Chef Gilberto Smith Duquesne, presidente da Federación de Asociaciones Culinarias de la República de Cuba, que trouxe suas memórias pessoais de Meyer Lansky. Agradecimentos especiais ao Comandante William Gálvez Rodríguez, por concordar em falar comigo. Também estou em dívida com o indômito Jose "Pepe" Rodriguez e seus cinco gatos e três cães.

Por apoio logístico e outros em Havana eu gostaria de agradecer à querida Yuri Moreno e sua banda no Café Sophia na Calle 23 em Vedado; Jose Alberto Figueroa; Orlando Brolla; Casa de Moises Quiñones e Zoraya Lobet na Calle 21 em Vedado; a equipe da Biblioteca Nacional José Martí; e Deysi, secretária do Conjunto Folklórico Nacional.

Em Miami, fui auxiliado muito por Cynthia (Schwartz) Duncan, neta de Meyer Lansky, que dividiu seus pensamentos e memórias ao ponto onde achamos que o espírito Lansky estava presente conosco na casa. Ela agora é proprietária de um website dedicado à preservação da *memorabilia* relacionada a seu avô falecido. Nascido em Cuba, Bernardo Benes é uma lenda em Miami por seus esforços em melhorar as relações entre Cuba e os Estados Unidos; sua disposição para me ajudar foi uma grande inspiração. Benes me levou a Max Lesnick, um veterano das guerras políticas em Cuba dos anos 1940 e 50 e agora a voz da Radio Miami. Também preciso agradecer ao Juiz Bernard Frank, outra lendária figura de Miami cujo conhecimento dos mafiosos do Sul da Flórida, artistas, policiais e políticos remete até o começo dos anos 1940. Agradecimentos especiais a Delio Valdes, Gordon Winslow do Arquivo Cubano de Informações, Ed Sherry do South Florida Research Group e Zoe Blanco Roca, arquivista da Biblioteca da Universidade de Miami (Cuban Heritage Collection).

Outra parada importante no circuito de exilados cubanos foi em Tampa. Agradecimentos especiais a Scott M. Deitche, que escreveu dois livros sobre a história do crime organizado em Tampa. Scott dividiu seu conhecimento, tempo e arquivos comigo. Agradeço também a Chris Ragano, filho de Frank Ragano, advogado por muito tempo do mafioso Santo Trafficante. Entre outras coisas, Chris me mostrou filmes caseiros em 8 milímetros feitos por seu pai em Havana nos anos 1950. Quero também agradecer a Henry Beltran, Cookie Garcia e especialmente Ralph Rubio, que foi uma excelente fonte de assuntos relacionados ao Riviera hotel e cassino de Lansky.

Em Washington D.C., meus agradecimentos vão para Fred Romanski e Bill Davis do U.S. National Archive, nas instalações de Washington D.C. e College Park, Maryland. Agradeço também Wayne S. Smith, antigo diplomata no consulado americano em Havana e uma fonte que conhece o passado e o presente de Cuba.

Algumas partes mais importantes do meu trabalho aconteceram na minha base na cidade de Nova York. Primeiro, agradecimentos especiais a Franklin Díaz, que serviu como tradutor de documentos, professor de espanhol e *compañero* de todas as horas. Devo gratidão a Richard Stratton e Marc Levin, que me mostraram seu ótimo documentário sobre o mafioso Joe Stassi, enquanto ainda era uma obra em progresso. Eles também me levaram a Joe Stassi Jr., que agradeço por ter aceitado ser entrevistado. Agradecimentos especiais ao El Taller Spanish Workshop em Upper Manhattan, onde pude melhorar minha habilidade no espanhol. O diretor dessa bela escola é Bernardo Palombo, e uma *maestra* a quem devo agradecimentos especiais é Libia Gil.

Agradecimentos vão também a Carl Ginsberg, que teve um interesse dedicado a esse projeto; à autora de culinária Beverly Cox, que dividiu comigo seu conhecimento e contatos de suas viagens a Havana; autora Michele Wucker, que ofereceu apoio nos primeiros estágios; Howie Sann, que dividiu lembranças de seu pai, o grande escritor de crime Paul Sann, e suas experiências em tentar escrever um livro com Meyer Lansky; Vicki Gold Levi, que me ajudou com várias fotos, e ao autor Ned Sublette, cujo conhecimento de Cuba é vasto e sua disponibilidade em dividir uma cerveja ou duas no Wakamba Cocktail Lounge foi um importante respiro da tela de computador. Também quero agradecer aos meus seguintes amigos e família por ajudar durante o caminho: minha irmã Margi English, Joel Millman, Yuri Osorio, do México, Ashley Davis, Ryan Schafer e, como sempre, a incandescente Sandra Maria English.

Finalmente, há pessoas que conduziram este livro ao processo de publicação. Meus agentes Nat Sobel e Judith Weber foram entusiasmados desde o começo e foram bem além de seus trabalhos se esforçando em toda forma que podiam. Adia Wright do SobelWeber Associates também merece menção especial por sua contribuição.

Judith Regan, anteriormente da Regan Books, foi uma das primeiras a reconhecer o valor em fazer esse livro, e ela merece crédito por levar a coisa adiante. Cal Morgan guiou o livro da Regan Books para a William Morrow com uma mão firme. E eu tive sorte pela segunda vez em minha carreira por ter os serviços de Anna Bliss como editora; sua atenção aos detalhes e pela dimensão completa da história me ajudou a transformar o manuscrito no produto final que agora você tem em suas mãos.

APÊNDICE

Participantes da Conferência de Havana no Hotel Nacional, na semana de 22 de dezembro de 1946:

Anthony Accardo, 40 anos de idade

Joe Adonis, 44

Albert Anastasia, 43

Joseph Bonnano, 41

Anthony Carfano, 47

Frank Costello, 55

Moe Dalitz, 48

Charles Fischetti, 45

Rocco Fischetti, 43

Vito Genovese, 49

Phil Kastel, 52

Meyer Lansky, 44

Thomas Lucchese, 46

Charles "Lucky" Luciano, 49

Stephano Magaddino, 55

Giuseppe Magliocco, 48

Carlos Marcello, 36

Mike Miranda, 50

Willie Moretti, 52

Giuseppe Profaci, 50

Joseph "Doc" Stacher, 46

Santo Trafficante, 33

NOTAS

INTRODUÇÃO

Investimentos dos EUA em Cuba: *Gente de la Semana*, Edição Americana, 5 de janeiro de 1958.

A loucura do mambo: Há muitos livros bons sobre a história e importância cultural da música afro-cubana, com o melhor sendo *Cuba and Its Music* de Ned Sublette. Sobre Dámaso Pérez Prado, Sublette escreveu: "Sua ideia única de espetáculo, combinada com um gosto por uma dissonância nervosa e agressiva... marcou o mambo para sempre."

"Não seria preciso dizer": Entrevista do autor, William Gálvez Rodríguez, Havana, 8 de março de 2007. Além de ser um veterano de 75 anos de idade do movimento revolucionário 26 de Julho, Gálvez é um escritor, historiador e autor de vários livros, incluindo o romance *Otro jinete apocalíptico*, uma visão ficcional da infiltração da máfia em Cuba dos anos 1920 a 1959.

Salón de la Historia, Hotel Nacional: O quarto não é apenas um verdadeiro museu em homenagem aos mafiosos e celebridades que ficaram no hotel, é também um bar aberto ao público.

1 - O SORTUDO LUCKY

Pérola das Antilhas: O termo pode ser encontrado nas primeiras expedições de Cristóvão Colombo, que desembarcou pela primeira vez na ilha em 1492. Apesar de o termo originalmente ser uma descrição de Cuba, foi desde então apropriado por muitas outras ilhas caribenhas, incluindo o Haiti, Martinica e Antígua.

Chegada de Luciano em Havana: Há diferentes relatos da rota que Luciano tomou para entrar em Havana. Em Gosch e Hammer, *The Last Testament of Lucky Luciano*, o mafioso é descrito como tendo deixado Nápoles por um voo fretado para Caracas, depois voado para a Cidade do México antes de continuar para Cuba. Em *The Mafia in Havana* (I), de Cirules, o autor declara que Luciano viajou da Itália diretamente para o Rio de Janeiro, apesar de não colocar sua fonte. Cirules foi o primeiro a estabelecer - presumidamente através de registros de visto cubanos - que Luciano pousou no aeroporto em Camagüey. Um grupo de registros do Federal Bureau of Narcotics (FBN) (RG) 170, de 21 de março de 1947, coloca que Luciano entrou em Cuba por Caracas.

Luciano e Lansky no Grand Hotel: Cirules (I), p. 36.

"Lucky Luciano Walks": *New York Daily Mirror*, 12 de março de 1946.

Chegada de Luciano no Hotel Nacional: Entrevista ao autor, Estela Rivas (historiadora oficial do Hotel Nacional), Havana, 15 e 17 de agosto de 2006; Gosch e Hammer, p. 305; Cirules (I), pp. 36-7.

"Quando cheguei ao quarto": Gosch e Hammer, p. 305.

Mansão de Luciano em Miramar: FBN RG-170, relatório confidencial, 21 de março de 1947; Gosch e Hammer, pp. 306-7; Cirules (I), p. 37. A mansão de Luciano e o bairro de Miramar foram visitados pelo autor em 5 de março de 2007.

"Fui com calma": Gosch e Hammer, p. 306".

Senador Eduardo Suarez Rivas: A presença do senador cubano na festa de despedida de Luciano à bordo do SS *Laura Keene* é citado no relatório confidencial FBN RG-170, de 21 de março de 1947; as ligações de Suarez Rivas com o tráfico são citadas no relatório da FBN acima e são mais detalhadas em *La conexión cubano* de Eduardo Saenz Rovner.

Relacionamento Luciano-Suarez Rivas: Gosh e Hammer, p. 306; Luciano na piscina com o senador e sua família e também as tentativas de Luciano de importar um carro para a esposa de Suarez Rivas estão no relatório confidencial FBN RG-170, de 21 de março de 1947.

"Charlie gostava de uma xoxota": Entrevista ao autor, fonte confidencial, 2006.

Luciano e prostitutas, Hotel Nacional: Entrevista ao autor, Estela Rivas; Cirules (I), p. 36; a queda de Lucky por prostitutas também é citada em, *The Luciano Story*, de Feder e Joesten; *Lucky Luciano*, de Powell; *Little Man*, de Lacey; e *Sinatra: The Life* de Summers.

Piada de Bernard Frank: Entrevista ao autor, Bernard Frank, Miami, 15 de maio de 2006. Bernard Frank, de 93 anos, é conhecido por muitos em Miami como "o Juiz" porque serviu por cinco anos como juiz da corte. Antes disso, era um advogado de defesa criminal e também advogado do Fontainebleau Hotel em Miami Beach.

Era da Lei Seca: Há muitos livros bons sobre a relação da Lei Seca com o crime organizado, inclindo *Ardent Spirits*, de John Kobler e *The Great Illusion*, de Herbert Asbury, e infinitas biografias de mafiosos que resumem a era.

Antigas investidas da Máfia em Cuba: *Otro jinete apocalíptico*, de William Gálvez Rodríguez, pp. 26-120; *Syndicate in the Sun* (I), de Messick, p. 5; *Blood and Power*, de Fox, p. 33; *Cigar City Mafia* (I), de Deitche, pp. 11-14; Lacey, p. 231; *Meyer Lansky: Mogul of the Mob*, de Eisenberg, Dan e Landau p. 12; Gosch e Hammer, p. 300.

Al Capone em Havana: *Havana Post*, 25 de março de 1930; Schwartz, *Pleasure Island*, p. 70; a estadia de Capone no Sevilla Biltmore Hotel é hoje lembrada com fotos no saguão do hotel.

Cuba nos anos 1920: Thomas, *Cuba: The Pursuit of Freedom*, pp. 328-56; Sublette, pp. 347-78; Phillips, *Cuba: Island of Paradox*, pp. 1-34; Argote-Freyre, *Fulgencio Batista*, pp. 23-52.

Dança dos Milhões: Como a autora Rosa Lowinger aponta em *Tropicana Nights*, p. 27, o termo vem do título de um musical de 1916 dos cubanos Jorge Anckermann e Federico Villoch.

"Belas putas jovens por todo lado": Stratton, "The Man Who Killed Dutch Schultz", em *GQ*, setembro de 2001.
Criação do "truste do prazer": Schwartz, pp. 56-62.
Prefeito Jimmy Walker em Havana: *Havana Post*, 29 e 31 de janeiro de 1927; Schwartz, pp. 56-7. Para um perfil biográfico de Jimmy Walker, com ênfase em seu relacionamento com o submundo, veja: T.J. English, *Paddy Whacked*, p. 127, 205-8.
Guera Castellammarese e Início da história da Máfia de Nova York: Bonanno, *A Man of Honor*, pp. 42-126; Peterson, *The Mob*, pp. 363-6; Fox, pp. 113-15; Gosch e Hammer, p. 129; Raab, *Five Families*, p. 89; Lacey, pp. 62-5; Maas, *The Valachi Papers*, pp. 57-75.
Luciano levado a um passeio: Gosch e Hammer, pp. 117-19; Peterson, pp. 245-6; Feder e Joesten, p. 29; Powell, p. 18.
Origem do apelido de Luciano: Feder e Joesten, p. 19; Powell, p. 11; Gosch e Hammer, p. 119.
Noites das Vésperas Sicilianas: Há algumas divergências de opinião sobre se a Night of the Sicilian Vespers é um fato ou uma lenda do submundo. A teoria foi lançada pela primeira vez nas primeiras histórias da Máfia e reforçada por Joe Valachi durante seu depoimento em 1963. Histórias mais recentes da Máfia sugerem que há poucas evidências para apoiar a alegação de múltiplos assassinatos ocorridos pelos Estados Unidos.
Aproximação de Lansky a Fulgencio Batista: Lacey, pp. 108-9; Eisenberg, Dan e Landau, pp. 173-4; Gosch e Hammer, pp. 233-4.
Reunião de Luciano no Waldorf Towers: Gosch e Hammer, p. 169.
"Foi como jogar uma bomba": Gosch e Hammer, p. 169.
"Lansky e eu voamos para Havana": Eisenberg, Dan e Landau, pp. 173-4.
Lucros do turismo cubano: Schwartz, p. 117.
Julgamento de prostituição: *Thomas Dewey* vs *Luciano*: Powell, o livro inteiro; Feder e Joesten, pp. 145-71; Peterson, pp. 201-15; Fox, pp. 89-99; Gosch e Hammer, pp. 193-223.
Primeiras investidas de Lansky nos cassinos: Lacey, pp. 97-111; Messick, *Lansky* (II), pp. 129-31.
Molaska Corporation Inc.: Messick (II), pp. 67-9; Eisenberg, Dan e Landau, pp. 159-69; Lacey, pp. 79-81.
Cuba National e National Cuba Hotel Corporation: Russo, *Supermob*, pp. 94-5.
Lansky em Havana, 1937-40: Lacey, pp. 108-9; Messick (II), p. 98; Eisenberg, Dan e Landau, pp. 173-4; Schwartz, pp. 100-1.
Aliança de Luciano-Lansky com a Inteligência da Marinha (Operation Underworld): Campbell, *The Luciano Project*, livro todo; Gosch e Hammer, pp. 263-77; Lacey, pp. 116-27.

"**Ele obviamente havia sido bem informado**": Eisenberg, Dan e Landau, p. 189.
"**Charlie mal podia acreditar em seus olhos**": Ibid. p. 191.
Festa no SS *Laura Keene*: Esse Incidente é outro que entrou nos anais da história da Máfia, mas cuja veracidade é discutível. No livro de Gosch e Hammer, *The Last Testament of Lucky Luciano* e em outros, a reunião é mostrada como uma festa opulenta, com música e prostitutas. Lacey contesta a história em *Little Man*, citando falta de evidências documentadas. Todas as fontes concordam que houve algum tipo de encontro; a questão é quão grande e quão festivo. A participação do Senador Eduardo Suarez Rivas é citada no relatório confidencial FBN RG-170, de 3 de março de 1947.
Vito Genovese na conferência da Máfia de 1946 em Havana: Gosch e Hammer, pp. 308-14; Cirules (I), p. 39; Eisenberg, Dan e Landau, pp. 232-4.
"**Foi alguns dias antes**": Gosch e Hammer, p. 308.
"**Me deixe dizer o que eu acho**": Ibid. p. 310.
"**Aquele filho da puta!**": Ibid. pp. 310-11.

2 - PLAYGROUND DA MÁFIA

O Poderoso Chefão parte II (Paramount, 1974) Direção: Francis Ford Coppola; Roteiro: Mario Puzo e Francis Ford Coppola; "*El padrino y las relaciones entre la tiranía de Batista y la mafia*", *Granma*, 21 de outubro de 1975.
Greve trabalhista no Hotel Nacional: "*En Cuba*", revista *Bohemia*, 8 de dezembro de 1946; Cirules, *The Mafia in Havana* (I), pp. 37-8.
Conferência da Máfia no Hotel Nacional: Entrevista ao autor, Estela Rivas, Havana, 15 e 17 de agosto 2006. A conferência é descrita em detalhes em Gosch e Hammer, *The Last Testament of Lucky Luciano*; Eisenberg, Dan e Landau, *Meyer Lansky: Mogul of the Mob*; e Cirules (I). Detalhes adicionais, como referência àqueles presentes, estão incluídos em Bonnano, *A Man of Honor*; Summers, *Sinatra* (I); Demaris, *The Last Mafioso*; e Deitche, *The Silent Don*.
Cardápio do banquete: Cirules (I), p. 38.
"**Devo ter falado por uma hora**": Gosch e Hammer, pp. 314-15.
O Assassinato de Ben Siegel: As circunstâncias ao redor do disparo em Siegel são exploradas em detalhes por Gosch e Hammer, e Eisenberg, Dan e Landau, junto a Jennings, *We Only Kill Each Other*, e muitas outras histórias da Máfia. Todos apresentam alguma versão de Siegel sendo morto por desvio de dinheiro no Flamingo Hotel em Las Vegas. Entretanto, no documentário *O.G.: Joe Stassi, Original Gangster*, o mafioso Joe Stassi afirma que Siegel não foi apagado pela Máfia. Stassi diz que investigou o assassinato para seu amigo, Meyer Lansky, e chegou à conclusão de que Siegel foi morto pelo irmão de Virginia Hill. O motivo, de acordo com Stassi, era que Siegel abusara fisicamente de Hill, despertando a ira de seu irmão. Stassi coloca de forma convin-

cente que o disparo - que foi feito de longe, com uma escopeta muito potente - não está no *modus operandi* da Máfia. Se a Máfia quisesse Siegel morto, ele continua, eles teriam feito da maneira usual: de perto e pessoalmente, com o ato sendo feito por alguém próximo de Bugsy.

O divórcio de Lansky: Lacey, pp. 136-8; entrevista com o autor, Bernard Frank, Miami, 15 de abril de 2006.

Sinatra na conferência da Máfia: O relato mais convincente da aparição de Sinatra na conferência vem de Jorge Miguel Jorge Fernandez, um antigo funcionário do Nacional. Jorge é entrevistado em dois documentários: *La Habana en los años 50s* e *La mafia en La Habana* (ambos produzidos por Marakka 2000). Veja também Summers (I), pp. 129-40; Gosch e Hammer, p. 312, 318; Kelly, *His Way*, pp. 134-5.

Parceria de Sinatra com a Máfia: *Sinatra* (I), de Summers e Swan, lida extensamente com as conexões de Sinatra com a Máfia; e também Kelly; Mortimer, "Frank Sinatra Confidential", em *The New American Mercury*, agosto de 1951; Gosch e Hammer, p. 312, 318, 375.

A orgia de Sinatra-Luciano no Hotel Nacional: FBN RG-170, general file, box no. 2; Summers (I), pp. 130-9; também em Sondern, *Brotherhood of Evil*. Sondern descreve o incidente em detalhes, omitindo o nome de Sinatra - os detalhes coincidem exatamente com o relatório confidencial do FBN, que contém o nome de Sinatra.

Robert Ruark: Summers e Swan (I), pp. 13-34.

Vigilância do FBN sobre Luciano: Detalhes tirados do FBN RG-170, junto a vários relatórios confidenciais arquivados pelo Agente J. Ray Olivera e outros, 1946-7.

Conexões de Luciano em Cuba: O relacionamento de Luciano com Indalecio Pertierra, Paco Prío e outros poderosos em Cuba é detalhado em FBN RG-170; também em Cirules (I), pp. 32-53; Fuentes, "Mafia in Cuba", em *Cuba International*, agosto de 1979; Saenz Rovner, *La conexión cubano*, pp. 19-20.

Tentativa de assassinato de Luciano: FBN RG-170, relatório confidencial, 21 de março de 1947.

Clemente "Sungo" Carreras: Depois de ter sido jogador e treinador dos Almendares Blues (posteriormente chamados de Tigers) na Liga Cubana, Sungo Carreras jogou três anos com os New York Cubans na US Negro League. Foi jogando na segunda base para o time de Nova York que ele aprendeu a falar inglês. O chefe de Sungo no New York Cubans foi Alejandro "Alex" Pompez, um antigo jogador nascido em Cuba que, no começo dos anos 1930, operou um lucrativo banco de apólices no Harlem. O negócio de Pompez acabou sendo tomado pelo mafioso Dutch Schultz; é provável que Pompez tivesse acordos com Luciano e Lansky durante seu tempo de criminoso em Nova York.

Devo a Roberto González Echevarría, autor de *The Pride of Havana: A History of Cuban Baseball*, pela informação sobre Pompez; entrevista com o autor, Roberto González Echevarría, 21 de maio de 2007.

Deportação de Luciano: FBN RG-170, além de vários relatórios confidenciais; "US Ends Narcotics Sales to Cuba While Luciano Is Resident There", *New York Times* 22 de fevereiro de 1947; Gosch e Hammer, pp. 26-32; Feder e Joesten, *The Luciano Story*, pp. 119-25; Cirules (I), pp. 47-53; Eisenberg, Dan e Landau, pp. 231-9.

"[Triscornia] é a versão cubana": Gosch e Hammer, pp. 325-6.

3 - O MARAVILHOSO JUDEU

Primeiros anos de Lansky: Lacey, *Little Man*, é a mais completa biografia de Lansky. Eisenberg, Dan e Landau, *Meyer Lansky: Mogul of the Mob*, tem o valor de citações originais de Lansky e Doc Stacher. Messick, *Lansky* (II), foi a primeira biografia de Lansky e infelizmente é sensacionalista e carece quase inteiramente de fontes. Também com detalhes biográficos sobre Meyer: Cohen, *Tough Jews*; Russo, *Supermob*; Fried, *The Rise and Fall of the Jewish Gangster in America*.

Relacionamento Lansky-Rothstein: Lacey, pp. 48-61; Eisenberg, Dan e Landau, pp. 78-95; Katcher, *The Big Bankroll*, p. 352; Cohen, pp. 46-67.

"Como eu, ele era um jogador": Eisenberg, Dan e Landau, p. 103.

Os cassinos de Lansky no sul da Flórida: Lacey, pp. 97-111; Messick, *Syndicate in the Sun* (I), pp. 12-25, 31-3.

"Ele parecia incansável": Entrevista ao autor, Bernard Frank, Miami, 3 de maio de 2006.

Thelma "Teddy" Schwartz: Entrevista ao autor, Cynthia (Schwartz) Duncan (neta de Teddy), Miami, 4 de maio de 2006; Lacey, pp. 160-1.

O casamento de Meyer-Teddy: Lacey, pp. 164-5; entrevista do autor, Cynthia (Schwartz) Duncan, 4 de maio de 2006; Cohen, "Lost Journals of Meyer Lansky", *Ocean Drive*, janeiro de 2005.

"Batista, que era senador": Cohen, "Lost Journals of Meyer Lansky", em *Ocean Drive*, janeiro de 2005.

Primeiros anos de Fulgencio Batista: Muitos detalhes foram tirados de Argote-Freyre, *Fulgencio Batista*. Também de Chester, *A Sergeant Named Batista*; Thomas, *Cuba: The Pursuit of Freedom*; Phillips, *Cuba: Island of Paradox*.

Batista no poder: Além dos livros mencionados acima, veja Gellman, *Roosevelt and Batista*, o livro todo; Whitney, "The Architect of the Cuban State", em *Journal of Latin American Studies*, 2000.

Batista no exílio: Chester, pp. 85-9.

Batista roubando laranjas: Chester, pp. 88-9.

"Batista estava voltando": *Time* magazine, 12 de abril de 1948.

"Ele apareceu": Entrevista ao autor, fonte confidencial, 2006.

Ascensão do gangsterismo: Entrevista ao autor, Max Lesnick, Miami,4 de maio de 2006; entrevista ao autor, Bernardo Benes, Miami, 3 de maio 2006; Thomas, pp. 466-8; Bardach, *Cuba Confidential*, pp. 239-40; Geyer, *Guerilla Prince*, pp. 145-55; Szulc, *Fidel*, pp. 143-7; Farber, "The Political Gangster", em Chomsky, *The Cuba Reader*, pp. 287-9.
Castro irrompe na cena: Entrevista do autor, Max Lesnick; Szulc, pp. 148-67; Geyer, pp. 112-25; Bonachea e Valdes, *Revolutionary Struggle 1947-1958*, pp. 129-36; Thomas, pp. 523-34; Sublette, *Cuba and Its Music*, p. 514.
Batista-Castro se encontrando em Kuquine: Szulc, pp. 212-13; Thomas, p. 529.

4 - GENTE BEM CONHECIDA
Entrevista de Lansky ao FBN: FBN, Strike Force 18, relatório confidencial, Agent John H. Hanly, 28 de junho de 1949; Lacey, *Little Man*, pp. 173-6; Eisenberg, Dan e Landau, *Meyer Lansky*, pp. 243-4, apesar de a agência de investigação ser identificada erroneamente como FBI.
"Eu costumava reconhecê-los": Eisenberg, Dan e Landau, p. 113.
Encontro de Lansky com Luciano: Gosch e Hammer, *The Last Testament of Lucky Luciano*, pp. 347-8; Messick, *Lansky* (II), pp. 168-9. Nota: Luciano descreve os encontros com Lansky em detalhes como tendo acontecido na Sicília; Lansky, em seu depoimento no Kefauver, diz que o encontro aconteceu em Roma.
Lansky ganha as manchetes: Johnson, "Lansky Sails in Luxury for Italy", em *New York Sun*, 28 de junho de 1949.
Audições Kefauver: Moore, *The Kefauver Committee and the Politics of Crime, 1950-1952*, o livro todo; Kefauver, *Crime in America*, o livro todo; Kefauver Transcripts, US National Archive, Washington DC; Bernstein, *The Greatest Menace*, pp. 35-51; Eisenberg, Dan e Landau, pp. 303-8; Lacey, pp. 190-207; Peterson, *The Mob*, pp. 263-77; Wolf e DiMona, *Frank Costello*, pp. 181-99.
O incidente de Jake Lansky: Messick, *Syndicate in the Sun* (I), pp. 161-62.
Depoimento do Xerife Walter Clark: Kefauver Transcripts, US National Archive, Washington DC.
Depoimento de Lansky: Ibid.
Conversa de Lansky-Kefauver nos fundos: Lacey, pp. 197-8; Eisenberg, Dan e Landau, p. 306.
Batista concorrendo a presidente: Thomas, *Cuba: The Pursuit of Freedom*, p. 477; Chester, *A Sergeant Named Batista*, pp. 125-7.
Batista, golpe de estado: entrevista ao autor, Max Lesnick, Miami, 4 de maio de 2006; entrevista ao autor, Bernardo Benes, Miami, 3 de maio de 2006; Bonachea e Valdes, *Revolutionary Struggle*, pp. 31-4, 145-8; Thomas, pp. 493-500;

Szulc, *Fidel*, pp. 213-35; Geyer, *Guerilla Prince*, pp. 125-9; Phillips, *Cuba: Island of Paradox*, p. 244; Ameringer, "The Auténtico Party", em *Hispanic American Historical Review*, 1985; "Batista at Work", *Newsweek*, 24 de março de 1952.
"A junta militar agiu": Thomas, p. 498.
Capa da revista *Time*: 14 de março de 1952.
"Golpe militar de Batista": Bonachea e Valdes, pp. 147-9.
"Teríamos ganhado o caso": Lacey, pp. 208-9.
Lansky se declara culpado: Ibid.

5 - RAZZLE-DAZZLE
Incidente de Dana C. Smith: Lacey, *Little Man*, pp. 224-5; Lowinger e Fox, *Tropicana Nights*, pp. 229-30; Schwartz, *Pleasure Island*, pp. 143-4; Velie, "Suckers in Paradise", em *Saturday Evening Post*, 28 de março de 1953.
"El razzle-dazzle, mala publicidad": Ramírez-Rosell, *Diario de la Marina*, 12 de abril de 1953.
Lansky volta a Havana: Schwartz, pp. 145-7; Lacey, pp. 226-9; Lowinger e Fox, p. 151; Eisenberg, Dan e Landau, *Meyer Lansky*, pp. 253-5; Velie, 3/28/53; Reiss, "The Batista-Lansky Alliance", em *Cigar Aficionado*, maio/junho de 2001.
Muscles Martin e Sammy Mannerino: Velie, "Suckers"; Schwartz, pp. 144-5.
Crupiês deportados: *New York Times*, "Cuba Ousts 13 US Gamblers", 31 de março de 1953.
Lansky se declara culpado e cumpre pena: Lacey, pp. 208-9.
"Eu gostava dele": Ibid. p. 209.
Amadeo Barletta Barletta: "Caribbean Tyranny ", *Time*, 13 e 27 de maio de 1935; "Lese Majeste,", *Time*, 27 de maio de 1935; Cirules, *The Mafia in Havana* (I), pp. 16-17, 89-98; Cirules, *La vida secreta de Meyer Lansky en La Habana* (II), p. 13, 24-5, 39; Gálvez, *Otro jinete apocalíptico*, pp. 27-41; US Treasury Dept memo, Dade Co., OCB file #1-139; Pardon, "Amadeo Barletta", em *Granma*, 30 de março de 1971.
Amletto Battisti y Lori: FBN RG-170, Box 154, #0660 (países estrangeiros), sem data; FBN RG-170, memorando confidencial, Agente Olivera, 3/21/47; Cirules (I), p. 16, 33-4; Cirules (II), p. 117, 155-6; história oficial, Hotel Sevilla, www.hotelsevillacuba.com, 1 de novembro de 1995.
Rolando Masferrer e Los Tigres: Entrevista ao autor, Max Lesnick, Miami, 4 de maio de 2006; Thomas, *Cuba: The Pursuit of Freedom*, pp. 466-8, 578; Szulc, *Fidel*, pp. 143-4; Phillips, *Cuba: Island of Paradox*, pp. 318-19; Cirules (I), p. 54; Farber, "The Political Gangster", em Chomsky, *The Cuba Reader*, p. 289.
"Sim, chico": Thomas, p. 488.

Lansky na piscina do nacional Nacional: Lacey, p. 232.
"Aquele judeu canalha sujo": Ragano e Raab, *Mob Lawyer*, p. 43.
História de Tampa/Ybor: Deitche, *Cigar City Mafia* (I), o livro todo; Deitche, *The Silent Don* (II), pp. 23-5, 28-30; Ragano e Raab, pp. 11-13, 15-19.
Martí em Tampa: Martí, *Selected Writings*, introdução.
Bolita em Tampa: Ragano e Raab, pp. 9-13, 15-19, 21-5, 64-8; Deitche (I), pp. 19-85; Deitche (II), pp. 21-4, 34-6, 50-63.
Santo Trafficante Sr. e Cuba: Ragano e Raab, pp. 15-18, 23-5, 78-9; Deitche (I), pp. 66-8; Deitche (II), pp. 24-6, 35-6; Saenz Rovner, *La conexión cubano*, pp. 21-3; Cirules (I), pp. 16-17, 33; Gálvez, p. 124, 148.
Origens da Aerovías Q: FBN RG-170, memorando confidencial, 21 de março de 1947; Cirules (I), p. 33; Gálvez, p. 94.
Passado de Charlie Wall: Deitche (I), pp. 15-18; Atkins, *White Shadow*. O relato ficcionalizado de Atkins sobre Charlie Wall e o submundo de Tampa/Ybor City nos anos 1950 é bem pesquisado e consistente.
Depoimento de Wall nas audições Kefauver: Kefauver Transcripts, US National Archive, Washington DC.
Tentativa de assassinar Trafficante: Ragano e Raab, p. 18; Deitche (I), p. 91; Deitche (II), p. 46.
Assassinato de Charlie Wall: Ragano e Raab, pp. 16-18; Deitche (I), pp. 68-70; Atkins, pp. 7-13. Todo o romance de Atkins lida com o assassinato de Wall.
Trafficante toma o Sans Souci: US Treasury Dept memo, Dade County OCB file #1-139, September 1961; *House Select Committee on Assassinations (HSCA), Vol. 5*, depoimento de Santo Trafficante, 28 de setembro de 1978; Lowinger e Fox, *Tropicana Nights*, pp. 180-4; Deitche (I), pp. 99-100; Havermann, "Mobsters Move in on Troubled Havana", em *Life*, 10 de março de 1958.
International Amusements Corporation: Deitche (I), p. 99; Deitche (II), p. 69.
"Tenho uma esposa maravilhosa": Ragano e Raab, p. 40.
Lei de Ordem Pública (Decreto Legislativo 997): Mencia, *The Fertile Prison*, p. 76. Efeitos da censura da era Batista também são discutidos em Thomas, *Cuba: The Pursuit of Freedom*; Sublette, *Cuba and Its Music*; Phillips. Visões adicionais de entrevistas ao autor, Delio Valdes, Miami, 17 de outubro de 2006. Valdes era um jornalista em Havana nos anos 1950.
Centenário de Martí: *Diario de la Marina*, cobertura extensa, 28 de janeiro de 1953.
Apropriação de Martí por Batista: Thomas, p. 387, 392, 435; Argote-Freyre, *Fulgencio Batista*, p. 340.

Ataque de Moncada: As circunstâncias cercando o ataque ao quartel de Moncada são detalhadas em Franqui, *Diary of the Cuban Revolution*; Castro, *La historia me absolverá*; Castro, *My Early Years*; Thomas; Szulc; Geyer, *Guerilla Prince*; Phillips; Bonachea e Valdez, *Revolutionary Struggle 1947-1958*; Chester, *A Sergeant Named Batista*; DePalma, *The Man Who Invented Fidel*; Mencia.

6- O FANTASMA DE JOSÉ MARTÍ

Primeiros anos de Castro: Castro, *My Early Years* (II), livro todo; Szulc, *Fidel*, pp. 83-221; Geyer, *Guerilla Prince*, pp. 5-35; Thomas, *Cuba: The Pursuit of Freedom*, pp. 516-20; Phillips, *Cuba: Island of Paradox*, pp. 292-3; *American Experience: Fidel Castro* (documentário da PBS).
"Todas as circunstâncias": Franqui, *Diary of the Cuban Revolution*, p. 1, 2.
"Passei grande parte do tempo": Ibid. p. 2.
"Estávamos jogando bola um dia": Ibid. p. 4.
Os anos de Castro na universidade: Castro (II), pp. 83-109; entrevista ao autor, Max Lesnick, Miami, 4 de maio de 2006; Szulc, pp. 177-90; Geyer, p. 145, 61; Thomas, pp. 522-8; Bonachea e Valdes, *Revolutionary Struggle 1947-1958*, pp. 129-36; *American Experience: Fidel Castro*.
Relatório da inteligência americana: Matthews, *The Cuban Story*, p. 140.
Conspiração de Cayo Confites: O envolvimento de Castro na invasão planejada da República Dominicana e derrubada do ditador Rafael Trujillo é detalhada em Szulc, pp. 157-60; Geyer, pp. 136-8; Thomas, pp. 475-6, 525.
"Eu não me deixei ser preso": Szulc, p. 160.
"Eu podia garantir sua vida": Ibid.
Fidel e o Bogotazo: Castro (II), pp. 110-48; Szulc, pp. 183-8; Geyer, pp. 154-63; Thomas, pp. 526-8; Sublette, *Cuba and Its Music*, pp. 521-3. Em *American Spy*, o antigo agente da CIA, E. Howard Hunt dá a visão da companhia de inteligência americana de que Castro estava envolvido numa insurreição em Bogotá, apesar de nunca ter havido muita evidência para apoiar essa visão.
Processos de Moncada: O show do julgamento de Fidel Castro e outros envolvidos no ataque a Moncada é discutido em detalhes em Castro, *La historia me absolverá* (I), que saiu por causa do julgamento; Szulc, pp. 306-22; Geyer, pp. 198-205; Thomas, pp. 547-50; Phillips, pp. 267-9; Bonachea e Valdes, pp. 161-220; Mencia, *The Fertile Prison*, pp. 12-86.
Planos de Lansky para o Hotel Nacional: Entrevista ao autor, Estela Rivas (historiadora oficial do Hotel Nacional), Havana, 15 e 17 de agosto de 2006.
International Hotels, Inc. (subsidiária da Pan Am): Lacey, *Little Man*, p. 229.
Wilbur Clark: Russo, *Supermob*, p. 205; Lacey, p. 232, 256; Schwartz, *Pleasure Island*, p. 153, 156, 163; Lowinger e Fox, *Tropicana Nights*, p. 180, 256; Cirules, *The Mafia in Havana* (I), p. 152 (apesar de ele ser erroneamente identificado como Walter e Willberg); Cirules, *La vida secreta de Meyer Lansky en*

La Habana (II): A importância de Clark para a Máfia de Havana é apontada extensamente. Clark era suficientemente conhecido nos círculos do jogo profissional a ponto de seu rosto aparecer nas fichas do cassino do Nacional.
Depoimento de Clark: Kefauver Transcripts, US National Archive, Washington D.C.
Jake Lansky no Cassino do Nacional: entrevista ao autor, Estela Rivas, Havana; entrevista ao autor, Armando Jaime Casielles, 24 de janeiro de 2007; Lacey, pp. 229-30, 232, 253-63; Cirules (I), p. 120; Cirules (II), p. 112, 125-7; Lowinger e Fox, p. 88, 329; Eisenberg, Dan e Landau, *Meyer Lansky*, pp. 255, 257-8; Havermann, "Mobsters Move in on Troubled Havana", em *Life*, 10 de março de 1958.
"Ele tinha uma forma de mastigar": Lacey, p. 52.
Jake negando crédito ao oficial de Batista: "Lansky 'El Cejudo' no hace caso", *Granma*, 29 de agosto de 1988; Cirules (I), p. 113; entrevista ao autor, Armando Jaime Casielles.
Lansky recusando cumprimento: Cirules (I), pp. 113-14; entrevista ao autor, Armando Jaime Casielles.
Banco de Créditos y Inversiones: FBN RG-170, memorando confidencial, sem data; Cirules (I), p. 16.
Banco Atlántico: Cirules (I), pp. 17, 89-95.
"Ao fazer a inspeção": Ibid. p. 90.
Formação do BANDES: Schwartz, pp. 154-8, 163; Cirules (I), pp. 107-10; Fuentes, "Mafia in Cuba", *Cuba International*, agosto de 1979; Pardon, "Amadeo Barletta" em *Granma*, 30 de março de 1971.
Ley Hotelera 2074: Lowinger e Fox, pp. 255-6; Lacey, p. 231, 257; Schwartz, p. 152; Reiss, "The Batista-Lansky Alliance", em *Cigar Aficionado*, Maio/junho de 2001; Lahey, "Gamblers Find Cuban Paradise", *Washington Post*, 9 de janeiro de 1958; Havermann, "Mobsters.".
Suborno a Batista: Thomas, p. 428, 461, 687, 722; Lowinger e Fox, pp. 256, 310-13; Cirules (I), pp. 127-47; Phillips, p. 283; Bardach, *Cuba Confidential*, pp. 244-5; Dorschner and Fabricio, *The Winds of December*, pp. 63-4, 66, 455.
Explosões dos hotéis/cassinos: Schwartz, pp. 147-63; Cirules (I), pp. 148-55; Batista, *The Growth and Decline of the Cuban Republic*, pp. 89-93.
Morte de Trafficante Sr.: "S. Trafficante, Underworld Family Head, Dies of Cancer". *Tampa Tribune*, 12 de agosto de 1954; "Over 500 See Trafficante Buried in Costly Coffin", *Tampa Tribune*, 13 de agosto de 1954; "$36,000 Estate Reported Left by S. Trafficante Sr.", *Tampa Tribune*, 20 de setembro de 1954; entrevista ao autor, Scott M. Deitche, Tampa, 7 de julho de 2006; Ragano e Raab, *Mob Lawyer*, p. 18; Deitche, *Cigar City Mafia*, pp. 89-90; Deitche, *The Silent Don* (II), pp. 55-6.

Frank Ragano apresentado a Trafficante: Entrevista ao autor, Chris Ragano, Tampa, 18 de julho de 2006; Ragano e Raab, pp. 5-25.
"Uma espécie diferente": Ragano e Raab, p. 12.
"Essa gente sempre paga em dinheiro": Ragano e Raab, p. 13.
Julgamento da bolita de Trafficante: "Deputies Pick Up Trafficante and Bodyguard 'On Sight'" *Tampa Tribune*, 23 de janeiro de 1954; entrevista ao autor, Scott M. Deitche, Tampa, 7 de julho de 2006; Deitche (II), pp. 47-53; Ragano e Raab, pp. 9-27.

7- PARAÍSO DO JOGO

Embaixador Gardner quer eleições: Thomas, *Cuba: The Pursuit of Freedom*, pp. 629-30; Smith, *The Fourth Floor*, p. 20.
"A Revolução não significa": Franqui, *Diary of the Cuban Revolution*, p. 80
Crescimento econômico em Cuba: Thomas, pp. 562-3; Schwartz, *Pleasure Island*, pp. 147-54; "Havana's New Tunnel"; "New Public Works Projects of the Batista Regime" e "Havana Crossroads of the World", *Gente de La Semana* 5 de janeiro de 1958.
Ex-presidente Carlos Prío indiciado: Jacobs, "Prío Spent Most of His Career Fighting Cuban Dictatorships", *Miami Herald*, 6 de agosto de 1977; Schwartz, p. 149.
Assassinato de Orlando León Lemus (El Colorado): Thomas, p. 481, 483; Schwartz, p. 150; Bonachea e Valdez, *Revolutionary Struggle 1947-1958*, p. 298.
La liga contra el cáncer: Lowinger e Fox, *Tropicana Nights*, p. 263.
História do Tropicana: Muitos detalhes vêm de Lowinger e Fox. Também de *Cabaret Yearbook 1956*, "Tropicana is Most Beautiful" e "Guide to After-Dark Havana"; *Cabaret Yearbook 1*, winter Resort No. (1956); "Cabaret Guide to Havana", *Cabaret Quarterly*, 1956; Mallin, "Havana Night Life", artigo não publicado, 1956-7; Sargent, "Cuba's Tin Pan Alley", *Life*, 6 de outubro de 1947.
Biografia de Martín Fox: Lowinger e Fox, o livro todo.
Biografia de Roderico "Rodney" Neyra: Lowinger e Fox, pp. 116-26; Cruz, *Celia: My Life*, p. 42; Sublette, *Cuba and Its Music*, p. 476, 574, 576; *Cabaret Yearbook*, "Tropicana is Most Beautiful".
"A cena era uma cidade deserta": Roberts, *Havana: Portrait of a City*, pp. 227-8. Roberts não identifica o Shanghai Theater por nome, mas deixa pouca dúvida quando escreve: "À margem do bairro chinês, um teatro desse tipo [clube de strip] existe há muito tempo. Não vou dar o nome, mas o visitante não tem dificuldade de identificá-lo já que ele faz propaganda discretamente e todo bartender e taxista da cidade o conhece."

Sun Sun Babae: Mallin, "Cuba's Carefree Cabaret", *Cabaret*, abril de 1957; Lowinger e Fox, pp. 124-6, 189-92; há também uma descrição detalhada de *Sun Sun Babae* em Cruz, pp. 42-4.

Presente de Trafficante a Ofelia Fox: Lowinger e Fox, pp. 22, 182-3.

Trafficante fica amigo de M. Fox: Lowinger e Fox, pp. 180-4, 206; Deitche, *The Silent Don* (II), p. 67.

Presente de Trafficante a Felipe Dulzaides: Entrevista ao autor, fonte confidencial, 2006.

Relacionamento Rothman-Chaviano: Lowinger e Fox, p. 205, 207; Cirules, *The Mafia in Havana* (I), p. 122. Rothman e Chaviano acabaram se casando em Havana e tiveram um filho. Chaviano era conhecida por sua beleza exótica e, de acordo com Cirules, também era conhecida por ter casos amorosos quando Rothman estava fora da cidade.

Viagem para Havana (Pan Am, Delta e West Indies Fruit e Steamship Co.): Schwartz, pp. 66-7, 107-8, 123; Lowinger e Fox, p. 256, 337.

Reabertura do Oriental Park: "Cuba Is Betting on Her New Gambling Casinos", *New York Times*, 6 de novembro de 1955; Schwartz, pp. 123-4.

Surra em Joseph Lease: *Havana Post*, 11 de dezembro de 1955; Schwartz, p. 124.

Eartha Kitt no Club Parisién: Entrevista ao autor, Estela Rivas, Havana, 15 e 17 de agosto de 2006; Acosta, *Cubano Be, Cubano Bop*, p. 124; Lacey, *Little Man*, p. 229; Thomas, p. 570. Curiosamente, Kitt não faz menção a sua famosa aparição em Havana em sua autobiografia, *Confessions of a Sex Kitten*.

Nat King Cole em Havana: Epstein, *Nat King Cole*, p. 153. Epstein descreve Cole perturbado pela visão de soldados armados em seu show; Lowinger e Fox, pp. 278-81, 296-300; Schwartz, p. 125; Depestre Catoney, "Nat ëKingí Cole at Tropicana", www.CubaNow.com, sem data.

Cena de entretenimento inter-racial em Havana: Há diferentes opiniões sobre quão inter-racial a cena realmente era. De acordo com Delio Valdes, um jornalista na Havana da época, que é descendente de africanos, havia normas racistas em alguns dos maiores clubes, especialmente no Sans Souci e no Montmartre. Cubanos de pele escura não eram bem-vindos - nem mesmo como funcionários. "O Tropicana não era tão ruim quanto os outros", disse Valdes. "Nos clubes menores era onde ocorria maior mistura de raças." Entrevista ao autor, Delio Valdes, Miami, 17 de outubro de 2006.

Anistia de Castro: As circunstâncias em torno da liberação de Castro da prisão foram tiradas de Szulc, *Fidel*; Geyer, *Guerilla Prince*; Thomas; Bonachea e Valdes; Franqui; Mencia, *The Fertile Prison*; *American Experience: Fidel Castro* (PBS).

"Quando deixamos a prisão": Szulc, p. 346.

Relativesí Amnesty Committee: Ibid. pp. 343-5.

8- *ARRIVEDERCI,* ROMA
Fidel Castro não dançava: Nem seu colega comandante, Ernesto "Che" Guevara.
"O que causa dor à nossa terra": Mencia, *The Fertile Prison*, p. 59.
Castro fora da prisão: Os primeiros meses de Castro em Havana após ser solto da prisão estão narrados em: Szulc, *Fidel*; Geyer, *Guerilla Prince*; Franqui, *Diary of the Cuban Revolution*; Thomas, *Cuba: The Pursuit of Freedom*.
"Estou deixando Cuba": Franqui, p. 90; Szulc, p. 346.
Castro na Cidade do México: Para uma visão detalhada de Castro no exílio, veja Szulc; Geyer; Franqui; Anderson, *Che Guevara*; Casteñeda, *Compañero*.
Pagamento de Lansky a "Tendelera": Lacey, *Little Man*, p. 247; Cirules, *The Mafia in Havana* (I), p. 112.
Controle de máquinas caça-níqueis por Roberto Fernández Miranda: Lowinger e Fox, *Tropicana Nights*, pp. 253-4, 316-17; Schwartz, *Pleasure Island*, p. 184; Havermann, "Mobsters Move in on Troubled Havana", *Life*, 10 de março de 1958; Reiss, "The Batista-Lansky Alliance", *Cigar Aficionado*, maio/junho de 2001.
"Martí certa vez disse": Mencia, p. 116.
Castro levantando fundos nos EUA: Szulc, pp. 369-72; Bonachea e Valdes, *Revolutionary Struggle 1947-1958*, pp. 281-7; Mormino, "Rallying for the Revolution", *Tampa Tribune*, 19 de fevereiro de 2006.
"Posso te informar": Bonachea e Valdes, p. 285.
Castro em Tampa/Ybor City: Mormino, "Rallying"; entrevista ao autor, Cookie Garcia, Tampa, 7 de julho de 2006; entrevista ao autor, Henry Beltran, Tampa 7 de julho de 2006. O imigrante cubano Henry Beltran se lembra de assistir ao discurso de Castro no Italian Club em Ybor City em 1955. Ele até deu 5 dólares à causa, da qual agora ele diz: "Fidel Castro me deve 5 dólares."
Assassinato de Blanco Rico: Entrevista ao autor, Delio Valdes, Miami, 17 de outubro de 2006. Valdes trouxe o detalhe de que Mario Lanza estava cantando "Arrivederci Roma" quando começou o tiroteio. Também Bonachea e Valdes, pp. 85-6; Franqui, p. 176; Cirules (I), p. 120; Thomas, pp. 582-3.
Morte do General Rafael Salas Cañizares: Thomas, p. 583.
"Não sei quem tratou disso": Bonachea e Valdes, p. 86,
Criação de La Compañia Hotelera la Riviera de Cuba: Lacey, pp. 233-7; Messick, *Lansky* (II), pp. 194-8; Cirules (I), pp. 148-55; Schwartz, pp. 156-9.
Criação das escolas de profissionais do cassino: A escola no prédio da Ambar Motors La Rampa e Calle Infanta foi uma das inúmeras abertas pela Máfia de Havana em dois anos. Entrevista ao autor, Armando Jaime Casielles, 24 e 26 de janeiro, 2007; entrevista ao autor, Ralph Rubio, 16 de setembro e 24 de outubro de 2006; Lowinger e Fox, p. 181.

Rafael "Ralph" Rubio: Rubio trabalhou bem próximo de Lansky em dois anos como crupiê e finalmente gerente financeiro no cassino do Hotel Riviera. Entrevista ao autor, Ralph Rubio.
Passado e assassinato de Evaristo "Tito" Rubio: Entrevista ao autor, Ralph Rubio; Deitche, *Cigar City Mafia* (I), pp. 30-4.
Os irmãos Cellini brothers (Dino e Eddie): Messick, *Syndicate in the Sun* (I), p. 196, 217, 229, 233, 237.
"Me dei bem com Eddie": Entrevista ao autor, Ralph Rubio.
"Tínhamos mais estudantes": Ibid.
"Os cubanos dão excelentes profissionais": Ibid.
"Era trabalho duro": Eisenberg, Dan e Landau, *Meyer Lansky*, p. 255.
"Era um belo bracelete": Entrevista ao autor, Ralph Rubio.
Expedição *Granma*: Como o ataque no quartel de Moncada, a chegada do *Granma* é um dos acontecimentos seminais da Revolução Cubana e é tratado extensamente em Guevara, *Reminiscences of the Cuban Revolutionary War*; Franqui; Thomas; Szulc; Geyer; Anderson; Casteñeda; Matthews, *The Cuban Story*; Phillips, *Cuba: Island of Paradox*.
"O barco todo foi tomado": Guevara, p. 40.
"Quisera eu dormir": Szulc, p. 408.
"Não foi um desembarque": Szulc, p. 409; Anderson, p. 367.
Massacre em Alegría de Pío: Guevara, pp. 42-5; Szulc, pp. 14-21; Thomas, pp. 589-90; Casteñeda, pp. 99-101.
"Fidel tentou em vão": Guevara, p. 44.
"Eu imediatamente comecei a me perguntar": Ibid. pp. 44-5.
A morte anunciada de Fidel e Rául Castro: Szulc, pp. 411-12; Thomas, pp. 591-4.
"Terrorismo resplandecente": Phillips, pp. 291-2.
Bombardeios coincidem com disparos de canhões: Entrevista ao autor, Delio Valdes.
Anúncio em *Diario de la Marina*: O anúncio também aparece em jornais americanos, especialmente em Nova York e Miami.
Beny Moré (El Bárbaro del Ritmo): Entrevista ao autor, Helio Orovio, Havana, 24 de agosto de 2006; Orovio, *Diccionario de la musica cubano*, pp. 111-12; Acosta, *Cubano Be, Cubano Bop*, pp. 114-28; 138-40; Sublette, *Cuba and Its Music*, pp. 547-9, 560-1.
Moré no Tropicana: Lowinger e Fox, pp. 257-9.
Bombardeio de ano novo no Tropicana: Ibid. pp. 286-7, 291-3, 304-5.
Assassinato de quatro adolescentes: Thomas, pp. 600-1; Phillips, "Cuba Suppresses Youths", em *New York Times*, 3/14/57; *American Experience: Fidel Castro* (PBS).

9- UM TIRO PARA *EL PRESIDENTE*

Lansky no Malecón: Entrevista ao autor, Armando Jaime Casielles, 24 e 26 de janeiro de 2007; também a entrevista de Armando Jaime, *La mafia en La Habana*, documentário.

Passado de Armando Jaime: Entrevista ao autor, Armando Jaime Casielles; Cirules, *La vida secreta de Meyer Lansky en La Habana* (II), pp. 23-31; González, "El mafioso que se fue con Castro" in *Crónica*, 23 de outubro de 2005; *Juventude Rebelde*, 6 de fevereiro de 2005.

Encontro de Lansky e Jaime em Vegas: Entrevista com o autor, Armando Jaime Casielles; Cirules (II), pp. 66-74; "Yo fui guardaespalda"; *La mafia en La Habana*.

Lansky e Jaime no Hotel Nacional: Entrevista ao autor, Armando Jaime Casielles; *La mafia en La Habana*.

Passado de Joe Stassi: Stratton, "The Man Who Killed Dutch Schultz", *GQ*, setembro de 2001; *O.G.: Joe Stassi, Original Gangster*, documentário.

Casa de Stassi e reuniões: Entrevista ao autor, Armando Jaime Casielles; Cirules, *The Mafia in Havana* (I), p. 115; Cirules (II), pp. 93, 174-5; a localização da casa de Stassi foi vista pelo autor em março de 2007. A casa foi transformada num distrito para a polícia militar cubana. É proibido por lei tirar fotos.

Thomas "Blackjack" McGinty: Memorando do Departamento de Tesouro Americano, Dade County OCB file #1-139, setembro de 1961; Lacey, *Little Man*, p. 99, 232, 256; Fox, *Blood and Power*, p. 89; Havermann, "Mobsters Move into Troubled Havana", *Life*, 10 de outubro de 1958.

Charles "the Blade" Tourine, vulgo Charles White: Cirules (II), pp. 156-60; *Time*, 20 de janeiro de 1958; Havermann, "Mobsters"; Memorando do Departamento do Tesouro Americano, Dade County OCB file #1-139, setembro de 1961.

Nicholas di Costanza: Cirules (I), pp. 119-20; Cirules (II), p. 111, 145, 202; Memorando do Departamento do Tesouro Americano, Dade County OCB file #1-139, setembro de 1961.

Joe Silesi, aka Joe Rivers: Memorando do Departamento do Tesouro Americano, Dade County OCB file #1-139, setembro de 1961; Cirules (I), p. 121; Lacey, pp. 244-5; *New York Herald Tribune*, 30 de outubro de 1957; Havermann, "Mobsters"; Lahey, "Gamblers Find Cuba Paradise", *Washington Post*, 9 de janeiro de 1958.

William Bischoff, vulgo Lefty Clark: Lowinger e Fox, *Tropicana Nights*, p. 22, 181, 280, 286, 323, 326; Schwartz, *Pleasure Island*, p. 139, 142, 177; Lahey, "Gamblers Find Cuba Paradise" ; Memorando do Departamento do Tesouro Americano, Dade County OCB file #1-139, setembro de 1961.

Eddie Levinson: Lacey, p. 232, 234; Eisenberg, Dan and Landau, *Meyer Lansky*, p. 256, 274, 279; Cirules (I), p. 153; Memorando do Departamento do Tesouro Americano, Dade County OCB file #1-139, setembro de 1961.

Preocupações com Anastasia: Entrevista ao autor, Armando Jaime Casielles; entrevista ao autor, Ralph Rubio, 16 de setembro e 24 de outubro de 2006; Cirules (I), pp. 7, 14-15; Cirules (II), pp. 103-23; *Confidencial de Cuba*, janeiro/fevereiro de 1958.

Biografia de Albert Anastasia: A história criminal/pessoal de Anastasia e papel na formação do submundo americano é coberta em Turkus e Feder, *Murder Inc.*; Bernstein, *The Greatest Menace*; Bonnano, *A Man of Honor*; Fox, *Blood and Power*; Maas, *The Valachi Papers*; Nelli, *The Business of Crime*; Peterson, *The Mob*; Raab, *Five Families*. Detalhes extraídos também de FBI File #62-98011, Subject: Albert Anastasia (FOIA).

Assassinato de Abe "Kid Twist" Reles: Coberta em todas as histórias da Máfia já mencionadas, mais notavelmente em *Murder Inc.*

Depoimento de Anastasia: Kefauver Transcripts, US National Archive, Washington D.C.

Assassinatos de Mangano, Ferri e Macri: Todos detalhados em FBI file #62-98011, Subject: Albert Anastasia (FOIA).

Assassinato de Arnold Schuster: Uma interessante e detalhada visão desse assassinato pode ser encontrada em Willie Sutton com Edward Linn, *Where the Money Was* (Nova York, Broadway Books, 1976, reimpressão), capítulo chamado "Who Killed Arnold Schuster?", pp. 319-35.

Encontro no Warwick Hotel: Meskill, "Yen for Cuba Cash Doomed Anastasia", *New York World-Telegram & Sun*, 9 de janeiro de 1958; Ragano e Raab, *Mob Lawyer*, pp. 33-4; Lacey, pp. 239-45; Deitche, *The Silent Don* (II), pp. 77-8; "Anastasia Case Holds".

Ressurgimento de Castro: DePalma, *The Man Who Invented Fidel*, livro Inteiro; Matthews, *The Cuban Story*, livro todo; Szulc, pp. 442-52; Thomas, pp. 598-608; Matthews, "Cuban Rebel is Visited in Hideout," *New York Times*, 24 de fevereiro de 1957; "Rebel Strenght Gaining in Cuba, but Batista Has the Upper Had," *New York Times*, 25 de fevereiro de 1957; "Old Times in Cuba is Threatened by Forces of an Internal Revolt," *New York Times*, 26 de fevereiro de 1957.

Reações aos artigos de Matthews: DePalma, pp. 102-3, 107-9; Szulc, pp. 452-4; Thomas, pp. 608-12.

Ataque no palácio presidencial: Thomas, pp. 613-19; Szulc, pp. 456-9; Franqui, pp. 147-69; Smith, *The Fourth Floor*, pp. 41-2; *La Habana en los años 50s*, documentário.

"Não há rebeldes em Sierra Maestra": Thomas, p. 619.

Cassino de Lefty Clark: Começando em meados de 1957, o cassino no Tropicana é anunciado de tal modo no *Diario de la Marina* e em outras publicações.
Automóveis de presente: Lowinger e Fox, pp. 281, 286-7.

10- CARNAVAL DA CARNE
Deauville Hotel/Casino: O estabelecimento abriu em 16 de junho de 1957, na esquina da Galiano, Malecón e San Lázaro.
Evaristo Garcia Jr.: Ragano e Raab, *Mob Lawyer*, pp. 39-40, 348; Deitche, *Cigar City Mafia* (I), p. 89; Deitche, *The Silent Don* (II), p. 66.
Trafficante pede residência: US Treasury Department memo, Dade County OCB file #1-139, September 1961; Deitche (II), p. 69.
John Martino: Waldron com Hartmann, *Ultimate Sacrifice*, p. 457, 58.
Ralph Reina: Deitche (II), pp. 68-9.
Dr. Ferdie Pacheco: Entrevista ao autor, Dr Ferdie Pacheco, 23 de fevereiro de 2007.
Trafficante e o tráfico: O tema do possível envolvimento de Trafficante com o tráfico de drogas em Cuba é coberto em vários relatórios confidenciais do FBN de 1947 a 1957; veja também o memorando do Departamento do Tesouro Americano, Dade County OCB file #1-139, setembro de 1961; Ragano e Raab; Deitche (I); Deitche (II); Saenz Rovner, *La conexión cubano*.
George "Saturday" Zarate: Memorando do Departamento do Tesouro Americano, Dade County OCB file #1-139, setembro de 1961; FBN RG-170, memorando confidencial, 21 de março de 1947; *Tampa Tribune*, "Zarate Bolita Case to be Called Today Before Third Judge", 4 de agosto de 1947; *Tampa Tribune*, "George Zarate, Ex-Racketeer, Dies in Cuba", 25 de agosto de 1955; Deitche (I), pp. 10-14.
Cocaína no Sans Souci: Ragano e Raab, p. 47.
Presença de John F. Kennedy em Havana: Smith, *The Fourth Floor*, p. 222; Thomas, *Cuba: The Pursuit of Freedom*, p. 647; Dorschner e Fabricio, *The Winds of December*, p. 49; Waldron com Hartmann, p. 227.
Orgia de JFK no Hotel Comodoro: Ragano e Raab, pp. 39-40; Lacey, *Little Man*, p. 340.
Sexo em Cuba: As raízes de Havana como um lugar de prostituição e vício são exploradas em Sublette, *Cuba and Its Music*. Veja também Tomás Fernández Robaina, "The Brothel of the Caribbean", em Chomsky, *The Cuba Reader*, pp. 257-9; Oscar Lewis et al., "A Prostitute Remembers", em Chomsky, *The Cuba Reader*, pp. 260-3.
Revista *Show*: Devo à autora Rosa Lowinger, que permitiu que eu examinasse sua impressionante coleção de revistas *Show* dos anos 1950.
Disponibilidade de *showgirls*: O papel das *showgirls* no clima sexual da épo-

ca foi comentado por literalmente todo mundo que eu entrevistei, incluindo Bernard Frank, Miami, 3 de março de 2006; Estela Rivas, Havana, 15e 17 de agosto de 2006; Helio Orovio, Havana, 24 de agosto de 2006; Jose "Pepe" Rodriguez, Havana, 24 de agosto de 2006; Delio Valdes, Miami, 17 de outubro de 2006; Armando Jaime Casielles, 24 e 26 de janeiro de 207; Joe Stassi Jr., telefone, 22 de março de 2007; assim como por outras fontes que pediram para permanecer anônimas

Casas noturnas de Havana: Muitos dos clubes são apresentados em vários números da *Show*; há anúncios para os clubes em *Show*, *Confidencial de Cuba* e outras publicações cubanas. A vida e a atmosfera em clubes menores são detalhadas em Acosta, *Cubano Be, Cubano Bop* e Lowinger e Fox, *Tropicana Nights*. A atmosfera da era em geral também é apresentada em vários números da revista *Cabaret* magazine, assim como nas revistas "skin" da era, por exemplo, "Sin-With a Rumba Beat!," *Stag*, novembro de 1950.

Bubbles Darlene em Havana: *Cabaret Yearbook, Winter Resort No. Vol. 1,* 1956.

"Os americanos do sul": Lowinger e Fox, p. 206.

Prostituição em Havana: O assunto foi discutido em entrevistas do autor com Bernard Frank, Miami, 3 de março de 2006; Rosa Lowinger, Los Angeles, 21 de julho de 2006; Estela Rivas, Havana, 15 e 17 de agosto de 2006; Helio Orovio, Havana, 24 de agosto de 2006; Delio Valdes, 17 de outubro de 2006; Armando Jaime Casielles; Joe Stassi Jr. Fontes adicionais, especialmente em relação a Doña Marina e seus bordéis: "Sin-With a Rumba Beat!"; Skylar, "Cuba's Lure-Legalised Filth!", *Suppressed*, fevereiro de 1957; "Guide to After-Dark Havana", 1956; Robaina, em Chomsky e Smorkaloff, pp. 257-9; Lewis et al., pp. 260-3.

Mundo secreto **de Havana**: Entrevista ao autor, Jose "Pepe" Rodriguez. Pepe, agora com sessenta e seis anos, vive com três cachorros e cinco gatos numa cabana em Vedado, onde ele é conhecido por seus vizinhos com "especialista" sobre o assunto de Havana nos anos 1950. Pepe também é citado como uma fonte por Lowinger e Fox, p. 222, 295.

Show de lésbicas no Hotel Comodoro: Ragano e Raab, p. 46.

Preferências sexuais de Ofelia Fox: Lowinger e Fox, pp. 371-8.

Shanghai Theater: Entrevistas ao autor: Jose "Pepe" Rodriguez; Ralph Rubio, 16 de setembro e 24 de outubro de 2006; Bernard Frank; e Armando Jaime Casielles. Veja também Mallin, "The Worldís Rawest Burlesque Show", *Cabaret*, setembro de 1956; *Eye*, outubro de 1956.

A lenda do Shanghai Theater é tratada em muitos romances da era, incluindo *Three Trapped Tigers*, de G. Cabrera Infante; *King Bongo*, de Thomas Sanchez; e mais notavalmente, *Our Man in Havana*, de Graham Greene, no qual ele escreve: O Shanghai ficava numa rua estreita saindo de Zanja cercado por bares profundos. Uma placa anunciava *Posiciones*, e os ingressos por algum motivo eram vendidos na calçada do lado de fora, talvez porque não houvesse espaço para o caixa, já que o vestíbulo era ocupado com uma loja de livros eróticos para aqueles que queriam entretenimento durante o entríacte.

Exploração do "Superman": Entrevistas do autor: Jose "Pepe" Rodriguez; Bernard Frank, Miami; Ralph Rubio; Chris Ragano, Tampa, 16 de julho de 2006 e 1 de março de 2007.

"Sei porque o Superman": Entrevista ao autor, Jose "Pepe" Rodriguez.

"Nig Devine era um degenerado sexual: Entrevista ao autor, Ralph Rubio.

"Tudo rolava em torno do sexo": Ibid.

"Nos identificamos tão completamente": Szulc, *Fidel: A Critical Portrait*, p. 439.

"Batista seguia": Ibid.

"A guerrilha e o camponês": Guevara, *Reminiscences of the Cuban Revolutionary War*, p. 102.

***The Story of Cuba's Jungle Fighters* (documentário da CBS)**: A história por trás desse documentário de TV é detalhada em Szulc; Geyer, *Guerilla Prince*; Thomas; e DePalma, *The Man Who Invented Fidel*. O documentário foi visto pelo autor no Museum of Television and Radio, Nova York.

Sierra Manifesto: Bonachea e Valdes, *Revolutionary Struggle*, pp. 343-8; Szulc, pp. 465-6, 480-1.

Motim da marinha cubana em Cienfuegos: Thomas, pp. 640-2; Sweig, *Inside the Cuban Revolution*, p. 53, 61, 111, 122.

Assassinato de quatro meninos em julho de 1957: Thomas, p. 625; Franqui, *Diary of the Cuban Revolution*, p. 198.

Assassinato de Frank País: Thomas, pp. 637-8; Sweig, pp. 47-9.

Chegada de Albert Anastasia: Cirules, *The Mafia in Havana*, pp. 7-8, 14-15; Fuentes, "Mafia in Cuba", *Cuba International*, agosto de 1979; entrevista ao autor, Ralph Rubio.

"Fomos avisados sobre Anastasia": Entrevista ao autor, Ralph Rubio.

"Lansky certa vez me contou": Entrevista ao autor, Armando Jaime Casielles.

"A impressão na minha cabeça": Ibid.

11- VINGANÇA TROPICAL

Viagem de Trafficante a Nova York: Ragano e Raab, *Mob Lawyer*, pp. 29-30; Deitche, *The Silent Don* (II), pp. 77-8; Wald, "Mafia Link in Death of Anastasia", *New York Herald Tribune*, 28 de outubro de 1957; "Anastasia case Holds '150 Angles'", *New York Herald Tribune*, 30 de outubro de 1957; Meskill, "Yen for Cuba Cash Doomed Anastasia", *New York World Telegram & Sun*, 9 de janeiro de 1958.

Carta de Traficante a Anastasia: Deitche (II), pp. 77-8.

Encontro no Warwick Hotel: People Re: Umberto Anastasia, não catologado. NYC Municipal Archive; Ragano e Raab, pp. 29-30; Deitche (II), pp. 77-8; Lacey, *Little Man*, pp. 244-5; Wald, "Mafia Link"; "Anastasia case Holds."

Chiri Mendoza: Memorando Investigativo, encontro com Roberto "Chiri" Mendoza e outros, Investigator Whiteside, 18 de janeiro de 1958, NYC Municipal Archive; Lacey, pp. 239-40, 244-5; Deitche (II), pp. 78-9; González Echevarría, *The Pride of Havana*, p. 330.

Encontro no Restaurante Chandler: Memorando Investigativo, 18 de janeiro de 1958; Deitche (II), pp. 78-9.

Chegada de Joe Stassi a Nova York: Stratton, "The Man Who Killed Dutch Schultz", *GQ*, setembro de 2001; *O.G.: Joe Stassi, Original Gangster*, documentário; entrevista ao autor, Richard Stratton, Nova York, 15 e 21 de fevereiro de 2007. Stratton cumpriu pena na prisão com Joe Stassi e eles ficaram amigos, o que o levou a escrever um perfil para *GQ* e fazer o documentário sobre Stassi com o cineasta Marc Levin.

"Os judeus fizeram a Máfia": *O.G.: Joe Stassi*.

Joe Stassi e o tiro em Anastasia: Em sua entrevista em *O.G: Joe Stassi, Original Gangster*, o mafioso aposentado é sucinto sobre seu envolvimento no assassinato de Anastasia. Stassi admite que estava hospedado no Park Sheraton Hotel no dia do assassinato, mas se nega a dizer qualquer outra coisa. O diretor Richard Stratton, que conheceu Stassi bem antes de sua morte em 1999, acredita que o pudor de Stassi sobre o assunto é uma confissão de seu envolvimento. Diz Stratton: "Se Joe não tivesse nada a ver com o tiro em Anastasia, ele teria me dito, ponto."

Existem muitas teorias sobre o tiro, uma sendo que o assassinato de Anastasia não teve nada a ver com Cuba. Alguns acreditam que a morte do Chapeleiro Louco derivava de sua rivalidade com Vito Genovese. Essa teoria foi colocada por Joe Valachi em seu depoimento de 1963. Outra teoria aponta o chefão da Máfia Carlo Gambino. Até em 2001, um famoso website sobre a Máfia dava o nome de três pistoleiros que supostamente cuidaram do assassinato para Gambino. Na verdade, como muitos casos da Máfia, os fatos são obscurecidos por décadas de especulação. Todos esses anos depois, as disputas de Anastasia com a Máfia de Havana permanecem como a mais convincente explicação para seu assassinato.

O assassinato de Anastasia: O tiro em Anastasia é um dos assassinatos mais famosos da Máfia nos Estados Unidos, e como tal é coberto em Fox, *Blood and Power*; Raab, *Five Families*; Sondern Jr., *Brotherhood of Evil*; Peterson, *The Mob*; Ragano e Raab, *Mob Lawyer*; Maas, *The Valachi Papers*. Também os jornais citados acima: Wald, "Mafia Link"; "Anastasia Case Holds"; "Yen for Cuba Cash". Além disso, detalhes nos acontecimentos levando ao assassinato,

o assassinato em si e à investigação subsequente estão nos arquivos Investigativos Re: Umberto Anastasia, NYC Municipal Archive.
Trafficante e Rivers no aeroporto de Havana: Ragano e Raab, p. 35.
Conversa de Ragano com Trafficante no Restaurante Columbia, Ybor City: Ragano e Raab, pp. 33-7.
O problema de Anastasia desaparece: Entrevista ao autor, Armando Jaime Casielles, 24 e 26 de janeiro de 2007.
Confidencial de Cuba: Edição de janeiro/fevereiro de 1958. Da coleção particular de Rosa Lowinger.
Encontro da Máfia em Apalachin, NY: O frustrado encontro da Máfia é outro evento seminal na história do crime organizado, coberto extensamente em Fox, Raab, Sondern, Peterson, Maas, entre outros.
Trafficante em Apalachin: Deitche (II), pp. 80-3.
Papel de Lansky em expor a reunião: Eisenberg, Dan e Landau, *Meyer Lansky*, p. 248.
"Ninguém sabe até hoje": Ibid.
Lua de mel de Sinatra-Ava Gardner em Havana: Kelly, *His Way*, p. 173; Summers, *Sinatra: The Life* (I), p. 162. Ava Gardner é citada se lembrando da lua de mel:
Fomos a Havana, em Cuba, e tivemos uma briga na primeira noite. Quem sabe sobre o que brigamos? Me lembro de ficar de pé, muito bêbada na varanda do hotel [Nacional], na beirada. Parada lá, me equilibrando. Frank teve medo de se aproximar de mim. Ele achou que eu ia pular... Deus, eu estava louca!
Sinatra amigo de Lansky e Trafficante: Summers (I), p. 19, 21, 130, 135, 180; Lacey, p. 146, 151; Ragano e Raab, pp. 20-1, 82, 115, 188, 214-17.
Marlon Brando em Havana: Marquez, "Marlon Brando: the Conga Man", *La Jornada*, 7 de julho de 2004; Lowinger e Fox, *Tropicana Nights*, p. 221, 284, 342.
"Descobrindo a música afro-cubana": Brando, *Brando: Songs My Mother Taught Me*, legenda de foto.
Graham Greene em Havana: Bianchi Ross, "Graham Greene"s Cuban Time", em http;www.CubaNow.net, sem data; Greene, *Our Man in Havana*.
Errol Flynn em Havana: Cirules, *The Mafia in Havana* (I), p. 145; Szulc, *Fidel*, p. 504; *Cuban Rebel Girls* (1959): direção Barry Mahon; roteiro Errol Flynn. Usando principalmente material de *Cuban Rebel Girls*, Flynn também fez um documentário sobre a revolução cubana chamado *Cuban Story*. Nesse filme - que não ficou disponível ao público até trinta e cinco anos depois de ter sido realizado - Flynn faz uma aparição e novamente declara sua admiração por Fidel Castro.
Hemingway em Cuba: Entrevista ao autor, Delio Valdes, Miami, 17 de outu-

bro de 2006; Norberto, *Hemingway in Cuba*, livro inteiro. Também Millman, "Hemingway's Ties to a Havana Bar Still Move the Mojitos", *Wall Street Journal*, 8 de dezembro de 2006. Literalmente todo guia contemporâneo sobre Cuba tem uma passagem sobre os anos de Hemingway na ilha.

George Raft: Cirules (I), p. 146; Cirules, *La vida secreta de Meyer Lansky en La Habana* (II), pp. 124-5, 129; Lowinger e Fox, p. 3, 292, 303, 329; Fuentes, "Mafia in Cuba", *Cuba International*, agosto de 1979; "George Raft estrella absoluta en la gran revista de Abril", *Show*, abril de 1958; Yablonsky, *George Raft*, livro todo.

Música cubana e cultura americana: Sublette, *Cuba and Its Music*, livro todo. Também, Cruz, *Celia: My Life*; Orovio, *Diccionario de la musica cubano*.

Passado de Desi Arnaz: Sublette, pp. 452-4, 534, 581-2.

Jazz afro-cubano: Acosta, *Cubano Be, Cubano Bop*, livro todo; Figueroa, "Israel Lopez "Cachao"", www.picadillo.com/figueroa/cachao; Figueroa, "Mario Bauza", www.cubanmusic.com/figueroa/cachao; . Também a entrevista ao autor, Helio Orovio, Havana, 24 de agosto de 2006. Essa entrevista com o musicólogo Orovio na frente do prédio da UNEAC (união de escritores de Cuba) aconteceu durante uma tempestade tropical.

Para uma explicação sobre a ligação do jazz de Kansas City e a máquina política corrupta, veja T.J. English, *Paddy Whacked*, pp. 213-24.

12 - UMA MULHER ESCULPIDA A MÃO

Abertura do Hotel Riviera: Entrevista ao autor, Ralph Rubio, 16 de setembro e 24 de outubro de 2006; Lacey, *Little Man*, pp. 233-7; Schwartz, *Pleasure Island*, pp. 156-9, 177-8, 199-200; "Ginger Rogers, en persona, super-estrella en su gran revista", *Show*, dezembro 1957.

"Ela sabe rebolar o traseiro": Lacey, p. 235.

***Steve Allen Show* ao vivo no Riviera**: O programa inteiro foi assistido pelo autor no Museum of Television and Radio, NYC; Schwartz, p. 161; Lowinger e Fox, *Tropicana Nights*, pp. 304-5.

"A reputação de Lansky atraía grandes apostadores": Entrevista ao autor, Ralph Rubio.

Caso de Lansky com Carmen: Os detalhes do relacionamento de Lansky com Carmen estão presentes em Cirules, *La vida secreta de Meyer Lansky en La Habana* (II) e, em menor grau, em Cirules, *The Mafia in Havana* (I). Os fatos foram verificados e expostos em entrevista ao autor, Armando Jaime Casielles, 24 e 26 de janeiro de 2007.

"Ela tinha pele azeitonada": Entrevista ao autor, Armando Jaime Casielles.

Jaime-Lansky no apartamento de Carmen: Essa curiosidade é relatada em Cirules (II), pp. 108-11; citações e detalhes adicionais, entrevista ao autor, Armando Jaime Casielles.

Rebeldes estabelecem zona livre: Szulc, *Fidel*, pp. 467-9, 490; Thomas, *Cuba: The Pursuit of Freedom*, pp. 620-5; Franqui, *Diary of the Cuban Revolution*, pp. 184-217; Bonachea e Valdes, *Revolutionary Struggle*, pp. 408-14; Guevara, *Reminiscences of the Cuban Revolutionary War*, pp. 196-227.
Passado de William Gálvez Rodríguez: Gálvez, *Otro jinete apocalíptico*.
"Fidel estava colocando em palavras": Entrevista ao autor, William Gálvez Rodríguez, Havana, 8 de março de 2007.
"O fato de que estavam em menor número": Ibid.
"Por que lutamos": Castro, "Why We Fight". *Coronet*, fevereiro de 1958.
"Sei que a revolução soa como um remédio amargo": St George, "Cuban Rebels (entrevista com Fidel Castro)", *Look*, 3 de abril de 1958.
Grande Prêmio e sequestro de Juan Manuel Fangio (fevereiro de 1958): Esse incidente se tornou parte da história da Revolução Cubana e é detalhado em Sweig, *Inside the Cuban Revolution*, pp. 103-4; Szulc, p. 482; Thomas, p. 651; Franqui, pp. 285-6; Schwartz, pp. 187-9.
Queima da safra de açúcar: Szulc, pp. 453, 687-90; Bonachea e Valdes, p. 367; Franqui, pp. 284, 292-9.
"Conheço bem as pesadas perdas pessoais": Castro, *Coronet*, fevereiro de 1958.
Ação e sabotagem em Havana: As atividades do Movimento 26 de Julho e a resistência cívica são detalhadas extensamente em Sweig, e Oltuski, *Vida Clandestina: My Life in the Cuban Revolution*. Oltuski era um líder do submundo da resistência cívica enquanto trabalhava ao mesmo tempo para a Shell em Cuba.
Queima da refinaria de óleo Belot: Sweig, p. 104.
Criação de colunas rebeldes independentes: Szulc, pp. 489, 493-7; Franqui, pp. 279-94; Thomas, pp. 620-3, 627, 632; Guevara, pp. 138-9.
Assalto do Banco Nacional de Cuba: Schwartz, p. 190; Sweig, pp. 105-6.
Tentativa de assassinato de Raúl Menocal: Franqui, p. 296.
Noite das 100 bombas: Sweig, p. 112.
Anunciamento de greve geral: Sweig, pp. 134-7; Franqui, p. 295; Bonachea e Valdez, p. 278. A estratégia por trás da greve é discutida extensamente em Oltuski.
Cynthia (Schwartz) Duncan (neta de Lansky): Entrevista ao autor, Cynthia (Schwartz) Duncan, Miami, 4 de maio de 2006. Informações adicionais em Richard Schwartz: Lacey, p. 214, 289, 363.
"Eu sabia que estava em Havana": Entrevista ao autor, Cynthia (Schwartz) Duncan.
"Éramos tratados como realeza": Ibid.
Lansky "pinçado": Lacey, pp. 241-6; Eisenberg, Dan e Landau, pp. 284-8, 290; Messick, *Lansky*, p. 215.

Conversa com Detective Graff: Lacey, pp. 238-46.

Atenção indesejada da mídia a Lansky: Havermann, "Mobsters Move in on Troubled Havana", *Life*, 10 de março de 1958.

Lansky banido de Cuba: Eisenberg, Dan e Landau, *Meyer Lansky*, pp. 288-91.

"Batista fez uma brincadeira comigo": Eisenberg, Dan e Landau, p. 290.

Relacionamento de Lansky e Batista: Entrevista ao autor, Ralph Rubio, 16 de setembro e 24 de outubro de 2006; entrevista ao autor, Armando Jaime Casielles; Cirules (II), pp. 161-71; "Los encuentros de la mafia con el General Batista", *Juventude Rebelde*, 4 de julho de 2004.

Encontro de Lansky e Batista em Kuquine: Entrevista ao autor, Armando Jaime Casielles; Cirules (II), pp. 165-7; "*Los Encuentros.*"

"Eles eram bem próximos": Lacey, p. 230.

Pagamento em dinheiro para Batista: Entrevista ao autor, Ralph Rubio; entrevista ao autor, Armando Jaime Casielles; Dorschner e Fabricio, *The Winds of December*, pp. 65-6.

13. O SOL QUASE NASCE

Abertura do Havana Hilton: Schwartz, *Pleasure Island*, pp. 154-6, 178; Lowinger e Fox, *Tropicana Nights*, pp. 183, 256, 281, 327-30; Cirules, *The Mafia in Havana* (I), pp. 148-55; Deitche, *The Silent Don* (II), pp. 87-9; Smith, *The Fourth Floor*, p. 90.

Decisão da comissão de jogo de Nevada: Schwartz, pp. 162-3; Lacey, *Little Man*, pp. 256-7; Reiss, "The Batista-Lansky Alliance", *Cigar Aficionado*, maio/junho de 2001.

Ragano visita Trafficante, 1958: Ragano e Raab, *Mob Lawyer*, pp. 39-48.

"Bartenders não bebem": Ibid. p. 41.

"Esta é a sala mais importante": Ibid. p. 42.

"Me tornei um homem diferente em Cuba": Ibid. pp. 43-4.

"Às vezes eu me perguntava": Ibid. p. 44.

Ragano e Trafficante em *uma exhibición*: Ibid. pp. 44-5.

Filme super 8 mm de Superman/El Toro: Imagens do famoso *performer* do sexo em Havana - feitas por Frank Ragano em 1958 - foram vistas pelo autor em 1 de março de 2007, em Tampa, cortesia de Chris Ragano, filho de Frank.

Ragano recebe oportunidade de compra: Ragano e Raab, pp. 47-8.

"Tenho certeza de que Fidel nunca vai chegar a nada": Ibid. p. 48.

Greve geral fracassada (9 de abril): Oltuski, *Vida Clandestina*, pp. 139-54; Sweig, *Inside the Cuban Revolution*, pp. 136-48; Szulc, *Fidel*, pp. 484-5; Franqui, *Diary of the Cuban Revolution*, pp. 296-315.

Operacíon Verano: Szulc, pp. 490-1; Thomas, *Cuba: The Pursuit of Freedom*, pp. 663-8.
Raúl Castro sequestrando cidadãos americanos: Thomas, p. 666; Sweig, p. 171; Szulc, pp. 493-4; Smith, pp. 142-3.
Capitão Gálvez em Las Villas: Entrevista ao autor, William Gálvez Rodríguez, Havana, 3/8/07; Dorschner e Fabricio, *The Winds of December*, pp. 259-60.
"Podíamos sentir o cheiro da vitória": Entrevista ao autor, William Gálvez Rodríguez.
Viagens de Lansky pelo Caribe: Cirules, *La vida secreta de Meyer Lansky en La Habana* (II), pp. 143-5; entrevista ao autor, Armando Jaime Casielles; entrevista ao autor, Richard Stratton, Nova York, 15 e 21 de fevereiro de 2007. Stratton mencionou que Stassi, durante suas entrevistas no final dos anos 1990 detalhou várias viagens pelo Caribe para expandir as operações de cassino para a Máfia de Havana.
International Hotels Inc. buscando expansão: Entrevista ao autor, Joe Stassi Jr, 22 de março de 2007.
Viagem de Lansky-Trafficante-Jaime para República Dominicana: Entrevista ao autor, Armando Jaime Casielles; Cirules (II), pp. 150-60.
"A primeira surpresa que eu tive": Cirules (II), pp. 152-3.
"Santo me deu uma pistola": Ibid. p. 155.
"Foi a primeira vez": Ibid. pp. 155-6.
"Eu tive a impressão": Entrevista ao autor, Armando Jaime Casielles.
Stassi Jr marca encontro com Pat Slots: Entrevista ao autor, Joe Stassi Jr.
Passado e casamento de Stassi Jr: Ibid.
Trafficante insinua a Ragano sobre "ajuda" aos Rebeldes: Ragano e Raab, p. 48.
Encontro de Norman Rothman com José Aleman: Findings on House Select Committee on Assassinations, Vol. 5, depoimento de José Aleman, 27 de setembro de 1978.
Rothman contrabandeando armas com os irmãos Mannerino: Waldron com Hartmann, *Ultimate Sacrifice*, p. 307, 329, 332, 347, 352. Os autores Waldron e Hartmann sugerem que um parceiro de Rothman nessa trama foi o americano Frank Fiorini, posteriormente conhecido como Frank Sturgis, na época um fornecedor de armas para o Movimento 26 de Julho. Fiorini/Sturgis iria posteriormente trocar de lado e se tornar uma peça-chave em várias tentativas da Máfia/CIA para assassinar Fidel Castro.
Robert D. Weicha como operador da CIA em Cuba: Szulc, pp. 469-72. Em *Ultimate Sacrifice*, Waldron e Hartmann curiosamente não mencionam Weicha, apesar de dedicarem centenas de páginas ao fornecimento de dinheiro e armas da CIA para o Movimento 26 de Julho.

Carregamentos de armas do governo cubano da República Dominicana e outros cantos: Thomas, pp. 648-56; Szulc, pp. 451-2, 470-1.
Carregamentos de dinheiro para fora da ilha: O relacionamento de Ralph Reina com Trafficante é detalhado em Deitche, *The Silent Don* (II), pp. 68-9. Dusty Peters era uma figura bem conhecida no círculo da Máfia de Havana e é citado em Lacey, p. 246; Messick, *Syndicate in the Sun*, p. 139; Messick, *Lansky* (II), p. 197, 217. Verificação do papel de Peters veio em entrevista ao autor, Ralph Rubio, Tampa, 16 de setembro e 24 de outubro de 2006; entrevista ao autor, Bernard Frank, Miami, 3 de maio de 2006.
Costa de Miami Beach: Messick (II), p. 199.
Castle Bank nas Bahamas: Russo, *Supermob*, p. 208.
Passado de Lewis McWillie: Fox e Lowinger, pp. 181-2, 335, 362-4; Waldron e Hartmann, pp. 301-2, 333, 343, 353-4.
Depoimento de McWillie: Findings of the House Select Committee on Assassinations, Vol. 5, Depoimento de Lewis McWillie, 27 de setembro de 1978.

14- PEGUE O DINHEIRO

Hotel Monte Carlo de La Habana: Cirules, *The Mafia in Havana* (I), pp. 127-32; Cirules baseou sua investigação de planos para o Hotel Monte Carlo em documentos financeiros encontrados no Arquivo Nacional Cubano.
"Havana será uma cidade mágica": Entrevista ao autor, Armando Jaime Casielles, 24 e 26 de janeiro de 2007; Cirules, *La vida secreta de Meyer Lansky en La Habana* (II), pp. 183-4.
Sinatra como investidor: Cirules (I), p. 128, 131.
"Sinatra quer televisionar": Ibid.
Outros investidores, incluindo William Miller: Ibid.
"Sr Miller é considerado": Ibid.
Artigos em *Diario de la Marina*: Dorschner e Fabricio, *The Winds of December*, p. 22.
Los Tigres de Masferrer em Havana: Ibid. pp. 98-9, 256-7, 363.
Atmosfera em Havana no final de dezembro de 1958: Dorschner e Fabricio, o livro todo.
Comportamento de Batista em dezembro de 1958: Uma fonte excelente sobre os últimos dias de Batista é *El gran culpable* de José Suárez Nuñez - Ele foi o antigo secretário de imprensa de Batista. O livro foi autopublicado em Caracas no começo dos anos 1960.
Batista comendo e vomitando: Dorschner e Fabricio, p. 64; Suárez Nuñez, p. 16.
Gosto de Batista por filmes de terror e trapacear nas cartas: Dorschner e Fabricio, p. 67; Suárez Nuñez, p. 25

Incidente com General Díaz Tamayo: Dorschner e Fabricio, pp. 126-7.
"Noite passada, deitado na cama": Ibid. p. 159.
Encontro de Batista com Embaixador: Smith, E., *The Fourth Floor*, pp. 170-6; Dorschner e Fabricio, pp. 189-93, 197; Thomas, *Cuba: The Pursuit of Freedom*, p. 680; Bardach, *Cuba Confidential*, p. 246.
Batista prepara saída secretamente: Dorschner e Fabricio, pp. 348-9; Thomas, pp. 681-93.
Atmosfera de férias em Havana: Dorschner e Fabricio, p. 157; Cirules (II), pp. 173-4.
Tenente Coronel Esteban Ventura no Riviera: Entrevista ao autor, Ralph Rubio.
Passado de Ventura: Garcia, "The White-Suited Hired Assassin", *Granma International*, 31 de maio de 2001.
Desculpa de Lansky para a Véspera de Ano Novo: Lacey, *Little Man*, p. 249; entrevista ao autor, Armando Jaime Casielles; Cirules (II), pp. 172-94.
Ano novo no Plaza Hotel: A noite inteira é descrita em detalhes em Cirules (II), pp. 172-94, e posteriormente é verificada em entrevista ao autor, Armando Jaime Casielles.
Posse de concessão de jogo no Plaza: Entrevista ao autor, Joe Stassi Jr, 22 de março de 2007.
Reação nas ruas às notícias da partida de Batista: Entrevista ao autor, Armando Jaime Casielles; entrevista ao autor, Joe Stassi Jr; entrevista ao autor, Ralph Rubio; Dorschner e Fabricio, pp. 371-86; Lowinger e Fox, *Tropicana Nights*, pp. 309-21; Phillips, *Cuba: Island of Paradox*, pp. 395-401; *American Experiencees: Fidel Castro* (PBS); Phillips, "Batista and Regime Flee Cuba", *New York Times*, 2 de janeiro de 1959.
Presença de Los Tigres: Entrevista ao autor, Armando Jaime Casielles.
Ataques em parquímetros e máquinas caça-níqueis: Entrevista ao autor, Armando Jaime Casielles; Lowinger e Fox, pp. 316-17; Dorschner e Fabricio, pp. 688-9; Phillips, pp. 397-8.
George Raft no Capri: A descrição mais detalhada desse incidente está em Yablonsky, *George Raft*. Se tornou uma curiosidade famosa também presente em Smith, W., *The Closest of Enemies*; Lowinger e Fox, *Tropicana Nights*; Lacey, *Little Man*; e outros relatos do réveillon de 1959 em Havana. Veja também Miller, "Raft Not Natural After Cuba "Fade"", *Miami Herald*, 9 de janeiro de 1959.
"Lá estava ela, dormindo": Yablonsky, pp. 221-2.
"Todo mundo trabalhando no hotel estava gritando": Ibid. p. 222.
"Eu não tinha certeza do que fazer": Ibid.
Destruição dos cassinos: Smith, E., pp. 188-91; Smith, W., p. 187; Lowinger e Fox, p. 317; Schwartz, *Pleasure Island*, pp. 194-6; Cirules (II), pp. 176-94;

Dorschner e Fabricio, p. 423; entrevista ao autor, Armando Jaime Casielles; entrevista ao autor, Ralph Rubio; entrevista ao autor, Joe Stassi Jr.

Porcos no Riviera: Cohen, "The Lost Journals of Meyer Lansky", *Ocean Drive*, janeiro de 2005. Teddy Lansky é citada dizendo ao jornalista Paul Sann: "Porcos, pelo amor de Deus! Você não acreditaria, nesse lindo, lindo hotel."

Reunião de mafiosos na casa de Joe Stassi: Cirules (II), pp. 193-94; entrevista ao autor, Armando Jaime Casielles.

Wayne S. Smith: Entrevista ao autor, Wayne S. Smith, 15 de fevereiro de 2007.

"Estava um frenesi": Ibid.

Partida da neta de Lansky: Entrevista ao autor, Cynthia (Schwartz) Duncan, Miami, 4 de maio de 2006.

"Fomos avisados": Ibid.

Ralph Rubio parte: Entrevista ao autor, Ralph Rubio.

Amigos de Batista escapam: Thomas, pp. 687-8; Lowinger and Fox, pp. 309-15; Dorschner e Fabricio, pp. 414-17; Bardach, p. 246.

Castro entra em Havana: Thomas, pp. 692-3; Dorschner e Fabricio, pp. 487-94; Smith, E. pp. 200-3; Szulc, *Fidel: A Critical Portrait*, pp. 516-17; o espírito da chegada de Castro é capturado na música "*En eso llego Fidel* (E então chegou Fidel)" de Carlos Puebla, em Chomsky e Smorkaloff, *The Cuba Reader*, pp. 337-9.

"O povo venceu esta guerra": *American Experiences: Fidel Castro*

Começam as execuções políticas: Szulc, pp. 53-4; Thomas, pp. 726-7; Ragano e Raab, *Mob Lawyer*, p. 54; DePalma, *The Man Who Invented Fidel*, pp. 150-3; *American Experience: Fidel Castro*.

"Duzentos mil gringos mortos": Thomas, p. 729; Szulc, p. 531; DePalma, p. 140. DePalma cita Castro dizendo "vinte mil".

"Não fomos apenas descartados": Lacey, p. 252; Dispatch 1037, Embaixada Americana em Havana, papeis do Departamento de Estado, National Archives, Washington D.C.

"Os jogadores seguiram o exemplo": Lacey, p. 250.

Representante de Lansky liga para a embaixada americana: Lacey, p. 251.

"Castro está completamente louco!": Ragano e Raab, p. 51.

Frank Sturgis (vulgo Frank Fiorini) ligado ao cassino: FBI memo, NARA RIF #124-10302-10238, 4/1/59 (Arquivo de Informações Cubanas, documento #0147); FBI memo, file #BUFILE 2-1499, Miami Field Office 2-192 (Arquivo de Informações Cubanas, documento #0157). Os memorandos do FBI citados acima detalham a procura do FBI e CIA por Sturgir para oferecer seus serviços como agente duplo. Sturgis de fato se tornou agente e começou

uma longa carreira como afiliado da CIA. Waldron com Hartmann, *Ultimate Sacrifice*, pp. 308, 332-3, 343-4; Bohning, *The Castro Obsession*, pp. 133-4.
Perdas no Riviera, dezembro de 1958 a abril de 1959: Schwartz, p. 199; Lacey, pp. 253-4.
Rebeldes nos cassinos: Phillips, "Gamblers in Cuba Face Dim Future", *New York Times*, 4 de janeiro de 1959; Schwartz, pp. 199-201; Lacey, pp. 252-5; Ragano e Raab, pp. 49-53.
Prisão de Trafficante: Ragano, pp. 49-62; Waldron com Hartmann, pp. 375-6, 383-7, 390; "Cuba Acts to Deport Trafficante", *Miami Herald*, 11 de junho de 1959; "Trafficante Feels the Heat", *Tampa Times*, 12 de junho de 1959; "Trafficante Ouster May be Postponed", ibid.; "Trafficante Still Awaits Hearing on Deportation", *Tampa Times*.15 de junho de 1959.
Depoimento de Trafficante: Findings of the House Select Committee on Assassinations, Vol. 5, Depoimento de Santo Trafficante, 28 de setembro de 1978.
Outros mafiosos encarcerados: Fox e Lowinger, pp. 329-30; Lacey, p. 253; Waldron com Hartmann, p. 343, 394.
Joe Stassi escapa da prisão: Stratton, "The Man Who Killed Dutch Schultz", *GQ*, setembro de 2001.
Joe Stassi Jr. preso: Entrevista ao autor, Joe Stassi Jr. Ele foi encarcerado por três dias na prisão G-2 em Miramar, depois transferido para uma prisão em Las Villas Province, onde foi mantido por 109, até sua soltura.
Trafficante em Triscornia: Ragano e Raab, pp. 51-62; Waldron com Hartmann, pp. 375-6, 383-7, 390; Finds of the House Select Committee on Assassinations, Vol. 5, Depoimento de Santo Trafficante.
Casamento da filha de Trafficante: Ragano e Raab, p. 55.
"Uma atmosfera de festa foi substituída": Ibid.
"Eles vão me executar": Ragano e Raab, p. 56.
Ragano negocia a libertação de Trafficante: Ibid. pp. 51-62.
Suborno pago a Raúl Castro: Ibid. pp. 60-1; Waldron com Hartmann, p. 390.
"Encontrei Raúl Castro uma vez": Findings of House Select Committee on Assassinations, Vol. 5, depoimento de Santo Trafficante. .
Última viagem de Lansky para Havana: Entrevista ao autor, Armando Jaime Casielles; Cirules (II), pp. 203-5; Lacey, pp. 253-8.
Lansky tentou encontrar Carmen: Cirules (II), pp. 204-10.
"Quando ele me convidou para ir": *La mafia en La Habana* (Marakka 2000), documentário.
Última conversa de Jaime com Lansky: Ibid; também entrevista ao autor, Armando Jaime Casielles.

Governo cubano confisca o Hotel Riviera: Lacey, p. 258.

Embargo econômico contra Cuba: O embargo (referido em Cuba como *el bloqueo*) foi instituído em 7 de fevereiro de 1961.

Batista pilhando Cuba: Thomas, p. 687; também em "Batista Government Bank Accounts", *Libertad*, 28 de janeiro de 1969 (Cuban Information Archives, document #0115).

Perdas financeiras da Máfia de Havana: Lacey, pp. 258-9.

Joe Stassi pós Havana: Stratton, "The Man Who Killed Dutch Schultz", *GQ*, setembro de 2001; *O.G.: Joe Stassi, Original Gangster*, documentário.

"Não tenho uma ereção há quarenta anos": Ibid.

Lansky deixa 17 milhões para trás: Eisenberg, Dan e Landau, *Meyer Lansky*, p. 256.

"Caguei com tudo": Lacey, p. 258.

EPÍLOGO

Invasão da Baía de Porcos: Há consideráveis escritos sobre o planejamento e execução da invasão, incluindo o de Peter Kornbluth, *Bay of Pigs Declassified: The Secret CIA Report on the Invasion of Cuba* e de Victor Andres, Triay's *Bay of Pigs*, uma história oral.

Contrato de assassinato de Lansky para Castro: Eisenberg, Dan e Landau, *Meyer Lansky*, pp. 257-9; Waldron com Hartmann, *Ultimate Sacrifice*, pp. 310-11, 321-2, 343, 399-405. Waldron e Hartmann citam o autor Anthony Summers e sua biografia de Richard Nixon, *Absolute Power*, na qual é alegado que Lansky fez contato com um representante do vice-presidente Nixon para coordenar seu plano de assassinar Castro. O intermediário de Lansky foi o cubano Bebe Rebozo, confidente de Nixon que Lansky conhecia de seus dias de cassino no Sul da Flórida.

Frank Sturgis e Charles White: Waldron e Hartmann, p. 343. Sturgis conhecia White por seu nome verdadeiro, Charles Tourine. Sturgis testemunou diante da Rockefeller Commission em 1975.

"Várias pessoas vieram a mim": Eisenberg, Dan e Landau, p. 259.

O Projeto Cuba e Operação Mongoose: Há muita informação sobre essas duas iniciativas, incluindo livros e depoimentos de quase meia dúzia de audições governamentais. A Senate's Church Committee de 1977, a Rockefeller Commission de 1975 e a House Select Committee Hearings on Assassinations de 1978; todas cobrem aspectos da parceria CIA-Máfia. Livros dignos de nota incluem Waldron com Hartmann; Bohning, *The Castro Obsession;* e Fabian Escalante, *The Cuba Project: CIA Covert Operations, 1959-62*.

Além disso, em junho de 2007, a CIA apresentou suas "joias de família". Esses arquivos anteriormente sigilosos contêm - entre outras coisas - detalhes de tramas da Agência para assassinar Castro usando a ajuda dos mafiosos Johnny Roselli, Sam Giancana e Santo Trafficante. A abertura dos arquivos constitui-se de uma admissão sem precedentes da culpabilidade por parte da CIA, apesar de os detalhes da trama não serem novos. Em 1994, um relatório interno feito pelo inspetor da CIA foi aberto e publicado sob o título *CIA Targets Fidel* (Ocean Press, 1997). Permanece como o mais convincente de sua aliança dúbia com o submundo.

Atividade pós-Cuba e morte de Rolando Masferrer: Waldron com Hartmann, pp. 186-7, 332, 342-5, 388; Masferrer, "Comentario: Apendejation", *Libertad*, 24 de outubro de 1975.

Batista pós-Cuba: Gardner, "Batista Lives in Constant Fear of Bullet", *Miami Herald*, 25 de outubro de 1959; Batista, *Cuba Betrayed*, livro todo.

Trafficante pós-Cuba: Entrevista ao autor, Chris Ragano, Tampa, 18 de julho de 2006 e 1 de março de 2007; Ragano e Raab, *Mob Lawyer*, pp. 65-356; Deitche, *The Silent Don*, pp. 109-229.

Lansky pós-Cuba: Entrevista ao autor, Cynthia (Schwartz) Duncan, Miami, 4 de maio de 2006; Cohen, "The Lost Journals of Meyer Lansky", *Ocean Drive*, janeiro de 2005; Eisenberg, Dan e Landau, pp. 261-324; Lacey, *Little Man*, pp. 260-439.

Castro pós-Batista: "Castro Calls Head of the U.S. Diplomatic Mission in Havana a ëLittle Gangsterí" *South Florida Sun-Sentinel*, 23 de dezembro de 2005.

APÊNDICE

Participantes da Conferência em Havana (Dezembro de 1946): Gosch e Hammer, *The Last Testament of Lucky Luciano*; Eisenberg, Dan e Landau, *Meyer Lansky: Mogul of the Mob*.

FONTES

Este livro é baseado em inúmeras fontes, incluindo entrevistas com participantes diretos dos acontecimentos e especialistas; pesquisa em arquivos de bibliotecas, museus e instituições de pesquisa em Cuba e nos Estados Unidos; livros, revistas e artigos de jornais em inglês e espanhol; documentários produzidos em Cuba, Espanha e Estados Unidos; documentos judiciais, incluindo depoimentos de audições do congresso e documentos adquiridos através da Lei de Liberdade de Informação; tudo confirmado pelo autor em reportagens em Havana, Nova York, Miami, Tampa, Washington D.C. e Los Angeles.

ENTREVISTAS

Mesmo com os eventos descritos neste livro tendo ocorrido décadas atrás, alguns entrevistados não quiseram ser identificados por nome. Para alguns cubanos, a realidade dos mafiosos ou da máfia operando em Havana nos anos 1950 ainda é um assunto delicado. Algumas pessoas vivem em negação, enquanto outras simplesmente não querem ser identificadas com o tema. Concordei em fazer a vontade daqueles que falaram comigo com a condição de anonimato.

Entre os entrevistados listados abaixo, incluí Armando Jaime Casielles, apesar de a minha comunicação com o antigo motorista e guarda-costas de Meyer Lansky ser mais uma troca de correspondências do que uma entrevista formal. Meu diálogo com Armando Jaime aconteceu via e-mail e telefone entre Havana e Nova York. Eu estava marcado para entrevistá-lo numa viagem de pesquisa a Havana, mas dez dias antes da minha partida fui informado que Armando Jaime Casielles faleceu de causas naturais às 8h15 da manhã de 12 de fevereiro de 2007. Na minha correspondência com Armando Jaime, fui capaz de cruzar informações sobre seu passado e experiências em Havana que foram trazidas de outras fontes, principalmente de *La vida secreta de Meyer Lansky en La Habana* de Enrique Cirules.

A seguir há uma lista de entrevistados, os lugares e as datas em que ocorreram: Bernardo Benes, Miami (3 de maio de 2006), Juiz Bernard Frank, Miami (3 de maio de 2006), Max Lesnick, Miami (4 de maio 2006), Cynthia (Schwartz) Duncan, Miami (4 de maio de 2006), Scott M. Deitche, Tampa (7 de julho de 2006), Chris Ragano, Tampa (18 de julho de 2006 e 1 de março de 2007), Cookie Garcia, Tampa (7 de julho de 2006), Henry Beltran, Tampa (7 de julho de 2006), Rosa Lowinger, Los Nageles (21 de julho 2006), Estela Rivas, Havana (15 e 17 de agosto de 2006), Chef Gilberto Smith Duquesne, Havana (23 de agosto de 2006), Helio Orovio, Havana (24 de agosto de 2006), Jose "Pepe" Rodríguez, Havana (24 de agosto de 2006), Ralph Rubio, Tampa (16 de setembro de 2006 e 24 de outubro de 2006), Delio Valdes, Miami (17 de outubro 2006), Armando Jaime Casielles, telefone e e-mail (24 e 26 de janeiro de 2007), Richard Stratton, Nova York (15 e 21 de fevereiro de 2007), Marc Levin, Nova York (21 de fevereiro de 2007), Wayne S. Smith, Washington D.C. (15 de fevereiro de 2007), Doutor Ferdie Pacheco, telefone (23 de fevereiro de 2007), Comandante William Gálvez Rodríguez, Havana (8 de março de 2007), Joe Stassi Jr., telefone (22 de março de 2007), Roberto González Echevarría, telefone (21 de maio de 2007).

LIVROS

Entre livros de história, de memórias, biografias e romances listados abaixo há vários tomos sobre o tema do crime organizado. O uso de um livro em particular requer explicação. *The Last Testament of Lucky Luciano* de Martin A. Gosch e Richard Hammer foi publicado em 1974, nove anos após a morte de Charles Luciano. Os editores do livro, Little, Brown and Co., promoveram o livro como sendo baseado em entrevistas feitas pelo advogado e produtor de cinema Martin Gosch com Luciano antes de ele morrer. Notas sobre as entrevistas foram dadas a Richard Hammer, um autor de vários livros sobre o crime organizado, que juntou lembranças em primeira pessoa de Luciano com uma narrativa histórica. Ao ser lançado, a veracidade do livro foi confrontada por um repórter do *New York Times* depois que foi revelado que não havia transcrições das entrevistas que Gosch alegava ter feito com Luciano. O livro se tornou uma espécie de *cause célèbre*, com os autores rivais de crime Peter Maas e Nicholas Gage denunciando o livro como uma fraude. Com o passar dos anos, a história mostrou que o livro não é menos preciso do que outros livros de memórias do crime organizado.

Relato a história da publicação do livro aqui como explicação completa. Alguns historiadores do crime organizado se recusam a citar o livro como uma fonte crível, enquanto outros o citam como se fosse a Bíblia. Eu escolhi um meio termo, citando o livro como uma fonte quando fui capaz de comprovar a informação em suas páginas com uma ou mais fontes.

Acosta, Leonardo. *Cubano Be, Cubano Bop: One Hundred Years of Jazz in Cuba.* Washington: Smithsonian Books, 2003.
Anderson, Jon Lee. *Che Guevara: A Revolutionary Life.* Nova York: Grove Press, 1997.
Argote-Freyre, Frank. *Fulgencio Batista: From Revolutionary to Strongman.* Piscataway, NJ: Rutgers University Press, 2006.
Asbury, Herbert. *Sucker's Progress: An Informal History of Gambling in America.* Nova York: Dodd, Mead, 1938.
Atkins, Ace. *White Shadow.* Nova York: G.P. Putnam's Sons, 2006.

Bardach, Anna Louise. *Cuba Confidential: Love and Vengeance in Miami and Havana*. Nova York: Random House, 2002.
Batista, Fulgencio. *Cuba Betrayed*. Nova York: Vantage, 1962.
óThe *Growth and Decline of the Cuban Republic*. Nova York: Devin-Adair, 1964.
Bernstein, Lee. *The Greatest Menace: Organised Crime in Cold War America*. Boston: University of Massachusetts Press, 2002.
Bohning, Don. *The Castro Obsession: US Covert Operations in Cuba, 1959-1965*. Potomac Books, 2005.
Bonachea, Rolando e Nelson P. Valdez (eds). *Revolutionary Struggle 1947-1958: Volume 1 of the Selected Works of Fidel Castro*. Cambridge, MA: MIT Press, 1972
Bonnano, Joseph. *A Man of Honor: The Autobiography of the "Boss of Bosses"*. Nova York: Simon and Schuster, 1983.
Brando, Marlon. *Brando: Songs My Mother Taught Me*. Nova York: Random House, 1994.
Cabrera Infante, G. *Three Trapped Tigers*. Londres: Faber and Faber, 1989.
—. *Holy Smoke*. Woodstock, NY: Overlook Press, 1998.
Campbell, Rodney. *The Luciano Project: The Secret Wartime Collaboration of the Mafia and the US Navy*. Nova York: McGraw-Hill, 1977.
Casteñeda, Jorge G. *Compañero: The Life and Death of Che Guevara*. New York: Knopf, 1998.
Castro, Fidel. *La historia me absolverá*. Havana: Editora Política, 1964.
—. *My Early Years*. Melbourne e Nova York: Ocean Press, 1998.
Chester, Edmund A. *A Sergeant Named Batista*. Nova York: Holt, 1954.
Chomsky, Aviva. *The Cuba Reader: History, Culture, Politics*. Durham, NC: Duke University Press, 2004.
Cirules, Enrique. *The Mafia in Havana: A Caribbean Mob Story*. Melbourne e New York: Ocean Press, 2004.
—. *La vida secreta de Meyer Lansky en La Habana*. Havana: Ciencias Sociales, 2004.
Cohen, Rich. *Tough Jews: Fathers, Sons and Gangster Dreams*. Nova York: Simon & Schuster, 1998.
Cruz, Celia. *Celia: My Life*. Nova York: Rayo, 2004.
Deitche, Scott M. *Cigar City Mafia: A Complete History of the Tampa Underworld*. Fort Lee, NJ: Barricade Books, 2004.
—. *The Silent Don: The Criminal Underworld of Santo Trafficante Jr*. Fort Lee, NJ: Barricade Books, 2007.
Demaris, Ovid. *The Last Mafioso: The Treacherous World of Jimmy Fratianno*. Nova York: Bantam, 1981.
DePalma, Anthony. *The Man Who Invented Fidel: Castro, Cuba, and Herbert L. Matthews of the New York Times*. Nova York: PublicAffairs, 2006.
Dewey, Thomas E. *Twenty Against the Underworld*. Garden City, NY: Doubleday, 1974.

Dorschner, John e Robert Fabricio. *The Winds of December*. Nova York: Coward, McCann & Geohegan, 1980.
Eisenberg, Dennis, Uri Dan e Eli Landau. *Meyer Lansky: Mogul of the Mob*. Nova York: Paddington Press, 1979.
Epstein, Daniel Mark. *Nat King Cole*. Nova York: FSG, 1999.
Feder, Sid e Joachim Joesten. *The Luciano Story*. Nova York: David McKay, 1954.
Flynn, Errol. *My Wicked, Wicked Ways*. Nova York: G.P. Putnam, 1959.
Fox, Stephen. *Blood and Power: Organized Crime in Twentieth-Century America*. Nova York: Penguin, 1989.
Franqui, Carlos. *Diary of the Cuban Revolution*. Nova York: Viking, 1980.
Fried, Albert. *The Rise and Fall of the Jewish Gangster in America*. Nova York: Holt, Rinehart and Winston, 1980.
Fuentes, Norberto. *Hemingway in Cuba*. Nova York: Lyle Stuart, 1984.
Gálvez Rodríguez, William. *Otro jinete apocalíptico: Una historia novelada sobre la mafia de EE.UU en Cuba*. Havana: Ediciones Unión, 2004.
Gellman, Irwin F. *Roosevelt and Batista: Good Neighbor Diplomacy in Cuba, 1933-1945*. Albuquerque: University of New Mexico Press, 1973.
Geyer, Georgie Anne. *Guerilla Prince: The Untold Story of Fidel Castro*. Boston: Little, Brown, 1991.
González Echevarría, Roberto. *The Pride of Havana: A History of Cuban Baseball*. Nova York: Oxford University Press, 1999.
Gosch, Martin A. and Richard Hammer. *The Last Testament of Lucky Luciano*. Boston: Little, Brown & Co., 1974.
Greene, Graham. *Our Man in Havana*. Nova York: Viking, 1958.
Guevara, Ernesto "Che". *Reminiscences of the Cuban Revolutionary War*. Nova York: Monthly Review Press, 1967.
Hemingway, Ernest. *To Have and Have Not*. Nova York: Scribner, 1937.
—. *The Old Man and the Sea*. Nova York: Scribner, 1952.
Jennings, Dean. *We Only Kill Each Other: The Life and Bad Times of Bugsy Siegel*. Nova York: Prentice Hall, 1967.
Katcher, Leo. *The Big Bankroll: The Life and Times of Arnold Rothstein*. New Rochelle, NY: Arlington House, 1958.
Kefauver, Estes. *Crime in America*. Garden City, NY: Doubleday, 1951.
Kelly, Kitty. *His Way: The Unauthorized Biography of Frank Sinatra*. Nova York: Bantam, 1986.
Kuntz, Tom e Phil Kuntz. *The Sinatra Files: The Secret FBI Dossier*. Nova York: Three Rivers Press, 2000.
Lacey, Robert. *Little Man: Meyer Lansky and the Gangster Life*. Boston: Little, Brown, 1991.
Latour, Jose. *Havana World Series*. Nova York: Grove Press, 2004.
Lewis, Norman. *The Honored Society*. Nova York: Putnam, 1964.

Lowinger, Rosa e Ofelia Fox. *Tropicana Nights: The Life and Times of the Legendary Cuban Nightclub*. New York: Harcourt, 2005.
Maas, Peter. *The Valachi Papers*. Nova York: Putnam, 1968.
Martí, José. *Selected Writings*. Nova York: Penguin, 2002.
Matthews, Herbert L. *The Cuban Story*. New York: George Braziller, Inc., 1961.
Mencia, Mario. *The Fertile Prison: Fidel Castro in Batista's Jails*. Melbourne e Nova York: Ocean Press, 1992.
Messick, Hank. *Syndicate in the Sun*. Nova York: Macmillan, 1968.
ó*Lansky*. Nova York: Putnam, 1971.
Montero, Mayra. *Dancing to "Almendra"*. Nova York: Farrar, Straus & Giroux, 2007.
Moore, William Howard. *The Kefauver Committee and the Politics of Crime, 1950-1952*. Columbia: University of Missouri Press, 1974.
Nelli, Humbert S. *The Business of Crime: Italians and Syndicate Crime in the United States*. Chicago: University of Chicago Press, 1976.
Oltuski, Enrique. *Vida Clandestina: My Life in the Cuban Revolution*. Nova York: Wiley & Sons, 2002.
Orovio, Helio. *Diccionario de la musica cubano*. Havana: Letra Cubanas, 1992.
Peterson, Virgil. *The Mob: 200 Years of Organized Crime in New York*. Ottawa, IL: Green Hill, 1983.
Phillips, Ruby Hart. *Cuba: Island of Paradox*. Nova York: McDowell, 1959.
Powell, Hickman. *Lucky Luciano: The Man Who Organized Crime in America*. Nova York: Barricade Books, 2000. Reprint edition.
Raab, Selwyn. *Five Families: The Rise, Decline and Resurgence of America"s Most Powerful Mafia Empires*. Nova York: Thomas Dunne Books, 2005.
Ragano, Frank and Selwyn Raab. *Mob Lawyer*. Nova York: Scribner, 1994.
Roberts, W. Adolphe. *Havana: The Portrait of a City*. Nova York: Howard-McCann, 1953.
Russo, Gus. *Supermob: How Sidney Korshak and His Associates Became America"s Hidden Power Brokers*. Nova York: Bloomsbury USA, 2006.
Saenz Rovner, Eduardo. *La conexión cubano: Narcotráfico, contrabando y juego en Cuba entre los años 20 y comienzos de la revolución*. Bogotá: Universidad Nacional de Colombia, 2005.
Sanchez, Thomas. *King Bongo*. Nova York: Knopf, 2003.
Sasuly, Richard. *Bookies and Bettors: Two Hundred Years of Gambling*. New York: Holt, Rinehart and Winston, 1982.
Schwartz, Rosalie. *Pleasure Island: Tourism and Temptation in Cuba*. Omaha: University of Nebraska Press, 1997.
Smith, Earl E.T. *The Fourth Floor: An Account of the Castro Communist Revolution*. Nova York: Random House, 1962.
Smith, Wayne S. *The Closest of Enemies: A Personal and Diplomatic Account of US-Cuba Relations Since 1957*. Nova York: W.W. Norton, 1987.

Sondern Jr, Frederick. *Brotherhood of Evil: The Mafia*. Nova York: Farrar, Straus & Cudahy, 1959.
Suárez Nuñez, José. *El gran culpable: ¿Cómo 12 guerrilleros antiquilaron a 45,000 soldados?* Caracas: autopublicado, 1963.
Sublette, Ned. *Cuba and Its Music: From the First Drums to the Mambo*. Chicago: Chicago Review Press, 2004.
Summers, Anthony and Robbyn Swan. *Sinatra: The Life*. Nova York: Knopf, 2005.
6*Official and Confidential: The Secret Life of J. Edgar Hoover*. New York: G.P. Putnam, 1993.
Sweig, Julia E. *Inside the Cuban Revolution: Fidel Castro and the Urban Underground*. Cambridge: Harvard University Press, 2002.
Szulc, Tad. *Fidel: A Critical Portrait*. Nova York: William Morrow, 1986.
Thomas, Hugh. *Cuba: The Pursuit of Freedom, 1762-1969*. Nova York: Harper & Row, 1971.
Tosches, Nick. *King of the Jews*. Nova York: Ecco, 2005.
Turkus, Burton B. and Sid Feder. *Murder Inc.: The Story of the Syndicate*. Nova York: FSG, 1951.
Waldron, Lamar com Thom Hartmann. *Ultimate Sacrifice: John and Robert Kennedy, the Plan for a Coup in Cuba, and the Murder of JFK*. Nova York: Carroll & Graf, 2006. Updated edition.
Wolf, George com Joseph DiMona. *Frank Costello: Prime Minister of the Underworld*. Nova York: William Morrow, 1974.
Woon, Basil. *When It's Cocktail Time in Cuba*. Nova York: Horace Liveright, 1928.
Yablonsky, Lewis. *George Raft*. Nova York: McGraw-Hill, 1974.

ARTIGOS, ENSAIOS, TRANSCRIÇÕES E REPORTAGENS
Adler, Barbara Squier. "The Mambo and the Mood." *New York Times Magazine*. 16 de setembro, 1952.
Ameringer, Charles D. "The Auténtico Party and the Political Opposition in Cuba, 1952-57." *Hispanic American Historical Review*. 1985.
Baez, Luis. "Interview with Cuban Colonel José Quevedo." *The Militant*, Vol. 60, No. 4. 29 de janeiro de, 1996.
Bianchi Ross, Ciro. "Graham Greene"s Cuban Time." www.CubaNow.net. Sem data.
Bohemia magazine. "En Cuba" section. 8 de dezembro, 1946.
Brief Magazine, Vol. 3, No. 1. "Lovely Latin (Cuban Dancer Elvira Padovano)." janeiro de 1956.
Cabaret magazine. "Havana: Nightlife Guide." dezembro de 1956.
Cabaret Quarterly, Special Resort No. Vol. 5. "Betty Howard: Her Bumps to the Bongo Packed Havana Theaters." 1956.
—. "Cabaret Guide to Havana." 1956.

—. "Havana's Favorite Drink Is the Daiquiri." 1956.
Cabaret Yearbook, Winter Resort No. Vol. 1. "Bubbles Darlene." 1956.
—. "Guide to After-Dark Havana." 1956.
—. "Tropicana Is Most Beautiful." 1956.
Castro, Fidel. "Why We Fight." *Coronet*, fevereiro de 1958.
CIA (Central Intelligence Agency). "Inspector General's Report on Plots to Assassinate Fidel Castro." abril/maio de 1967.
Cohen, Gary. "The Lost Journals of Meyer Lansky." *Ocean Drive.* janeiro de 2005.
Confidencial de Cuba. "¿Operan en nuestros cabarets gangsters americanos?" janeiro/fevereiro de 1958.
Depestre Catoney, Leonardo. "Nat 'King' Cole at Tropicana." www.CubaNow.net. Sem data.
Eye, Vol. 5, No. 5. "Havana Is a Man's Town." outubro de 1956.
Figueroa, Frank M. "Israel Lopez 'Cachao': Highlights and Review of His Smithsonian Jazz Oral History Interview." www.picadillo.com/figueroa/cachao. Sem data.
—. "Mario Bauza: Highlights and Review of his Smithsonian Jazz Oral History Interview." www.cubanmusic.com. Sem data.
Friedlander, Paul C.J. "Not Paris, But Friendly." *New York Times.* 22 de março de 1953.
Fuentes, Norberto. "Mafia in Cuba." *Cuba International.* agosto de 1979.
Gage, Nicholas. "Underworld Genius: How One Gang Leader Thrives While Others Fall by the Wayside." *Wall Street Journal.* 19 de novembro de 1969.
Garcia, Pedro A. "The White-Suited Hired Assassin." *Granma International.* 31 de maio, 2001.
Gardner, Llew. "Batista Lives in Constant Fear of Bullet." *Miami Herald.* 25 de outubro 1959.
Gente de la Semana, American Edition. "Brief History of the Cuban Labour Movement & Social Policy Since 1952." 5 de janeiro de 1958.
—. "Havana Crossroads of the World 1958." 5 de janeiro de 1958.
—. "Havanaís New Tunnel." 5 de janeiro de 1958.
—. "Investment in Cuba 1958." 5 de janeiro de 1958.
—. "New Public Works Projects of the Batista Regime." 5 de janeiro de 1958.
González, Angel Tomás. "El mafioso que se fue con Castro." *Crónica.* 23 de outubro de 2005.
Granma. "El Padrino y las relaciones entre la tiranía de Batista y la mafia." 21 de outubro de 1975.
—. "Lansky 'El Cejudo' no hace caso." 29 de agosto de 1988.
Havermann, Ernest. "Mobsters Move in on Troubled Havana." *Life.* 10 de março de 1958.
House Select Committee on Assassinations, Vol. 5. Testimony of Lewis McWillie, 27 de setembro de 1978.

—. Testimony of José Aleman, 27 de setembro de 1978.

—. Testimony of Santo Trafficante, 28 de setembro de 1978.

Jacobs, Sam. "Prío Spent Most of his Career Fighting Cuban Dictatorships." *Miami Herald*. 6 de agosto de 1977.

Johnson, Malcolm. "Lansky Sails in Luxury for Italy; Expected to Confer with Luciano." *New York Sun*. 28 de junho de 1949.

Juventude Rebelde. "Los encuentros de la mafia con el General Batista." 4 de julho de 2004.

—. "Yo fui guardaespalda de Meyer Lansky." 6 de fevereiro de 2005.

Lahey, Edwin A. "Gamblers Find Cuban Paradise." *Washington Post*. 9 de janeiro de 1958.

Mallin, Jay. "The World's Rawest Burlesque Show: Nowhere Can Public See as Ribald and Racy a Show as in Havana, Where Patrons See Combined Stag Movies and Strip Tease." *Cabaret*. setembro de 1956.

—. "Cuba's Carefree Cabaret: Massive Injections of Money for Lavish Shows, Elaborate Gaming Facilities Have Made Sans Souci Cuba's Top Club." *Cabaret*. abril de 1957.

—. "Havana Night Life." Unpublished article, 1956-7, Cuban Information Archives, Doc. 0211. www.cuban-exile.com.

Marquez, Ernesto. "Marlon Brando: the Conga Man." *La Jornada*. 7 de julho de 2004.

Masferrer, Rolando. "Comentario: Apendejation." *Libertad*. 24 de outubro de 1975.

Matthews, Herbert L. "Castro Rebels Gain in Face of Offensive by the Cuban Army." *New York Times*. 9 9 de janeiro de 1957.

—. "Populace in Revolt in Santiago de Cuba." *New York Times*. 30 de janeiro de 1957.

—. "Cuban Rebel Is Visited in Hideout." *New York Times*. 24 de fevereiro de 1957.

—. "Rebel Strength Gaining in Cuba, but Batista Has the Upper Hand." *New York Times*. 25 de fevereiro de 1957.

—. "Old Order in Cuba Is Threatened by Forces of an Internal Revolt." *New York Times*. 26 de fevereiro de 1957

—. "Situation in Cuba Worsening; Batista Foes Gain." *New York Times*. 15 de junho de 1957.

—. "Top Castro Aide Denies Red Tie; Leaders Say They 'Await Fidel.'" *New York Times*. 4 de janeiro de 1959.

Meskill, Paul. "Yen for Cuba Cash Doomed Anastasia." *New York World Telegram*. 9 de janeiro de 1958.

Miami Herald. "Cuba Acts to Deport Trafficante." 11 de junho de 1959.

Miller, Gene. "Raft Not Natural After Cuba 'Fade.'" *Miami Herald*. 9 de janeiro de 1958.

Millman, Joel. "Hemingway's Ties to a Havana Bar Still Move the Mojitos." *Wall Street Journal*. 8 de dezembro de 2006.

Mormino, Gary R. "Rallying for the Revolution." *Tampa Tribune*. 19 de fevereiro de 2006.

Mortimer, Lee. "Frank Sinatra Confidential: Gangsters in the Night Clubs." *The New American Mercury*. agosto de 1951.

Newsweek magazine. "Batista at Work." 24 de março de 1952.

—. "Counting Batista's Days." 22 de dezembro de 1958.

New York Herald Tribune. "Anastasia Case Holds '150 Angeles.'" 30 de outubro de 1957.

New York Times. "US Ends Narcotics Sales to Cuba While Luciano Is Resident There." 22 de fevereiro de 1947.

—. "Cuba Ousts 13 US Gamblers." 31 de março de 1953.

—. "Batista Insists He's No Dictator." 23 de abril de 1957.

Pardon, Pedro Luis. "Amadeo Barletta, representante en Cuba de los negocios de la pandilla yanqui 'Cosa Nostra.'" *Granma*. 30 de março de 1971.

Pageant Magazine, Vol. 12, No. 2. "Advanced Latin (Tybee Afra: Afro-Cuban Rhythm Dancer)." agosto de 1956.

Phillips, R. Hart. "Cuba Is Betting on Her New Gambling Casinos." *New York Times*. 6 de novembro de 1955.

—. "Batista Charges Castro Is a Red." *New York Times*. 11 de março de 1957.

—. "Cuba Suppresses Youths' Uprising: Forty Are Killed." *New York Times*. 14 de março de 1957.

—. "Batista Suspends Civil Guarantees." *New York Times*. 2 de agosto de 1957.

—. "Batista Is Dependent on Loyalty of Army." *New York Times*. 25 de setembro de 1957.

—. "Batista and Regime Flee Cuba; Castro Moving to Take Power; Mobs Riot and Loot in Havana." *New York Times*. 2 de janeiro de 1959.

—. "Gamblers in Cuba Face Dim Future." *New York Times*. 4 de janeiro de 1959.

Ramírez-Rosell, Reinaldo. "El razzle-dazzle, mala publicidad." *Diario de la Marina*. 12 de abril de 1953.

Reiss, Matthew. "The Batista-Lansky Alliance: How the Mafia and a Cuban Dictator Built Havana's Casinos." *Cigar Aficionado*. maio/junho de 2001.

Santos Moray, Mercedes. "Havana - Hemingway's Muse." www.CubaNow.net. Sem data.

Sargeant, Winthrop. "Cuba's Tin Pan Alley." *Life*. 6 outubro de 1947.

Show magazine. "Prende en La Habana el arte de la mujer eléctrica." dezembro de 1956.

—. "Ginger Rogers, en persona, super-estrella en su gran revista." dezembro de 1957.

—. "George Raft estrella absoluta en la gran revista de Abril." abril de 1958.

Skylar, Richard. "Cuba's Lure-Legalised Filth!" *Suppressed*, Vol. 4, No. 1. fevereiro de 1957.
Stag, Vol. 1, No.5. "Sin - With a Rumba Beat!" novembro de 1950.
St George, Andrew. "Cuban Rebels (Interview with Fidel Castro)." *Look*, abril de 1958.
Stratton, Richard. "The Man Who Killed Dutch Schultz." *GQ*. setembro de 2001.
Striparama, Vol. 2, No. 2. "Cutie from Cuba... Carmela." 1962.
South Florida Sun-Sentinel. "Castro Calls Head of U.S. Diplomatic Mission in Havana a 'Little Gangster.'" 23 de dezembro de 2006.
Tampa Times. "Trafficante Feels the Heat." 12 de junho de 1959.
—. "Trafficante Ouster May Be Postponed." 12 de junho de 1959.
—. "Trafficante Still Awaits Hearing on Deportation." 15 de junho de 1959.
Tampa Tribune. "Zarate Bolita Case to be Called Today before Third Judge." 4 de agosto de 1947.
—. "Deputies Pick Up Trafficante and Bodyguard 'On Sight.'" 23 de janeiro de 1954.
—. "S. Trafficante, Underworld Family Head, Dies of Cancer." 12 de agosto de 1954.
—. "Over 500 See Trafficante Buried in Costly Coffin." 13 de agosto de 1954.
—. "$36,000 Estate Reported Left by S. Trafficante, Sr." 20 de setembro de 1954.
—. "George Zarate, Ex-Racketeer, Dies in Cuba." 25 de agosto de 1955.
—. "Cuba Will Deport Trafficante on US Narcotics Request." 11 de junho de 1959.
Time magazine. "Caribbean Tyranny." 13 de maio de 1935.
—. "Lese Majeste." 27 de maio de 1935.
—. "Senator from Daytona." 12 de abril de 1948.
—. "A Game of Casino." 20 de janeiro de 1958.
—. "High Wind in Havana." 3 de fevereiro de 1958.
—. "Death on the Malecón." 10 de março 1958.
—. "The Mob Is Back." 2 de março de 1959.
Velie, Lester. "Suckers in Paradise: How Americans Lose Their Shirts in Caribbean Gambling Joints." *Saturday Evening Post*. 28 de março de 1953.
Wald, Richard C. "Mafia Link in Death of Anastasia?" *New York Herald Tribune*. 28 de outubro de 1957.
Whitney, Robert. "The Architect of the Cuban State: Fulgencio Batista and Populism in Cuba, 1937-1940." *Journal of Latin American Studies*. 2000.

DOCUMENTÁRIOS E PROGRAMAS DE TV

American Experience: Fidel Castro. Documentário da PBS. Dirigido por Adriana Bosch, 2004.

Cuban Story. Documentário. Apresentado por Errol Flynn. 1959. DVD. Chastworth, CA: Image Entertainment, 2002.
Face the Nation. CBS Television. Entrevista com Fidel Castro, 24 de janeiro de 1959.
La Habana en los años 50s. DVD. Dirigido por Waldo Fernández. Produzido por Marakka, 2000.
The Jack Paar Show. NBC Television. Entrevista com Fidel Castro, 13 de janeiro de 1959.
La mafia en La Habana. Documentário. Dirigido por Ana Diez. Produzido por Marakka, 2000.
O.G.: Joe Stassi, Original Gangster. Documentário. Dirigido por Marc Levin e Richard Stratton.
Person to Person. Edward R. Murrow entrevista Fidel Castro, 2 de fevereiro de 1959.
The Steve Allen Show. NBC Television. Ao vivo do Hotel Riviera, 16 de janeiro de 1958.
The Story of Cuba's Jungle Fighters. Documentário da CBS Television, agosto de 1957.

INSTITUIÇÕES

Pesquisa essencial em forma de documentos da lei, transcrições, fichas criminais, arquivos de revista e jornal, filmes documentários, antigos programas de televisão e fotografias foram obtidas nas seguintes instituições: US National Archives in Washington D.C., que guarda arquivos do the Federal Bureau of Narcotics (FBN) e também das audições Kefauver e as da 1978 House Select Committee on Assassinations; Biblioteca Nacional José Martí, Havana; Hotel Nacional, arquivo histórico, Havana; Museo de la Revolucíon, Havana; University of Miami Library (Cuban Heritage Collection); arquivos de foto do *Tampa Tribune*; New York Municipal Archive; New York Public Library (Newspaper Division); Museum of Television and Radio, Nova York.

ARQUIVOS DO FBI

Usando a Lei da Liberdade de Informação (Freedom of Information Act - FOIA), foram reunidos documentos do FBI sobre os seguintes indivíduos: Albert Anastasia, Meyer Lansky, Frank Sinatra, Santo Trafficante e George Raft.

Conheça outros títulos da editora em:

www.pensamento-cultrix.com.br